Série : Corse - Anthologies

La Corse et ses Bandits

Anthologie
Le XXe siècle

Textes présentés par

Gabriel Xavier Culioli

GABRIEL XAVIER CULIOLI

chronologie
du banditisme en Corse

de l'Empire à la révolution de Juillet

Le 29 juin 1814, une ordonnance de Louis XVIII confie
la connaissance des crimes à une cour de justice criminelle
composée de six à huit magistrats de la cour royale statuant
sans le concours du jury. La procédure des jurés avait été
établie en 1792 puis suspendue le 13 décembre 1800 (loi du
22 frimaire an IX). La répression est alors conduite par le
président Desclaux avec une telle sévérité qu'elle produit
un effet inverse à celui escompté. Les hommes préfèrent gagner le maquis plutôt que de risquer le bagne pour des délits
mineurs ou même la mort pour homicide. Il y eut quatre-
vingt-douze condamnations à mort entre 1816 et 1830, mais
vingt de 1831 à 1852. C'est l'époque des contumaces.

À Paris, des Corses bien placés se battent pour le rétablissement du jury. La Charte de 1814, affirment-ils, a supprimé les juridictions d'exception. Ils revendiquent pour la
Corse un statut de droit commun. Curieusement, alors que
les autorités royales prêtent une oreille attentive aux arguments du lobby corse, c'est le conseil général qui, lors de sa
séance du 6 octobre 1828, demande l'ajournement d'une
telle mesure compte tenu de la présence de contumaces en
liberté.

Il y a environ quatre cents bandits aux maquis. Le colonel Bigarne, chargé de la répression, avait fini par baisser les bras. Le président Mézard écrit au garde des Sceaux en 1822 : « Ce corps est usé. Personne n'oserait plus s'en faire accompagner. » Il précise que, depuis six mois environ, les bandits ont déclaré une guerre à mort aux gendarmes. « On fait monter, dit-il, à une quarantaine le nombre qu'ils ont assassiné isolément et en embuscade. » On comprend le découragement du colonel puisque ce sont des Corses qui ont infligé les plus grandes défaites aux bandes de contumaces. Jean-André Gambini a été tué le 6 juillet 1823, Théodore Poli le 5 février 1827, Xavier Multedo, Jacques Antoine Giacomoni et André Giammarchi arrêtés en 1828.

Le conseil général a donc jugé qu'il fallait aller de l'avant sans tenter le diable en réactivant le jury. Or il est rétabli le 12 novembre 1830. La première séance a lieu à Bastia le 1er mars 1831. Sur trente-quatre accusés, vingt et un sont acquittés. La courbe des meurtres et des vendette bondit vers le haut. Les familles plaignantes qui ont vu leur plainte aboutir à un acquittement font justice elles-mêmes selon la formule : « La justice t'absout, moi je te condamne. »

De plus, les magistrats corses donnent bien souvent l'impression d'être partisans. D'autant que le gouvernement français envoie sur place des fonctionnaires qui avouent rapidement leur lassitude. Le même premier président Mézard écrit en 1823 au garde des Sceaux pour solliciter une pension de retraite. Les clans font pression sur les magistrats afin que les arrêts ne soient pas trop sévères. Pour le coup, les administrés acceptent difficilement des jugements qui les condamnent. En 1836, un juge de paix a les membres brisés par un homme qu'il a condamné à une amende.

la guerre des contumaces

C'est là le seul épisode du banditisme corse qui prête à controverse. Pour des historiens tels que Stephen Wilson ou Xavier Versini, les contumaces, dont les plus célèbres furent Tiodoru Poli et Gallochio, ouvrirent la voie détestable du banditisme de droit commun. Pour d'autres spécialistes comme Jean Guerrini-Graziani, les contumaces représentent la fin de la révolution paoline.

Tiodoru Poli, conscrit de la classe 1816, prend le maquis le 14 février 1820 après avoir refusé de rejoindre l'armée. Contrairement à beaucoup de bandits qui restent isolés, il cherche de suite à rassembler des compagnons autour de lui. Ses plus fidèles lieutenants seront Francescu Antonu Pellegrini, dit Brusco. Il a été quatre fois condamné à mort pour assassinat. Il est petit cousin de Tiodoru et, comme lui, originaire de cette région de Guagnu qui a donné à la Corse tant de bandits. Selon les témoignages, Brusco est un être frustre qui nourrit pour son chef une admiration sans borne. Il sera tué en 1823 par un autre bandit à qui il était opposé dans une vendetta. Les frères Ghjuvan et Saveriu Multedo appartenaient à une couche sociale modeste mais sans problème. Bergers, ils deviennent bandits après avoir été accusés d'incendie par les Gentili, membres de la plus riche famille de la région, famille d'éleveurs également. Or, les Gentili sont liés aux Pozzo-di-Borgo. Les Multedo se lancent donc dans une destruction systématique des biens appartenant aux Gentili. Les Multedo abattent plusieurs membres de cette famille ainsi que de leurs alliés. Ils se heurtent aux gendarmes et en tuent plusieurs. Ils coupent les oreilles de plusieurs paysans accusés d'aider les Gentili. Ayant survécu à la destruction de Tiodoru Poli, ils tentent d'abattre son tombeur, le capitaine Marinetti. Ils rejoignent la bande de Gallochio. Saveriu est tué en 1835. Son frère périra au bagne vers 1865.

Ghjuvan Battistu Casanova rejoint les frères Multedo après avoir pris le maquis. Il vient en effet d'assassiner son ennemi Achille Romani. Originaire de la micro-région du Fium'Orbu, il rejoint Tiodoru et participe à des « coups », dont celui de Murzo, le 17 août 1822, au cours duquel plusieurs gendarmes sont blessés. Il est tué le 5 janvier 1827 par des voltigeurs qui, d'après les rapports du sous-préfet, l'ont achevé alors qu'il gisait à terre.

Ghjuvan Antò Gaffori, dit Montichio, est lui aussi originaire de la Cinarca. Il participe aux états généraux d'Aïtone qui fédèrent le banditisme insulaire. Il assassine de nombreuses personnes qui appartiennent à la famille de ses ennemis, dont Filippu Filippini, propriétaire de Rozaria. Ce forfait est accompli en compagnie de Tiodoru Poli. Monticchio est arrêté le 1er juillet 1827 par les voltigeurs. Il est exécuté le 26 mai sur la place Saint-Nicolas à Bastia.

Ghjuvanu Cristinacce, originaire de la Cinarca, prend le maquis après avoir tenté d'abattre un ancien gendarme. Il y parvient le 12 mai 1822. Il est capturé peu de temps après et est exécuté en décembre 1822. Charles Piovanacce commet des actes horribles qui lui valent le sobriquet de « Crudele ». Il rejoint Tiodoru puis, capturé, est condamné à mort le 27 juin 1820. Les frères Aiqui, hommes de Tiodoru, périssent en combattant les gendarmes le 30 avril 1825. Leur neveu, Santu Ottavi, a pour réputation de terroriser la population de son village, Santa Maria di Sicchè. Il est tué par les gendarmes en 1824. Originaire du même village, Cameddu Ornano commence sa carrière en blessant grièvement un homme pour une cause totalement futile. Entre 1815 et 1821, il tue quatre personnes. Il est tué le 23 juin 1829 par les gendarmes après avoir encore assassiné plusieurs agriculteurs. Fabien Tollinchi, de Santa Maria di Sicchè aussi, a tué deux fois avant de l'être à son tour en 1827.

de 1831 à 1848

En 1831, on dénombre quarante-huit meurtres et trente-six assassinats, soit plus du double de ce qu'ils étaient l'année précédente. C'est dire le résultat pervers du rétablissement du jury. Et ces chiffres vont aller en augmentant avec des pointes en 1836 et en 1844. La cour royale s'appuie alors sur le régime légal du port d'arme pour combattre le banditisme. Ne sont plus autorisées que les armes de commerce. La cour de Bastia établit alors une jurisprudence : la caractéristique d'arme de guerre est déterminée par l'utilisation que le prévenu en a faite. Cette jurisprudence est maintenue jusqu'en 1848. On ne notera pourtant pas de fléchissement notable dans la courbe des homicides et des tentatives d'homicide (en moyenne soixante homicides par an en confondant assassinats et meurtres).

Le bilan de la monarchie française en matière de lutte contre la criminalité en Corse est bien modeste. Elle n'a pas su développer l'économie de l'Île et encore moins s'imposer parmi un peuple qui n'en finit pas de se dévorer le ventre.

de 1848 à 1871

L'année 1849 marque indéniablement un tournant. La révolution continentale et républicaine et la suppression de l'interdiction du port d'arme provoquent une montée sans précédent de la violence. Six cents bandits tiennent les montagnes. Cent seize meurtres sont perpétrés ainsi que quarante-cinq assassinats. On signale quarante-cinq rebellions à fonctionnaires, événements devenus rarissimes au vu des statistiques.

L'élection de l'ancien carbonaro Louis Napoléon à la présidence de la République prend un tour triomphal en Corse.

L'action de la force publique s'en prend systématiquement aux receleurs de malfaiteurs. L'administration paye la délation. Le 24 octobre 1851, la gendarmerie est réorganisée après que le bataillon des voltigeurs corses a été dissous. Divisée en quatre bataillons, la gendarmerie met sur pied des colonnes mobiles dirigées par des éclaireurs indigènes. Leur but est de déstabiliser les contumaces. La même année, le nombre de bandits s'effondre de moitié. Il n'est plus que de deux cent cinquante. L'autorité se rend bien compte qu'il ne sert à rien de combattre le banditisme si la société civile fabrique sans cesse des exclus. Une commission est instituée en 1852 qui s'informe durant huit mois sur les causes du banditisme. Sa première proposition, peu originale en vérité, est l'interdiction du port d'arme, ce qui devient effectif l'année suivante et pour une durée de cinq ans. Mais, première surprise, des élus porteurs d'armes sont aussitôt suspendus et condamnés… Deuxième proposition, elle aussi reprise des Génois : la suppression de la vaine pâture, cause d'incessants conflits entre les cultivateurs et les éleveurs, et celle du parcours. Une telle mesure, prise en 1854, portait un coup réel à la tradition agro-pastorale de la Corse. Pour parfaire ce dispositif, il fut demandé à des commissaires de police de remplacer les maires qui ne poursuivaient pas assez les délinquants.

Le résultat fut spectaculaire : des cent soixante-huit bandits recensés en août 1852, cent trente-deux avaient disparu l'année suivante. Trente-six seulement tenaient encore la montagne. En 1854, ils ne sont plus que six oiseaux rares à se cacher dans les hauteurs corses. Quant à la courbe des assassinats, elle fléchit jusqu'à trente-deux en 1853 et trente l'année suivante. En 1854, le préfet Thuillier annonce triomphalement la mort du banditisme corse.

En 1855, signe des temps, la Corse participe à l'exposition universelle. Cinq ans plus tard, les bateaux de la compagnie Valéry desservent régulièrement Bastia et Ajaccio et les premiers touristes s'installent pour l'hiver dans l'Île. En 1857, le procureur général écrit au garde des Sceaux : « Non seulement le banditisme est vaincu, mais la situation nouvelle du pays, l'esprit de paix qui commence à y régner, les habitudes de travail qui tendent à se substituer à la paresse et à l'oisiveté semblent rendre son retour impossible. La récente arrestation du contumax Poli que ses parents ont refusé de soutenir à la campagne, de peur d'être atteints par la loi sur les recels de criminels, en est une preuve. Une capitulation si prompte de la part d'un homme qui a débuté d'une manière éclatante dans la carrière du crime est moins un acte volontaire qu'un aveu d'impuissance, et l'on peut en tirer l'heureux augure que les contumax, abandonnés par leurs partisans, sont désormais incapables de se maintenir longtemps dans cet état de rébellion armée qui a causé tant de malheurs à la Corse. »

Durant une décennie, la Corse va s'ouvrir sur l'extérieur. Des routes désenclavent les villages. En 1868, sur trois cent soixante-trois communes, cinquante-six sont desservies par des routes impériales, dix-huit par des routes forestières, neuf par des routes départementales et cent quarante-six par des chemins vicinaux. Il est d'autant plus facile pour la gendarmerie de veiller à la sécurité des biens et des personnes. Enfin, l'interdiction du port d'arme est prolongée de cinq années.

de 1871 à 1914

À partir de 1871, la courbe de la criminalité remonte. Elle tient essentiellement à l'attitude revancharde adoptée par le clan républicain. Le député Emmanuel Arène montre pour la légalité justement républicaine un profond mépris. Ami de Gambetta et d'Edmond About, il régente « les affaires de Corse « à sa manière ». La justice est serve de l'intérêt de clan [1] », écrit Pascal Marchetti.

Les juges de paix sont aussi chefs de parti. La haute magistrature est également de parti pris. La famille de Casabianca tient tout. « Depuis 1870 où il était tombé à trente, le nombre annuel d'attentats contre les personnes ne cesse de croître. Il est de cent trente-cinq en 1886, un par deux mille habitants, quatre fois plus que dans le département de la Seine. Par voie de conséquence, la recrudescence du banditisme est impressionnante : réduits à une vingtaine à la fin du Second Empire, les hommes qui tiennent le maquis sont passés en 1887 au nombre de six cents [2]. » La fraude électorale est généralisée. Le député Arène n'hésite pas à lui-même guider d'illustres invités vers les bandits les plus célèbres, comme Bellacoscia.

Mais à côté de ce folklore sévissent les bandits gangsters ou fous. Xavier Rocchini est guillotiné en place Porta de Sartène le 5 septembre 1888. Ghjuvan'Cameddu Nicolaï, devenu bandit pour venger son frère, s'affiche à Ajaccio en compagnie d'une touriste américaine. Des petits bandits rackettent les entrepreneurs dans les micro-régions. Jamais il n'y a eu autant de connivences entre la politique et les bandits. Une puissance aussi considérable que le banditisme ne saurait manquer d'intervenir dans les luttes électorales. Si elles passionnent toute la population, elles passionnent aussi les bandits. Avoir un bandit dans son jeu est un atout précieux pour un parti qui cherche à enlever le sugillo, le sceau municipal. « À la suite des élections sénatoriales du 25 janvier 1885, le sieur Canilla a été condamné à un an de prison par le tribunal de Corte. Le bandit Benedetti, après s'être entendu avec lui, était allé trouver les conseillers municipaux de Lugo di Nazza et leur avait dit : « Vous savez, je ne veux pas d'un autre délégué sénatorial que Canilla. » Et Canilla avait été élu. Toute la Corse vous racontera, sans être scandalisée, que le conseil municipal de Lozzi, dans le Niolo, est imposé à la commune depuis sept ans par les bandits Simeoni et Gansily ; que le bandit Manani a fait élire en 1884 à Bustanico une liste de son choix ; et que le maître de Pigna n'aurait point ceint l'écharpe s'il n'avait pour oncle le bandit Alessandri [3]. »

Le bandit Manetta de Palneca est directement responsable des premiers succès d'Emmanuel Arène. Rocchini, ce sanguinaire qui mutilera une jeune bergère, intervient en 1886 avec Ghjuvan'Cameddu Nicolaï dans les élections de Sartène. Pour José Gil, « il y a plus qu'une collusion d'intérêts des clans vers les bandits, il y a une connivence structurale [4] ». Elle éclate littéralement au grand jour dans cette période. L'effondrement des cours du charbon va précipiter l'exode des Corses pour le Continent. Beaucoup de familles, et souvent les plus dynamiques, quittent la Corse pour la France, la Sardaigne ou la Toscane, fuyant la violence endémique. Dans l'Île, les traditions déclinent, comme en témoigne cet enterrement corse de 1873 décrit par l'écrivain Jean-Baptiste Marcaggi dans l'un des ouvrages reproduits ici : « À l'aube, quelques parents et amis s'aventurèrent jusqu'à Crocicchia. Le corps de Crebasali fut ramené à Marignana, dans la maison de Saverio. Le village avait un aspect morne. On ne s'abordait qu'avec tristesse. On se rassembla devant la maison du mort dans le plus absolu silence. Au moment de la levée du corps, à midi, une femme échevelée apparut à la fenêtre et, pour se conformer aux rites anciens, agita une chemise ensanglantée en vociférant : "Dors en paix, ô Pierre-Jean ! ton fils grandira, deviendra vaillant et fort, et ta mort sera vengée !"

« Il s'éleva de la foule groupée devant la maison un murmure grandissant de réprobation et d'horreur : "Assez d'appels à la haine ! La violence engendre la violence ! Le sang attire le sang !"

« La voceratrice, décontenancée, s'arrêta net, et disparut à l'intérieur de la maison. L'explosion de colère de la population révéla à tous que les sauvages coutumes d'autrefois étaient abolies et que les cœurs inclinaient vers la pitié [5]. »

Le rapport Clemenceau témoigne en 1905 de l'état économique désastreux de l'Île. Même les Balkans ne peuvent être comparés à ce qu'est devenue la Corse. Des hordes de mendiants se pressent dans les rues de Bastia. Or, on ne trouve guère de traces d'un banditisme nouveau, à la manière de ces bandits brésiliens moitié gouapes moitié millénaristes. En Corse subsistent les vestiges d'un banditisme rural et déjà les prémisses d'un gangstérisme moderne.

Les bandits comme François Bocognano, Mathieu Poli, Nonce Louis Romanetti ou François Marie Castelli appartiennent déjà à la génération de ces nouveaux voyous ruraux qui profitent essentiellement de la mollesse étatique et d'une société en déliquescence.

la violence en Corse : chiffres et comparaison

La Corse fut conquise par la France en 1769. Nous possédons un grand nombre de documents qui relatent la dureté de la répression menée par les soldats aux ordres de la monarchie. Il y eut une éclaircie de 1789 à 1796. Puis la traque des opposants reprit. Elle ne s'arrêta réellement qu'après la chute de l'Empire.

Jusqu'à cette date, faute de statistiques fiables, il est impossible de différencier le banditisme courant du banditisme politique. Pour les Français, le terme de « bandit » recouvre une réalité diffuse marquée négativement par une rébellion aux nouvelles autorités. En 1825, les autorités françaises, rendues inquiètes par le développement de la criminalité au lendemain des guerres napoléoniennes, entreprennent de consigner tous les faits criminels dans un registre national, les Comptes de la Justice. En Corse, nous connaissons mieux la délinquance grâce à ce travail de bénédictin. Nous pouvons donc comparer la délinquance corse à la délinquance française.

la délinquance française

Dans le second quart du XIXe siècle, le nombre annuel moyen de meurtres et d'assassinats portés devant les cours d'assises est de l'ordre de quatre cents seulement (soit 1,2 par centaine de milliers d'habitants). L'atténuation de la violence se poursuit jusque vers 1860, époque où ce nombre atteint un minimum, inférieur à trois cents, avant de croître ensuite fortement. Une cinquantaine d'années plus tard, en 1912, la France enregistre alors une forte poussée urbaine et un développement considérable de l'alcoolisme. L'évolution du nombre d'accusations, de meurtres et assassinats, c'est-à-dire d'instructions ouvertes, est la suivante jusqu'en 1930.

Années	Nombre	Taux
1825 - 1830	436	1,37
1831 - 1840	397	1,19
1841 - 1850	408	1,17
1851 - 1860	332	0,92
1861 - 1870	300	0,79
1871 - 1880	352	0,96
1881 - 1889	397	1,04
1891 - 1900	373	0,97
1901 - 1910	427	1,09
1921 - 1930	448	1,11
1931 - 1938	372	0,89

Souvent, le cas de la Corse a été mis en relation avec celui de la Seine pour souligner l'importance des délits meurtriers commis dans l'Île. La conclusion va à l'encontre d'une idée reçue : Paris, dont la population se confond à un tiers près avec celle de la Seine, est une ville de plus en plus sûre jusqu'à la fin du XIXᵉ siècle. La violence mortelle y est deux fois moindre à la veille de la Commune que sous la Restauration. Voilà qui va à l'encontre du Paris dangereux décrit par Balzac et Eugène Sue...

Pour reprendre l'expression de Louis Chevallier, les classes laborieuses ne sont pas des classes dangereuses. En revanche, elles sont ainsi perçues par la bourgeoisie contre toute vraisemblance statistique. Déjà, à l'époque, le mythe de l'insécurité grandissante provoque des dégâts. Pourtant, le taux brut d'homicides volontaires n'est guère plus élevé dans le département de la Seine que dans l'ensemble du pays. De 1825 à 1870, alors que la ville connaît sa période de plus forte croissance, la fréquence du meurtre diminue de moitié. À l'inverse, une comparaison avec la Corse est accablante pour l'Île.

Années	France	Seine	Corse
1825 - 1830	1,37	1,77	27
1831 - 1840	1,20	1,42	39
1841 - 1850	1,17	1,44	62
1851 - 1860	0,92	0,94	12
1861 - 1870	0,79	0,85	13
1871 - 1880	0,96	1,03	22
1881 - 1890	1,05	1,70	25
1891 - 1900	0,97	1,98	23
1901 - 1913	1,13	2,14	12
1920 - 1933	1,06	1,55	09

Tableaux établis par Jean-Claude Chesnais
dans « Histoire de la violence »

Prenons pour comparaison, les chiffres de certains pays européens en 1880 pour cent mille habitants : Serbie : 10,5 ; Italie : 9,9 ; Espagne : 5,5 ; Roumanie : 5,3 ; France : 1,49 ; Allemagne : 0,94 ; Écosse : 0,68 ; Angleterre : 0,60.

le Paris de 1900

Paris ne devient véritablement dangereux que vers 1900, plus exactement entre 1890 et 1913. La violence monte brutalement dans les années 1880 et la situation ne fait que s'aggraver jusqu'à la veille de la guerre, au point que l'on y tue deux fois plus que dans le reste du pays. Ce n'est qu'à cette époque que la criminalité meurtrière des villes, surtout des plus grandes, devient supérieure à celle des campagnes : avec les migrations ruro-urbaines, le risque a été transféré. Le département de la Seine passe alors en tête de la criminalité, devant la Corse qui, elle, bien que s'urbanisant, exporte sa délinquance moderne vers Marseille mais conserve ses bandits plus traditionnels. « La violence est à son paroxysme à Paris vers 1900. Le Paris des années folles est survolté. On s'y étourdit, on s'y soûle ; on y tue et on s'y tue plus facilement qu'à toute autre phase de l'existence parisienne. La capitale est dopée ; elle est prête pour la boucherie de Verdun... », écrit Jean-Claude Chesnay.

Les malfaiteurs s'adaptent à l'univers urbain, où l'on se dissimule plus facilement aux recherches de la police, notamment grâce à ces nouveaux quartiers encore inconnus des services de police. Cela est vrai à Paris comme à Marseille.

la Corse

Tout au long du XIXᵉ siècle, la Corse est, avec le département de la Seine, en tête pour la criminalité générale. Mais une différence essentielle les sépare : alors qu'à Paris il s'agit principalement de corruption, de vol et de menus larcins, en Corse les affaires touchent aux crimes contre la vie et au banditisme. Le taux de criminalité proprement dite en Corse durant ce XIXᵉ siècle est très élevé, d'autant plus que la réalité des délits doit largement dépasser ce que nous en connaissons. Le nombre des condamnations prononcées dans les années 1820 est deux à trois fois plus élevé en Corse que dans le reste de la France. Dans les années 1830, le pourcentage des grands criminels présentés devant la cour d'assises est également deux fois plus élevé que celui de l'ensemble de la France. Au milieu du XIXᵉ siècle, les départements de la Seine et de la Corse sont loin devant le reste des départements français pour le nombre proportionnel des accusés traduits devant leur cour d'assises.

Cependant, plus de quatre-vingts pour cent des délits jugés dans la Seine sont des crimes contre la propriété. En Corse, cette proportion est inversée en faveur des crimes contre les personnes. En 1848, deux cent sept homicides sont commis, ce qui donne un taux de quatre-vingt-onze sur cent mille. Robiquet a calculé que, dans les années 1826-1831, le nombre des délits contre les personnes est neuf fois plus grand en Corse que dans le reste de la France, et qu'il y a trente fois plus de meurtres et douze fois plus d'assassinats. Il a également constaté que la proportion des homicides commis au moyen d'armes à feu, de couteaux et de poignards est beaucoup plus importante en Corse.

La répression a des résultats évidents, bien que ceux-ci ne soient réellement efficaces que lorsqu'ils sont combinés avec des mesures d'ordre économique. À partir de 1851, des mesures spéciales sont prises en Corse. Le jury est dissous, la gendarmerie réorganisée. La loi du 10 juin 1853 interdit le port d'arme afin d'éteindre le banditisme. Cette loi est temporaire ; elle est votée pour cinq ans, mais elle sera prorogée deux fois pour être définitivement abrogée en 1868, après une chute réelle du nombre de bandits et des interventions efficaces de hauts fonctionnaires d'origine corse sous la pression de leurs parentés. Après le vote de cette loi, le nombre de meurtres et d'assassinats s'effondre : cent cinquante en 1851, quarante-deux en 1855. Aussi spectaculaire soit-elle, cette chute laisse cependant les départements du Continent bien loin derrière la Corse : avec un cent soixantième de la population de la France, la Corse fournit encore à elle seule un neuvième des assassinats et des meurtres (au lieu d'un tiers... quatre ans plus tôt !).

La tendance était alarmante en 1829-1831, le nombre proportionnel des accusés traduits devant la cour d'assises pour meurtre ou assassinat dépasse vingt-trois pour cent mille en Corse au lieu de moins d'un et demi dans le département de la Seine (soit dix-sept fois plus). Vingt ans plus tard, ce rapport grimpe quarante à un. Selon les criminologues, le taux corse est tout à fait exceptionnel et il faut remonter loin dans les annales de criminologie pour repérer pareille vague d'assassinats. « Nous n'avons trouvé d'équivalent que dans la population noire américaine au moment de sa plus grande fièvre meurtrière, au début des années soixante-dix, entretenue par un commerce frénétique des armes à feu », écrit Jean-Claude Chesnay.

Stephen Wilson compare cette criminalité corse à celle de nos voisins : « Pour comparaison, le taux d'homicides en Grande-Bretagne se maintient aux environs de zéro virgule trois à zéro virgule quatre pour cent mille depuis 1930. Aux États-Unis, les taux d'homicides atteignent un maximum de dix pour cent mille en 1933, taux que l'on retrouve de nouveau en 1974. Les taux d'homicides en Sardaigne au XIXᵉ siècle vont de vingt-deux à quatre-vingts sur cent mille. Le taux observé dans le district juridique de Palerme en Sicile en 1959 est de quarante-trois, alors que le taux de la ville de Naples en 1981, que l'on estime être "le taux de meurtre le plus fort du monde", est de dix-neuf. » En 1886, le pourcentage d'homicides et de tentatives d'homicide en Corse est quatre fois plus élevé que dans le département de la Seine, qui vient au second rang après elle, alors qu'en 1891 le pourcentage des seuls homicides est cinq fois plus élevé que dans le département de la Seine. Longtemps en première place sur l'échelle de la criminalité générale, la Corse rétrograde en quatrième position au début du XXᵉ siècle, sans pour autant être jamais dépassée pour les crimes de sang.

L'émigration sert de soupape de sûreté mais, en même temps, on assiste à un développement important de la criminalité dans les régions proches de l'Italie. Taux de mortalité par homicide, pour 100 000 habitants, en Italie : 1887-1898 :

4,9; 1899-1910: 4,1; 1911-1918: 3,2; 1919-1923: 6,1; 1924-1930: 3,2; 1931-1940: 2,0.

Le Midi méditerranéen, où arrivent par milliers de jeunes Italiens en provenance du Mezzogiorno (ainsi que des Corses), est alors en proie à une vague de violence sans précédent : dès 1880, le phénomène est très apparent ; à la cour d'Aix, le taux des accusations s'est accru de plus de moitié par rapport à 1830, alors que partout ailleurs sur le territoire national — sauf dans les régions en forte alcoolisation comme les Charentes et la Haute-Normandie — il a diminué. Mais cette criminalité continentale s'arrête rapidement. La réorganisation de la police à Marseille a des effets presque immédiats. D'ailleurs plusieurs bandits parcittori de Corse ont fait leurs premières armes sur le Continent. Puis, devant le risque croissant de capture, ils sont revenus dans leur île. En 1910, la Corse revient en tête du classement des départements pour cause de banditisme. Après la Première Guerre mondiale, la violence meurtrière de la Corse est toujours là, mais elle a considérablement régressé. La guerre marque une césure dans l'histoire des mœurs, en ouvrant l'Île à la vie du Continent. En 1930, la fréquence de l'homicide volontaire est trois fois moindre qu'un demi-siècle plus tôt : elle est à peine cinq fois supérieure à celle de la France continentale, guère deux fois plus forte que dans le ressort de la cour d'Aix, et enfin supérieure de dix pour cent seulement à celle de la région de Lyon, où l'implantation italienne est forte. Une révolution morale et locale s'est produite lentement depuis la conquête française et s'est ancrée année après année dans les mœurs corses après le règne de Napoléon III. La réussite n'est plus insulaire mais continentale, voire coloniale. N'est plus puissant celui qui possède quelques scrutins, quelques brebis ou quelques arpents en Corse mais celui qui a réussi dans l'administration au sens large du terme. Du coup, le bandit n'est plus qu'une survivance d'une société qui agonise. La preuve ? On commence à le transformer en pièce de musée. Lorsqu'aura lieu la campagne militaire de débanditisation de 1931, la population corse du Continent, comme l'embryon de bourgeoisie urbaine insulaire, applaudira à la disparition de cette Corse du XIXᵉ siècle, inadaptée et inadaptable. Aujourd'hui encore, la Corse est la région où les crimes contre la vie sont les plus répandus. Et de loin. Les coutumes d'autrefois ont pris des formes plus modernes ou plus politiques. Mais le résultat est incontestable : on tue encore vingt fois plus en Corse que sur le Continent.

Le poids de l'histoire culturelle est accablant. L'évolution des mœurs est lente. Parfois elle effectue de douloureux retours en arrière. Elle est surtout subordonnée au développement économique et l'affirmation d'une présence étatique incontestable. En Corse comme dans tout le bassin méditerranéen, la nature de l'individu a horreur du vide. Et sitôt que l'État trébuche, le clanisme et le particularisme reprennent le dessus.

« La Corse se trouve par conséquent au plus haut de l'échelle des sociétés humaines étudiées sous l'angle de l'importance des meurtres et de la violence entre personnes. Fait significatif, on n'observe à un rythme régulier des taux d'homicides supérieurs que chez certains peuples "primitifs" guerriers, tels que les Tauades de Papouasie et pour de très brèves périodes parmi des groupes réduits de sociétés "avancées" », conclut Stephen Wilson.

---

1. Marchetti (1980).

2. Idem.

3. Bourde (1887).

4. Dans les années 1980, deux frères d'une famille « à problème » furent arrêtés, l'un sur le Continent et l'autre en Corse. Tout deux

avaient commis des crimes atroces. Or, ils appartenaient au clan des noirs, celui de Jean-Paul de Rocca Serra, et la voix des leurs permettait au maire de Propriano, M. Mocchi, de « passer ». Sept ans durant, ces hommes purent vivre en liberté et les rapports de la gendarmerie furent étouffés. Il fallut que le premier des frères abatte des caissières d'un supermarché à Carqueranne et que l'autre fasse disparaître de jeunes touristes pour qu'enfin la justice soit saisie. Jusque-là le clan avait joué son rôle…

5. Bandits corses d'hier et d'aujourd'hui, J. B. Marcaggi.

JEAN-BAPTISTE MARCAGGI

Bandits corses
d'hier et d'aujourd'hui

(1933 — extraits)

I
aperçu sur la vendetta et sa répression
à travers les siècles

La vendetta est une coutume ancestrale qui donne aux Corses le droit de se faire justice eux-mêmes. De plus, elle les met dans l'obligation impérative d'acquitter la « dette du sang », c'est-à-dire de revendiquer la vengeance jusqu'au bout. Quand un membre d'une famille a été l'objet d'une offense, c'est l'honneur de toute la famille qui est souillé aussi longtemps que la réparation n'a pas été obtenue par le sang. Celui qui ne se venge pas est déclaré infâme, mais le vengeur est essentiellement un justicier.

Quelle est l'origine de la vendetta ? Profondément ancrée dans le tempérament corse, elle remonte aux époques les plus reculées. Occupée par les Grecs, puis par les Romains, la Corse le fut aussi par les peuples barbares. Il semble même, d'après leur indice céphalique, que les Corses appartiennent à la race berbère. Or, les Lybiens occupèrent l'île, et c'est dans leur atavisme que peut se situer l'origine de cette soif passionnée de vengeance.

Ce sont les Lombards qui, les premiers, fixèrent les règles de la vendetta et en répandirent l'usage en Italie. Au Moyen âge, elle s'infiltre même dans les statuts civils et criminels de Pise et de Gênes. Au XIIIᵉ siècle, cette dernière ville installe sa domination en Corse et par là-même donne un fondement juridique aux anciennes traditions insulaires. La vendetta s'épanouit dans l'île comme dans une terre d'élection par suite de l'état d'anarchie dans lequel se trouvait, depuis des siècles, ce malheureux pays, éternel objet de convoitise des peuples qui s'en disputaient la possession.

La vendetta, guerre privée de famille à famille, dominait absolument la vie sociale en Corse au Moyen Âge ; elle avait ses rites immuables : cheveux et barbe non taillés, tant que la vendetta n'était pas accomplie, conservation de la chemise sanglante du mort pour rappeler l'impérieux devoir, déclaration de guerre régulière : « garde-toi, je me garde » ! Le plus souvent attaque brusquée. Elle avait aussi son rimbecco reproche sanglant dont on cinglait ceux qui ne l'exécutaient pas, ses paci ou traités de paix, c'est-à-dire l'obtention de satisfaction juridique par voie amiable et enfin ses médiateurs paceri ou parolanti. Elle se maintenait héréditaire dans le groupe familial, devenait même transversale, c'est-à-dire qu'elle atteignait jusqu'aux collatéraux de la famille en inimitié.

Le droit à la vendetta n'était pas seulement l'apanage de la Corse en ces temps reculés, et on le vit apparaître dans plusieurs contrées d'Europe comme la Bohème, les Flandres, les pays Scandinaves ou l'Italie. Mais au fur et à mesure que ces pays s'organisaient et perdaient leur caractère anarchique pour se constituer en États, le droit à la vengeance privée s'effaçait au profit de la justice officielle. Après le XVIᵉ siècle la vendetta avait disparu d'à peu près partout sauf de la Corse où au contraire, elle s'enracinait, s'exaspérait. La République de Gênes occupait l'Île, mais elle y régnait par l'arbitraire et la vénalité. Déchirée par les factions, incapable de faire régner la justice sur son propre territoire, elle abandonnait la Corse à la fureur de la vendetta. C'est ainsi que l'on put relever sur les registres officiels que de 1683 à 1745, soit en trente-deux ans, un total de 28 715 meurtres avaient été commis dans l'île. Principe de justice à l'origine, la vendetta était devenue par sa virulence, fléau social. Aucun progrès matériel et moral n'était possible dans ce malheureux pays en perpétuel état de guerre, sans l'apaisement des esprits, l'ordre, la sécurité.

En 1729 éclata dans l'Île, pour la délivrer de l'occupation génoise, un vaste mouvement insurrectionnel qui prit le nom de « guerre de quarante ans ». Les responsables de ce mouvement et les assemblées populaires sur lesquelles ils s'appuyaient, n'hésitèrent pas à dénoncer la vendetta comme un mal profond et à l'attaquer hardiment en édictant des lois répressives, sévèrement appliquées. Pour faire disparaître le fléau, il fallait instituer une véritable dictature et s'acharner à détruire une des particularités les plus saillantes du tempérament corse.

L'Église avait bien tenté de son côté de pacifier les âmes, mais l'action de son clergé séculier s'était révélée inopérante en raison de la médiocre valeur morale de ce dernier. Par ailleurs, les multiples missionnaires de tous ordres envoyés en Corse en pacificateurs au travers des siècles n'y avaient exercé qu'une influence temporaire, incapable de contre-balancer l'ampleur d'une coutume ancestrale. Seule l'installation d'un pouvoir central, responsable de la sécurité générale, pouvait enrayer le fléau.

Au milieu du XVIIIe siècle, un homme remarquable, Pascal Paoli, farouche défenseur de l'indépendance de l'île, établit la législation du futur État corse qu'il souhaitait bâtir. Il y fit justement une grande part à à la répression de la Vendetta. Il voulut l'atteindre psychologiquement en essayant de la rendre odieuse dans l'esprit des Corses. Il la baptisa « coutume sanglante et barbare » qui, loin de sauver l'honneur d'un homme, le couvrait à jamais d'infamie, et il créa des arbitres officiels, les paceri, chargés de régler les conflits entre familles et de prévenir les homicides. Cependant, s'il s'en produisait, il les châtiait avec une implacable sévérité : peine de mort pour le coupable et mesures coercitives terribles contre les parents tenus pour responsables. Une junte de guerre munie de pouvoirs dictatoriaux et suivie de forces imposantes parcourait les bourgs pour procéder à la confiscation des biens, la démolition des maisons, la coupe des arbres, aussi bien du meurtrier que des membres du groupe familial auquel il appartenait, si celui-ci hésitait à la livrer. On l'appela la Giustizia paolina et le souvenir s'en est conservé jusqu'à nos jours d'une justice exacte, sommaire, expéditive.

L'œuvre nationale de Paoli fut interrompue par la conquête française de la Corse, le 8 mai 1769. Une poigne de fer s'abattit sur l'Île, et aussitôt une terrible répression confondit les auteurs de vendetta et les patriotes corses qui tentaient de résister à la domination de la monarchie française. Emprisonnements, pendaisons, exécutions, confiscations ou destructions des biens se succédèrent. Autant de mesures implacables qui valurent à la Corse 20 ans de paix publique, et presque l'extinction complète de la vendetta. Une année, on enregistra en effet un seul homicide ! Mais hélas ! si peu de temps ne pouvait suffire à déraciner tout à fait des coutumes de vengeance séculaires.

Quand arriva la Révolution française et ses dix années de troubles, il y eut dans l'Île désorganisation sociale, fléchissement de l'autorité, et comme toujours en pareil cas, recrudescence de la criminalité, des vols, des assassinats, de l'insécurité des campagnes. Puis, ce fut le règne du Premier Consul.

Bonaparte dut recourir à des moyens énergiques pour ramener la tranquillité dans son pays natal et y extirper l'esprit de vengeance. Il organisa militairement un quadrillage sévère de l'Île, instituant des forces mobiles, des commissions extraordinaires devant lesquelles devait comparaître tout homme « prévenu d'avoir assassiné par vengeance », levant des otages, et investissant le général commandant en chef de tous les pouvoirs de police. Il est à noter cependant que derrière cette implacable lutte contre la vendetta se poursuivait aussi quelquefois une toute autre lutte, celle de l'étouffement des menées anglaises dans l'île.

Mais la dictature militaire avec sa justice expéditive, ses exécutions sommaires, ne peut édifier qu'une façade d'ordre. Derrière le mur d'airain, le bouillonnement des passions continuait, entretenu, renforcé par la détresse économique. Pour arriver à détruire de sanglantes coutumes séculaires, issues de l'instinct de conservation, habituer des populations farouches à une discipline sociale, modifier en un mot la structure de leur mentalité, la force n'était point suffisante. Seule était efficace la pénétration lente d'une paix stable de longue durée, avec tous les bienfaits matériels et moraux qui en découlent.

À cette époque, les trépidations qui secouaient l'Europe ne favorisaient pas une telle situation. La confusion politique des gouvernements qui se succédèrent à la chute de l'Empire entraîna un relâchement d'autorité. Aussitôt, disputes des factions, insécurité, et esprit de vengeance se réveillèrent, explosèrent même, exaspérés par la misère et la faim. Les homicides se multiplièrent : 4349 assassinats de 1821 à 1850, 194 condamnations, dont 65 à mort, prononcées par la cour criminelle de justice en la seule année 1820. On vit même les hommes des maquis s'organiser en bandes disciplinées, braver ouvertement les pouvoirs publics, mettre le siège devant les casernes de gendarmerie, lever des contributions, intervenir dans les affaires publiques et privées, en un mot régner en potentats.

En 1850 pourtant, le gouvernement français reprend la question en mains. Le Prince Président, futur Napoléon Ill, réorganise vigoureusement la répression du banditisme corse. Les poursuites reprennent, les têtes de bandits sont à nouveau mises à prix, et un accord est passé avec le gouvernement sarde afin que la Sardaigne cesse de servir d'asile inviolable aux fugitifs.

Mais tout restait à faire tant qu'on ne s'attaquait pas à une des causes importantes de ces malheurs, l'abus du port d'arme. Les Corses eux-mêmes souhaitaient cette mesure, et en 1852 le conseil général de la Corse, répondant à un appel du préfet en votait l'application. Ils firent plus. Conscients de l'impérieuse nécessité de redonner à la Corse une santé morale, une paix sociale qui lui faisait tant défaut, ils participèrent eux-mêmes à une commission instituée par Napoléon III pour rechercher les moyens non seulement d'éteindre le banditisme, mais aussi de redonner à la Corse une « régénération morale, sociale et économique ».

On décida la création d'écoles, l'ouverture de routes, l'encouragement à l'agriculture, le développement des moyens de communication avec la France et l'Italie, et enfin la prohibition totale du port d'arme... pendant 5 ans ! Cette mesure fut toutefois prorogée par la suite et resta en vigueur jusqu'en 1868, date à laquelle les députés corses eux-mêmes réclamèrent le retour au droit commun. La prohibition avait pourtant puissamment contribué à l'extinction du banditisme, et, réduits à six en 1855, les bandits avaient tous disparus en 1856.

Pourtant, il restait encore beaucoup à faire. Le Second Empire avait maintenu l'ordre et la sécurité dans l'île, mais l'évolution économique et morale y était à peine ébauchée : il y avait encore, dans les montagnes, de vastes régions désertiques, absolument dépourvues de voies de communication, où vivaient dans des conditions d'existence rudimentaires, comme en vase clos, avec leurs vieilles mœurs, des groupements humains composés surtout de bergers nomades et de porchers ; les terres à blé du littoral, assez fertiles, étaient parsemées d'étendues marécageuses où les cultivateurs étaient anémiés à l'extrême au point de devenir inaptes à un effort utile, s'ils n'étaient point décimés par le paludisme. Qu'est-ce, vingt années de discipline sociale, pour modifier une mentalité façonnée par plusieurs siècles d'anarchie ? Qu'est-ce que de rares écoles et l'amorce d'un réseau routier, au regard de ce qui restait à accomplir pour arracher les Corses à leur misère, à leur isolement, faire pénétrer chez eux un peu de bien-être et de progrès social ?

À la première secousse politique, aussitôt après la proclamation de la Troisième République, le 4 septembre 1870, le fragile édifice de pacification chancelait sur sa base. La République c'est la liberté, mais il ne faut pas que celle-ci dégénère en licence. Aux rigueurs du Second Empire, qu'on qualifiait de régime de police, on substituait, par réaction, la tolérance, la bonne camaraderie, les excessives complaisances envers le corps électoral qu'il s'agissait d'amadouer, de séduire, de conquérir, pour implanter définitivement la République ; des luttes ardentes étaient engagées, sans répit, par des hommes nouveaux, pour déloger, petit à petit, les fidèles tenants de l'Empire de leurs sièges électoraux. Ce n'était pas sans peine, sans tumulte, sans de grandes agitations, dans toute la frénésie des factions, autrement dit avec une propension à recourir, le cas échéant, aux vexations, aux illégalités, aux injustices, à mobiliser, au profit du parti, toutes les forces du pouvoir ! Les luttes électorales entretenaient donc, envenimaient les haines locales; des troubles, des drames sanglants surgissaient pour empêcher des inscriptions frauduleuses sur les listes électorales, pour assurer, au moment du dépouillement des votes, la sincérité du scrutin, et ainsi de nombreux criminels gagnaient le maquis.

C'est ainsi qu'en 1885, Ricci, facteur rural, tira sur Moracchini qui l'avait fait rayer de la liste électorale. En 1884, Cristiani avait de la même façon, et pour la même raison, exécuté un nommé Paoli. Aux élections communales de Campiello (1885), un électeur étranger à la commune et qui refusait de se retirer de la salle du scrutin, fut abattu devant la porte alors qu'à Antisanti, cinq personnes restèrent sur le carreau dans la salle des votes au sujet d'un bulletin contesté au moment du dépouillement.

Or, les homicides provoquent les homicides. La situation était d'une particulière gravité en 1886, dans l'arrondissement de Sartène où les bandits intervenaient avec audace dans les élections, heureux de goûter, comme tous les Corses, à l'ivresse du commandement; leur concours était recherché par les hommes politiques qui, en retour, leur accordaient leur protection. En 1886 il y eut, en Corse, 135 attentats contre les personnes. On imputait cette recrudescence de la criminalité à la carence de la justice, à la partialité de l'administration qui soutenait ses partisans per fas et nefas. Un jeune homme de vingt six ans, Antoine Léandri, lançait un fougueux appel aux armes, à l'insurrection, à la guerre civile et se jetait résolument dans le maquis.

Le 8 février 1887, il s'écriait: « Lorsque la loi ne sert plus qu'à l'assouvissement des haines personnelles et politiques, lorsque la justice n'est plus qu'un instrument d'oppression, le fusil devient l'ultima ratio de l'honnête homme ». Traduit devant la cour d'assises de la Corse, il fut acquitté le 1er août 1887.

Cependant l'opinion publique commençait à s'émouvoir sur le continent lui-même. Les interpellations se succédèrent à la Chambre sur le problème corse, et le journalisme avec ses reporters spéciaux s'empara du sujet. Tous condamnent les abus administratifs qui affligeaient la Corse. « Je me suis demandé, écrit Paul Bourde dans le *Temps*, ce qu'il adviendrait de nos paysans de France si on les soumettaient au régime de vexation, à cette absence de protection légale que supporte une partie de la population de l'île. Eh bien ! je suis convaincu qu'ils seraient promptement aussi Corses que les Corses, et prendraient à leur tour les armes pour se venger ».

Une commission se réunit au ministère de l'Intérieur, en mai 1887, pour rechercher les moyens de réprimer le banditisme ; elle rejeta, après examen, toute mesure d'exception comme la suppression du port d'arme et le renvoi des affaires criminelles devant un jury du continent. L'effectif de la gendarmerie fut renforcé ; des crédits importants, pris sur les fonds secrets, mis à la disposition du préfet pour rémunérer des primes de capture ou de destruction de bandits ; la chasse aux hors-la-loi menée avec vigueur et sans répit ; les receleurs impitoyablement traqués, emprisonnés. Les frères Antoine et Jacques Bonelli, dits Bellacoscia, qui gardaient le maquis depuis 1848, et n'avaient point donné signe de vie, pendant tout le Second Empire, qu'on avait vu réapparaître, après le 4 septembre, revêtus du prestige de hors-la-loi invulnérables, qui recevaient la visite d'illustres personnages dans leur repaire de Pentica, furent eux-mêmes l'objet d'expéditions militaires avec un grand déploiement de forces. À Sartène, il fallut une dizaine d'années pour que la région fut radicalement nettoyée de tous les bandits qui l'infestaient, en particulier de Giovanni et du fameux Brico ; des instructions furent données au procureur général et au préfet de veiller à la juste et impartiale application des lois.

Les abus de la justice et de l'administration allèrent, ainsi, en s'atténuant. Les principales causes de désordre se trouvant éliminées, l'apaisement se fit, progressivement, dans les esprits, au fur et à mesure aussi que les luttes perdaient de leur acuité, le parti républicain ayant enfin définitivement triomphé de ses adversaires. Mais le gouvernement de la République fit mieux : grâce à l'application du plan Freycinet, la Corse fut dotée d'un réseau de voies ferrées, précieux instrument de progrès matériel, et, en exécution du plan Jules Ferry, des groupes scolaires s'élevèrent dans la plupart des communes de l'Île, mettant ainsi à portée des nouvelles générations un merveilleux instrument de perfectionnement intellectuel et moral.

Avec l'afflux du bien-être et le développement de l'instruction, le potentiel de meurtre s'abaissa ; les vieilles mœurs sanguinaires perdirent de leur virulence, n'exerçant plus leur dynamisme que sur les consciences de rares montagnards, surtout des bergers nomades cantonnés dans les lieux escarpés, qui, par leur genre de vie, échappaient aux emprises de la civilisation, ou des paludéens de régions malariques, qui avaient leurs nerfs à fleur de peau, incapables de maîtriser les réactions violentes qui surgissaient du tréfonds de leur tempérament.

À la fin du XIXᵉ siècle, on pouvait affirmer que la vendetta avait presque complètement disparu de l'île. Il s'y produisait, certes, et il s'y produit même encore aujourd'hui, des meurtres causés, le plus souvent, par l'alcoolisme ou les surexcitations électorales, lorsqu'ils ne sont pas le fait d'individus chargés de tares héréditaires, mais ces actes de violence restent individuels, n'engagent plus, comme autrefois, la solidarité de la famille qui, au contraire, fait pression sur le meurtrier pour qu'il se constitue prisonnier, une douloureuse expérience ayant appris que l'individu qui prend le maquis se trouve précipité dans un engrenage de crimes dont personne ne peut prévoir le terme !

II

esquisse d'une psychologie de la vendetta et du bandit corse

Une des particularité de l'esprit de vendetta c'est qu'il peut éclater à n'importe quel moment dans une âme, fut-elle celle d'un être doux et calme pour peu qu'une offense grave soit venue éveiller en elle le séculaire besoin de se faire justice soi-même.

Il y a peu de temps encore, malgré la quasi-disparition de ces pratiques, quelques exemples isolés ont prouvé la survivance à travers les siècles de ce prodigieux instinct ancestral.

Le 11 janvier 1931, François Armani, jeune soldat, essuyait les humiliations qu'un solide gaillard nommé Battesti lui infligeait dans un bar d'Ajaccio. Exaspéré par la morgue de Battesti, qui d'ailleurs avait participé à l'enlèvement de sa sœur à Vero, il exprima le regret de ne pas avoir une arme. L'autre sortit son revolver et le lui tendit, le défiant de tirer. Armani fit feu et tua Battesti. Il fut acquitté par la cour d'assises d'Ajaccio le 29 mai 1931. Sept mois plus tard le hasard voulut qu'il rencontra, à un arrêt d'autobus, le frère de la victime, qui venait d'arriver le matin même de Marseille. Sans un mot, par une réaction incontrôlée surgie du tréfonds de son tempérament, Battesti fit feu à six reprises et abattit Armani de quatre balles.

L'histoire du bandit Rocchini offre également un exemple frappant de cette fatalité psychique à laquelle les

Corses ont bien souvent du mal à échapper. Né à Porto Vecchio en 1864, Xavier Rocchini eut une enfance heureuse chez ses parents, de paisibles laboureurs. De caractère doux, ne s'étant jamais livré à la moindre violence, il affichait avec sa famille des convictions républicaines. Or, les élections locales venaient d'échauffer les esprits sur le plan politique et d'opposer les Rocchini aux Tafani, des voisins d'opinions bonapartistes. En septembre 1882, deux chiens des Tafani sont tués. Un proverbe corse affirme : « Celui qui ne respecte pas le chien, méprise le maître ». Les Tafani accusent les Rocchini et leur tuent un chien à leur tour. La tension devient extrême entre les deux familles et annonce un choc fatal. Le 8 septembre 1883, un an après l'incident du chien, le jeune Xavier Rocchini âgé de dix-neuf ans abat dans le maquis un autre jeune homme de dix-neuf ans, Simon Tafani. Sa propre mère, femme jusqu'à ce jour de mœurs paisibles, l'a poussé à ce crime. Voici Rocchini jeté dans le terrible engrenage. Il prend le maquis. Les Tafani aussi. Les nerfs surexcités par l'instinct de conservation, sans frein moral, livré à ses impulsions primitives, Rocchini s'abandonne à la férocité. Il assassine le 4 janvier 1886 une jeune bergère de dix-sept ans qui lui résistait, et ce crime si peu corse, souleva un sentiment d'horreur dans toute l'Île. Puis s'acoquinant avec d'autres bandits, il assassine deux gendarmes. En quatre ans, il est conduit à l'échafaud.

On a peine à s'expliquer que pour une cause si minime, la mort de deux chiens, une telle folie de meurtre se soit emparée des Rocchini et des Tafani. Il y eut à déplorer dans les deux camps, en moins de deux ans, sept morts et quatre blessés. Et pourtant, Xavier Rocchini n'avait rien de bestial. Le Docteur Paoli qui l'observa pendant six jours, matin et soir, à la maison d'arrêt d'Ajaccio, n'a relevé sur son corps aucun stigmate de dégénérescence. Il le juge calme, maître de lui, avec tout au plus « le regard fuyant » et un certain air « narquois et moqueur ». Dans un autre milieu, sa destinée de cultivateur n'aurait certainement pas dévié. Mais l'âme corse a été si durement pétrie, durcie, au cours des siècles, que des instincts de vengeance se maintiennent encore vivaces de nos jours, dans le subconscient de quelques paysans de plus en plus rares, heureusement, d'année en année. Battesti dont nous avons parlé plus haut et Rocchini étaient de ces attardés. Il convient d'ailleurs de noter que dans le cas des Rocchini-Tafani, une telle vendetta engageant la solidarité absolue des deux familles ennemies représente dans la seconde moitié du XIXe siècle un cas tout à fait exceptionnel et anachronique. L'évolution des mœurs, une confiance de plus en plus grande en la justice officielle, la crainte des ruines incalculables d'une guerre de famille à famille, font qu'aux vieux instincts de vengeance viennent s'opposer des réflexes de conservation. Si, à la suite d'un incident fortuit, un meurtre se commet dans un village, l'acte demeure individuel et la famille ne manque pas de faire pression sur le criminel pour qu'il se constitue prisonnier. Le drame de Levie nous permet de saisir sur le vif cette renonciation aux vieilles coutumes de vengeance.

Le 19 octobre 1928, an cours des élections au conseil général de Levie, une discussion violente opposa dans un bureau de vote des adversaires politiques. La discussion générale dégénéra en bagarre, et dans la folie collective qui s'empara des personnes présentes, des coups de feu éclatèrent. On releva deux morts et trois blessés graves. Terrifiés, les assistants fermèrent instinctivement toutes les issues pour empêcher que la contagion du meurtre ne s'étendit à l'extérieur. Les partisans des deux clans frappèrent vainement à coups précipités aux portes d'entrée. Par la suite, les meurtriers furent contraints par leur famille de se constituer prisonniers, et les parents des victimes à leur tour s'inclinèrent devant le verdict d'acquittement prononcé par la cour !...

Si on établissait pourtant, sur des bases scientifiques, la géographie humaine de la Corse, on arriverait à constater que la vendetta est en étroite corrélation avec le cadre permanent et le facteur ethnique. Il n'y a jamais eu de « vendetta » dans le Cap Corse, où habite une race paisible de marins et de commerçants, rarement dans le Nebbio où le sang est un peu plus vif, jamais en Balagne, le jardin de la Corse, pays d'agriculture où la civilisation génoise a le plus profondément pénétré. C'est dans les villages des hautes vallées du centre de l'Île, isolés par leur situation des courants de civilisation que la vendetta s'épanouit le plus. Mais tandis qu'elle s'atténuait et disparaissait même un peu partout avec les progrès de l'instruction, l'ouverture de voies de communication, sa survivance se maintenait dans des groupements humains ayant des caractères ethniques identiques, et d'autre part dans des régions longtemps infestées de malaria.

Les habitants de Palneca, de Ciamanacce, du Fiumorbo, de Guagno, etc. sont bruns, basanés et appartiennent à ce qu'on appelle le type sarrasin, c'est-à-dire un mélange de berbères et d'arabes. Ils forment des Hots ethniques et se différencient des populations environnantes par leur tendance au nomadisme et une férocité native. Sont-ils d'origine lybienne et obéissent-ils à de secrètes influences de race ? Ce qu'il y a de certain, c'est que la vendetta n'a jamais cessé de causer des ravages dans ces groupements humains.

Par ailleurs, les régions malariques ont souvent été le théâtre des vendetta les plus tragiques. L'exemple de la famille Rocchini que nous avons évoquée plus haut en est une preuve. Entre 1880 et 1890 la région de Porto-Vecchio était malsaine, pleine de fièvre et les Rocchini étaient à coup sûr impaludés, par conséquent atteints d'anémie profonde, et d'instabilité nerveuse. Le paludisme est sous-jacent à l'impulsivité de beaucoup de Corses, et concourt à déterminer des réflexes tragiques. Atavisme et paludisme confondus mènent au paroxysme des haines de partisans. Comment démêler la part de l'un et de l'autre ? Que penser par exemple de la mère Rocchini qui se montre implacable parce qu'on lui a tué son chien et pousse ses enfants à s'armer ? Son comportement révèle une psychose de revendication dont l'origine reste mystérieuse. Quoiqu'il en soit, cette famille de laboureurs, jusque-là calme et tranquille, s'est trouvée prise, pour un motif futile, dans l'engrenage d'une vendetta, et on ne peut se défendre de penser qu'une lame venue des fonds des âges a soulevé dans un milieu rendu favorable par la maladie, des passions tragiques assoupies

Il est absolument évident que les habitants des régions jamais infestées par le paludisme sont calmes et pacifiques. Ainsi les habitants des communes voisines de Castellare, de Penta di Casinca, de Vescovato, etc. Après avoir travaillé le jour dans la plaine, ils prenaient la précaution au temps de la maladie d'aller coucher le soir au village, loin des miasmes pestilentiels. Il faut remonter à des époques lointaines, pour retrouver dans ces régions des traces de vendetta. C'est ainsi que récemment à Talasani, un chauffeur d'auto qui avait bu un coup de trop, ayant menacé un de ses camarades d'un revolver, fut désarmé par sa mère qui le gifla en pleine rue en lui criant :

« Malheureux, tu veux nous ruiner ! ».

L'assainissement de la plaine orientale de la Corse, comme de toutes les zones infestées, contribue très largement à la disparition maintenant totale de la criminalité dans l'Île.

La vendetta engendre le bandit. Le meurtrier corse est poussé, d'instinct, à se jeter dans le maquis pour se dérober aux poursuites. Il y trouve le plus souvent un asile sûr. La nature du sol l'y aide dans une certaine mesure. De vastes étendues désertiques séparent en effet les centres habités de l'Île. Au lendemain de la conquête française, les bandits pullulaient dans le maquis. Le commandant en chef Marbeuf crut leur enlever toute retraite en supprimant les maquis. Il y fit mettre le feu. Mais l'opération se révéla vite impraticable et vaine.

Une autre thèse sur le maquis corse est tout aussi illusoire, celle de la fécondité du sol. Quelques savants s'y sont trompés et ont parlé d'un sol propre à toutes les cultures. En réalité tout ce qui est cultivable a été cultivé, et le maquis ne s'étend que sur des terres stériles. Le grand géographe allemand Ratzel a défini la Corse d'un mot « une montagne dans la mer » !

Le sol en réalité y est pauvre, sec, en majeure partie. Les terres réellement fertiles sont limitées aux coteaux d'altitude moyenne, aux plaines alluvionnaires de l'embouchure des fleuves, aux plaines orientale et occidentale, soit un peu moins du huitième de la superficie totale. Les étendues désertiques de la Corse tiennent à la stérilité du sol et non à la paresse des habitants, et il est encore moins exact de dire que si un meurtrier prend si facilement le maquis, c'est parce qu'il a la certitude de s'y trouver en parfaite sécurité.

Les raisons qui poussent un meurtrier à devenir bandit par la suite d'une vendetta sont d'ordre moral : le sentiment atavique, séculaire, tout d'abord, qu'il n'y a pas de justice, puis l'instinct de conservation, car il s'agit d'échapper aux représailles de la famille en inimitié, et enfin le souci de devenir pour les siens un porte-respect. Ce sont là les forces impérieuses auxquelle peu de Corses résistent. Et la population elle même compatit au sort du malheureux que la fatalité a jeté dans le maquis, Elle le plaint d'un mot significatif : « Il est tombé dans le malheur ! » Il ne s'agit que de pitié, jamais de réprobation. Des circonstances imprévisibles peuvent vous acculer soudainement, vous et moi, n'importe qui, à commettre un meurtre et à chercher refuge dans le maquis. Si des sanctions sont à prendre, elles incombent exclusivement à la justice et aux parents de la famille ennemie. Personne n'a le droit de jeter la pierre à un malheureux qui s'est retranché de la société pour avoir accompli ce qu'il considère comme un devoir.

Cette complicité avec les bandits entraînait bien sûr le refus de dénonciation, le respect du droit d'asile si le bandit frappait à votre porte, et même une entraide et une solidarité qui faisaient remplir sa besace et sa gourde tout en gardant le silence total sur sa visite. C'est cette ambiance qui donnait aux bandits une sécurité relative, car elle rendait difficile, et parfois impossible, l'action répressive de la justice.

Tant qu'un bandit ne pressurait pas, ne lésait personne, les lèvres restaient closes, et il pouvait assez aisément se soustraire à la justice. Mais en revanche, s'il devenait selon l'expression corse un « percepteur », c'est-à-dire s'il se livrait à des actes de brigandage, il perdait le bénéfice d'une protection morale quasi unanime, tout au moins d'une neutralité rigoureuse, et ses jours étaient comptés. Car il y a « bandits » et « bandits », et il faut distinguer les « bandits d'honneur », véritables bandits corses, des brigands ordinaires dont les forfaits ont soulevé la réprobation de la population.

Les véritables bandits corses ont toujours joui d'un prestige dont on ne peut se faire une idée. Des légendes se formaient spontanément autour de leur nom. Leurs prouesses, magnifiées, étaient contées avec de longs développements pendant les soirées d'hiver. Leur gloire était chantée dans des lamenti qui ne tardaient pas à faire le tour de l'île. Ils se dressaient dans les imaginations paysannes comme des personnages quasi fabuleux, et ils demeuraient en effet, invisibles et mystérieux, maîtres de l'heure, semant la mort à la minute qu'ils avaient choisie, la balle infaillible, frappant d'inhibition jusqu'aux gendarmes chargés de les poursuivre. Dans leurs rencontres avec les bandits, ceux-ci le plus souvent étaient si paralysés de frayeur qu'ils tiraient à tort et à travers et se faisaient décimer comme des lapins.

L'admiration craintive que les Corses ont manifestée de tout temps pour les bandits est loin d'être épuisée. Dès qu'un pauvre hère, qu'on tournait la veille en dérision, prend le maquis, il grandit aussitôt dans les imaginations, se voit entouré de respect, devient un personnage à ménager. De la même façon, le meurtrier devenu bandit subit lui aussi une métamorphose. Par autosuggestion il se hausse à son nouveau rôle, et on est tout surpris de voir l'être falot de la veille s'exprimer avec assurance, sur un ton même comminatoire, comme si il avait vaguement conscience qu'il a une attitude à garder, une autorité à maintenir. D'ailleurs un bandit qui ne sait pas s'imposer ne trouvera aucun concours, et on peut le considérer à l'avance comme irrémédiablement perdu.

Si pénétré qu'il soit de son nouveau rôle, le bandit doit s'adapter à sa nouvelle existence. Il lui faut passer d'interminables heures d'oisiveté dans la solitude qui l'entoure. Il lui faut apprendre à chasser l'angoisse de la vie à défendre, de jour et de nuit, alors que le moindre bruit d'une branche qui frémit fait battre son cœur à coups précipités. Il n'est pas étonnant dans ces conditions que la plupart des bandits, pour ne pas s'abandonner au découragement boivent avec excès et deviennent à la longue alcooliques. D'autres, en très petit nombre cèdent à des moments d'orgueil qui entraînent leurs pertes. Conscients de la terreur qu'ils inspirent, ils se laissent aller au despotisme, à la folie des grandeurs, et s'octroient volontiers des royautés : roi de la montagne corse s'intitule le fameux Théodore Poli au début du XIXe siècle, roi de la Cinarca se proclame Romanetti, roi du Celavo, etc. Bartoli se décernait plus modestement le titre de Gouverneur des cantons de Zicavo et de Sainte-Marie de Sicché ! Leurs royautés, bâties sur des nuées, ne pouvaient qu'être éphémères, mais leur mégalomanie décèle bien qu'ils sont de constitution paranoïaque.

Par ailleurs, tous les bandits sans exception ont, fortement enracinée, la croyance superstitieuse dans les scapulaires, les chapelets, les crucifix, les médailles bénites, les prières cousues sous la doublure du veston ou du gilet pour les préserver de la mort. On a trouvé deux crucifix sur le cadavre de Bartoli, un Saint-Antoine sur celui de Castelli et le corps de Spada était couvert d'objet de piété. Livrés à eux-mêmes dans la vaste solitude du maquis, et en perpétuel danger de mort, ils ont recours, instinctivement, à la protection divine.

Pour pouvoir se maintenir longtemps au maquis, il faut un ensemble de qualités morales et physiques peu communes. Ces qualités sont formulées par un des derniers bandits d'honneur, Micaelli, dans une brève autobiographie écrite en 1927 alors qu'il vivait au maquis depuis plus de vingt ans :

« Pour tenir longtemps il faut une parfaite intelligence, savoir tenir son monde psychologiquement, que le moindre détail soit remarqué, ne se mêler de rien, ne pas faire de politique, ne pas outrager l'honneur des femmes, respecter tout le monde, le riche et le pauvre, n'être pas ivrogne, ne rançonner personne. Contre les bavards et les espions, la matraque. Il faut être énergique pour faire respecter sa peau, ne pas voyager sur les routes fréquentées, ni sur les ponts, s'en rendre compte avec la plus grande prudence, ne jamais emmener de guide. Je crois remplir toutes ces conditions, du moins je le prétends. D'ailleurs 20 ans de vie terrible n'est-elle pas une preuve éclatante ?…

« Je ne demeure jamais deux jours au même endroit, chaque chien qui aboie me fait dresser les oreilles, si dans la nuit, quelque bruit les touche, je me réveille vite de mon sommeil à demi… Je suis très sobre, je ne bois qu'un peu de vin, le plus souvent de l'eau… Bien souvent il m'arrive de rester un jour sans manger ma santé est excellente, jamais malade… ».

Et il avoue en terminant qu'il n'a de haine que pour les gendarmes et les espions.

Les écrivains qui avaient orné d'un grand panache les bandits corses n'avaient sur eux aucune donnée exacte et se méprenaient complètement sur leur mentalité. Sous l'apparence de brutes sanguinaires, ils étaient souvent des obsédés, des anxieux, des paranoïaques qui aboutissaient à la psychose de revendication, à l'hypertrophie du moi, à l'égocentrisme, mais de toutes façons, ils étaient toujours de pauvres malheureux.

Leur race est maintenant éteinte. Ils ne trouveraient plus de raison d'exister dans la société corse actuelle. Le virus de la vendetta ayant été éliminé des mœurs insulaires, le bandit corse qui en est la conséquence n'a plus de raison d'être.

Nous pourrions, certes, voir encore apparaître dans l'île des brigands, issus des bas-fonds de Marseille et de Toulon, mais leur existence dans le maquis serait de brève durée.

III
quelques histoires de vendetta les plus célèbres et disparition du banditisme

Parmi les milliers de vendetta qui se sont déroulées en Corse, quelques-unes sont particulièrement restées dans les mémoires soit pour leur férocité, soit pour leur durée, soit pour l'importance des familles qu'elles ont éprouvées, soit enfin pour l'étrangeté de leurs meurtres.

Colomba

Il est une légende qu'il faut toutefois détruire, c'est celle de Colomba dont Mérimée fit une de ses gloires avec sa célèbre nouvelle. Car bien entendu la vendetta et le banditisme qui sévissaient en Corse depuis des siècles ne pouvaient manquer de devenir une source d'inspiration littéraire. Grâce à la Colomba de Mérimée le monde entier eut tout à coup la révélation du tragique des mœurs corses. Mais que de marge entre ce récit romancé et la réalité !

Mérimée avait reçu d'une part à Fozzano les récits d'une nommée Colomba Bartoli qui avait pris une part active à une vendetta et d'autre part à Sartène ceux de Jérôme Roccaserra responsable du formidable « coup double » que notre auteur attribue à Della Rebbia, frère de Colomba dans sa nouvelle. Ainsi, de deux récits véridiques, totalement différents, il fit un récit littéraire dans lequel les bandits sont d'aimables lettrés qui lisent volontiers Virgile, volontairement dépouillés de la rudesse des hommes du maquis. Colomba an contraire conserve dans ses principaux traits la sauvage énergie de la femme corse de l'époque, mais néanmoins visiblement modelée sur un type littéraire connu depuis la tragédie grecque.

En réalité voici quelle fut la véritable histoire de Colomba.

Depuis un temps immémorial le village de Fozzano était divisé en deux partis ennemis, le parti Durazzo Paoli et le parti Carabelli-Bartoli. En 1830, un membre du parti Durazzo abandonna son clan pour rallier celui de l'ennemi. S'y mêlait-il une question de femme? Probablement, mais on lui en garda une sourde rancune. Rien n'est plus lâche, plus vil, pour un vrai Corse que de trahir son parti. Et bientôt un membre de son ancien clan chercha querelle au transfuge pour un motif futile, parce qu'il l'avait, disait-il, regardé de travers. Des amis accoururent des deux côtés, des coups de feu éclatèrent. Dans le camp Durazzo, un tué et trois blessés. Dans le camp Carabelli, deux morts dont le transfuge.

Arrêté, l'auteur des meurtres du parti Carabelli fut traduit le 17 mai 1831 devant la cour royale de Bastia et acquitté. Le lendemain, comme il se dirigeait vers son hôtel en compagnie de son frère et de son neveu, trois coups de feu furent tirés sur eux sans les atteindre. Bientôt après, par représailles, un Carabelli qui se rendait à Sartène avec une nombreuse escorte, était tué près de Propriano. Les maisons des Carabelli et des Durazzo à Fozzano étaient crénelées et barricadées. Dans les deux camps on se conduisit en belligérants, usant de toutes les armes, de toutes les ruses, même les plus odieux guet-apens.

Colomba Bartoli était l'animatrice, l'âme du parti Carabelli! Femme forte et farouche, elle devait affirmer une belle trempe de caractère. Son fils unique périt dans l'épilogue de cette dramatique histoire. De sang bouillant, il avait minutieusement organisé une embuscade contre les Durazzo. Posté derrière un mur avec plusieurs hommes de son clan, il guetta le passage du chef des Durazzo se rendant avec ses fils et ses ouvriers sur ses chantiers. Une terrible fusillade s'ensuivit qui fit deux morts dans chaque camp, dont le fils de Colomba. La vendetta ne prit fin qu'après la signature d'un septième et dernier traité de paix sur lequel Colomba apposa sa signature.

L'affaire Ogliastroni

Une vendetta implacable divisa aussi pendant 20 ans deux familles honorables de Casalabriva. Tout commença aux élections législatives de 1872. Le jour du scrutin, deux jeunes gens portant tous deux le nom d'Ogliastroni, mais de familles différentes, se prirent de querelle, firent feu simultanément et tombèrent frappés à mort. Les pertes étant égales dans chaque camp, une réconciliation put se faire aisément entre les deux familles. Or, à quelque temps de là, le beau-frère d'une des victimes, Antoine-Marc Peretti, rencontra à la campagne un Cesari cousin de son ennemi et, après échange de provocations, le tua. Par représailles, Antoine-Marc Peretti est tué à son tour au cours d'une embuscade tendue de nuit. Plus tard, un autre Ogliastroni est tué par un fils d'Antoine-Marc Peretti. Finalement, un autre fils de ce dernier est tué. On se décida alors à mettre un terme à l'effusion de sang.

L'affaire Peraldi

En 1906, des meules de foin appartenant à Jean Toussaint Peraldi et à son associé Michel Valéry furent incendiées en différents points de la région de Cauro. Les Peraldi ne se connaissaient qu'un ennemi, Jean Baptiste Martini, garde-forestier. Des recherches régulièrement entreprises ne donnèrent aucun résultat. Pourtant, un an après, Jérôme Peraldi, frère de Jean Toussaint allait déclarer au parquet d'Ajaccio sous la foi du serment que le domestique de Jean-Baptiste Martini, Paul Appietto, s'était vanté, un soir d'ébriété en un lieu public, d'avoir provoqué ces incendies sur l'instigation de son maître. Après une longue instruction, la culpabilité des deux hommes fut retenue mais la cour d'assises les acquittait le 17 décembre 1907.

À cette époque, Jean-Toussaint Peraldi, gravement malade, gardait le lit depuis plusieurs mois et se trouvait dans l'impossibilité d'agir. Son frère Jérôme qui habitait Grossetto, homme cultivé, bourgeois de mœurs paisibles, qui paraissait affranchi des vieilles coutumes de vengeance, eut le cœur si ulcéré par le jugement de Bastia qu'il devint sombre, n'agit plus que comme un somnambule, sous l'influence de forces ataviques qui lui ordonnaient de revendiquer l'offense faite à l'honneur familial. Il mit en hâte toutes ses affaires en ordre, s'arma d'un fusil, se plaça à l'affût, sur une éminence, abrité par des branchages d'arbres, et au passage de ses ennemis à la nuit tombante, il les abattit froidement, convaincu d'avoir réparé une iniquité de la justice. Le lendemain, délivré de son envoûtement, il disparaissait et ne devait plus jamais donner signe de vie. Est-il passé à l'étranger ? A-t-il vécu en solitaire, puis est-il mort dans les profondeurs du maquis ? Nul ne le sait.

L'affaire Pinelli-Poli

Deux candidats étaient en présence aux élections pour le conseil d'arrondissement du canton de Soccia en 1892, Philippe Pinelli d'une part, Antoine Poli d'autre part. Les suffrages donnaient l'avantage à ce dernier dans certaines communes, mais à Orto, la majorité acquise à Pinelli était plus que suffisante pour modifier le résultat final et assurer son élection.

Empêcher la proclamation du résultat d'Orto, tel fut le parti auquel on s'arrêta dans le camp Poli, et voici comment on procéda. Pendant le dépouillement, alors que sur les 85 bulletins trouvés dans l'urne ou en avait déjà lu 76, dont 55 portant le nom de Pinelli, et 21 seulement celui de Poli, un membre du bureau déchira la feuille de pointage et la liste d'émargement. Les bulletins non dépouillés n'étant attribués à personne, la majorité restait quand même acquise à Pinelli.

Mais le lendemain, alors que le bureau de recensement devait se réunir à Soccia, Antoine Poli, assisté de son père, rassemblait chez lui ses partisans, leur distribuait des armes, de la poudre, des balles, et leur disait : « Écoutez-moi et je réponds de tout ! »

Une heure après, une bande de 52 hommes dont 34 armés de fusils marchait sur Soccia. À la nouvelle que des hommes en armes marchaient sur le village, le Maire prit hâtivement un arrêté interdisant à tout individu armé de pénétrer dans la commune et de se tenir à une distance de 200 mètres de la maison d'école où devait se réunir le bureau de recensement.

Après avoir pris connaissance de cet arrêté, le maire du village d'où étaient partis les rebelles s'écria : « Ni cet arrêté, ni les gendarmes, ni les habitants de Soccia ne nous empêcheront d'entrer dans le village, et le sang coulera ». Au cri de « En avant », la colonne s'ébranla, se heurta aux agents de la force publique, la fusillade éclata et deux gendarmes s'écroulèrent criblés de balles.

Quarante-six des rebelles furent traduits en cour d'assises à Bastia. L'un d'entre eux fut condamné à la réclusion perpétuelle, trois aux travaux forcés à perpétuité, deux à vingt ans de travaux forcés, sept à quinze ans, deux à dix ans de réclusion, plusieurs à des peines variant de six ans de réclusion à trois ans de prison, et vingt furent acquittés. Un des plus compromis réussit à prendre le maquis, et après y avoir mené l'existence errante du bandit, il fut finalement abattu par les gendarmes.

L'affaire Paoli-Sanguinetti

Il s'agit là d'une des plus longues et des plus terribles vendetta de la Corse.

En 1880, une petite discussion d'intérêt concernant un arbre revendiqué par chacun d'eux oppose Antoine François Paoli à Thomas Sanguinetti à Venzolasca. Orgueilleux, arrogants, pointilleux et ne souffrant point qu'on put discuter leurs droits, ils s'affrontèrent comme des enragés, et des menaces en arrivèrent aux coups de fusil, heureusement sans blesser personne.

À quelque temps de là, le fils d'Antoine-François, Sauveur Paoli, épouse une Sanguinetti. On pouvait penser que la paix s'établirait entre les deux familles. Il n'en fut rien. Les querelles continuèrent à éclater pour des motifs insignifiants. Dans les deux camps on se montrait d'une extrême nervosité. Un jour, un fils Paoli, un nommé Richard, se vit dresser procès-verbal par le garde-champêtre, Ambroise Sanguinetti, pour dommages causés par son troupeau de brebis. Il en garda une sourde rancune qui trouva l'occasion de se manifester quelque temps après. Au cours d'un plantureux repas que lui-même offrait comme il est d'usage à l'occasion de la tonte de ses brebis, Richard prit violemment à partie le garde-champêtre Sanguinetti, puis finalement tira sur lui un coup de revolver et le blessa assez grièvement. Richard Paoli fut poursuivi et condamné à la prison.

Il y eut alors comme une frénésie de sang qui s'empara des familles Paoli et Sanguinetti. Sauveur Paoli, celui qui avait épousé une Sanguinetti, est abattu en plein jour par les parents de sa femme. Quelques temps après, Richard Paoli tue un Sanguinetti, et succombe à son tour sous les coups de ses ennemis.

Les Paoli, désespérés, quittent Venzolasca, abandonnant leurs propriétés, et se réfugient à Bastia. Il y eut alors une longue période de tranquillité. Cependant en 1909, soit 29 ans après la discussion initiale, l'affaire devait rebondir. Un certain Dominique Sanguinetti, soldat au quatrième régiment d'infanterie coloniale à Toulon, déserte à la suite d'une voie de fait à l'égard d'un gradé. Véritable bandit, il tue, en cours d'évasion, un douanier qui fait mine de vouloir l'arrêter et parvient à gagner la Corse. Aussitôt, il blesse gravement d'un coup de fusil un des Paoli réfugiés à Bastia.

Alors la haine reprend avec d'autant plus de virulence que Paoli Jean-Thomas qui avait été condamné aux travaux forcés à perpétuité, au début de la première vendetta, venait de s'évader du bagne et s'était mis à donner la chasse aux Sanguinetti. D'un côté il y avait Jean-Thomas Paoli et deux des siens, de l'autre Dominique Sanguinetti et Timothée Peretti. Les crimes se succèdent dans une atmosphère de terreur et de mort. Un jour, à Querciolo, un forgeron est tué au moment de ferrer un mulet. Le père de Dominique Sanguinetti est également tué près de ses bottes de foin. Le lendemain, un berger est abattu par représailles à un kilomètre de là, sous le soupçon d'avoir servi d'indicateur aux Paoli.

Les hostilités se poursuivent avec cette cruauté jusqu'en 1916. Une brigade mobile est créée pour la destruction des bandits de la région mais ses efforts restent vains. En août 1916, la présence de Dominique Sanguinetti et celle de Timothée Peretti est signalée dans une bergerie du Niolo. Pendant la nuit la cabane est cernée. À quatre heures du matin, Sanguinetti sort de la cabane, sans fusil, pour satisfaire un besoin, et tombe foudroyé. Peretti, blotti à l'intérieur de la cabane, tire sans répit mais ses coups ne portent pas. Sommé de se rendre, il refuse. On amasse alors du bois mort autour de la cabane et on y met le feu. Peretti périt au milieu d'horribles souffrances.

Ainsi prit fin la vendetta des Paoli et des Sanguinetti ! Gens altiers, dominés par l'orgueil, qui pour un futile motif d'intérêt, s'entre-tuèrent sauvagement jusqu'à extermination complète des deux familles.

On pourrait citer des centaines d'histoires de ce genre, mais il importe surtout de distinguer le véritable « bandit d'honneur » du vulgaire bandit, en général brute sanguinaire et névrosée dont rien ne justifie l'arrogance et la férocité. Les premiers jouissent toujours d'un immense prestige, les seconds furent la plupart du temps abattus soit par la population elle-même, soit avec son concours actif.

La guerre de 1914 marque d'ailleurs un tournant dans l'histoire du banditisme corse. Lorsqu'elle éclate, quatre bandits seulement sont au maquis et ont acquis une certaine notoriété. Ettori et Micaelli d'une part, Castelli et Romanetti d'autre part. Les deux premiers appartiennent encore à la race noble des bandits. Jean Simon Ettori en particulier, compromis à 26 ans, dans une affaire d'extorsion de signature qui causa la mort d'un homme et la cécité d'un second, vécut en solitaire dans le maquis pendant 26 ans Il y mena une vie exemplaire, ne recevant de subside que de ses parents. Il alla même jusqu'à tenter de racheter ses fautes en s'efforçant de faite le bien dans la mesure de ses moyens. C'est ainsi qu'en 1925, il obligea les frères Massaroni, meurtriers d'un jeune homme, à se constituer prisonniers. En 1930, il exécuta un malfaiteur dangereux, en 1931 il empêcha des bandes organisées de hors-la-loi de venir commettre des exactions dans sa région. S'étant constitué prisonnier, il fut finalement acquitté en cour d'assises en 1932.

À l'opposé, Castelli et Romanetti se signalaient à l'attention publique, l'un par sa féroce cruauté, l'autre par sa recherche de panache. À la déclaration de guerre, le désarroi s'installa pendant quatre ans dans les services d'ordre. Les bandits servirent de pôles aimantés aux déserteurs. Tandis qu'Ettori et Micaelli répudiaient toute solidarité avec ceux-ci, que Castelli suspendait son œuvre de mort, Romanetti attirait à lui les insoumis, les repris de justice. Il se faufilait la nuit à Ajaccio, se montrait dans les lieux de plaisir entouré d'une garde redoutable, déjouait les embûches qui lui étaient tendues, et par ses attitudes romantiques, son prestige auprès des femmes, aidait à la formation d'une légende autour de son nom. Au lendemain de la guerre, il est nimbé de l'auréole d'un Roi du maquis, les touristes, les curieux, vont le visiter dans son Palais vert. On l'encense, on recherche son concours dans les luttes politiques, il se laisse griser par les fumées de l'orgueil et aussi de l'alcool, devient tyrannique et se fait abattre misérablement dans la nuit du 25 avril 1926.

Mais il a laissé en disparaissant, dans des cervelles frustres de montagnards la saisissante idée qu'un hors-la-loi énergique et audacieux peut devenir un personnage célèbre et réaliser de fabuleux profits. Il devait éveiller des vocations, et Bartoli, Spada, Bornéa et Caviglioli n'allaient pas tarder à marcher sur ses traces.

Au milieu de la veulerie générale, enhardis par une inertie prolongée de la gendarmerie, ces bandits-là prenaient le maquis sans aucun motif réel de vendetta, se taillaient avec une rare audace de véritables fiefs dans l'arrondissement d'Ajaccio et y prélevaient la dîme sur une catégorie de citoyens, exploitants de forêts, concessionnaires de services de transports en commun, hôteliers. Ils n'avaient plus rien de commun avec les bandits corses d'autrefois, de pauvres montagnards qui, après avoir commis un meurtre pour venger ce qu'ils croyaient leur honneur, se terraient dans les bois où ils vivaient misérablement, de pain, de fromage et d'un peu de viande fumée. Ces seigneurs du maquis, eux, roulaient en auto, buvaient du champagne, portaient du linge fin, entendaient mener bonne et joyeuse vie et tirer le maximum de profit de la terreur qu'ils inspiraient.

Mais d'où pouvait provenir la passivité des forces de police ? Probablement du fait majeur que les brigades de gendarmerie, isolées, à effectif restreint, surchargées de besognes administratives, ne disposaient pas de forces suffisantes pour affronter avec des chances de succès des hors-la-loi parfaitement organisés, pourvus de services de renseignements perfectionnés !

Une opération de grande envergure devenait nécessaire, urgente, et à moins de faiblesse coupable, ne pouvait plus être différée. Le gouvernement français en la décidant ne fit que suivre l'exemple donné par les deux génies les plus représentatifs de la race corse, Pascal Paoli et Napoléon. Le résultat ne se fit pas attendre.

Dès novembre 1931, les gardes mobiles prirent possession de la maison de Bartoli, du repaire de Spada, et mirent sens dessus dessous les habitations des parents et amis des bandits. Harcelés, traqués, sans trêve ni merci, les hors-la-loi commencèrent à se constituer prisonniers. Cependant les bandits les plus redoutables, dont Spada, réussirent à franchir les barrages des forces de police, brouillèrent les pistes, s'enfoncèrent dans le maquis, se dissimulèrent dans les grottes et les retraites impénétrables, apparaissant parfois le soir, au seuil des maisons isolées, implorant l'aumône d'un morceau de pain.

Dépouillés de leur prestige, ils ne songèrent plus qu'à échapper aux étreintes de la police. Celle-ci ne cessa de les poursuivre avec une ténacité inlassable, et tous finirent par succomber. C'est aux environs des années 1930-1935 que l'on peut situer la fin, cette fois certainement définitive, du banditisme en Corse, et de ses héros de grande et petite envergure.

DEUXIÈME PARTIE

histoire des principaux bandits

ne sont pas reproduits ici les passages relatifs
aux bandits Romanetti, Spada et Bornea,
pour lesquels on se reportera ci-après
aux ouvrages de Pierre Bonardi et de Maurice Privat

IV

Jean-Camille Nicolaï

Jean-Camille Nicolaï correspond au type même du « bandit d'honneur ». Ayant gagné tout jeune le maquis pour une réelle affaire d'honneur, il sut se préserver dc toute souillure pendant sa courte carrière de hors-la-loi.

D'une honorable famille de Carbini, il avait fait de bonnes études au collège d'Ajaccio, et à l'âge de vingt ans, en 1863 il se trouva brusquement placé devant ce qu'il considérait comme un impérieux devoir.

Son frère aîné, Napoléon, avait enlevé après une cour assidue, Catherine Lanfranchi, fille d'un riche et orgueilleux propriétaire terrien de Porto-Vecchio. Le Père de la jeune fille réagit vivement sous l'outrage. Il exigea la restitution de son enfant, déposa plainte pour enlèvement de mineure et fit condamner le ravisseur.

Puis il jugea insuffisante la réparation accordée par, les Tribunaux et déclara la vendetta aux Nicolaï.

Un jour, il rencontra Napoléon dans un bois, des coups de feu éclatèrent simultanément, et le jeune homme tomba baigné dans son sang. Lanfranchi s'approcha alors du cadavre de son ennemi, le contempla avec une joie féroce, alluma un feu, l'y jeta tout habillé et disparut.

Jean-Camille Nicolaï qui a perçu de loin les coups de feu, arrive sur les lieux et trouve son frère en proie aux flammes. Il jure de le venger ! Sang pour sang !

Or Lanfranchi, qui avait été traduit devant la cour d'assises de Bastia a été acquitté et remis en liberté. Jean-Camille ne cesse alors de le poursuivre. Une première tentative de meurtre ayant échouée, il alla se blottir à Porto-Vecchio, dans une maison voisine de celle de son ennemi. Il y passa trois jours, à l'épier, presque sans manger ni boire. Le matin du quatrième jour — c'était un 14 juillet — Lanfranchi, républicain farouche, sortait sur la place située derrière sa maison pour dire aux gendarmes : « Tout est en joie aujourd'hui, même les bandits ! » Il était abattu à cet instant de deux balles en pleine poitrine.

Jean-Camille aussitôt, saute par la fenêtre, passe devant le cadavre qu'il dévisage, gouailleur, se faufile au milieu des gendarmes atterrés, et disparaît dans la campagne environnante.

Le voilà bandit, c'est-à-dire condamné à vivre dans le maquis. Il éprouve une peine infinie à s'adapter à cette rude existence à laquelle il n'était nullement préparé et il exhale sa douleur dans un lamento en dialecte corse, rempli d'une profonde mélancolie :

« Je fais peu de cas de ma malheureuse vie et n'ai aucun effroi de savoir la mort proche, car je ne suis qu'un oiseau des bois qui erre du mont à la plaine. Maudit soit le jour, où vous naquîtes, ô Catherine !

« Maudit soit le jour où vous avez donné votre cœur à mon frère qui le reçut avec un si fervent amour ! Que tes parents soient sept fois maudits pour avoir causé tant de malheurs sans aucun motif honorable ! »

Enclin au romanesque, il avait l'imagination vive. À Ajaccio où il faisait des apparitions, on le vit fréquenter les principaux établissements de la ville, mis comme un gentleman, pousser même l'audace jusqu'à aborder, sur le cours Napoléon, sous prétexte de lui demander Un renseignement, le préfet de la Corse !

Grand, élancé, de fière mine, il fit de plus la connaissance d'une riche américaine qui passait l'hiver à Ajaccio. Avait-elle exprimé le désir de connaître un bandit ? Le fait est qu'il se promena souvent avec elle, lui inspira une réelle sympathie. La jeune femme, probablement en quête d'émotions fortes, lui proposa un jour de simuler un enlèvement à l'aide d'une bande d'hommes armés jusqu'aux dents. Elle serait enlevée au moment où elle ferait une excursion à Cargèse, en voiture découverte ! Le lendemain, disait-elle avec ingénuité, tous les journaux d'Europe et d'Amérique, parleront de nous ! Je vous aiderai ensuite, mon très cher, à quitter la Corse et à gagner à l'étranger un nid bien douillet !

Jean-Camille parut acquiescer à ce caprice, mais, sur ces entrefaites, s'étant rendu dans sa famille, il fat surpris le 19 avril 1888, dans une noce, sous un déguisement de femme, et abattu par les gendarmes.

V

François Bocognano

Pourquoi la fatalité s'abat-elle, à un moment donné, sur un individu, ou même, successivement, sur tous les membres d'une famille? Ces malheureux apportent-ils, en naissant le germe de leur destin, ou ne sont-ils que le jouet de forces aveugles? C'est ainsi que la famille Bocognano, de Cuttoli-Corticchiato, près d'Ajaccio, s'est trouvée violemment jetée, un beau jour, hors de la voie normale. Le 28 janvier 1893, on apprenait, avec un sentiment d'horreur, que les cadavres de deux individus, à moitié carbonisés, avaient été trouvés, à Capobono, à quelques pas d'une maisonnette appartenant à la famille Bocognano, honorablement connue dans la région. Les constatations médico-légales apportèrent d'amples précisions. Les deux corps gisaient à terre, dépouillés de leurs vêtements, montrant d'horribles blessures; l'un, celui de Corticchiato Pierre, avait le crâne entièrement ouvert; des débris de cervelle étaient coagulés sur le sol; le ventre avait été sauvagement entaillé, et, par un trou béant il laissait échapper les intestins; il Portait, des pieds à la tête, des traces de brûlures; l'autre corps, celui de Cruciani Nicolas, avait la face tournée contre terre et il était fortement roussi par les flammes.

On apprenait ensuite que, la veille au soir, vers huit heures, trois individus en état d'ébriété, Corticchiato Pierre, Cruciani Nicolas, Bacchiolelli Joseph, s'étaient présentés à la Maisonnette Bocognano, et avaient demandé à boire. Dans cette Maisonnette il y avait un cellier, et on y débitait, parfois, aux ouvriers agricoles de passage, un peu de vin recueilli dans des dame-jeannes lorsqu'on avait fait le plein des tonneaux. Ce sOir-là était un samedi, et les trois travailleurs, leur semaine terminée, avaient déjà fait des stations dans d'autres caves avant de remonter à Cuttoli pour y passer le dimanche en famille. Ils furent reçus par, François Bocognano, un jeune homme de dix-neuf ans, qui avait fait toutes ses classes à l'école communale de garçons d'Ajaccio, et, depuis bientôt deux ans, aidait son père dans ses travaux agricoles. il était là, d'ailleurs, Pour tailler sa vigne. Il servit à boire avec empressement. Les gens de Cuttoli sont de forts buveurs ; Ils produisent un vin très capiteux, riche en alcool et tanin, et on dirait qu'au lieu de désaltérer, il met des flammes dans le gosier.

Après avoir vidé une dame-jeanne de vin, les trois hommes avinés réclamèrent encore à boire. Il n'y a plus de vin, leur dit Bocognano ; nous nous en fichons, répliquèrent-ils, nous voulons boire, mets un tonneau en perce ! Que se passa-t-il exactement ? Le seul survivant, Bacchiolelli, qui était ce soir-là ivre-mort, n'avait conservé que des souvenirs confus : il se rappelait, néanmoins, qu'une contrainte avait été exercée sur le jeune homme : on lui avait jeté violemment le rimbecco, il avait eu un oncle tué et il ne l'avait pas vengé. On l'avait menacé de lui faire subir le même sort qu'à son oncle s'il ne s'exécutait pas ! Propos d'ivrognes, sans consistance, ou menaces réelles qui affolèrent sa raison ? Sait-on exactement les réactions qui se produisent, dans certaines âmes obscures ? François Bocognano mit le tonneau en perce, les fit boire, et encore boire, but lui-même en leur compagnie, hanté par une idée fixe, les nerfs exaltés, et, quand ils tombèrent ivres-morts, il fonça sur eux, à coups de stylet ; Bacchiolelli, dégrisé par une blessure reçue au flanc, s'enfuit dans la nuit, en titubant. Le jeune homme continuait à frapper, dans une orgie de sang, à coups de stylet, puis à coups de pioche, de pelle, en véritable dément. Tout le sol de la maisonnette était inondé de sang ; les deux corps gisaient à terre, masses informes. Quelle lueur traversa son cerveau ? Pensa-t-il vraiment, dans son hallucination, pouvoir faire disparaître la trace de son crime ? Comme un somnambule, il transporta au dehors les cadavres des deux victimes, leur arracha leurs vêtements, amoncela sur eux des branchages de bois, en grande quantité, et y mit le feu. Il se forma bientôt un brasier, mais les corps étaient encore là, à peine léchés par les flammes, parfaitement reconnaissables. Alors il remonta vers Cuttoli pour donner l'éveil à sa famille, se munit d'armes et de vivres, et partit pour sa nouvelle destinée.

Le crime découvert, les souvenirs se mirent à affluer chez tous ceux qui avaient connu Bocognano. On se rendit compte alors de la terrible commotion nerveuse que dut éprouver le jeune François Bocognano, un psychopathe, lorsque, dans la nuit du 25 janvier 1893, on lui jeta à la face le rimbecco de n'avoir pas tiré vengeance de la mort de son oncle !

Pour un paysan endurci aux rigueurs des saisons, et habitué à coucher sur la dure, et même à vivre de privations, gagner le maquis est chose relativement aisée. Pour un jeune homme qui vient à peine de quitter l'école, l'adaptation est plus longue et plus difficile. François Bocognano mit de longs mois à étouffer, en partie, la perpétuelle angoisse qui l'étreignait dans la profonde solitude du maquis. Son père s'efforçait de l'animer de son courage. Il se montrait rarement le jour, ne demandait asile, protection, qu'aux parents qu'il avait dans les villages, ne se fiait qu'à des guides sûrs dont il avait éprouvé le dévouement. Sans s'en douter, il semait l'épouvante partout où sa présence était signalée, tellement l'horrible crime de Capobono avait frappé les esprits. Ses ennemis n'osaient pas l'affronter. Mais la crainte d'être trahi, livré, ne cessait de le miner. Il fallait se défier aussi bien des gendarmes que des parents de ses victimes ! Il avait recours à la protection divine, garnissait ses poches de crucifix et de statuettes de Saint-François, ne s'endormait pas sans avoir dit pieusement le rosaire !

Un jour, au cours de l'été 1897, on fit entrer dans son âme le soupçon qu'un petit cousin, Salini, de Tolla, qui l'avait souvent hébergé, soutenu, accompagné, voulait le livrer. S'il avait eu le sang-froid de procéder à une enquête, il aurait constaté l'inanité de cette accusation. Mais, dans un cerveau malade, allez demander des actes logiques ! Sous une poussée irrésistible, le 17 août, Bocognano arriva à Tolla, en plein jour, fit demander Salini qui arriva sans méfiance, et lorsqu'il le tint sous le canon de son fusil, il lui intima l'ordre de se mettre à genoux, au milieu de la place, et l'abattit de deux coups de feu. L'action fut si instantanée, la consternation si vive, qu'il pût se retirer sans être inquiété par les habitants terrorisés.

Salini avait un frère, un garçon énergique, résolu, qui avait vécu longtemps en Amérique où il avait acquis une belle aisance. Toutes affaires cessantes, il s'arma pour accomplir sa vendetta, se mit à la tête de quelques parents et donna hardiment la chasse au bandit. Bocognano ne vivait plus que comme une bête pourchassée. Sur ces entrefaites, sa mère mourut dans des conditions étranges. Madame Bocognano rentrait à Ajaccio par, la route nationale, montée sur un cheval paisible, lorsque, à la hauteur de la gare, à un coup de sifflet aigu de la locomotive annonçant l'arrivée du train, la bête sursauta, fit un grand écart, et la vieille femme fut projetée sur le sol, tuée sur le coup d'une blessure à la tête. Le bandit en augura un funèbre pressentiment. Il devait, plus que jamais, se tenir en garde contre Salini qui faisait épier ses allées et venues, mettait sans cesse la gendarmerie en branle. La lutte se prolongea, pleine de ruse, de menées souterraines, pendant plusieurs mois. Bocognano restait insaisissable, malgré la forte prime offerte par son ennemi, disait-on, pour le capturer. Or, lorsqu'un bandit est harcelé sans trêve. il faut qu'il tombe, tôt ou tard, dans les embûches qui lui sont dressées.

Le 28 juin 1898, le brigadier Boby et trois hommes de la brigade de Peri se transportèrent, sur quelques indications qu'ils avaient recueillies, sur les hauteurs de la commune de Cuttoli. Ils arrivèrent sur les lieux à trois heures et demi du matin et prirent des postes d'observation, à trois cents mètres d'une casetta, construction grossière n'ayant qu'une petite ouverture basse servant de porte, comme on en voit beaucoup dans les campagnes, pour remiser les outils et servir d'abri en cas de mauvais temps. À quatre heures, ils aperçurent un individu chargé d'une besace qui se dirigeait vers la petite maisonnette carrée. C'était le guide de Bocognano qui lui apportait des provisions. Ils le laissèrent pénétrer à l'intérieur, puis se rapprochèrent, et prirent position : deux gendarmes sur le devant de la porte, à une distance de trente-cinq mètres, le brigadier Boby et l'autre gendarme, après avoir fait un détour, aux deux angles de la casetta. Au bout d'un moment, la porte s'entrebâilla, et un individu en sortit ; ce n'était pas le bandit ; ils le laissèrent passer ; ensuite, un homme âgé sortit à son tour, un nommé Scarbonchi. Boby l'interpella :

— Vous êtes seul, Scarbonchi ?

À l'instant même, la porte s'ouvrit avec fracas. Bocognano apparut sur le seuil et tira à bout portant un coup de feu sur le brigadier, en lui criant :

— Tiens, la voici, la croix !

La mort fut instantanée. Puis, faisant volte-face avec une agilité extraordinaire, Bocognano fit feu, sans l'atteindre, sur le gendarme posté à l'autre angle de l'habitation. On n'avait, à l'époque, ni pistolet automatique, ni fusil à répétition. Son arme déchargée, le bandit se précipita dans sa tanière où s'était déjà réfugié le vieux Scarbonchi, rechargea son fusil fébrilement, en ressortit au bout de quelques instants, tira sur les deux gendarmes placés à quelque distance de la porte, blessa l'un d'eux, Dubois, au bras, et s'enfonça à nouveau dans son réduit. Pendant plus d'une heure, les gendarmes montèrent la garde autour de la casetta, criblèrent de balles la porte d'entrée.

— Rends-toi ! lui criait-on.

— Mes amis vont arriver et vous tueront tous ! Mes balles sont empoisonnées et ceux qui sont touchés sont perdus !

On attendit encore un long moment, et on lui cria :

— Rends-toi, les renforts sont arrivés, et d'autres arriveront encore !

Un des gendarmes lança des ordres :

— Brigade de Sarrola, placez-vous là ! Vous autres, de Cauro, cernez la maison !

Soudain une explosion éclata à l'intérieur de la maisonnette. Quelques minutes d'angoisse s'écoulèrent, puis la porte s'ouvrit, et le vieux Scarbonchi apparut

— Il est mort ! fit-il, la voix tremblante ; il s'est tiré un coup de pistolet dans l'oreille, croyant à l'arrivée de forces considérables.

Les gendarmes restaient méfiants et craintifs.

— Sortez-le hors de la maisonnette.

Docile, Scarbonchi empoigna le cadavre par les pieds et l'amena avec effort en plein air. Bocognano était bien mort. Délivrés de leur angoisse, les gendarmes respirèrent librement.

Ainsi s'acheva la destinée de Bocognano. Il était à peine âgé de vingt-quatre ans.

VI

Matteo Poli

Violent, cruel, querelleur, toujours en lutte avec ses camarades, maraudeur, dévastateur d'arbres, de clôtures, de récoltes, faisant le mal pour le plaisir de faire le mal, tel se comportait, à Balogna, son village natal, Matteo Poli pendant sa jeunesse. Impossible de le corriger, ou de l'amender, il récidivait sans cesse et révélait ce qu'on appelle, en psychiatrie, une constitution perverse. Il n'avait, d'ailleurs, qu'une aspiration : devenir bandit! Quand je serai grand, avait-il coutume de répéter, je serai bandit! Il en cherchait l'occasion. À peine âgé de dix-neuf ans, le 29 mai 1894, il était condamné à deux ans d'emprisonnement pour menaces de mort, port d'arme prohibée et voies de fait. Il purgea sa peine dans la maison centrale de Nîmes. Mais que peuvent des peines afflictives contre des tendances perverses qui sont reconnues irréductibles!

Peu de jour après son retour en Corse, le 10 juillet 1896, il se présente au presbytère de Coggia, et le fusil au poing, somme le desservant de lui remettre tout l'argent qu'il avait en sa possession! Il a une rixe, le 22 juillet, et comme les gendarmes se mettent à sa poursuite pour l'arrêter, il fait feu sur eux. Puis il s'empresse de rejoindre dans le maquis le bandit Paoli, dit Cechetto, sous mandat d'arrêt pour deux assassinats. Matteo Poli n'a que vingt et un ans et il vient de réaliser la profonde aspiration de son être, devenir un bandit redoutable dont on conte les exploits aux veillées, et qui peut terroriser ses concitoyens, dicter sa loi!

Peu de temps après, son grand-père mourait. Poli l'avait contraint par la violence d'établir un testament en sa faveur. De plus, il voulut exiger que son oncle germain, Jean-Baptiste Leca, et ses enfants renoncent à toute prétention sur cette succession. Pour cela il se rendit au village de son oncle, flanqué d'un complice qu'il faisait passer pour un bandit célèbre, Giovani. En se rengorgeant, il annonçait que ce dernier avait dix-neuf meurtres à son actif et que sa tête était mise à prix ! Dans les diverses maisons où ils se présentaient, on les accueillait avec un sentiment de crainte, et on leur offrait à boire. En dernier lieu, ils arrivèrent chez Dominique Leca, le frère de Jean-Baptiste. Là aussi on leur offrit à boire comme le veut la loi de l'hospitalité. Mais les bandits se doivent de faire sentir leur autorité ! Matteo Poli et le faux Giovani ordonnent donc rudement à Dominique d'intervenir sans délai auprès de son frère et de l'obliger à renoncer à la succession. Comme il biaisait, tergiversait et finalement refusait d'obtempérer à cet ordre, le complice le saisit à la gorge. Sa pauvre femme, présente, se mit à pousser des hurlements stridents. À cet instant Jean-Baptiste Leca, attiré par les cris, fit irruption armé de son fusil. C'était un vieil homme, mais brave : « Respectez le maître de la maison qui vous donne à boire », cria-t-il. Aussitôt Poli tira sur lui deux coups de feu qui heureusement ne l'atteignirent pas. Profitant de son avantage, Leca abattit le faux Giovani qui le mettait en joue, et aidé de son frère, maîtrisa Matteo Poli, qui cherchait à faire usage de son pistolet et de son stylet, jusqu'à l'arrivée des gendarmes.

Matteo Poli comparut devant la cour d'assises de la Corse, qui pour une fois se montra sévère. L'horreur qu'inspirait ce criminel-né entraîna une peine de travaux forcés à perpétuité le 7 décembre 1897.

Mais Matteo Poli imputa cette condamnation qu'il jugeait excessive aux déclarations mensongères de son oncle. Il n'ignorait pas que pour des meurtres provoqués, on s'en tirait le plus souvent à Bastia avec cinq ans de prison. Or, lui n'avait pas versé le sang, et il se voyait assimilé aux pires assassins ! Il était victime d'une criante injustice !

Une idée fixe le hanta à partir de ce moment : se venger de son oncle ! Cette obsession ne cessa de le torturer pendant son séjour à la Guyanne. Comme il était un détenu docile, il gagna par son attitude résignée la confiance de ses gardiens. Il put obtenir un poste de choix et ainsi s'évader le 28 août 1900. Pendant deux ans, il erra à travers le monde menant la vie la plus misérable qu'il soit, toujours soutenu par son idée fixe. Enfin, il arriva dans le midi de la France où son frère, alerté, vint le rejoindre, lui donner aide et assistance, le vêtir de neuf et le munir d'un fusil. Dans le courant de janvier 1902, il débarquait en Corse, parvenait secrètement au village à l'insu de tout le monde, sauf de sa famille, et se mit à épier son oncle.

Jean-Baptiste Leca, en inimitié avec la famille Poli, se tenait sur ses gardes et ne marchait qu'armé. Un matin, alors qu'il suivait un sentier à travers le maquis, un coup de feu éclata qui le projeta au sol. Il était atteint d'une balle dans le dos. Trois autres coups l'atteignirent ensuite à la poitrine, au bras et à la cuisse. Malgré ses blessures, le vieillard dans un sursaut d'énergie eut la force de décharger son fusil dans la direction du fourré d'où l'on avait tiré. Le feu alors cessa. Quelques jours après, il succombait à ses blessures après avoir désigné comme ses assassins les frères de Matteo, Paul et Pascal. Il ne les avait pas vus mais il ne se connaissait aucun autre ennemi qu'eux.

Arrêtés malgré leurs véhémentes protestations d'innocence et les alibis qu'ils fournirent, les frères de Matteo inculpés d'assassinat furent envoyés en cour d'assises.

Pendant la longue instruction de cette affaire, Matteo Poli ne cessa d'écrire au procureur de la République et au procureur général pour les informer que ses frères n'avaient pris aucune part à la mort de Jean Baptiste Leca, qu'il en était le seul auteur et qu'il ne s'était évadé de Cayenne que dans ce but. Personne ne crut à ces allégations que l'on considéra comme l'œuvre d'un fumiste imposteur.

Or, le 20 mai 1902, le préfet de la Corse, qui se trouvait en tournée, se vit barrer la route près du col de Sevi par un homme armé, sorti d'un fourré qui, poliment, le chapeau à la main, lui demanda la permission de l'entretenir d'une affaire délicate. Le préfet qui était un brave homme mit pied à terre avec plus ou moins de bonne grâce. Les autres voitures de l'escorte s'arrêtèrent également. On croyait qu'il s'agissait d'un paysan qui venait remettre une supplique au préfet. Alors, avec une mimique expressive, Matteo Poli demanda au préfet de bien vouloir témoigner qu'il était vivant, de retour du bagne, et que seul il avait réussi à préparer l'embuscade où son oncle avait trouvé la mort. Il le pria aussi de bien vouloir donner avis au procureur général avant l'ouverture de la prochaine session d'assises.

Le préfet promit de transmettre d'urgence sa protestation, et il tint parole. Les frères Poli comparurent devant la cour, les jurés rendirent un verdict négatif sur toutes les questions posées, et les accusés furent acquittés.

Or, dans l'intervalle, les deux fils de la victime, Toussaint Leca, employé de chemins de fer en Tunisie, et Dominique Leca, agent de police sur le continent, avaient demandé leur mise en disponibilité et s'étaient rendus en Corse pour venger leur père. Les frères Poli ne l'ignoraient pas. Si le jury les avait absous, aucune pitié n'était à attendre de leurs ennemis qui avaient à acquitter une dette de sang. Ils écrivirent alors à la femme du secrétaire général de la préfecture la lettre suivante.

« Les enfants du mort nous attendent pour nous donner la mort. Faut-il accepter ou se défendre ? Voici le dilemme qui se pose à nous. Nous préférons repousser le combat qui nous est offert en désertant le toit paternel et la Corse. Mais pour cela il nous faut des moyens d'existence, ce qui nous manque. Nous acceptons n'importe quelle place ou emploi avec résignation de servir fidèlement au continent ou à l'étranger… ».

Cette dame mit les frères Poli en rapport avec le préfet. Des démarches pressantes furent faites auprès des fils Leca, en vue de la conclusion d'un traité de paix entre les deux familles. Les Leca se montraient polis, par égard pour le préfet, mais intransigeants : le sang de leur père criait vengeance ! Tout espoir d'accord pourtant n'était pas perdu, lorsque le 26 juin, le bandit mis au courant des tractations d'Ajaccio, écrivait au préfet en ces termes :

Monsieur le Préfet,

J'ai appris de source indirecte que vous auriez eu l'extrême obligeance d'employer mes deux frères pour éviter leur présence à Balogna où il pourrait arriver d'autres malheurs. Je sais que mes ennemis en veulent à mon frère Pascal qui est bien innocent. Pour éviter une rencontre qui pourrait tourner au tragique, ce qui ne peut se prolonger longtemps faute de finances, car s'ils restent au pays, ils sont obligés de se tenir armés en se tenant sur leurs gardes, moi, de mon côté je suis obligé de veiller pour les protéger. Je leur dois cela sous tous les rapports et notamment étant la cause directe de leur malheur. Si cette paix ne s'établit pas, je suis obligé « d'allonger la longue-vue » (lever le fusil) sur mes ennemis, afin de donner la liberté à mes frères et de tomber tous ceux qui se sont flattés de tuer mon frère Pascal. Je suis persuadé que vous tiendrez votre engagement. Je vous salue avec le plus profond respect.

L'infortuné Poli Mathieu,
habitant la Forêt Noire

Il n'y avait plus lieu de poursuivre les pourparlers, la parole était au fusil.

Le mercredi 10 juin 1903, Toussaint, informé que son ennemi Pascal Poli, s'était réfugié à Calcatoggio, se mit à l'affût dans une broussaille. Il le vit passer, mais comme il était accompagné de deux dames, il s'abstint de tirer. Une occasion meilleure se présenta quatre jours après. Posté près du pont de Melo, il vit apparaître à six heures du matin un cabriolet où se trouvaient Poli et le propriétaire du véhicule, Jean-Toussaint Gentile. Il fit feu et tous deux s'écroulèrent foudroyés. Sa vengeance faite, Toussaint Leca se présenta à la caserne de gendarmerie, toute proche, se constitua prisonnier et déclara : « J'ai voulu venger mon père ». Il ajouta qu'il regrettait la mort du pauvre Gentile. Il fut acquitté par la cour d'assises le 18 novembre 1903.

Mais la mort de Pascal était loin de compenser celle du chef de famille Leca. Il fallait encore le sang de Matteo, pour arriver à faire juste mesure, et Dominique Leca poursuivit avec ténacité l'œuvre de vengeance commencée par son frère. Il mit en mouvement tous ses parents et alliés.

Matteo Poli vivait dans les transes. On le redoutait, mais nulle part il ne rencontrait d'appui sincère. Aussi se laissa-t-il abattre par les gendarmes le 13 août 1903. Une légende courut pourtant sur sa mort. On accusa son berger Pascal Massoni de l'avoir préalablement empoisonné avec des prunes. Son existence au maquis avait été brève, et les fils Leca, satisfaits, quittèrent la Corse et allèrent rejoindre leurs postes respectifs.

VII

Castelli

Il y a des âmes vraiment indéchiffrables. Le bandit Castelli avait la réputation, bien méritée, d'une machine à tuer. Ses réflexes avaient la violence d'un ressort qui se détend.

Lorsqu'il avait résolu l'exécution d'un ennemi, il était possédé par une véritable hantise, devenait inaccessible à tout sentiment humain. Et pourtant cet homme inexorable blêmissait, se troublait, si ou lui suggérait que tel de ses actes pouvait lui faire encourir les tourments de l'enfer ! Il couvrait son corps de scapulaires, de médailles pour se rendre invulnérable. Il était vigoureux, bien musclé, mais sa voix, ainsi que l'a noté le juge d'instruction à son premier crime, en 1906, était féminine. Il paraissait rempli de contrastes. Un directeur d'école en retraite, qui l'a connu dans sa jeunesse, m'a déclaré qu'à l'école primaire il avait laissé le souvenir d'un garçon doux, si doux même qu'il était le souffre-douleur de ses camarades.

À la suite de quels troubles psychiques Castelli s'était-il mué en un véritable monstre ? Il avait grandi dans un milieu calme, à Carcheto, son village natal, pays pauvre, aride, de la région d'Orezza, où les habitants sont particulièrement paisibles.

Il était même arrivé jusqu'à l'âge de trente et un ans sans avoir eu d'antécédents judiciaires. Il passait pour un cultivateur laborieux, mais pointilleux, irascible. Dans sa famille, du côté maternel, on comptait, il est vrai, des hommes emportés, devenus criminels. En 1904, il avait eu un différend avec son cousin issu de germains, Jules Santini. Il couve sa rancune pendant deux ans puis un soir, au cours d'une partie de cartes dans un débit de boisson, il abat Santini devant témoins.

Son meurtre commis, il gagna le maquis. De là, il se flattait d'exercer une pression sur les témoins, leur faire accepter sa version, à savoir que Santini avait fait basculer la table, mis la main à la poche intérieure de son veston, pour en sortir une arme, et que lui-même s'était ainsi trouvé en état de légitime défense. Croyant avoir tout réglé au mieux de ses intérêts, il se constitua prisonnier, le 8 janvier 1907, entre les mains du lieutenant de gendarmerie de Piedicroce. À la cour d'assises de la Corse, où il comparut le 4 juin 1907, il fut établi que la victime n'avait aucune arme sur elle, le jury admit pourtant en faveur de Castelli des circonstances atténuantes, et il ne fut condamné qu'à cinq ans de prison et cinq ans d'interdiction de séjour.

À la maison centrale de Riom où il fut détenu, Castelli obtint, par sa conduite exemplaire, la remise d'une partie de sa peine et il fut libéré au début de juillet 1911.

Pendant ces quatre années de détention, son esprit avait été exclusivement absorbé par l'idée fixe de tirer vengeance des témoins qui l'avaient fait condamner injustement. Cette obsession, il l'exprime dès son arrivée clandestine en Corse. Il s'arme d'un fusil, d'un pistolet, d'un stylet, dans une hâte fébrile d'agir, de libérer sa conscience, harcelé, en quelque sorte, par son démon intérieur !

Le 15 juillet 1911, il se poste à un croisement de routes, à Carpineto, guette au passage Léon Chipponi, vannier, qui avait déposé contre lui devant la cour d'assises, lui crie, en l'apercevant : « il faut que tu expires ici ! » et fait feu, heureusement sans l'atteindre. Chipponi réussit à prendre la fuite. « Il m'en veut, déclare-t-il à la gendarmerie, parce que je n'ai pas voulu me parjurer ! »

Le 21 juillet, le parquet de Corte décerne un mandat d'arrêt contre Castelli. Le 10 août suivant, il abat un brigadier de gendarmerie lancé à sa poursuite. Puis, livré à ses réflexions dans la solitude du maquis, Castelli se rappelle que, vingt-quatre ans auparavant, son père avait été victime de violences de la part de Sébastien Arrighi. Aucune offense faite aux siens ne doit rester impunie ! Il s'informe de la résidence d'Arrighi, et, le 19 août, il le rejoint dans sa châtaigneraie, se dissimule derrière le tronc d'un arbre centenaire, tire sur lui, à une distance de quatre à cinq mètres, un coup de fusil qui l'étend raide mort. L'âme de son père, dans la tombe, sera-t-elle apaisée ? Non pas. Il charge deux jeunes filles, Rose Stefani et Stella-Marie Ventura, de signifier à la veuve Arrighi d'avoir à quitter le village de Carcheto et cette femme, épouvantée, dut obéir à cette injonction, en se réfugiant sur le Continent.

Cet acte de féroce cruauté révèle aux paisibles populations de la Castagniccia que Castelli est un sombre fanatique. Les fronts, alors, se courbent de terreur. On se tait. On n'ose émettre aucune appréciation sur son compte. On tremble si, tel un fauve, sa présence est signalée dans une région. On se demande avec angoisse quand arrivera le tour des frères Castelli François-Xavier et Jean-François, des homonymes du bandit, qui ont aussi déposé contre lui en 1907, et contre lesquels il a proféré des menaces de mort.

Il ne cessa de rôder autour de Carcheto, le fusil à la saignée du bras, et les frères Castelli qui se savaient épiés, guettés comme du gibier humain, avaient fini par ne plus aller aux champs et vivaient en reclus dans leurs maisons situées l'une dans le haut, l'autre dans le bas du village. Marie Castelli, fille de François-Xavier, âgée de dix-huit ans, allait, chaque jour, apporter à son oncle Jean-François, et à sa tante, les aliments et l'eau qui leur étaient nécessaires. Le 6 mai 1912, vers trois heures de l'après-midi, elle sortait de chez son oncle et retournait chez son père, lorsque, parvenue sur la route nationale, elle aperçut le bandit posté au bord d'un sentier, le fusil à la main. Quand elle passa devant lui, il lui cria :

— Arrête !

Elle lui répondit :

— Prenez garde à ce que vous faites, ô François Marie !

Il épaula, fit feu. Atteinte à l'abdomen, elle s'affaissa sur la route en criant :

— Au secours ! Au secours ! Il m'a tuée !

Tandis que toutes les personnes présentes, saisies d'effroi, s'enfuyaient chez elles, que toutes les portes et fenêtres des maisons se fermaient, personne ne voulant encourir la colère du bandit, Castelli rechargeait tranquillement son arme, la replaçait à la saignée du bras, et se dirigeait à vive allure vers la montagne.

Désormais, on tremble, dans les maisons, au seul nom du bandit. Phénomène étrange de peur collective devant un hors-la-loi qui peut donner la mort à qui il veut, à l'heure qu'il a choisie ! Silence absolu sur ses allées et venues. La prudence commande d'avoir à ne pas l'irriter. Or, le charretier Antoine Raffalli laissait échapper sur Castelli des propos imprudents, paraissait le braver. Celui-ci se devait de maintenir son prestige. Il y allait de sa sécurité. Un bandit qu'on cesse de craindre est perdu. Trois mois à peine après la mort de Marie Castelli, le 26 août 1912, Raffali passait tranquillement avec sa charrette sur la route de Brustico, lorsqu'il reçut deux coups de fusil qui le foudroyèrent.

Cette exécution sommaire acheva d'établir la domination de Castelli dans la région d'Orezza. Il pouvait maintenant circuler partout, sans crainte d'être dénoncé à la gendarmerie, respectueusement accueilli dans les maisons, fermes, bergeries, où il lui plaisait de s'arrêter pour demander l'hospitalité.

La vie au maquis de Castelli, dans ces conditions. s'écoula, pendant cinq ans, de 1912 à 1917, sans incidents notables. Un jour, il abat un ancien guide qu'il soupçonne de vouloir le dénoncer.

Encore quatre années d'accalmie. La gendarmerie, pourtant, n'avait jamais cessé de manœuvrer dans l'ombre.

Dans la nuit du 8 décembre 1921, Castelli et son guide, Jean-André Lamberti, berger à Piobetta, avaient passé la nuit à manger, et à boire dans la maison Castellani, à Pietricaggio. À la pointe du jour, après s'être bien réchauffés devant un grand feu de bois et bu un dernier verre d'eau-de-vie, ils sortirent et se dirigèrent vers la place Casile ; Castelli était armé d'un grand revolver, type Mauser. Au moment de déboucher sur la place, le brigadier et trois gendarmes de la brigade de Valle-d'Alesani qui se trouvaient là en embuscade, leur crièrent :

— Halte-là !

Vivement, Castelli et Lamberti rebroussaient chemin, s'engageaient dans la ruelle qu'ils venaient de quitter, et, au même instant, le bandit, convaincu d'avoir été attiré par son guide dans un guet-apens, faisait feu sur Lamberti qui s'abattait la face tournée vers le ciel.

Dès ce jour, Castelli renonça à se servir de guide, ne se fiant plus qu'à des chiens de garde. Il aurait même pu se risquer à marcher sans armes, tellement était solidement ancrée dans les masses l'opinion qu'il était invulnérable, doué d'un flair subtil pour déjouer toutes les embûches tendues contre lui. Les gendarmes eux-mêmes évitaient prudemment de l'affronter. Du fond du maquis, il exerçait une véritable dictature dans toute la région d'Orezza. Les hommes politiques sollicitaient son intervention dans des élections municipales ou cantonales. On lui obéissait avec empressement. De constater que tout fléchissait lorsqu'il fronçait le sourcil, son orgueil s'exaspéra et il donna des signes de mégalomanie. Aux élections législatives de 1924, il fit savoir qu'il était candidat et recueillit quelques centaines de voix qu'on considéra, au recensement des votes, comme des bulletins nuls. Il buvait sec, de plus en plus, au fur et à mesure qu'il avançait en âge. En 1929, il y avait huit ans que Castelli, engourdi dans une vie monotone, n'avait plus eu à faire face à des dangers, ni des ennemis, ni des gendarmes. mais dans son fol orgueil, il prétendit peser de toute son autorité sur un chef de parti influent, lui dicter la conduite à tenir dans une élection. La politique et l'honneur des femmes sont les deux écueils sur lesquels les bandits viennent sombrer, s'ils ne savent les éviter. L'homme politique n'eut pas de peine à trouver des partisans fanatiques résolus à supprimer Castelli dans l'intérêt supérieur du parti. L'opération fut menée de longue main, patiemment, en mettant à profit les habitudes du hors-la-loi. On savait que, pendant l'hiver, il fréquentait la région chaude de Chiatra. Il n'y avait qu'à l'attendre au gîte, des jours, des mois, s'il le fallait. Le 22 janvier 1929, vers trois heures et demie, Castelli alla frapper à la porte d'une maison de campagne située au-dessous de Chiatra, et habitée par Paulin Mattei. Madame Mattei vint ouvrir. Sur un ton qui n'admettait pas de réplique, il ordonna qu'on lui servît à dîner. Madame Mattei s'exécuta avec empressement. Vers cinq heures et demie, son repas terminé, Castelli venait de franchir le seuil de la maison et se dirigeait vers un enclos, évitant, selon son habitude, les sentiers propices aux embuscades, lorsqu'un coup de feu, tiré presque à brûle-pourpoint, d'un massif de lentisque où trois hommes étaient dissimulés, l'atteignit à l'épine dorsale ; dans un sursaut d'énergie, il se tourna de biais, pour faire face, sembla-t-il, à l'attaque, mais il s'écroula aussitôt à terre comme une masse et ne tarda pas à expirer. Il était âgé de cinquante-trois ans. On trouva dans une de ses poches une statuette de Saint-Antoine.

Les habitants d'Orezza, de l'Alesani, de Pietra di Verde, poussèrent un soupir de soulagement en apprenant la mort de Castelli qui marquait la fin de dix-huit années d'oppression.

ne sont pas reproduits ici les chapitres VIII et IX
relatifs aux bandits Romanetti et Bartoli

X

François Caviglioli

François Caviglioli n'était pas mauvais bougre, mais il
aimait boire, et lorsqu'il avait bu avec excès, il perdait la
tête, devenait insolent, querelleur. Il se tira d'une dispute,
un soir, à l'âge de dix-huit ans, la tête bossuée d'un coup de
crosse de revolver et un œil si endommagé qu'on dut, par la
suite lorsqu'il était au régiment, lui en faire l'énucléation au
Val de Grâce.

La vie de bandit devait le tenter pour ses perspectives
de beuveries. Il voyait souvent Spada à Lopigna. Il s'offrit
à être son guide, le devint pendant près de deux ans. Mais
un an après, à cause de ses imprudences de langage, le 8 décembre 1926, Spada lui envoyait un coup de fusil qui lui
fracassait la mâchoire. Il était donc non seulement borgne,
mais mutilé de la face. Profondément mortifié, il avait juré
de se venger de son cruel ennemi, mais ce n'était qu'un vel-
léitaire, incapable de mûrir un plan, d'arrêter des dispositions de combat, un pauvre alcoolique qui perdait, au
moindre choc, le contrôle de ses actes !

Le 30 octobre 1927, il provoque une rixe dans un bar
d'Ajaccio en compagnie de son frère qui, lui, est mortellement blessé. François gagna alors le maquis. C'était une incohérence de plus à ajouter à toutes celles qu'il avait commises. À quel sentiment obscur avait-il obéi ? Espérait-il atteindre plus sûrement Spada ? Il serait vain de chercher une
explication logique à des actes d'alcoolique qui en sont dé-
nués.

Dans le maquis, François Caviglioli, soucieux de sa réputation de bandit d'honneur, n'accepte d'être assisté que par des parents et des amis. La gendarmerie le laisse parfaitement tranquille, dans l'espoir, sans doute, de s'en servir comme auxiliaire contre Spada. Au bout d'un an, elle constate qu'il n'a accompli aucun acte décisif. Il a été et reste un buveur incorrigible. Il n'y a pas à compter sur lui ; la trêve est rompue. Le 5 octobre 1928, deux gendarmes surprennent Caviglioli au café Paoli, à Ambiegna, et crient « Haut les mains ! » Caviglioli se hâte de répondre « Je me rends ! », puis il renverse la table, tire deux coups de feu sur la maréchaussée et réussit à s'enfuir !

Bien que ne rançonnant personne, il était, maintenant, recherché par la gendarmerie. Le 20 octobre 1929, il eut une rencontre, dans la plaine de Liamone, avec une patrouille de gendarmerie et il blessa les gendarmes Rielland et Lemoine : Rielland grièvement à la mâchoire, Lemoine légèrement au bras.

Caviglioli passa encore quelques mois sans faire parler de lui, puis, en juillet 1930, transformation radicale dans son existence. Son neveu germain, Jean-Baptiste Torre, un jeune homme de vingt et un ans, soldat au régiment d'infanterie coloniale au Maroc, qui avait été inculpé d'avoir tiré, aux élections du conseil général de 1928, sur la maison de Monsieur Sorba, maire de Lopigna, avait déserté et était venu le rejoindre, tenté par la vie d'aventure. Torre est un dégourdi qui ne s'embarrasse point de scrupules surannés. Pour vivre commodément dans le maquis, il faut de l'argent, et l'argent il faut le prendre où il est, à l'exemple de Bartoli, Spada et Bornea. Ce sont, alors, les extorsions de fonds et les bombances succèdent aux bombances. Le 20 octobre, Torre et Caviglioli avaient passé à festoyer dans une auberge, à Paomia, avec Ange-Antoine Simeoni, ancien maire de Renno. Caviglioli et Simeoni échangeaient des propos d'ivrognes. À un moment donné, Caviglioli s'étant vanté de son courage, Simeoni lui répliqua que, quoique bandit, il ne le craignait pas, n'avait pas peur de lui! Caviglioli, blessé dans son orgueil, voulut lui faire un mauvais parti, mais on réussit à l'apaiser. Or le matin, au moment de se séparer de son ami, Caviglioli, encore sous les fumées de l'alcool, et sans doute ulcéré par l'affront reçu, l'attaqua sournoisement, l'étendit raide mort. Le pauvre Simeoni était père de dix enfants. Il ne faisait plus de doute pour personne que Caviglioli avait perdu le contrôle de ses actes. Il établit son quartier général à Tiuccia, et il considérait cette région côtière comme son fief. C'est ainsi qu'il fit placer des panneaux, à la croisée des chemins, interdisant la chasse, sans son autorisation, dans des plaines giboyeuses de Liamone. Le 18 janvier 1931, étant installé à Tiuccia, à l'auberge Miramar, il lui prit fantaisie de faire arrêter toutes les autos qui circulaient sur la route et d'obliger les occupants à trinquer un verre avec lui. L'auto de Monsieur Baretti, propriétaire de l'Hôtel des Étrangers, ayant refusé d'obtempérer à son ordre, reçut une décharge de chevrotines.

François Caviglioli, maintenant, ne dégrisait plus. Les besoins d'argent se faisaient de plus en plus pressants. Il résolut de faire une collecte parmi les hôteliers de Guagno-les-Bains, et, par la même occasion, d'appliquer une correction méritée à Michel Simongiovanni, concessionnaire de l'établissement thermal.

Après avoir passé la nuit dans la commune de Guagno, au café Capitano, à chanter et à boire avec ses neveux, dans la matinée du 17 août il réquisitionna l'auto de Cipriano Brandizio, y prit place avec ses deux acolytes. À deux kilomètres environ des Bains de Guagno, les trois bandits débarquèrent, se dirigèrent par un petit sentier, en premier lieu vers l'hôtel Martini auquel ils réclamèrent une somme de mille francs, puis chez Casta, Leca, etc. et récoltèrent en tout huit mille cinq cents francs.

La présence des bandits avait semé l'effroi dans la station. Les rues se vidaient. Il restait à châtier Michel Simongiovanni. Peu de temps auparavant, François Caviglioli lui avait fait demander de vouloir bien lui remettre, à titre gracieux, la somme de cinq mille francs. Michel Simongiovanni, tireur adroit, confiant dans son fusil, rassuré par la présence de nombreux parents de sa femme dans la région qui lui formaient une sorte de bouclier, crut qu'il pouvait braver Caviglioli.

— Dites-lui bien que plutôt que de lui verser les cinq mille francs qu'il me réclame, je me propose de lui loger cinq balles au milieu du front !

Provocation excessive ! Un bandit ne peut pas tolérer qu'on l'humilie ! François Caviglioli, à l'état normal, était plutôt de tempérament paisible, mais, lorsqu'il avait bu, il devenait fou furieux, ne reculait devant aucun danger !

Il franchit donc, l'arme au bras, la porte cochère de la vaste cour, enclose de murs, ombragée de platanes, de l'établissement thermal, encadré de ses neveux qui prirent la position du tireur derrière les arbres ; il passa alors le long des bancs où des malades étaient assis, leur cria : « Haut les mains ! » et ajouta, radoucissant la voix :

— Je vous préviens d'avoir à quitter l'établissement dès ce soir, car je compte y mettre le feu ! À bon entendeur, salut !

Puis, avec beaucoup de courage ou d'imprudence, il s'avança à deux ou trois mètres du corps central de l'établissement thermal et s'écria :

— Allons, Michel, toi, le courageux, descends donc, nous allons faire chacun un carton de cinq balles !

Devant l'imminence d'une catastrophe, un vent de panique se leva, se propagea de chambre en chambre, affola les personnes nerveuses. On se précipitait dans les corridors, on s'entassait dans des pièces qui paraissaient offrir un abri sûr. Ce tumulte avait réveillé Michel Simongiovanni qui faisait la sieste. Il avait bondi sur son fusil, mais sa mère et sa femme s'étaient accrochées à ses bras et à ses jambes, s'efforçaient de le maîtriser. Au moment où il se débattait, une femme ouvrit bruyamment une fenêtre du côté nord et se mit à hurler :

— Il y a les bandits ! Il y a les bandits ! Malheur ! Malheur !

François Caviglioli, impressionné par ces cris suraigus d'hystérique et par un bourdonnement inquiétant qui sortait de l'intérieur de l'établissement, donna le signal du départ, et, au même instant, faisait feu sur une fenêtre du corps central où il supposait que Simongiovanni avait sa chambre.

Les trois bandits sortirent à reculons de la cour, longèrent l'aile nord de l'établissement, et, comme ils se trouvaient dans la ligne de tir de deux fenêtres, Caviglioli, afin de mieux protéger la retraite, ordonna :

— Attention aux fenêtres !

Toussaint Caviglioli et Torre firent feu vers les points indiqués : Caviglioli sur la fenêtre de la chambre occupée par Mademoiselle Guglielmi, Torre sur celle d'Antoine Guagno, garagiste à Ajaccio, où s'étaient réfugiés de nombreuses personnes apeurées. La balle tirée par Torre traversa de part en part la persienne et le volet, alla frapper, par le plus grand des hasards, au sommet du crâne, le malheureux Antoine Guagno qui s'affaissa sur le parquet, blessé à mort. Il ne tarda pas à expirer.

Tandis que les bandits prenaient la direction du pont de Soccia, sans rencontrer aucun obstacle, un cri d'infinie douleur s'éleva de l'établissement. C'était la jeune Madame Guagno, mariée depuis un an à peine, qui clamait sa détresse, sans arrêt, avec des cris à fendre l'âme, sur le corps de son pauvre mari ! On était plongé dans la consternation. Pourquoi cet assassinat stupide d'un aimable jeune homme qui ne comptait que des amis parmi tous ceux qui l'approchaient ? Et quelle garantie de sécurité, de calme, de repos pouvait-on espérer trouver désormais dans l'établissement thermal ? Dès l'après-midi, des familles quittaient Guagno-les-Bains sur des autocars réquisitionnés pour la circonstance. L'exode continuait les jours suivants, sous la protection de plusieurs brigades de gendarmerie. Avant la fin de la semaine, il n'y avait plus aucun malade dans la station. C'était la ruine de nombreux commerçants et hôteliers.

L'attentat de Guagno-les-Bains, dont on donna dans les journaux un récit mélodramatique, fit le tour de la presse mondiale, souleva un mouvement de réprobation contre les bandits corses qui ne craignaient pas d'apporter la terreur et l'effroi dans une paisible station thermale, parmi des malades, des infirmes, des valétudinaires. Dès ce moment, sans doute, fut décidée, au ministère de l'Intérieur, la mise en œuvre urgente des mesures de répression projetées contre le banditisme.

François Caviglioli, dégrisé, dut avoir conscience du caractère odieux de son crime. Il avait déjà protesté, dans une lettre à l'Éveil, contre l'accusation d'avoir « dépouillé le capitaine Leca, Monsieur Ottavi et leurs femmes de leurs objets de valeurs, alors qu'il s'était borné à leur demander leur identité » et c'était parfaitement exact ! Dans une seconde lettre à l'Éveil, en date du 2 septembre 1931, il s'efforçait de prouver qu'il s'était trouvé en cas de légitime défense. On se demande pourquoi Caviglioli a recours à des accusations absurdes, alors qu'il était si simple de dire la vérité. Mais allez attendre la logique d'un mégalomane qui croit avoir été bon prince en autorisant la libre circulation dans son secteur, et qui daigne consentir à ce que les hôtels de la station reçoivent du monde ! Voici la lettre de Caviglioli :

Monsieur le Directeur de l'Éveil.

Pour une seconde fois je me sers des colonnes de votre journal pour donner au public quelques explications sur la tragédie de Guagno-les-Bains.

Voici ce qu'il en est. Depuis que je tiens le maquis tout le monde a été libre, dans mon secteur ; les habitants peuvent vaquer tranquillement à leurs occupations, les services publics n'ont jamais été inquiétés de ma part, les touristes peuvent circuler sans la moindre crainte.

Chaque fois qu'il m'est arrivé de traverser Guagno-les-Bains, je me suis aperçu que la justice était alertée, ainsi que mes ennemis ; il va de soi que j'étais espionné.

Il y a environ deux ans, j'avertis tous les hôteliers de ne plus continuer leur espionnage ; sans quoi je me verrais dans l'obligation de leur faire du mal.

Malgré cet avertissement, les embuscades continuaient de plus belle.

C'est alors que le 17 août au matin, je me rendis sur les lieux pour exiger réparations.

Tous se sont soumis à ma demande, excepté Michel Simongiovanni, lequel se sentant fautif, et après entente avec son ami Guagno, se prépara à me recevoir, à coups de fusil.

Je m'aperçus du geste et je vis distinctement à travers les persiennes d'une fenêtre le canon d'un fusil braqué sur ma personne. Sans perdre de temps je visai l'arme qui me menaçait et fis feu. Ce fut Antoine Guagno qui reçut une balle à la tête.

C'est donc Michel Simongiovanni qui est la cause de ce meurtre, car c'est lui (l'homme courageux) qui aurait dû se présenter et non Antoine Guagno.

Je ne regrette pas ce meurtre, car j'étais en cas de légitime défense ; ce que je regrette, c'est d'avoir émotionné un tas de braves gens qui n'étaient pour rien dans cette affaire.

Cela dit, j'avertis le publie que d'ores et déjà les établissements de la station sont libres de recevoir du monde.

L'établissement thermal peut aussi ouvrir ses portes au public, à la seule condition que Simongiovanni n'en soit pas le gérant, à moins qu'il ne veuille continuer à ses risques et périls.

Autre chose : depuis quelque temps, je me suis aperçu que des civils, avec lesquels je n'ai rien à faire, me font la chasse.

Je tiens à faire connaître que je serai sans pitié pour eux et leurs familles si cette poursuite continue.

Je n'en veux pas aux gens de la justice ; c'est leur métier et je ne ferai usage de mes armes qu'en cas d'attaque de leur part. Toutefois, je me réserve de tirer sans regret sur certains gendarmes qui s'habillent en civil et s'arment de fusils de chasse pour me poursuivre.

À bon entendeur, salut !

Avec l'espoir que cette lettre sera insérée textuellement, veuillez agréer, Monsieur le Directeur, l'assurance de mon plus profond respect.

Fait au Palais vert, le 2 septembre 1931
et signé par mes propres mains.

Caviglioli

Le bandit s'adonne à la boisson, plus que jamais. On dirait qu'il a hâte d'en finir avec la vie. Avait-il le pressentiment que ses jours étaient comptés ? Il va au-devant du danger, le recherche, le brave. Deux mois et demi après la tragédie de Guagno-les-Bains, le 2 novembre 1931, François Caviglioli et ses neveux arrivaient, à la pointe du jour, au col de Saint-Antoine, à un kilomètre et demi de Vico, s'arrêtaient dans la buvette de Gardella, avalaient coup sur coup, le gosier toujours altéré, plusieurs verres de rhum et d'eau de vie de marc, puis s'exerçaient au tir à la cible. Les coups de feu se répercutaient dans la profondeur des vallées, et les gens se demandaient avec inquiétude ce qui se passait à Saint-Antoine. Quelqu'un ayant fait observer à Caviglioli qu'il risquait d'alerter les gendarmes :

— Je ne demande pas mieux, répliqua-t-il, et ainsi je mettrai un terme aux poursuites du lieutenant.

Vers huit heures, au passage de l'auto postale qui fait le service entre Vico et Ajaccio, François Caviglioli, complètement ivre, intimait l'ordre au chauffeur de s'arrêter, de débarquer tous les passagers, ne les autorisait à partir qu'après qu'ils eussent accepté de prendre une tasse de café arrosé de rhum. Puis, il se décide à partir pour Balogna. Les trois bandits s'arrêtent au café Filippi, se remettent à boire, commandent un repas plantureux et se rendent à la cabine téléphonique où ils coupent le fil, par mesure de précaution.

En attendant que le déjeuner soit prêt, François Caviglioli absorbe pastis sur pastis, offre à boire à tous ceux qui se trouvent dans le café, se répand en un flot de paroles incohérentes, se remet à tirer à la cible. Il offre le spectacle le plus lamentable du dérèglement de l'esprit.

Pendant le repas, qui est abondant, arrosé de vins vieux et de champagne, Torre est placé sur la route en sentinelle. Le jeune Toussaint le remplace ensuite comme guetteur. Avec une longue-vue, il surveille attentivement la route. Balogna est bâti à flanc de montagne ; on y accède par une route en lacets qui serpente dans le fond du ravin. Du village, il est facile de surveiller tous les mouvements de circulation qui s'y produisent.

Or, le matin, le lieutenant de gendarmerie Neuvéglisse avait quitté Vico avec l'auto de la section, conduite par le gendarme Soyer, en tournée d'inspection. Il était assisté des gendarmes Chaze, Gaud et Vigneau. Il fit un arrêt à Sagone, poussa jusqu'à Piana, et c'est à Cargèse qu'il apprit que les bandits avaient causé des attroupements à Saint-Antoine et tiré de nombreux coups de feu. Il donne ordre à Chaze et

Gaud de se rendre à Balogna où la présence des bandits était révélée par des coups de feu tirés récemment et lui-même se dirige vers Vico avec l'auto pour y chercher du renfort, en ramène le brigadier Tomi, les gendarmes Klein et Leroy. À deux kilomètres de Balogna, il rejoint les piétons Chaze et Gaud, les fait monter sur le marchepied de la voiture pour gagner du temps. Arrivé à deux cents mètres environ du village, il prescrit à Chaze, Gaud et Vigneau de se diriger vers le haut du bourg par le raccourci qui arrive en face de l'église.

Cependant la sentinelle a signalé l'arrivée de l'auto de gendarmerie. Les trois bandits courent aux armes, C'est joyeusement qu'ils acceptent le combat. Torre descend vers la partie inférieure du village, suivi par Toussaint Caviglioli, porteur d'une mitraillette et d'un fusil de chasse.

François Caviglioli se tient sur la route, en face du café Filippi, pour surveiller l'arrivée des gendarmes de ce côté.

Juste au moment où Toussant Caviglioli arrive à hauteur de l'olivier, près du pont de Cortesi, il voit déboucher l'auto des gendarmes. Il met en joue, fait feu, en même temps que Torre. Le pare-brise de la voiture vole en éclats ; le conducteur, Soyer est blessé au bras droit ; le lieutenant Neuvéglisse, blessé assez grièvement, met pied à terre. Les coups redoublent ; le chef de brigade Tomi est blessé sur le siège arrière gauche par un projectile qui, après avoir traversé la capote, l'atteint en plein crâne ; Torre vise le gendarme Klein, assis sur le siège arrière droit, le blesse mortellement, puis se réfugie sous le pont de Cortesi.

Pendant ce temps, François Caviglioli criait à ses neveux : « Feu ! Feu ! » À un moment donné, après avoir dépassé la maison Filippi, il se dirigeait vers la maison communale désaffectée, lorsque le gendarme Chaze, porteur d'un fusil-mitrailleur, débouchait sur la route avec ses camarades. D'instinct, Chaze se dissimule derrière une maison en surplomb sur la voie, épaule, et quand François Caviglioli vient dans sa ligne de tir, il fait feu, l'abat sur le sol, avant même que le bandit ait pu esquisser un geste de défense !

À ce moment, Toussaint Caviglioli remontait vers le haut du village et se dirigeait vers la maison communale désaffectée. Chaze l'aperçoit, fait feu et le blesse d'un coup à la poitrine.

Or, presqu'en même temps que Torre, le lieutenant Neuvéglisse s'était engagé dans un escalier situé entre la maison Carlotti et le pont de Cortesi. Il avait coupé la retraite au bandit. Les deux hommes échangèrent des coups de feu, mais le pistolet automatique de l'officier s'étant enrayé, il dut abandonner la lutte, remonter l'escalier, et tomber épuisé dans la maison de César Carlotti dont la porte s'était entrouverte, à sa vue. C'est là que les médecins le trouvèrent sur son lit de souffrances. Torre, à son tour, était remonté vers le haut du village, mais, à la vue du groupe Chaze, il avait pris la fuite à travers champs. Il finit par rejoindre Toussaint Caviglioli ; ils couchèrent dans le maquis. Le matin, ils se rendirent à l'Aresto, dans une grotte située au lieu dit Tuggio, où ils avaient accumulé des provisions. Ils y restèrent douze jours, puis se dirigèrent vers Muna, hameau de Murzo, près de Vico, où ils avaient également une grotte bien approvisionnée.

Ils purent ainsi se soustraire pendant longtemps à toutes les recherches dirigées contre eux. Cependant, à la suite de transactions habilement menées, Toussaint Caviglioli se constituait prisonnier, le 1er décembre 1931. Deux mois plus tard, le 10 février 1932, Jean-Baptiste Torre était capturé, sans effusion de sang, grâce, m'a-t-on affirmé, à l'absorption de beignets contenant un narcotique que la Sûreté avait réussi à lui faire parvenir. Privés de leur chef, Toussaint Caviglioli et Jean-Baptiste Torre étaient devenus, en effet, des corps sans âme.

ne sont pas reproduits ici les chapitres XI et XII
relatifs aux bandits Spada et Micaelli

Pierre Bonardi

les Rois du maquis

(1931)

préface de la première édition

Un auteur ayant terminé un ouvrage s'aperçoit qu'il serait opportun de préciser certaines de ses intentions. Il écrit dans ce dessein une préface, mais cette préface, composée après le livre, est offerte en lecture première.

Or le lecteur n'est pas, comme l'auteur, dans le secret des dieux, il ne sait pas encore ce qui va se passer. Il lit la préface et n'y comprend rien.

Si pourtant quelque chose lui a paru intéressant dans ces pages troubles, il ne manque pas d'y revenir à la fin de sa lecture, et alors tout lui paraît clair. C'est qu'il a suivi le même chemin que l'auteur et placé la préface là où il aurait dû la trouver en bonne logique : à la fin du volume…

… Sous le titre de post-face.

La préface que voici peut se placer n'importe où, en tête, en queue ou entre les chapitres de ce livre, pour la raison que ce n'est ni une prélace ni une postface.

C'est un texte documentaire et critique à rapprocher de textes objectifs, à proprement parler, de reportages.

C'est une addition, mais non pas — car l'auteur est honnête — une superfétation.

Après avoir commis depuis des années un roman, de longues études et des articles passionnés sur la Corse, l'auteur, parce qu'il est insulaire, craint toujours de n'avoir pas suffisamment préparé le lecteur continental à entendre des récits qui paraissent d'un autre âge.

Il faut que le lecteur continental, pour ne pas s'indigner ou — ce qui est plus grave — ne pas s'enthousiasmer à faux, soit en état de grâce.

Entendez qu'il faut que l'âpre poésie de la Corse l'ait imprégné jusque dans ses fibres et que la rude existence des Corses lui soit devenue familière.

Parce qu'il n'a aucune confiance dans son talent d'évocateur, l'auteur s'est accroché aux répétitions. Parce qu'il n'est pas certain de persuader par son art de dire les choses, il tente de persuader en les disant le plus souvent qu'il le peut.

Aussi s'excuse-t-il par avance auprès des lecteurs qui, du premier coup, se seront mis dans l'atmosphère corse et que les répétitions agaceront un peu ; mais il se réjouit d'avoir à parler d'abord de la manie épistolaire des bandits. Ainsi leur peut-il laisser en quelque sorte la responsabilité de se présenter eux-mêmes.

les Rois du maquis, disciples inattendus de madame de Sévigné

La Corse est le pays du lyrisme intérieur et du port d'armes prohibées. Le verbe y est dieu, mais la parole n'y règne point en souveraine absolue. Les insulaires, nés éloquents... méprisent les bavardages. Leurs entretiens se composent, à l'ordinaire, d'onomatopées soulignées par des gestes qui sont la frappante représentation plastique de pensées qu'ils négligent d'exprimer par de plus longues phrases. Ils ne parlent pas leurs phrases, ils les sculptent. Les discours refoulés, la solitude coutumière et la méditation mûrissent leur lyrisme comme le soleil mûrit la grenade. Un beau jour, tout éclate, et le lyrisme s'échappe, roule comme un torrent et devient chanson, vocero, lamento, galéjade, profession de foi, déclaration électorale, dispute villageoise ou bataille rangée.

En cinquante autres pays, les disputes dominicales, les rixes de cabaret, ne causeraient guère que des extinctions de voix ou, dans les plus graves conjonctures, des « contusions multiples » au corps des adversaires. En Corse voire… si les hommes n'avaient pour se battre que leurs poings ! Mais ils ont des armes à feu et qu'ils maintiennent avec soin au « cran de l'armé ».

Le revolver, la carabine et le fusil interdisent les discussions furieuses, et l'injure pend encore aux lèvres de l'exalté qu'une balle déjà lui a percé le cœur.

Aux jours d'expansion le lyrisme surgit d'abord en cris de joie, se répand en défis aux destins menaçants, puis se canalise en octosyllabes gais, chantés sur des airs lugubres et orchestrés par des coups de feu. (C'est une poésie à laquelle n'ont pas encore pensé les théoriciens : c'est la poésie balistique.)

On imagine comme il est peu commode de discuter avec des montagnards habituellement sobres, taciturnes, discrets, lorsqu'ils tiennent le verre d'eau-de-vie d'une main et le pistolet de l'autre ; lorsque, par la magie du soleil, des parfums du maquis et de l'alcool, ils se sentent devenir des manières de héros infaillibles, invincibles, invulnérables.

À qui lève trop le ton, le caquet est vite baissé. Le chapelet d'injures n'arrive pas au troisième grain qu'un cri ne l'ait cassé net. Ces couplets satiriques, ponctués de salves brutales, les mâles cessent tout à coup de les improviser lorsque l'un d'eux est à terre et près de rendre l'âme. Ce sont alors les femmes qui interviennent et continuent de chanter selon le même rythme octosyllabique. Elles pleurent sur le cadavre. Elles expriment leur désespoir en lamenti déchirants, ou appellent à la vendetta, par de rauques voceri, tous les hommes de la race.

Voilà comment se fait à l'accoutumée un bandit corse, bien que ceux dont nous parlerons plus loin aient subi d'autres destins. C'est un brave garçon qui a mal choisi son heure pour disputer sur sa part d'eau courante au jardin potager, ou sur les dégâts que la chèvre du voisin a faits à sa vigne, ou sur les regards trop tendres qu'un béjaune a lancés à la contadine qu'il aime.

Au lieu de faire sa démarche un jour quelconque, un jour ouvrable, il a eu la malencontreuse idée de troubler une fête. Il a été rabroué. Il s'est cabré… Le vin, le soleil, les armes à feu… Un cadavre de plus sous terre… un bandit de plus dans la campagne... sans que l'on puisse affirmer de l'un qu'il est une victime, de l'autre qu'il est un assassin.

Tout au plus pourrait-on dire, après la bataille, qu'il y a un vaincu sans qu'il y ait de vainqueur.

Car le bandit n'est pas fier du tout de son exploit. Mais il n'en est pas honteux. Il a eu le malheur de tuer un homme, et la population, qui ne ménage point ses sympathies aux parents du défunt, garde son estime au survivant. Il a eu le malheur de tuer un homme, on ne doit pas l'accabler encore de la haine ou de l'inimitié de tout un peuple.

Or, dans le peuple, chacun se dit : « Ce n'est pas moi... remercions le ciel ! Et ne négligeons rien pour honorer le souvenir du camarade disparu et pour faciliter l'existence du camarade hors-la-loi. »

Il se peut, au surplus, que le bandit se soit érigé en justicier pour abattre une canaille, ce qui, de nos jours, est aussi grave que de tuer quelque honnête seigneur. Dans ce cas, le bandit n'est plus seulement estimé, mais honoré.

On entend bien que toutes ces affirmations sont sujettes à gloses, commentaires et explications. On parle bref ici pour évoquer un visage type dont tous les visages du maquis ont au moins les traits principaux. On reconnaîtra ces traits dans Spada, Romanetti et le fabuleux Saetta comme dans tous les bandits corses. Il peut y avoir pourtant, dans les familles les plus honogènes, d'étonnantes dissemblances. Cela n'empêche point que le ventre fait la race, comme la susceptibilité corse, comme la poésie balistique fait le bandit.

On parle bref parce qu'il serait trop long, au moment de présenter des exemples vivants, d'établir la psychologie de l'insulaire à travers la tumultueuse histoire de son île trop belle, trop convoitée, trop souvent violée ; à travers les apports des diverses races qui ont saccagé ses villages, mais les ont réédifiés pour s'y établir; à travers, enfin les influences de l'Île elle-même, qui est un chaos harmonieux mais farouche, un décor de tragédie où les héros de Corneille eux-mêmes apparaîtraient comme des diplomates conciliants jusqu'à l'abdication et tendres jusqu'à la sensiblerie.

Le bandit est tout bonnement un gaillard qui a passé la commune mesure pénale dans des sentences exécutées avant même que d'être rendues. En même temps qu'il disait à quelqu'un : « Tu mériterais que je te donne une correction publique », il a tiré son revolver et poussé quelques balles dans la tête de son adversaire. Il ne voulait que le corriger; il l'a tué. C'est le malheur qui passe. Il n'y a plus qu'à gagner le maquis.

Le maquis : asile tutélaire. Le maquis : asile inviolable. C'est le temple des remords honorables. Un dieu y règne qui a nom « Énergie » et qui n'admet ni faiblesses physiques, ni défaillances morales. C'est le refuge des fiers désespoirs. Qui prend le maquis a déjà refusé de confier sa cause à la justice des hommes et s'obstine à ne point soumettre son malheur à l'appréciation de cette justice.

Le bandit prend le maquis pour se garder contre deux organismes inégalement redoutables. La famille ennemie qui tient plus ou moins à sa vendetta, mais si elle y tient la lutte est sans merci; la société tout entière avec ses gens d'épée et ses gens de robe.

Le bandit se moque des gens d'épée et des gens de robe, parce qu'il sait que le maquis lui est aussi favorable qu'il est hostile aux chasseurs d'hommes qui n'y sont point nés.

Mais, pour ses adversaires les plus redoutables, le bandit reste un homme d'honneur. Pour ses adversaires négligeables, pour ces juges et ces gendarmes qu'il ne connaît même pas, le bandit est un assassin, un contumax, un hors-la-loi, une bête traquée, un gibier de guillotine. Cela lui est insupportable, et il ne perd aucune occasion de le faire entendre. Ayant abdiqué toute quiétude et renoncé à toutes les joies de la vie en société, il ne tient plus qu'à deux choses : sa vie et sa réputation.

Il tient infiniment plus à sa réputation qu'à sa vie, on le verra, mais comme il est plus facile de s'attaquer à la réputation d'un bandit qu'à sa vie, c'est sa réputation qui est le plus menacée.

Est-il cerné, se voit-il en danger d'être capturé vif, il se défend comme un fauve, préfère la mort à la prison, tue ou est tué, retrouve la liberté ou s'évade dans une mort courageuse.

Mais s'il lit dans une feuille, ou si on lui rapporte des propos qui blessent son amour-propre ; s'il apprend qu'il va être l'objet de manœuvres indignes de sa haute conception du banditisme, que voulez-vous qu'il fasse ? Il écrit. Il contribue à la variété de la littérature épistolaire. Et dans cette littérature, qu'elle soit autographe ou dictée par quelque illettré, on sent que les phrases ont été bourrées comme des cartouches. Ceux qui connaissent le sens plastique des Corses imaginent très bien avec quels gestes d'humeur, quels gémissements de rage, le bandit jette ses mots comme des projectiles au visage de ses antagonistes lointains…

C'est par une de ces missives de bandit que je fus, un jour, transporté du paysage le plus tendre de l'Ile-de-France dans le plus sombre coin de l'île de Corse.

Je revenais, par une radieuse matinée de printemps, de cueillir la jacinthe et le muguet dans la vallée de Chevreuse, lorsque feu le docteur D... médecin de M. Bunau-Varilla, me présenta un chiffon de papier manuscrit qui avait l'air de tout sauf d'une lettre.

— Dépêchez-vous, me cria-t-il de loin, nous vous cherchons depuis une heure pour déchiffrer un cryptogramme qui nous arrive du maquis.

— Ah ! bah ! Romanetti proteste.

— Sans doute... mais nous n'arrivons pas à déchiffrer en quels termes.

— Voyons.

Le Matin avait publié, en ce temps-là, une série d'articles sur la vie aventureuse des bandits. Quelques phrases en ayant paru désobligeantes, la Corse avait bougé... et Mᵉ de Moro-Giafferi, pour adoucir les amertumes, fut prié d'écrire un fort bel article de mise au point qu'on inséra en même place et dans les mêmes caractères...

Nonce Romanetti protestait à son tour par le billet qu'on me tendait. Il est vrai que sa lettre n'était point d'une lecture commode. Non seulement elle paraissait écrite avec des griffes de chat, mais le rédacteur avait voulu y montrer qu'il savait rédiger en français aussi bien qu'en corse. Ainsi avions-nous sous les yeux un gribouillage en ce sabir dont les humoristes méditerranéens tirent de si savoureux couplets :

> N'a Marie prends garde
> S'ellu ti'ngabia
> Et s'il te prend en mains
> Ti ficci rabbia

Quoi qu'il en soit, je parvins à lire et à traduire la protestation de Nonce Romanetti, et la prose insulaire put paraître à la rubrique « Rectifications », amputée toutefois d'une confidence qui aurait pu avoir pour certains fonctionnaires de redoutables conséquences.

Mais il en restait assez pour apprendre aux populations : « Que Nonce Romanetti, s'il buvait cela ne lui coupait pas les jambes au point que les gendarmes le pussent atteindre. Que, s'il ne faisait pas de la continence sa vertu majeure, il était salace avec assez de retenue pour n'en avoir pas l'œil vague, la lèvre pendante et les reins brisés. Que, s'il avait été amené à des gestes regrettables, c'est que le métier de bandit comporte certains risques dont on ne peut guère se défendre qu'à coups de fusil. » Et signé : « Nonce Romanetti... » au timbre humide, car la Majesté ne confère point aux illettrés la science infuse.

Depuis, les billets ornés du timbre violet qui en authentifie le texte ont été très nombreux. Mais, pour faire de la polémique, il faut savoir lire et écrire... de sorte que les lettres de Nonce Romanetti, suspectes malgré le sceau royal en caoutchouc, n'ont, pour les collectionneurs, aucun intérêt.

Il vaudrait mieux posséder l'autographe que le bandit Paul-Marie Nicolaï adressa en janvier 1926, au directeur du Petit Marseillais.

Tirons-en quelques phrases suggestives :

En effet, j'ai agi dans la révolte de mon honneur gravement atteint et dans la suprême nécessité de légitime défense. Cela ressortira clairement le jour où je demanderai à la justice de reprendre ma place d'honnête citoyen dans la société dont je suis momentanément banni.

Jusqu'à ce jour-là, je reconnais aux gendarmes le droit de me rechercher et de me capturer — s'ils le peuvent. Mais j'entends que tout étranger à l'action judiciaire me fiche la même paix que je laisse à chacun.

Ceux que j'ai été absolument obligé de châtier n'étaient que deux abominables Sardes dont il sera parlé plus tard. Je serai donc certainement acquitté, et les quelques traîtres qui, actuellement, me tendent des embûches par esprit politique, je les éviterai dans la mesure du possible pour ne pas aggraver mon cas. Mais tout a une limite, et je rejette dès à présent toutes responsabililés sur les autorités administratives qui se prêtent bénévolement aux manœuvres de mes traqueurs sans se donner la peine de rechercher la vérité.

Ainsi, il paraît que le maire de P... s'est claquemuré en annonçant que je l'ai sommé, sous peine de mort, de démissionner avec tout son conseil municipal ; que j'ai l'intention de faire sauter sa maison à la dynamite et bien d'autres histoires les unes plus fausses et plus perfides que les autres. Ce qui, me dit-on, a provoqué un déploiement considérable de gendarmes à P..., mis en état de siège et désormais considéré comme un village sanguinaire, alors qu'il est toujours resté un des plus pacifiques de la Corse...

Donc, la machination dont je suis victime est des plus odieuses !... Mais les acteurs d'une pareille comédie seront prochainement démasqués, et chacun d'eux recevra publiquement sa part de honte, si haut placé qu'il soit dans la politique ou l'administration insulaires.

En attendant, j'affirme ceci :

Ceux qui me font traîtreusement une réputation de bandit redoutable et m'accusent de vouloir leur mort sont des politiciens aux abois, sentant grandir sans cesse autour d'eux l'indignation qu'ils méritent ; et, en présence de leur fief électoral en révolte sans plus de rémission, ils essayent d'abdiquer « en beauté », c'est-à-dire en faisant croire qu'ils y auront été contraints par un terrible bandit.

Mais ça ne prendra pas !

Paul-Marie Nicolaï

Ces cris de révolte sont marqués, est vrai, d'un fâcheux accent — l'accent politique. — On nous accordera toutefois que la lettre ne manque point d'une certaine allure.

Nicolaï dit : « Je me suis fait justice, j'en répondrai à mon heure... mais je ne veux point qu'on me confonde avec de vulgaires assassins. » Et voyez qu'il ne menace point de tuer, mais de juger : « Chacun de mes détracteurs recevra publiquement sa part de honte... »

Pour lui, il n'y a pas d'hésitation possible, il n'est pas un meurtrier, il est un justicier.

Ni plus ni moins.

Toutefois, ni les secrétaires de Nonce Romanetti, ni Paul-Marie Nicolaï n'ont le tour épistolaire — incomparable — de Félix Micaelli, maître incontesté du haut et bas Fiumorbo.

Félix Micaelli est un lecteur de revues savantes et de gazettes littéraires. Il est, pour les voyageurs égarés et les touristes, un séduisant cicerone et se proclame « le dévoué défenseur de l'ordre et de la justice ». Au demeurant, homme peu commode sur certains chapitres, et bandit sans indulgence ni attendrissement, lorsqu'il convient.

Il apprit un jour que la gendarmerie et la police avaient accouché d'une idée de génie.

On avait enfin trouvé le moyen d'arrêter les bandits. Écoutez comme c'est simple. Un hors-la-loi est accueillant à tout le monde, sauf aux gendarmes en uniforme. Que faut-il donc pour qu'un gardien de l'ordre puisse en user comme le premier voyageur venu ? Il faut en faire le premier voyageur venu en lui donnant un bon complet de confection, un complet civil…

Eurêka !

Félix Micaelli, ayant appris l'affaire, écrivit aussitôt à tous les journaux de France et de Navarre : « Et les touristes, demandait-il, que deviendront-ils ? » La lettre était parfaite de ton et de mesure. En outre, irréfutable en cet argument :

Si vous donnez à vos gendarmes — à supposer que vous y parveniez — l'allure de touristes, que direz-vous le jour où je prendrai, moi Félix Micaelli, un brave touriste pour un gendarme déguisé ? »

Je suis, ajoutait-il, par destination et par goût, le protecteur de ceux qui aiment mon pays. Or, personne ne pourra plus se mettre en route pour la Corse sans s'être longuement inspecté devant son miroir. Le voyageur qui a une face de pandore ou une figure de faux témoin, qu'il évite de passer mes lentisques et mes arbousiers. Le souci de n'être pas pris au filet comme un merle pourrait me rendre méfiant jusqu'au coup de fusil.

J'exige donc que les vaillants citoyens commis à ma capture se distinguent du commun des mortels par un uniforme bien voyant. Cela me permettra de les éviter lorsque je le pourrai sans me couvrir de honte et d'accueillir avec courtoisie les personnes de goût qui admirent mon pays.

La Société n'a pas le droit de fausser le jeu. D'abord, elle se diminue en trichant de la sorte. Je suis seul contre elle. Que du moins elle sache rester un digne adversaire. En tout cas, elle n'a pas le droit d'attenter à la vie de braves promeneurs en mêlant à leur groupe des chasseurs de bandits…

Or, en travestissant les chasseurs en touristes, la Société attente à toute vie humaine respirant au maquis. À bon entendeur, salut !

La lettre fut prise en considération. Ce fut fort bien fait. Vous pouvez encore aller rêver dans le sauvage Fiumorbo sans craindre la rencontre de Micaelli. Au contraire, mais n'étiez-vous pas loin de penser que ces farouches contempteurs des lois fussent de si habiles disciples de Mme de Sévigné ?

Et maintenant, allons leur rendre visite, chez eux.

Spada

Spada !

Le nom (accent tonique sur Spa), le nom cingle comme une menace de mort : l'épée, arme ancienne et arme noble.

Apport inestimable aux adeptes de l'onomatomancie : se nommer Spada et avoir tué des hommes et être tout disposé à en tuer d'autres ! Être bandit, se tenir hors la loi et porter ce nom flamboyant et glacial : Spada. Pourquoi bandit ? Parce qu'il a un nom qui l'y prédestinait, sans doute. Parce que tout a été concerté depuis les siècles des siècles pour que Spada, en Corse, soit le nom d'un bandit. Tant que ses ancêtres paternels vécurent sur la plate Sardaigne, on pouvait naître Spada sans devenir un glaive meurtrier, mais en Corse... et dans le Cruzzini !

Les touristes qui envahissent maintenant la Corse passent partout. Le Niolo, le cœur de l'Île, gardé par les forêts d'Aïtone, de Valdoniella et par cet enfer : la Scala de Santa Regina, le Niolo, plateau sacré d'où montent vers le Dieu Cinto les derniers lamenti des derniers insulaires qui portent le pelone et s'assemblent autour du fucone, le Niolo est devenu un rendezvous de bonne compagnie.

Déjà, au printemps de 1925, dans la même semaine, un Américain pêchait la truite dans le Golo, un Hollandais chassait le mouflon, une Anglaise faisait de l'aquarelle et un officier français recherchait des pistes de ski.

Dans le Cruzzini, sur la rive droite du torrent, dont la région porte le nom, et qui sépare deux massifs imposants, on ne trouve encore que les habitants de Salice, de Pastricciola, de Rezza, d'Azzana et de Rosazia. Nids d'aigles !

Et ceux de Lopigna.

Lopigna est sur la rive gauche du torrent, au sommet d'une gorge qui tient à la montagne de Cinnarca comme la vertèbre tient à la poitrine. D'un côté, un paysage grandiose et hostile ; de l'autre, l'accueillante et riche vallée de Cinnarca. Passer du Cruzzini en Cinnarca, en franchissant le sommet ou en contournant le mont, c'est changer de région et de climat, c'est aller d'une Haute-Savoie âpre et contractée en un Dauphiné verdoyant et généreux. Pourtant, parce que la géographie en Corse est dominée par la politique locale, Lopigna est commune de Sari d'Orcino, chef-lieu du canton de Cinarca. N'en demandez pas la raison non plus que les motifs de l'installation de la cour d'appel et du siège du commandement militaire dans une sous-préfecture de l'Île !

André Spada, étant citoyen de Lopigna, se rendait chaque année à la tête cantonale de Sari d'Orcino. Une heure à travers le maquis, ou deux heures par la route en traversant les trois villages du nord de la vallée, trois villages coquets, ma foi ! Arro, Ambiegna, Casaglione. Lopigna est rude. Arro, Ambiegna et Casaglione sont souriants. C'est que ceux-ci sont de Cinnarca, celui-là du Cruzzini. La physionomie d'un village n'est pas à la merci d'une décision administrative. Spada vote en Cinarca, mais il est un enfant du Cruzzini.

Un jour de réjouissance en Corse se distingue par le nombre de coups de feu qui expriment l'allégresse populaire. C'est une manie dangereuse à laquelle préfets, maires et gendarmes opposent vainement la menace ou la persuasion… On interrompt le repas, la chanson ou la danse par quelques coups de revolver tirés en l'air.

Tant pis pour qui se trouve aux fenêtres ou sur les hauteurs…

Les détonations paraissent avoir la vertu de maintenir les convives en appétit, de leur éclaircir la voix et de leur délier les jambes. Les Corses ont besoin de danser et de chanter. Ils n'ont pas d'art plastique, ils n'ont pas de folklore ; ils composent donc d'interminables chansons satiriques chantées sur des airs mélancoliques, funèbres, poignants, et tout leur génie plastique s'extériorise par la danse.

Imiter la mitrailleuse en action, chanter des paghielle à pleine voix, danser sur des planchers non plafonnés ou sur la route avec de gros souliers de montagne, cela fait beaucoup de bruit. Ce bruit, c'est de la joie qui s'envole, de la joie tragique

André Spada, depuis deux années déjà, assistait à la fête sans y prendre part. Il était en deuil d'un petit garçon de six ans. Son fils. Un bébé solide et bien poussé. Aujourd'hui, lorsque Spada peut atteindre sa maison, il contemple une photographie d'enfant, hoche la tête, serre ses dents pointues, empoigne son épaisse tignasse :

— Ah ! s'il n'était pas mort !

Sa femme près de lui, contadine, svelte, portant cette distinction naturelle à la femme corse faite de douleur et de fierté, sa femme murmure une oraison.

— Ah ! s'il n'était pas mort !

Spada au cœur saignant ne dansait pas, mais il allait à la fête. D'abord pour y retrouver son ami Dumenic'Antò Rutili, qui vivait tantôt chez ses parents de Lopigna, tantôt dans sa famille de Sari, ensuite parce que Sari, qu'on le veuille ou non, est le chef-lieu du canton, ce qui a là-bas importance et signification profondes.

Spada va vers son Destin. Lorsqu'on porte un nom pareil, on doit tout craindre et même la plus futile intervention d'une femme qui se trompe... ou qui ment.

Spada sourit tristement.
— Que voulez-vous ?...

Il posera vingt fois cette interrogation aux dieux et à moi-même. Nous causons chez lui, bonnes gens, chez lui au milieu du village. Ce matin, Spada a eu envie de revoir sa femme et son humble chambre. Il a, depuis l'aube, longé la gorge du Cruzzini ou dévalé les pentes de San Damiano. Ou bien il n'a eu que deux cents mètres à parcourir. Sait-on ? Pourtant il doit venir de loin. En traversant un océan de cystes fleuris, il a orné sa boutonnière des quatre pétales rugueux et parfumés, puis il a dû saccager la fougère toute neuve et casser les arbousiers vernis. Le velours grossier de Spada sent bon le maquis et la rivière. Pour atteindre son logis, il a passé devant la maison de ses ennemis, le fusil prêt, les grenades sous la main, les brownings armés.

C'est là, dans la ruelle, que je l'ai rencontré, près de chez lui. Sa figure s'est détendue, mais il n'a pas dit un mot.

Nous entrons. Sa femme se précipite dans ses bras. Il se tourne vers moi et s'excuse de la pauvreté de sa demeure. Une chambre. Un lit fatigué, une table, quatre chaises et l'armoire dans le mur.

— Comment vas-tu, André ?

— Bien, et vous-même ?

J'ai parlé en corse, mais il me répond en français, coquetterie qui m'irrite toujours un peu.

— Veuillez vous asseoir ! dit la femme en offrant une chaise.

Mais Spada intervient :

— Pas à ma place, je vous prie. Pardonnez-moi d'y tenir. Face à la porte, le fusil à ma gauche. Le revolver à ma droite. Les grenades là !

— D'où viens-tu, André, où as-tu couché cette nuit ?

— Sous les étoiles.

— Et les grottes ?

— J'y ai peur comme sous un toit. Depuis ma seconde affaire, je n'ai pas dormi une fois à l'abri — il rit — parce que je crains précisément de n'y être pas abrité.

— Et tu n'as pas assez de cette vie ?

— Que voulez-vous ? Pour faire plaisir à mes parents, j'ai fui jusqu'en Espagne. À Barcelone, on m'a mis en prison. J'ai pu m'en évader, et je suis revenu dans mon maquis. Ah ! la macchia !

C'est tout ce que Spada consent à raconter de son aventure espagnole. Nous sortons. Spada repasse devant la maison de ses ennemis. Silence. Nous allumons des cigarettes.

— Et si nous tombions sur les gendarmes !

À ce mot, en un éclair, Spada est en joue et crie :

— Passez votre chemin

La cigarette a roulé sur la route. Spada abaisse l'arme, ramasse sa cigarette et dit :

— Ce ne serait pas la première fois. Que voulez-vous ?

— Et ils ont passé ?

— Eh ! c'est ce qu'ils ont de mieux à faire. Que voulez-vous ?

— Toi, tu ne les cherches pas ?

— Non, mais, s'ils me cherchent, ils me trouveront (il tire des grenades et les caresse à m'en donner le frisson). D'ailleurs, c'est moi qui les chercherai un jour, et, ce jour-là, il y aura encore du sang.

— Quel jour ?

Spada reprend son visage de félin traqué. Dents carnassières, yeux obliques, le nez fin écrasé sur la bouche et cette crinière où fourragent ses mains crispées.

— Le jour de l'exécution de mon ami Dominique-Antoine Rutili.

Il soupire, donne de furieux coups de tête à droite et à gauche.

— Ne parlons pas de cela, voulez-vous ?

Je le regarde. Parce qu'il est de taille moyenne, il paraît massif dans son costume de velours dont toutes les poches sont gonflées comme des musettes. Spada est un arsenal ambulant. Son fusil, le browning, deux parabellums, des chargeurs pour les magasins et des cartouches pour les chargeurs. De sa ceinture rouge, barrée par les cartouchières, surgissent des manches de stylets et des crosses d'armes à feu. Spada est bardé de revolvers, de grenades et de poignards.

Son monstrueux équipement ne le gêne point, tant il est sûr de ses muscles, de ses poumons, vrais soufflets de forge, de son cœur de montagnard jamais essoufflé.

Ses cheveux drus lui mangent le front au point de rejoindre ses sourcils toujours froncés. Là-dessous, les yeux légèrement bridés, le nez droit qui tombe en pointe, les petites moustaches et le sourire contracté où éclatent deux rangées d'armes blanches bien aiguisées.

Le menton aigu accentue la forme triangulaire de ce visage brun barré de noir, barré de blanc…

Il a vingt-sept ans, le regard tendu comme une trajectoire, la confiance en son maquis, le mépris de la mort et le culte de l'amitié. Rutili était son frère, déjà, avant leurs aventures ; maintenant, c'est une partie de lui-même. Le jour que le bourreau poussera Dominique-Antoine sous le couperet, Spada hurlera à la mort et cherchera une proie.

Au besoin à coups de grenade ! À bout portant, dût-il y laisser la peau.

C'est sans forfanterie que Spada me raconte « ses malheurs ». On pourrait, d'ailleurs, sur des milliers d'années, retrouver des histoires aussi simples, aussi dépouillées, aussi banales que la sienne et il n'est point de scepticisme qui nierait ici la fatalité. Terre de Corse, terre tragique !

Le soleil fonce sur l'adorable golfe de Sagone, si brutalement qu'on ne voit plus rien qu'un reflet de brasier. Le maquis surchauffé s'offre comme une femme trop belle, trop parfumée, trop plantureuse. On a envie de se coucher sur ce sol et de l'embrasser, tant il est généreux, mais on craint soudain d'y respirer l'odeur du sang humain.

De Calcatoggio à Cargèse, dans ce paradis qui n'a pas cinquante kilomètres carrés, au XXe siècle, en 1925, deux bandits tiennent la société et sa police en échec. Que ceux qui ne le croient pas aillent y voir !

Au sud : Nonce Romanetti, si célèbre qu'à un moment donné il se laissa prendre à son propre jeu et faillit devenir un bandit d'opérette et une curiosité touristique. Quelques chaudes alertes le remirent dans le terrible sentier où les Américaines passionnées et les journalistes curieux ne parviennent pas sans difficultés ni dangers.

Quarante-cinq ans d'âge, dix-huit années de maquis, quelques condamnations à mort par contumace. On vous dira : on le laisse tranquille. Répondez : si on l'avait pu, on l'aurait pris mort ou vif depuis dix-huit années déjà. Nonce Romanetti, ce n'est pas l'amour, l'argent ou la liberté qu'il joue. C'est sa vie. Il est plus facile de la désirer que de la prendre. Il y tient trop

Au nord : Spada.

À tout prendre, deux braves garçons qui portent le poids de l'atavisme le plus lourd qui soit. Nés au pays de la Vendetta ! Vendetta ! Ce n'est qu'un mot pour ceux qui n'ont pas parcouru la Corse, mais ceux qui en reviennent ont compris.

Deux braves garçons qui ont eu des malheurs ! Et j'affirme en mon âme et conscience ceci : il n'y a pas une personnalité corse du monde entier, de sang pur, élevée dans l'Île, qui ne doive aux dieux des actions de grâce s'il est un citoyen honorable au lieu d'être un bandit. Il a été favorisé par les circonstances, et voilà tout !

Or, le sort s'est acharné sur Spada.

Pensez qu'accusé de plusieurs meurtres il n'a jamais tué pour lui-même, C'est le destin, vous dis-je, qui mêla, parmi les danseurs de la fête patronale de Sari d'Orcino, le 8 octobre 1922, une jeune femme un peu sotte… ou très méchante.

Et Spada, ce jour-là, n'avait même pas dansé. Que voulez-vous ?

Le 8 octobre 1922, on danse à Sari d'Orcino, on chante et on boit. Si peu, à la vérité, que personne ne titube dans les hameaux. Ce n'est point jour de bordée exceptionnelle à grands coups d'alcools électoraux. C'est une fête religieuse. La bière épaisse et la limonade qui poisse les mains n'ont pas alourdi les têtes. On épuise des chargeurs qu'on recharge pour les épuiser à nouveau. Du cap Corse à Bonifacio, je le répète, les fêtes carillonnées sont fêtes mitraillées. La mousqueterie accueille aussi bien la naissance du Christ que sa résurrection. La patronne de la Corse devrait être sainte Barbe.

On danse, et les garçons entre eux, faute de jeunes filles. On envie un gentil marinier parce qu'il est arrivé

d'Ajaccio avec sa danseuse, Jacqueline Poli, femme Benedetti.

On hésite bien sûr à solliciter une danse, car l'insulaire
est plus jaloux qu'un musulman, mais le marinier est italien.
Alors on se gêne moins, et quelqu'un ose proposer un
fox-trot à Jacqueline Poli. Elle refuse. Reproches. Cris. Disputes.

Les disputes, hélas ! ne traînent guère entre gens armés,
comme ils le sont, pour la joie, et l'Italien s'écroule, la
cuisse trouée par une balle.

Péripétie d'un drame dont le dénouement n'est encore
inscrit qu'au grand livre, de nos destinées. Spada n'y assiste
pas. Pourtant il sera le principal personnage de la tragédie.

C'est écrit.

Les gendarmes arrivent. Ils n'ont pas eu grand chemin
à parcourir. Leur caserne domine la place où l'on danse. Ils
demandent :

— Qui a tiré ?

Quelle question ? On a, à Cauro, en ce mois de mai
1925, blessé une demi-douzaine de personnes, dont deux on
rendu l'âme. Qui a tiré ? Personne, parbleu !

Personne n'a tiré, et les gendarme n'en sont pas tellement surpris, mais Jacqueline intervient.

— Moi je sais qui a tiré. C'est Santu Stefanini.

Vingt voix hurlent des protestations La jeune femme ne
se laisse pas démonter :

— C'est Santu Stefanini qui a tiré.

— Vous l'avez vu ?

— Je l'ai vu.

Les gendarmes, devant une affirmation si catégorique,
se résignent à chercher Santu Stefanini. Ils sont deux,
Caillaud et Parent, qui partent vers une buvette du village
haut. On y parvient par un sentier qui grimpe rudement

entre deux murs de granit et aboutit à une place grande comme la main entièrement couverte par un acacia. Sur la place s'ouvre la porte de la buvette, qui fut autrefois l'école où j'appris à faire des bâtons.

Santu Stefanini est là avec Spada et ses amis Butili, Dominique-Antoine et Pasquale.

Les gendarmes apparaissent, et ils font comme ils ont lu dans les romans policiers, comme ils ont vu au cinéma ! Ils crient « Haut les mains ! »

Le cri est puéril lorsqu'on est sur se seuil d'une pièce mal éclairée où dix hommes boivent, dont on ne peut guère distinguer que les trois ou quatre qui sont sous la lampe.

— Haut les mains !

Éclats de rire, grognements, imprécations. N'oublions pas que personne n'a rien à se reprocher, que personne ne se sait accusé de quoi que ce soit.

Mais le destin est là sous le visage mouillé de sueur et de larmes de Jacqueline.

— C'est lui, c'est lui, Santù, qui a blessé mon ami !

Les gendarmes disent à Santù « Il faut venir avec nous », et à Dominique-Antoine Rutili, qui était au bal avec Santù : « Il faut nous suivre ».

Le frère de Dominique-Antoine, Pascal Rutili, est un sage. Il dit :

— Si vous n'avez rien à vous reprocher, laissez-vous faire. Nous vous attendrons ici le temps que vous vous justifierez.

Spada n'admet point qu'on se promène, menottes aux mains, entre deux gendarmes comme des nervi, lorsque l'on n'a rien à se reprocher. Il le dit si vertement qu'il est menacé, lui aussi, d'être mis en état d'arrestation.

Spada rit à gorge déployée.

Ils sont deux, Caillaud et Parent, l'un tient Santu, l'autre Dominique-Antoine. Un gendarme par homme, c'est peu, qu'on m'en croit ! Spada rit et taille aux gendarmes des basanes.

Pascal Rutili parle encore.

— Aiò ! Ce n'est pas grave, puisque vous êtes innocents. Suivez les gendarmes, l'affaire sera arrangée aussitôt, et vous remonterez dès ce soir.

Accalmie qui ne dure guère.

Dans le sentier où les gendarmes plongent avec leurs prisonniers, Dumenic'Antò et Santu se révoltent. Voilà les gendarmes en détresse. Ils ne savent plus à quel saint se vouer. Quelle histoire si la femme se trompe ! Mais si elle dit vrai ? Jurons et menaces jaillissent de part et d'autre. Aux cris de son ami, Spada perd son sang-froid.

— Les lâcherez-vous ? crie-t-il.

Ils reviendront dès ce soir, acceptons cette petite malaventure, dit Pascal.

— Les lâcherez-vous ? hurle Spada.

Les gendarmes ont bien du mal à tenir les deux paysans. Parent s'accroche à Dominique-Antoine, Caillaud à Santù — et soudain Spada braque un browning, ajuste et tire.

— Vous les lâcherez bon gré, mal gré, nom de Dieu !

Et les gendarmes lâchèrent les prisonniers.

Caillaud, ayant une balle au cœur, dégringole par le sentier comme un roc. Parent, blessé à la tête et à la jambe, s'écroule, Puis il se redresse pour faire feu contre la nuit.

Spada est bandit. On ne lui avait rien fait à lui. On avait touché à son ami. Spada est bandit à cause de l'intervention de Jacqueline Poli.

Or, le lendemain, un nommé Jean-Baptiste Subrini avoua qu'il avait tiré sur le marin italien.

Jacqueline Poli s'était trompée ou elle avait menti, mais Spada et Rutili étaient hors-la-loi, et une pauvre femme de gendarme était veuve.

Andria el Dùmenic'Antò sont au maquis. Auraient-ils tué un civil que leur situation n'en serait pas brillante, mais c'est un gendarme qu'ils ont tué, un autre qu'ils ont blessé, et toute la gendarmerie est en deuil ! La maréchaussée est en état de vendetta.

On les veut ! On les traque ! On suscite la trahison et aussi de nouveaux crimes, car le bandit évite le gendarme, mais recherche le traître.

Est-il vrai qu'un certain Marchi, citoyen de Lopigna, ait trahi, comme le croit Rutili si prompt à s'en venger ?

Serait-il ce soir dans cette buvette paisible avec Pascal, frère du bandit, et Paul-André Leca, garde champêtre, ami de Rutili, el de Spada ? Serait-il là, en cette compagnie, à bavarder, après avoir dîné, avec le buvetier qui est le propre beau-père de Pascal ?

Quelqu'un a porté une accusation d'espionnage, puisque soudain Dumenic'Antò arrive, suivi de Spada, frappe Marchi au visage avec le canon de son fusil, renverse la lampe et se met sur le pas de la porte, en criant :

— Que personne ne sorte !

Il tire sur le premier qui se montre. C'est son frère, le sage Pascal, qui crie :

— Ò Dumenic'Antò, tu te trompes, personne ici ne te trahit.

Pascal tombe et le garde champêtre qui le suit tombe à son tour. Marchi se cache, et lui seul, qu'on voulait atteindre, peut se mettre à l'abri. Alors Rutili crible de coups de feu la maison de son ennemi. Spada n'est qu'un spectateur calme, si calme qu'il finit par apaiser son terrible ami.

La famille de Marchi fuit le village de Lopigna et se réfugie à Ajaccio. Les deux amis retournent au maquis.

Pascal guérit. Paul-André Leca guérit et, pour montrer que ce sont là événements qui n'atteignent pas une amitié véritable, il devient le guide des deux bandits. Il devient même bandit à son tour, mais le métier de garde champêtre l'a gâté. Il se fait presque aussitôt abattre comme un sanglier.

On trouvera un autre guide... du même nom !

Le guide ? Celui qui passe le premier, entre le premier, sort le premier. Les autres ont besoin de savoir où ils mettent les pieds. Le guide les précède. Il est là pour déclencher les pièges à loup, quitte à y perdre la jambe... et le reste.

Lorsque Spada aura perdu son ami, il refusera tout autre compagnon. Il vivra comme un sanglier. Il n'enviera point Nonce Romanetti, qui a quinze chiens, douze hommes plus dévoués que ses chiens et braves comme des lions. Spada et Rutili ont été quelquefois les hôtes de Nonce. Hommage du débutant au vieux routier ; du cadet à l'aîné ; du pauvre au riche ; du batteur d'estrades au roi du maquis magnifiquement installé dans son errante contumace. Hommage et rien de plus. Une visite qui n'est pas suivie d'un enrôlement. La conjonction définitive est impossible. Nonce Romanetti, cela signifie méfiance. Malgré ses airs bon garçon, il craint tout ce qui a des yeux, des oreilles, une langue. On trahit quelquefois malgré soi, il doit le prévoir. Il connaît aussi ceux qui le trahissent sciemment, s'en méfie et en fait des chansons par souci de ne plus faire de cadavres. Spada et Rutili sont jeunes, trop jeunes et confiants à l'excès. On les surprendra le jour qu'on voudra. Pour les amarrer, c'est une autre affaire !

Mais on saura où ils vont, où ils sont...

Ainsi savait-on qu'un soir du début de l'an 1924 Dùmenic'Antò, Andria et leur nouveau guide, François Leca dit Cecchu, avaient décidé de passer la nuit près d'Ajaccio, à quatre kilomètres à l'est de la ville, au lieu-dit Finosella.

Dans la campagne, la Gravone flâne. Après les courses folles en montagnes, son voyage est presque terminé. Par un gentil canal, elle rejoint le Golfe, impatiente de mêler ses eaux tièdes aux neiges fondues du Monte d'Oro.

Près de la rive, deux maisonnettes, deux masures.

Une Sarde, Madame Musio, et son fils ont accordé l'hospitalité aux trois hommes. Dans un même lit dorment Rutili, François Leca et le jeune Sarde. Sous l'humble toit voisin dort Spada. D'un œil ! Il sent la trahison. Qui les aurait trahis ? Moi, je crois le savoir, mais vous me couperiez la langue plutôt.

Toute la nuit, la brigade mobile de la Sûreté générale, la police municipale, les gendarmes de la région ont préparé l'expédition contre Spada, seul contumax en cette affaire. Rutili, à ce moment-là, n'est passible que d'une peine insignifiante pour coups et blessures. Quoi ! il a lâché des gendarmes qui voulaient l'arrêter, alors que ces gendarmes étaient à terre, l'un mort, l'autre plus qu'à moitié.

Ce n'est pas lui qui les a tués, il était enchaîné et, par surcroît, innocent du crime dont la femme fatale accusait son ami Stefanini.

Parent, qui a survécu, reconnaît que les deux prévenus avaient été fouillés et ne portaient aucune arme.

Enfin, Spada n'est pas homme à renier ses gestes.

Il a été, un jour de promenade, jusqu'à la marie de Lopigna, et il a remis au maire une lettre attestant que les balles qui frappèrent les gendarmes, c'est lui, André Spada, qui les avait tirées.

Dominique-Antoine Rutili a peu de choses à redouter et même pour l'affaire de Lopigna. Une explication violente avec son frère et des amis. Ils ne porteraient même pas plainte. Cela ne regarde personne, les affaires de famille. Quant aux Marchi, ils ont signé un traité de paix. Mais oui !

Dans la première maison où sont Madame Musio et son enfant, les gendarmes pourraient arrêter tout le monde, sans trouver le moindre gibier de cour d'assises... À côté, la prise serait plus importante.

Rutili dort mal entre ces deux corps écrasés de sommeil. Spada repose seul, mais, lui, on ne le surprendra pas.

Des chiens ont aboyé. Spada s'ébroue, sort en rampant, franchit les barrages de policiers, de gendarmes, traverse l'eau et se poste sur la rive d'en face. On n'a même pas pressenti sa sortie et son départ ! Malheur à qui l'aurait gêné dans sa fuite !

Il est à l'abri, et cet homme qui s'est fait assassin et bandit par amitié pense surtout à son ami.

— Comment avertir Rutili ?

Il ne fuit pas. Il surveille.

Au moment que le jour douteux de janvier paraît assez favorable aux chefs de l'expédition, Spada tire à balles sur les assaillants. Rutili, aussitôt debout, a compris.

L'enfant s'éveille. Rutili lui crie :

— C'est toi qui nous a vendus.

Il le tue.

La mère accourt.

— Espionne ! hurle Rutili.

Il tire à bout portant sur la femme. Puis au guide :

— Sors le premier.

Le guide sort. C'est son devoir. Une salve qui devrait le mettre en lambeaux ne l'atteint pas ! Par quel miracle ? Rutili est sur ses talons. C'est la ruse de guerre classique : offrir une cible, faire tirer et, dans le désarroi que causent toujours une apparition imprévue et le bruit de la salve, passer.

Il manque sa sortie et, de rage, vide cinq chargeurs de parabellum sur la troupe ennemie. Spada continue sa guerilla et encourage Rutili.

— Aide-toi, ô Dominique-Antoine, je suis là !

Dominique-Antoine, simple gibier de correctionnelle, s'il avait dit : « Me voilà ! » est maintenant un meurtrier, il a massacré ses hôtes. Espions ! Et soudain, il apparaît aux gendarmes.

Ah ! quelle abominable vaillance. Il fonce sur ses ennemis qui sont près de trente, et professionnels de la bataille. Il en abat un, deux, trois. Il passe. Il a passé. Voici le ravin, il saute… Un homme est posté là qui le reçoit dans ses bras. Ils s'accrochent, se déchirent, se mordent. « Mon stylet », pense Rutili. Mais les autres arrivent. Il est pris. Spada, désespéré, regagne son maquis.

Il a rôdé autour de la prison de Bastia, il a menacé les jurés de la cour d'assises. Menacer en Corse ne réussit jamais. Rutili fut condamné, et on lui coupera peut-être la tête.

Alors Spada le vengera.

Rutili a été gracié...

Depuis, Spada commit deux meurtres passionnels comme les jurys en pardonnent des douzaines chaque année.

Depuis, il soutint avec ses guides de véritables batailles rangées contre des garçons cruels et dont la cruauté — ô honte ! — était vénale.

Depuis, au mois de mai 1930, il a attaqué la voiture postale qui va de Lopigna à Ajaccio et tué deux gendarmes et le convoyeur des messageries. Un troisième gendarme n'est encore vivant que parce qu'il s'est évanoui et que Spada l'a cru mort. Les voyageurs, qui étaient trois, dont deux femmes, ont assisté à l'attaque, qui s'est terminée par une tentative d'incendie de la voiture.

Avant de mettre le feu, le bandit avait fait débarquer les bagages des voyageurs.

De l'amas d'informations confuses qui courent villes et villages on peut déduire, sans se flatter pourtant de connaître la vérité, que les événements se sont succédé dans l'ordre que voici :

André Spada était concessionnaire des Messageries postales de Lopigna. Quelqu'un vint — le maire du village — qui put obtenir de l'administration un contrat dépossédant le représentant d'André Spada. Je veux croire que les tractations furent d'une loyauté et d'une correction parfaites. André Spada ne le crut pas. Il tient peut-être la concurrence loyale pour un acte déloyal. Il ne faut pas exiger des hôtes du maquis une absolue conformité de vues et de pensées avec les autres citoyens. Leur échelle des valeurs, leurs conceptions des droits et des devoirs de l'homme ne diffèrent pas essentiellement des modèles courants, mais il y a pourtant quelques petites différences. Toute la nouvelle tragédie de Lopigna tient à un de ces minces conflits. Spada se croit injustement dépossédé. Alors il dit :

— Ou moi ou personne. L'auto ne circulera plus.

Le maire, en vrai Corse qu'il est, répond :

— Ma balle vaut la tienne. L'auto circulera.

Tous deux croient avoir le droit pour eux, et, s'il était si facile d'établir lequel des deux a tort ou raison, il n'y aurait pas tant de tribunaux, de juges et d'avocats par le monde.

Ailleurs, le drame aurait eu de sournoises péripéties. On aurait, au garage, dévissé quelque boulon ou détaché quelque câble. On s'en serait pris d'abord à la machine. En Corse, on a armé les fusils et les revolvers et l'on a tiré.

Trois cadavres.

La voiture ne passera pas.

Un jour il a dit avec la même audace : En route, et c'est un des souvenirs qui me contractent la fibre.

J'avais passé la journée avec lui, chez lui, sur les places et dans les ruelles de Lopigna. Vers les quatre heures, je décidai de retourner chez moi, à Sari d'Orcino, chef-lieu de canton de Lopigna. Je ramenais vers notre automobile les trois femmes et la jeune fille que j'accompagnais, et nous allions démarrer lorsque Spada sauta sur le marchepied.

À un kilomètre de là, je fais stopper.

— Laissez-moi venir jusqu'à Sari avec vous, pria Spada. Je ne veux pas vous quitter encore.

Je blêmis. Derrière moi étaient assises ma femme, ma cousine Madame S... et sa fille. Près de moi, la femme de mon confrère et ami P. S... C'était un dimanche d'élections. Toute la maréchaussée était en service commandé par les villages que nous devions traverser : Arro, Ambiegna, Casaglione.

— Et si nous rencontrons les gendarmes ?

Spada arma son fusil, tira un parabellum et sourit.

— Nous passerons, affirma-t-il.

La bataille où l'une de mes précieuses passagères pouvait être tuée m'apparut avec une affreuse précision, et je sentis la peur me gagner tout entier.

J'essayai de raisonner Spada. Il s'entêta, car il ne m'avait pas vu depuis longtemps, et il ne savait pas si nous nous reverrions jamais. Alors, Mme P. S. lui dit : « Accroupissez-vous là contre moi, et je vous cacherai avec mon manteau. » Il se prêta au jeu, et le chauffeur, qui avait appris ce genre de sport en conduisant Romanetti, se lança en course... Nos amis nous reconnurent à chaque traversée de commune ; ils nous firent signe d'arrêter, mais l'auto ne ralentit point.

La première maison de Sari d'Orcino, c'est la gendarmerie. Dès qu'elle fut visible, je proposai à Spada de reprendre son maquis. Il s'obstina à ne pas nous quitter encore. Il riait de mon angoisse. Enfin, à trois cents mètres du poste, il reconnut qu'il serait imprudent d'aller plus loin. Non pour lui. Pour nous ! Il reconnaissait qu'à partir de là il nous mettait en danger. Et pour bien prouver qu'il ne se souciait que de nos compagnes, il nous fit de longs adieux, s'éloigna de cinquante mètres, prit une belle fleur rouge de cyste, la piqua à sa boutonnière et du fusil nous adressa mille gestes affectueux.

On ne voyait que lui sur le paysage grandiose. Dans son velours brun, avec la tache rouge de la fleur, le fusil à bout de bras, éclairé par le couchant qui rayonnait sur le golfe de Sagone, il se détachait sur la montagne verte comme un unique palmier sur la dune.

Nous regardions ce taciturne, ce hors-la-loi farouche, retourner à sa solitude. Il venait de nous donner à sa manière la preuve d'un attachement dont on le croit communément incapable. Il nous donnait aussi une preuve de son indifférence devant la société qui le poursuit et veut l'abattre. Il en a fourni bien d'autres et le soir même…

Je le croyais reparti vers le Cruzzini, lorsque, vers une heure du matin, on m'annonça que quelqu'un me demandait. C'était lui. Il avait rôdé autour du village et de la maison, jusqu'à ce que tous les invités fussent partis.

Je n'ai pas voulu m'en aller sans vous revoir, me dit-il de sa voix calme.

Au cours de la conversation qui se prolongea jusqu'à l'aube, il m'exposa ses projets. Faire du charbon de bois. Demander sa vie au maquis.

Et puis… le sang appelle le sang. Il en est bien à son quinzième meurtre. Il est traqué par des centaines de chasseurs d'hommes.

Je ne puis croire qu'on le prendra vivant.

le boucher de Calcatoggio, roi du maquis

« Vous rappelez-vous, cher Ludo… »

On a pu lire de Nonce Romanetti, dans vingt gazettes, vingt portraits différents. C'est qu'il y a dans la République des lettres quelque vingt écrivains, qui ont été reçus par le

Roi du Maquis, mais ni le bandit n'était tout à fait lui-même, ni les visiteurs en état d'innocence et de sincérité, de sorte que leurs narrations sont le plus souvent suspectes.

Au surplus, on ne découvre pas les états d'âme d'un bandit corse en une seule rencontre, durât-elle une nuit entière, si l'on ne connaît bien déjà différents aspects de l'Île et le caractère foncier des insulaires.

Qu'il y ait relation directe entre la structure d'une région et le caractère des gens qui y naissent, cela peut-il se discuter ? Le Corse vit dans un pays tragique. Harmonieux certes, comme un chant d'Homère ou une strophe d'Eschyle, mais tragique tout de même, sans autre raison d'abord que d'être tragique en soi, par ses montagnes, ses gorges, ses forêts et ses golfes.

Puis la tragédie prend un visage humain entre ces deux passions qui écartèlent l'âme des insulaires : le goût des départs que symbolise la mer, l'amour de la montagne que symbolise le maquis.

Enfin la société intervient qui sait offrir aux instincts les plus farouches d'irrésistibles motifs de se manifester. Cette intervention est décisive en Corse vers le Moyen âge français. Après Charlemagne et Aragon, Gênes convoite l'Île et s'y installe tant bien que mal. Assez mal toutefois pour s'en débarrasser au profit d'une compagnie privée, la Compagnie de Saint-Georges, qui transforme les guichets de prison en guichets de banque, les prétoires en corbeilles de prêts sans échéances et les tribunaux en caisses de bazar. On n'y rend ni la monnaie ni la justice. On absout contre espèces. On vend le droit à l'assassinat.

Le Corse qui n'est pas né accommodant saisit avec empressement la raison valable de se rendre justice à soi-même. Il s'y emploie avec ardeur, et cela dure depuis des siècles. L'erreur, l'injure serait de croire qu'il est fier de ces états d'âmes et de cet état de choses.

En parlant de Nonce Romanetti, je dépouille le journaliste. Ce n'est pas en curieux que je me suis présenté chez lui, ce n'est pas en homme de lettres que je parle de lui. C'est en insulaire dont le cœur saigne à la pensée du banditisme corse, c'est aussi en camarade de jeunesse de celui qu'on nomme maintenant « le Roi du Maquis ». Je l'ai connu avant qu'il n'ait tué, je l'ai suivi dans ses courses alors qu'il « se gardait » pour avoir abattu son premier homme, alors qu'il était seul, sans guides, sans gardes, comme est actuellement Spada.

Je l'ai retrouvé en 1925, auréolé de l'artificieuse gloire dont l'ont nimbé des reporters qui veulent à tout prix enluminer ou assombrir le pittoresque. Devant ceux-là, Nonce Romanetti, par déformation involontaire et malice tout ensemble, s'est présenté en acteur.

Quand je suis près de lui, y aurait-il vingt personnes (et une nuit elles y furent), il se dispense de la comédie de quartier général qu'il joue devant les étrangers. Apparition des guides à intervalles réguliers.

— Poste un, rien à signaler.

— Bien !

— Poste deux, rien à signaler.

— Bon !

Comédie ! Je dirai comment il s'y laissa entraîner. Il la joue adroitement, car il dispose du personnel — de la troupe — nécessaire, mais cela lui ressemble comme les calanques provençales aux calanche de Porto.

Comédie au proscénium qui dissimule derrière le rideau de lentisques, d'arbousiers et de bruyères la tragédie dont j'indiquais tout à l'heure les causes premières, qu'elles ressortissent à la structure de l'Île ou aux conséquences d'une domination abhorrée.

Nonce Romanetti est un homme qui vit depuis dix-huit ans sous menace de mort et qui ne l'oublie jamais une seconde. Dire qu'il en est orgueilleux et qu'il en tire une joie farouche, c'est prétendre que l'heure joyeuse du loup sonne au moment qu'il se voit cerné. Qu'il ignore la lâcheté des gémissements et des pleurs, cela signifie-t-il que l'existence lui paraît plus belle d'être immédiatement menacée ?

J'ai arrêté net une de ses bruyantes expansions d'allégresse — où l'alcool flambait plus que la satisfaction — en lui disant :

— Comment peux-tu être si gai ?

Il me répondit :

— Et si j'étais autrement, quelle serait ma chienne de vie ?

C'est encore de la comédie, mais c'est celle qu'il se joue à lui-même.

L'homme est intelligent. Il jouit en outre d'un équilibre physique prodigieux. Il est né sain de parents robustes. Il a été élevé dans le maquis à trois cents mètres de la mer, au village de Calcatoggio, près de la plage de Tiuccia. L'enfance des petits cinnarchesi — habitants de la vallée de Cinnarca — est une perpétuelle gymnastique dans l'atmosphère la plus tonique qui soit. Nonce Romanetti fut l'infatigable adolescent qui pêche la truite et l'anguille à la main dans les poches des torrents, joue avec la vague les jours où la Méditerranée est furieuse, passe les nuits à l'affût du sanglier et les jours à soigner ses vignes. S'il a bu de l'alcool, il le brûle et n'en est pas intoxiqué ; s'il n'a pas assez dormi, une demi-heure de sieste le remet d'aplomb ; s'il est engourdi, le torrent le réveille. Le jeune paysan corse est infatigable, et d'autant plus qu'il est le produit d'une rude sélection. Il a dû résister sans le secours des hygiénistes et des médecins à l'ophtalmie infantile et à la malaria. S'il en réchappe, c'est qu'il est bâti pour défier la fatigue, les maladies… et, le cas échéant, les gendarmes.

Bien entendu il a porté le fusil et le revolver avant le cierge du premier communiant et, s'il n'a pas appris à lire, il a appris à tirer.

L'école, dites-vous ? Y va qui veut bien y aller. Certains parents dénaturés y conduisent de force leurs enfants. Il arrive alors que tel petit sauvage se niche aux ressorts d'un cabriolet, gagne Ajaccio, monte à bord d'un voilier et reparaît vingt ans après dans une automobile de millionnaire sud-américain.

Ces retours sont nombreux en Corse, et une des plaies vives de Nonce Romanetti, c'est la pensée qu'il a raté sa vie en ne s'en allant pas, lui aussi, un jour vers les Amériques.

Je veux tout dire ici. Je lui ai proposé d'organiser sa fuite, il y a quinze ans comme il y a trois mois. Il m'a répondu :

— Je vous remercie, mais il est trop tard.

D'ailleurs on trouve, en Cinnarca, des cultivateurs, des vignerons et des commerçants aisés. Nonce Romanetti pouvait être de ceux-là. Il devait l'être, mais ce qui est écrit...

La vérité, on ne peut pas la retrouver dans les déclarations de dix personnes sincères rendant compte d'un même événement. Comment saurait-on la faire surgir de l'histoire de Nonce Rornanetti? Je ne raconterai pas aujourd'hui toutes ses affaires, mais seulement la première, et, si l'on veut bien se rappeler à quelle race il appartient, de quels sucs l'ont imprégné la mer et le maquis, peut-être verra-t-on apparaître le visage de la vérité.

Il y a de cela dix-huit années...

Nonce Romanetti est boucher. Le vendredi, sur la place du village, il assomme des animaux, les hisse contre un arbre, les dépèce et les débite aux chalands. Une veille de fête, de ces fêtes mitraillées si fréquentes dans l'Île, il lui manque, pour satisfaire sa clientèle, un bœuf. Il s'en va dans le maquis voisin, ramène un animal, l'abat, le dépouille et le vend.

Le propriétaire lui avait-il pas dit :

— Cette bête est à ta disposition.

Il paraît maintenant que le propriétaire ne lui avait rien dit du tout et qu'il crie « au voleur ! » devant l'immeuble de la gendarmerie nationale.

Quand Nonce voit les gendarmes, il se sauve, il prend le maquis et charge un de ses amis, Santù di Bazali, de Sari d'Orcino, d'arranger les affaires.

— Va proposer à ce faux frère le prix de son bœuf après estimation d'experts et une prime de cent francs pour qu'il cesse ses criailleries.

Cent francs, c'était, aux temps du franc à vingt sous, une somme importante. Santù fait la commission.

— Bien, dit l'homme. J'accepte. Je vais faire estimer mon pauvre animal, je t'en dirai le prix et je retrouverai Nonce aux Canelle dans trois jours pour la réconciliation.

Nonce Romanetti félicite Santù de sa diplomatie, lui remet la somme et dit :

— Va, toi, au rendez-vous. Je me tiendrai derrière quelque châtaignier, et je m'approcherai si tout va bien.

Au rendez-vous, Santù trouva la brigade de gendarmerie ! Je ne sais comment l'on peut du continent juger l'affaire, mais les Corses ont compris Nonce Romanetti lorsqu'il chargea notre ami Santù di Bazali d'une dernière commission :

— Va dire à ce traître qu'il n'entendra pas venir la balle qui le tuera.

De fait, quelques jours plus tard, l'homme regagnait le village entre deux gardes du corps lorsque la balle promise lui arriva dans le cou, sans effleurer ses compagnons.

Nonce Romanetti, qui avait pris le maquis pour une banale affaire de vol d'animaux, le garda pour meurtre.

Il n'imaginait pas alors qu'il serait un jour un si haut personnage sous la plume des journalistes et dans l'esprit des foules. Son souci majeur était de ne pas manquer de divertissements amoureux. Hors-la-loi, mais bon compagnon et de figure très avenante, il cherchait des aventures non pas guerrières, mais amoureuses. Il n'a pas changé sur ce point et donna souvent de fallacieux espoirs aux gendarmes (Ah ! le prendre au lit !), mais chercher, en Corse, des aventures amoureuses, c'est jouer la difficulté ! Il en trouva pourtant quelques-unes jusqu'au jour où, la Renommée aidant, elles vinrent à lui, du monde entier, sous les espèces de ladies américaines ou de vagues princesses tchécoslovaques.

Nous passions, vers 1910, de nombreuses journées à bavarder ou à jouer à scopa dans des maisons sûres. De temps en temps, Nonce sortait et se faisait la main au revolver. Il rentrait avec les objets qui lui servaient de cible et appréciait son tir. Puis la conversation reprenait ou le jeu. Comme j'étais soumis à une stricte discipline familiale, lorsque le jeu m'avait mis en retard pour le dîner, Nonce Romanetti sellait un cheval blanc et me ramenait en croupe jusqu'à la maison de mon grand-père, traversant ainsi à l'aller et au retour deux ou trois villages. Nous nous retrouvions après dîner. Je n'ai jamais eu l'impression que je tenais compagnie à un bandit ; mais les gendarmes guettaient la bonne occasion.

Ils crurent plusieurs fois la saisir. Ils y laissèrent des cadavres. Moins qu'on ne dit. On attribue à Nonce Romanetti plus de forfaits qu'il n'en a commis, mais s'il a quelques victimes sur la conscience, c'est qu'on les a bénévolement placées dans sa ligne de tir après l'avoir excité à tirer.

S'il n'avait jamais abattu que son premier ennemi, il serait aujourd'hui ce qu'il était vers l'an 1910. Un hôte du maquis comme il y en a, hélas, des douzaines. C'est en l'obligeant à tuer encore, pour se défendre, qu'on lui donnait de l'importance. On consacrait sa vaillance, son adresse, son courage, son énergie. Il n'est pour diminuer un bandit que de le laisser dans l'ombre À chaque embuscade dont il réchappe son renom grandit. Ainsi s'établit la célébrité du petit boucher de Calcatoggio.

Cependant ni les femmes, ni le jeu, ni les gendarmes ne l'empêchaient de surveiller son patrimoine et d'en assurer le meilleur rapport. Vint la guerre. Il en bénéficia comme tous ceux qui n'y participèrent que de loin. Il entreprit — ou fit entreprendre — l'élevage en gros au moment où la viande de boucherie valait son pesant d'assignats. On cherche en vain midi à quatorze heures pour comprendre qu'il ait pu, à ce métier, gagner beaucoup d'argent. N'était-il pas éleveur et boucher autrefois ? Voilà une période de cinq années où le commerce est sans concurrence. Nonce en profite sans faire de tort à personne. (Le jour qu'il causera un tort sérieux à qui que ce soit, les gendarmes n'auront qu'à attendre la livraison du cadavre. C'est de règle.)

Pendant qu'il organise ses élevages, les fromageries de Roquefort monopolisent le lait corse, lequel donne un fromage digne du nom après qu'il a un peu moisi et pris droit à l'appellation d'origine dans les grottes d'Auvergne.

Nonce Romanetti traite avec les acheteurs de lait. On incline à penser, bien sûr, que ses associés lui accordèrent la part du lion, mais on se tromperait en le pensant. D'abord parce que l'associé perd le sentiment qu'il traite avec un bandit, ensuite parce que Nonce Romanetti est généreux jusqu'à la prodigalité.

Il devient donc un bourgeois, un gros possédant ; il marie sa fille bourgeoisement et nantie d'une dot appréciable, puis il continue de travailler et de gagner de l'argent et, parce qu'il a un nombreux personnel, il peut s'organiser son système de défense contre la société.

N'avons-nous pas nous-mêmes, à ce point du récit, perdu le sentiment que nous parlons d'un bandit ? Presque ! La société, elle, ne l'a jamais oublié. Elle a tenté de connaître les associés pour entraver l'essor du hors-la-loi vers la richesse. Elle a multiplié les alertes, les embuscades, les assauts et les mesures de répression.

La maison de Nonce à Calcatoggio, nid de faucon au sommet d'un pain de sucre, fut envahie par la maréchaussée, qui trouva là un arsenal, magasin d'armes, de grenades, cartouchières, et s'y installa pendant près de deux années. La bergerie d'un de ses amis fut transformée en poste de police pendant une quinzaine de mois. On le traquait. On a cru le tenir. On a commandé des feux de salve. On ne l'a jamais atteint, ou à peine, mais son histoire tourna à la légende.

Il était le bandit invulnérable, il allait devenir le bon riche. Qui a des ennuis d'argent sait que Nonce Romanetti consentira à l'en tirer. Il a semé de la sorte des dizaines de milliers de francs, et c'est ainsi qu'il a pu disposer d'une incontestable puissance électorale. Puissance dangereuse ! Après la salacité, la politique est la grande ennemie du bandit par les rancunes qu'elle aigrit au cœur des vaincus, mais ceci est une autre histoire.

Deux courants parallèles entraînent désormais Nonce Romanetti.

Celui qui pousse le chef d'exploitation industrielle à devenir un chef de clan puis un chef de bande.

Celui qui pousse un bandit accueillant à se transformer en héros de théâtre.

D'une part, sa clientèle de bergers où se lèvent des volontaires pour sa garde personnelle, lui donne la plus chère certitude au cœur des bandits, celle de n'être pas surpris au gîte ou dans le maquis. D'autre part, ses amis des villes commencent à parler de lui avec orgueil et à lui amener des invités.

Quand commence le repas prié, le Roi du Maquis est tranquille. Ses guides veillent ou du moins ses chiens. Il est si tranquille que ses amis vont le pousser à la comédie qui flatte leur vanité.

— Puisque tu nous permets de t'amener des visiteurs, tu devrais étaler, à leurs yeux, ta puissance. Tu devrais faire apparaître tes gardes du corps. Ils viendraient comme au rapport — Garde à vous ! Repos. — Poste un, rien à signaler. Secteur numéro trois, calme. — Ça impressionnerait tes hôtes.

Nonce Romanetti acquiesce. À la réflexion, c'est enfantin. Le garde somnole, et il le peut sans trahir, car les chiens ne dorment pas. L'intérêt du maître est de ne pas bouger sauf péril immédiat. Une sentinelle quitte-t-elle son poste pour annoncer qu'elle n'a rien à signaler ? Précisons encore qu'elle n'est là où Romanetti l'a envoyée que pour y maintenir les chiens. Et quels chiens ! On ne saurait imaginer dressage plus parfait. Ils n'aboient guère, ils grognent. Ils restent impassibles au milieu d'une conversation à haute voix, mais si les voix baissent, si les propos sont chuchotés, les chiens dressent les oreilles et reniflent avec inquiétude. Quand on baisse la voix, n'est-ce pas qu'il y a du danger ?

Si Nonce Romanetti consent à jouer la comédie qu'on lui demande lorsqu'il est attablé au milieu d'étrangers, c'es que, de toute certitude, il sera avisé une demi-heure au moins avant que sa situation soit périlleuse.

C'est pour sa défense plus que pour le guet qu'il peut compter sur ses gardes Ses ennemis prétendent que leur chef capturé, mort ou vif, pas un de ses soldats ne lèvera le doigt pour le venger. Possible. On ne discute point de ces choses, si l'on est sage, mais, tant que Nonce Romanetti vivra, je crois bien qu'ils se feront tuer pour lui. On affirme cela, mais on ne l'explique pas. C'est ainsi parce qu'on ne peut plus imaginer que cela soit autrement lorsqu'on connaît ses gardes préférés.

Il les présente en ces termes:

— De braves garçons: ils tuent l'homme et puis ils le pleurent!

Les amateurs de pittoresque ne peuvent-ils se contenter de cette figure centrale entourée de dix masques farouches dans cet hallucinant décor dont la montagne est la toile de fond et la mer le premier plan? Nonce Romanetti, ses guides, la mer, le maquis, cela ne suffit-il pas avec les récits authentiques et les chants dont on les comblera pendant de longues heures? Il paraît que non, et l'on va abasourdir les hôtes avec d'extraordinaires histoires de déguisements, de promenades à Ajaccio, de figuration en des cortèges officiels, de fugues au Carnaval de Nice!

Enfantillage! Le domaine de Nonce Romanetti est limité par la rivière Porto, la côte occidentale: des Calanche au golfe d'Ajaccio, la montagne de Bastelica et le haut cours de la Gravone. Qu'il aille de la forêt de Vizzavona, villégiature d'été, à Cargèse ou Piana, qu'il vagabonde dans une demi-douzaine de cantons, où vingt maisons lui sont ouvertes, et même à Ajaccio, il ne pénètre nulle part que les environs n'en aient été explorés ; il ne s'asseoit nulle part si ses guides ne sont en place.

Une nuit il était à Ajaccio. Il faisait la bombe avec un parlementaire et un capitaine au long cours. Or un inspecteur de police croyait que la capture du bandit était beaucoup plus facile qu'on ne prétend. Sa perspicacité alla jusqu'à repérer le gîte de ce gibier de choix. il y alla, en bon disciple de Sherlock Holmes, armé d'une lampe électrique et d'un browning, mais il se cogna à un garde, bandit lui-même et qui se fit abattre plus tard, un jour qu'il avait quitté son chef.

— Que cherchez-vous ? dit la sentinelle.

— Haut les mains ! cria le policier en projetant classiquement le rayon de son ampoule dans les yeux du bandit.

— Si vous avez des enfants, passez votre chemin.

— Haut les mains !

Il ne cria pas plus avant et roula sur le trottoir, le corps percé de chevrotines.

Pourquoi de chevrotines et non de balles ? Parce que le fusil de chasse a sur la carabine l'avantage d'éparpiller les projectiles. Le coup est plus sûr.

Pour ses amis Nonce Romanetti est facilement accessible, et le plus souvent dans des maisons plantées au bord de routes carrossables. Pour les étrangers, le malin bandit choisit toujours d'inaccessibles demeures perdues dans les campagnes.

Je me souviens d'un certain soir où j'avais sans rien préciser — discrétion de rigueur ! — prié une charmante dame à dîner en ville. Elle arriva vêtue d'une robe décolletée et chaussée pour le bal. Elle dut en cet équipage faire cinq kilomètres dans le maquis, trébuchant aux fondrières, s'embarrassant dans les lentisques et les ronces, glissant sur les pentes, se retroussant aux barrières et faisant l'équilibriste pour franchir des rivières sur d'étroites planches mobiles. Elle revint dans d'aussi pénibles conditions aggravées par la pluie, vers les trois heures du matin, et, lorsqu'elle se retrouva dans sa chambre, elle n'avait plus de semelles à ses chaussures.

J'avais invité ce soir-là chez Nonce Romanetti une quinzaine de touristes amis. Le Roi du Maquis les traita très galamment, mais il avait commencé par punir leur curiosité en choisissant le plus pénible des rendez-vous.

Soit qu'on aille vers lui, soit qu'on l'attende, il soigne ses entrées, et voici, à peu près, comme il en a réglé la mise en scène.

Quand c'est lui qui reçoit, un ou deux guides cueillent les visiteurs à la ville ou au bourg et les conduisent jusqu'aux sentiers interdits aux automobiles. Là, dans le bruissant silence nocturne, se forme la caravane. Guide en tête, guide en queue, on part en file indienne. Une lampe électrique clignote aux passages difficiles. Bien qu'on soit à des kilomètres du lieu de la rencontre, on est prié de parler à mi-voix, mieux de se taire. Il n'aime pas qu'on bavarde.

Les guides commencent à composer l'atmosphère dramatique.

On progresse, on recule pour ramasser quelque défaillant qui s'est tordu le pied en glissant dans une ravine ; enfin une silhouette se dresse dans la nuit, un chien grogne.

— Là, Zinetta. Là !

C'est la sentinelle isolée chargée de communiquer si le Roi du Maquis maintient son invitation, s'il faut se hâter ou ralentir.

On se regroupe et on repart. Soudain le rayon de la lampe s'écrase contre un mur. Un guide fait : chut ! chut ! une porte s'ouvre. On entre. C'est le plus souvent dans une bergerie dont les solives sont garnies des plus appétissantes charcuteries. Le berger et la bergère accueillent les voyageurs avec une amabilité qui est presque de la tendresse, mais on ne les regarde même pas. Indifférents aux prévenances de ces braves gens comme aux coups de reins des chiens qui circulent dans la pièce, on cherche Nonce Romanetti.

— Est-il là ?

— Chut ! chut !

— Est-il là ?

— Chut !

Soudain d'une pièce voisine paraît le Roi du Maquis.

Lorsque c'est Lui qu'on attend, on ne parle que de Lui. Les conversation languissent et tombent bien avant l'heure qu'il a fixée pour son arrivée. On frappe. Deux guides entrent armés jusqu'aux dents. Ayant appris la méfiance à l'école de Nonce, ils reconnaissent d'un clin d'œil l'assemblée, se font présenter aux étrangers, puis l'un d'eux repart tandis que l'autre monte la faction devant la porte. N'imaginez pas un factionnaire faisant les cent pas, baïonnette au canon. Le guide s'assied sur le seuil, le fusil entre les jambes, les revolvers à bonne main, le chien sommeillant à ses pieds.

À l'intérieur, les propos se traînent, puis le maître de maison, qui arpentait lourdement son plancher, se précipite.

Deux, trois, quatre guides se montrent, distribuent les poignées de mains et les accolades, saluent chacun à la ronde, cependant que de timides questions volent vers eux.

— Où est-il ?

— Chut !

— Est-il avec vous ?

Il est avec eux, mais, pour préparer son entrée, il a d'abord passé par une pièce voisine et enfin il apparaît.

— Comment ? C'est là Nonce Romanetti le Roi du Maquis !

— Oui, certes.

— Oh ! Oh ! Il manque de couleur locale. Nous pensions voir un géant barbu.

Vieux souvenirs de cartes postales. Vous vous rappelez trop la silhouette de Jacques Bellacoscia.

— Alors vraiment voici le Roi du Maquis ?

— Lui-même.

Il se tient quelques secondes, en homme qui a appris la valeur des temps « scéniques », dans l'encadrement de la porte. Ce qui frappe d'abord, c'est qu'il ait si peu l'air d'un bandit. Il est petit, il a de banales moustaches frisottantes de sous-off' émérite ; il est coiffé d'un chapeau de velours uni à la mode des petites plages bourgeoises ; il porte un gilet de faux poils de chameau et une épingle de pacotille piquée sur une cravate de goût douteux. Quoi ! Il a un fusil de chasse et un costume de velours à boutons de métal. Ma parole, nous avons rencontré ce type partout où les facteurs de gare, les gérants de coopérative et les contremaîtres d'usine ont la passion de la chasse. Belle majesté vraiment !

Il faut observer de plus près et autour de lui et autour de soi. Sous ce chapeau de petit employé, les yeux du nyctalope ont des éclairs de phare. Sous la moustache apparaît une bouche intelligente, sensuelle, sarcastique avec deux rangées de dents courtes, carrées, limées, dirait-on, puis le menton rude, le menton agressif de l'obstiné. Oui, il y a le poil de chameau et l'épingle de pacotille, mais il y a surtout cette force au repos sous le poids de vingt armes gonflant le velours côtelé. Il y a le fusil sans bretelle, pour qu'on n'ait pas à se dépêtrer avant de le mettre en joue, et le parabellum dans sa gaine ; il y a surtout une sorte de remous dans l'air, une condensation d'autorité qui tombe sur tous les assistants.

Ce choc en retour est, en vérité, l'impression la plus saisissante qu'on puisse rapporter d'une rencontre avec Nonce Romanetti.

Son apparition, malgré la mise en scène ou à cause de la mise en scène, est décevante. La légende s'effondre tout d'un coup, mais quelque chose de plus réel étreint le visiteur et plus rudement que ne peut faire une légende. C'est le magnétisme de cet homme. Guides, amis, invités en reçoivent les effluves et se sentent en présence d'un être exceptionnel et redoutable.

J'ai passé près de lui des nuits entières à tenter de me débarrasser de cette lourde chape d'admiration. J'ai rappelé les images du garçon boucher jetant sur la balance sa rouge marchandise et rendant sagement la monnaie… J'ai essayé de le mépriser lorsque l'ivresse le rendait bruyant et qu'il dansait une lourde bourrée avec une bouteille dressée sur son crâne à demi déplumé. Cette bourrée prenait des airs de pyrrhique, malgré que j'en eusse ! J'ai observé les bégaiements qui le gênent lorsqu'il en est au deuxième flacon de cette eau-de-vie corse subtile comme un éther et brutale comme une massue.

La pensée que ce bandit dans ses attitudes vulgaires, dans ses bas divertissements, gardait le prestige d'un chef blessait mon amour-propre de Corse.

Au moment que je croyais bien l'avoir dépouillé de ce prestige et m'être enfin soustrait à son empire, que je croyais le voir tel qu'il est, un chien se faisait entendre.

Subitement le silence et l'immobilité succédaient aux danses chancelantes et aux chansons bégayées. On eût dit que les ondes de ce grand tapage s'aplatissaient contre les murs pour que le recueillement fût plus complet.

Et l'on pouvait enfin voir Nonce Romanetti, hors-la-loi et tueur d'hommes : le Roi du Maquis.

Il a, comme d'un souffle, chassé vapeurs de l'alcool. Il a l'œil clair, le regard aigu, la voix posée, le geste précis. La transformation est si rapide mais si réelle, que les images mesquines auxquelles je me raccrochais s'évanouissent. Il dit à l'un de ses guides : « Va voir ! ». -De nouveau l'immobilité el silence, une minute ou une heure qui au retour de l'émissaire. Nonce Romanetti ne quitte pas sa chaise, laisse brûler sa cigarette, mais ses yeux font le compte de ceux qui, le cas échéant seraient une gêne ou une aide.

Le guide revient et se penche à l'oreille du chef, qui seul a qualité pour faire part aux hôtes de ce qui se passe.

S'il y a danger, Nonce se lève sans hâte, désigne ceux de ses compagnons qu'il emmène, embrasse les uns, serre la main des autres et part en s'excusant de ne pouvoir faire toujours selon son bon plaisir. Il n'y a plus là trace d'affectation. Le bandit veut éviter des complications à ses hôtes et se retirer avec une inexprimable dignité. Si l'alerte est négligeable, les chants reprennent.

Ces chants ont commencé dès la fin du repas que Nonce a présidé. Là où il entre, le maître de la maison abdique, et personne n'est fondé à le regretter, tant Nonce met de courtoisie et d'empressement à veiller à la satisfaction de ses commensaux. Il mange modérément, boit un peu d'eau, s'occupe avec discrétion du service; il attend l'heure du café et de l'eau-de-vie, dont il fait une grande consommation.

L'interminable cérémonie mêlée de chants et de danses va commencer. Les Corses chantent. La race a reçu en partage le don de l'improvisation poétique, Nonce Romanetti le premier improvise quelques couplets à la louange de ses hôtes; un guide répond de même, et jusqu'à l'aube se succéderont les voceri, les berceuses, les lamenti et les canzone satiriques.

Quelquefois monte une chanson napolitaine dont les mots sont compréhensibles à tous les Corses et dont le rythme étreint d'une même nostalgie les pêcheurs du golfe de Naples et ceux des golfes cyrnéens :

> Guard'il mare di Sorrente
> Che tesoru tienne in fondu
> Quellù ch'a giratu u mondu
> Non la vista comme à quà.

Ces incursions vers l'Italie sont rares, et l'on revient vite à l'un des deux ou trois refrains sur quoi l'on brode d'inépuisables sixains d'octosyllabes.

Pour les hymnes, aux vertus de quelque héros — le plus souvent Nonce Romanetti lui-même — le chœur chante:

Cor di la so mamma!
Cor di la so mamma!

Pour les chansons bachiques, les récits d'aventures joyeuses, les couplets politiques, le chœur accompagne l'improvisateur en frappant des pieds, en claquant des mains, et reprend au refrain

Tutti cuntenti
0 la la leru!
Tutti cuntenti,
0 la la la!

Nonce Romanetti n'admet pas que le diapason baisse et, lorsqu'il sent la fatigue ou la nonchalance gagner les chanteurs, il redonne le ton. Sans manifester d'impatience, il admet qu'on soit fatigué, mais il est là, lui qui n'est jamais fatigué, pour remonter les énergies.

Tutti cuntenti,
0 la la lerù!
Tutti cuntenti,
0 la la la!

S'il a quelque affaire à traiter, quelque confidence à recevoir — non à offrir, car il parle peu — il exige un chant très soutenu afin que sa conversation se perde dans le bruit. C'est sa manière à lui de causer en confidence.

Les voix s'efforcent, les poitrines vibrent...

Tutti cuntenti,
0 la la lerù
Tutti cuntenti;
0 la la la!

… Et le roi du maquis décide dans le tumulte de cette dramatique allégresse de traiter pour des fournitures de bestiaux ou de sauver de la faillite un commerçant malheureux.

Il a, à sa droite, la bouteille d'eau-de-vie, à sa gauche le paquet de tabac et les allumettes. Il verse à boire à chacun, lève son verre, roule une cigarette, improvise des couplets, entraîne le chœur, fume, boit et recommence. Toute la nuit. Toute l'année. — Depuis quand déjà?

— Et tu n'as jamais sommeil?

— Jamais. Je puis me flatter de n'avoir pas eu, depuis que je suis au maquis, une seconde de somnolence. Mes paupières ne se sont jamais fermées malgré moi. Je dors trois ou quatre heures par jour, el lorsque je le veux bien.

Je puis rester trois ou quatre jours sans fermer l'œil et sans ressentir de lassitude.

Il ne ment pas. Je l'ai vu nous quitter après quarante-huit heures de chansons, de beuveries et de courses dans le maquis. Il avait pour le moins quatre litres d'alcool sous la peau, soixante heures de veille sans répit sous son harnachement et ses poches à mitrailles. Il s'en allait prendre part à une battue au sanglier.

Il a quarante-quatre ans et dix-huit années de contumace.

La partenza, la séparation, dure des heures, et surtout si l'on veut la hâter. C'est le seul moment où Nonce Romanetti, si bon camarade, devient contrariant.

En principe, il quitte ses hôtes au jour naissant, mais l'alcool lui donne des impatiences. La plus mince bande d'aurore est guettée par les convives qui la signalent à Nonce avec des mines de conspirateurs.

— Nonce, voici l'aube.

Mais Nonce a depuis longtemps compris que cette sollicitude masque l'égoïsme des guetteurs. Terrassés par l'eau-de-vie, les cordes vocales flasques, les yeux emplis de fumées et de sommeil, ils souhaitent le départ du terrible commensal. C'est une raison pour que celui-ci s'obstine à verser de pleins verres d'alcool et à improviser de plus belle.

— Nonce, il fait grand jour.

— Et après ?

— Il faut partir.

— Je partirai à mon heure. Qu'on me laisse tranquille ! Avez-vous peur des gendarmes, mes fils ? Madonna ! Si je vous vois trembler, nous irons jusqu'à la brigade leur chanter le Miserere.

Il tire ses revolvers et danse une pyrrhique. Et quinze, vingt hommes qui le valent pour le courage et la force physique, qui ne trembleraient devant Dieu ni Diable, ravalent leur amertume, surmontent leur fatigue et hurlent avec une fougue désespérée :

Cor di la so mamma !
Cor di la so mamma !

Il se décide enfin à gagner le maquis en saluant son propre départ par des salves de mousqueterie. Dans leur lit, les gendarmes se disent : « Tiens ! il était par ici. Si nous avions su… » Il vaut mieux qu'ils ignorent.

Cette vie est paradoxale, blessante pour la société, monstrueuse pour l'humanité. Des gens s'indignent et disent :

— Si on voulait l'arrêter, ce qui s'appelle vouloir…

Écoutez donc cette histoire :

Un jour Nonce me dit :

— Je suis très ennuyé. J'ai perdu une veste de chasse avec des papiers, des armes et quelques billets de mille.

— Et comment as-tu pu ?…

— Vendredi en me jetant à l'eau… Je savais son équipée. Dans la nuit, les chiens avaient aboyé, le guide avait signalé la présence d'une forte troupe de gendarmes. Nonce, qui était encore de sang-froid, avait quitté ses amis sans esclandre, accompagné de deux bergers et d'un marin. Il s'en était allé vers la mer. Sur la plage, il aperçut une vingtaine de gendarmes prêts à se mettre en marche en formation de combat. L'un d'eux même fit flamber une allumette. Nonce vit aussi une barque échouée. Il poussa, aidé de ses compagnons, la barque vers le flot. Ils firent à ce manège tant de bruit qu'une voix cria :

— Ohé ! du bateau !

— Ohé !

— Ne bougez plus. Quatre hommes en joue sur la barque ! Tireront à mon commandement. Ohé ! du bateau, ne fuyez pas ou je commande le feu. Amenez-vous à terre !

La barque était à bout d'amarre avec Romanetti, le marin et un berger. Que faire ? Le berger cria qu'il ramenait l'embarcation à la côte. La machaussée s'y précipita pour fouiller minutieusement ces cinquante pieds carrés où les gendarmes ne trouvèrent qu'un brave paysan un peu ému par les cris et le cliquetis des armes. Nonce Romanetti et le marin s'étaient laissés glisser à l'eau.

Nous l'apprîmes dans la journée à Ajaccio, et le soir, Nonce Romanetti n'ayant pas donné de ses nouvelles, nous fûmes pendant vingt-quatre heures tout juste rassurés sur son sort.

— Vous comprenez bien, me dit Nonce lorsque je le revis, que je ne puis toutes les nuits assumer de telles pertes et courir les risques de congestion et de noyade. Une bonne fois, j'en allongerai une douzaine sans qu'ils sachent seulement d'où ça leur vient, et ça dégoûtera peut-être les autres. Car je les vois, moi, pendant qu'ils se préparent à donner l'assaut à une maison vide. Tenez, l'autre nuit, à quatre, nous pouvions les abattre tous. Je n'en veux rien faire ! J'ai assez de cadavres dans ma vie. J'ai préféré prendre un bain forcé, mais, pour Dieu ! qu'on me laisse vivre en paix !

Que les zélés défenseurs de la morale calment leur indignation et réfléchissent... Ils se rendront compte que la question du banditisme ne peut se poser qu'en ces termes : combien la nation est-elle disposée à sacrifier d'honnêtes gens, de pères de famille, pour se débarrasser d'un bandit qui a, lui, par dix lois respecté leur vie !

Je sais bien que le dilemme est outrageant, mais que répondre au bandit lorsqu'il fait cette déclaration :

— Quels que soient mon passé, ma situation et mon désir de ne plus donner la mort, je tiens plus à ma vie qu'à la vie d'autrui.

Dilemme ! La société en connaît de plus graves, mais, hors ce dilemme, tout est littérature, ou stratégie de retraités à l'abri des chevrotines.

Littérature surtout les portraits d'un Romanetti grand seigneur, honoré, acclamé, rendant la justice, traitant avec les parlementaires pour une grande partie de la Corse soumise à ses caprices électoraux, voyageant en limousine d'une ville à l'autre et se promenant à sa guise sur les boulevards et les cours.

Nonce Romanetti est un garçon que sa richesse a rendu sympathique à ses obligés certes, mais que l'argent rend très malheureux. Nonce Romanetti est, vous dis-je, un homme torturé.

Voyons ! Cet alcool, ces chansons, ces danses, ce bruit, ne sentez-vous pas que ce sont les refuges d'une pensée qui craint la solitude et le silence ? Ces impatiences de cinq heures du matin, ces colères contre la discipline inflexible imposée par la prudence, ces histoires de déguisements et de fugues sur la Côte d'Azur, ne vous font-elles pas mesurer les aspirations et les regrets de cet homme ?

Quoi ! Il est riche, il est célèbre et il lui est interdit d'aller prendre l'apéritif au café Napoléon d'Ajaccio. Il ne peut pas, avec tout son argent, aller risquer cent sous au casino de Monte-Carlo si proche, ni prendre part aux cavalcades du Carnaval de Nice !

C'est un « possédant » qui n'a pas droit aux plaisirs des bourgeois ; c'est un paysan à qui l'entrée des magasins de la ville est interdite.

C'est un agent électoral influent qui ne peut faire sa propagande que la nuit, qui ne peut pas accueillir ses parlementaires à l'arrivée du paquebot et qui ne saura jamais comment sont habillés les huissiers de ceux qu'il a peut-être faits ministres.

C'est un collaborateur politique dont on se sert en le reniant. Car apporterait-il mille suffrages dûs à la seule sympathie, ou à l'esprit de famille, ou à sa générosité, qu'on dirait : « Voici mille bulletins de vote qui portent le sceau de l'épouvante ! »

Il est prisonnier de ses crimes passés, mais sa verte prison lui est devenue odieuse depuis que les arbres en sont fleuris de billets de banque. Le maquis lui est insupportable depuis qu'il s'y est enrichi. Il voudrait pouvoir jouir de ses revenus... avec un brin d'ostentation.

Au-dessous de la grande tragédie ethnique que demeure avant tout l'histoire du petit boucher de Calcatoggio, il y a ce drame mesquin qui donne un goût de fiel à toutes ses ripailles. Sa Seigneurie, Sa Majesté, Sa Vaillance, il les abandonnerait contre de moindres privilèges : les droits de l'homme et du citoyen tout simplement.

Mais cet échange n'est pas possible. Contumax il est, contumax il demeure devant cette unique porte de sortie : la mort ; avec cette seule espérance la balle d'où qu'elle vienne, qui lui évitera l'échafaud.

Nonce Romanetti brûle déjà dans son enfer.

Je n'ai point cité, parmi ses souffrances, les fatigues qu'il ne peut éviter et les dangers dont il se garde, car ce sont de terribles mais puissantes diversions. Il est évident, au surplus, que cet homme ignore la peur... mais je n'ose pas ajouter qu'il ignore le remords, car je revois sa figure soudain contractée, douloureuse, désespérée lorsqu'il me dit, à l'instant qu'il paraissait le plus gai :

— Et si j'étais autrement !....

Je ne serais pas étonné — si absurde que cela paraisse – que cette vie tumultueuse finît par un drame passionnel. Je pense à Madeleine Mancini de Lava, Madeleine dont il a fait son esclave : la jeune fille ceinturée, bâillonnée, violée, en qui coule encore assez de sang berbère pour qu'elle ne songe pas à se plaindre. Elle est là, douce et passive, assez jolie pour être aimée. Et si elle l'est, un jour...

Les gendarmes ne tueront pas Romanetti. Les adversaires politiques non plus, car quel chef de clan pourrait se payer ce trophée ? Supposé qu'un garçon s'amourache de Madeleine, fût-il doux comme un agneau, lâche plus qu'un lièvre, il souffrira tant de la déchéance de sa bien-aimée qu'il se jettera vers la vendetta comme Léandre dans l'Hellespont. Et la jalousie armera son bras. Un amoureux désespéré tue bien mieux qu'un partisan.

Il est des matins où Romanetti va dormir dans le maquis avec tant de billets de banque qu'il s'en pourrait faire un oreiller. Soixante, quatre-vingts, cent mille francs !

Il met, en somme, lui-même sa tête à prix.

Quel jeu redoutable !

sa mort

Lorsque les gazettes annoncèrent que Nonce Romanetti avait été abattu dans une embuscade dressée par les gendarmes, je fus aussi étonné que si l'on m'avait annoncé la capture d'un aigle en plein vol par une meute de chasse à courre.

Certains événements sont tellement improbables que l'improbabilité s'en peut mesurer aux preuves dont les narrateurs eux-mêmes prétendent accabler les sceptiques.

Or, il y avait dans les communiqués à la presse des « Haut-les-mains, des tirs en éventail, des rochers-abris » un peu trop roman-cinéma : il y avait surtout un je ne sais quoi d'agaçant, peut-être bien, par exemple, le silence absolu sur l'héroïsme des gendarmes, encore l'oubli total de félicitations et récompenses d'usage aux défenseurs de l'ordre, bref une telle victoire d'une part et si précisément contée ; une telle modestie des vainqueurs d'autre part et si malhabilement cachée que sans autres réflexions, je m'écriai : « Ce ne sont pas les gendarmes qui ont tué Nonce Romanetti ! »

Pourtant je ne savais rien de plus que ce que disait le télégramme officiel publié par les journaux. Je dis bien le télégramme officiel, parce que les pouvoirs publics eux-mêmes n'ont pas eu d'autres renseignements. Ils sont même un peu moins renseignés que les journalistes, puisqu'ils doivent tenir pour conforme à la vérité et valable en tous points le rapport d'une vingtaine de lignes que les chefs du corps expéditionnaire ont bien voulu leur adresser.

Mais le journaliste, s'il connaît le pays et s'il connaissait les hôtes du maquis ne saurait s'empêcher de rétablir la suite logique des événements, d'autant que les autorités locales nous ont fourni un fil d'Ariane gros comme un câble transatlantique et qui part de l'hôpital d'Ajaccio, de l'amphithéâtre condamné au « huis clos » pour l'autopsie de Nonce Romanetti.

L'étrange secret gardé autour de cette autopsie confirme mon opinion première. Nous allons donc tenter d'expliquer la discrétion des vainqueurs en nous imaginant ce qui a pu se passer dans la nuit du 24 au 25 avril 1926.

Il se peut que je me trompe, et j'en prends l'entière responsabilité, mais d'éclatantes parcelles de vraisemblance nous autorisent à adopter une interprétation qui aura, en outre, le mérite d'être couleur locale.

Une corne d'abondance
dans un cornet à poudre.

Nonce Romanetti est à Lava — l'on dit couramment dans sa maison. Première erreur. Des deux modestes bergeries posées au-dessus de la petite baie de Lava, entre le golfe d'Ajaccio et le golfe de Sagone, aucune n'appartient au bandit. Elles appartiennent l'une et l'autre aux familles alliées Mancini, et Nonce Romanetti reste des mois sans s'y présenter.

Lorsqu'il s'y présente, il y reçoit l'accueil qu'on lui réserve dans vingt autres maisons. Sympathie mêlée de gêne. C'est un hôte généreux, mais redoutable. Là où il pénètre, nous croyons l'avoir montré, la tragédie entre avec lui et montre quelquefois son terrible visage. Mais le moyen d'éviter une pareille présence, une menace pareille ? Autant vouloir empêcher la foudre de tomber sur la forêt ! Nonce Romanetti est une de ces forces contre lesquelles il vaut mieux ne pas se cabrer, d'autant que, sauf aux jours fixés par le destin et la maréchaussée, cette force est le plus souvent bénéfique. Une corne d'abondance dans un cornet à poudre !

Donc Romanetti est à Lava, avec ses guides et un ami. Cet ami, c'est le meurtrier, dont nous définirons sinon le personnage, du moins la personnalité.

Dans la nuit du samedi au dimanche 25 avril, vers une heure du matin, le bandit, fatigué par un trop long surmenage (il restait, nous l'avons dit plus haut soixante et quatre-vingts heures sans dormir), ou par une poussée de paludisme, décide d'aller se reposer et annonce la partenza... le départ. Ce n'est point son heure, car il ne quitte guère la table avant l'aube, mais cette décision prouve qu'il n'a pas d'autres invités que cet ami.

Ses hôtes et ses guides se groupent devant le seuil de la. maisonnette, La lune est pleine et jette sur le paysage un regard voilé par la brume et la bruine. Clair-obscur des premiers âges — on sent que l'homme n'est pas le maître ici, mais la nature. Devant le groupe, le maquis grimpe et fuit vers les confins de la Cinnarca. À droite, la courte vallée barrée par la grand-route. À gauche, la mer. Derrière, sur le sommet de la colline d'en face, une lumière...

C'est la lampe de la gendarmerie de Villanova... Sa clarté, là-haut, est comme un constant rappel à la prudence ; sa clarté, qui n'est peut-être que la compagne d'un gendarme ambitieux penché sur le programme d'un examen difficile.

le compagnon meurtrier

Mancini, le propriétaire de la bergerie, sa fille, au visage de madone désespérée — cette Madeleine qui traîne sa tragique existence dans une prison provençale — les guides, l'ami sont autour de Nonce Romanetti. Il se sent les épaules lasses et le front lourd. Il paraît si fatigué que la jeune femme lui dit :

— Vous devriez, pour vous en aller, prendre le cheval.

Si Romanetti était de sang-froid, la voix de Madeleine lui sonnerait aux oreilles comme un glas.

Quelqu'un aussitôt va chercher la bête non sellée, ayant pour tout harnachement une corde. Deux chiens se jettent dans ses jambes, sautent au garrot, mordillent les jarrets, jappent, jouent sans donner de la voix, silencieusement. C'est Zinette, la chienne préférée, grand policier jaune à museau noir, et un chien braque nommé Black.

Or, deux guides ont aidé le chef à se hisser sur son cheval, et ils ont dit :

— Nous vous accompagnons.

C'est à ce moment que l'ami est intervenu, comme il a dû le faire ving fois de manières différentes, et avec la rage de ne pas réussir, depuis qu'il a décidé de supprimer le roi du maquis

— Allez vous coucher, mes enfants ; vous ne tenez plus debout vous-mêmes, je l'accompagnerai, moi. D'ailleurs, nous avons à causer.

Nonce Romanetti, si méfiant, est-il trop fatigué pour réagir ?

— Allez-vous coucher, répète-t-il. Il m'accompagnera.

Et les deux hommes partent. L'un à pied, l'autre à cheval, la Mort entre eux.

Le canon de fusil de l'ami a déplacé quelques ternes éclats de lune, puis tout a disparu. Le maquis et la nuit ont, petit à petit, absorbé les voyageurs, et l'on n'entend même plus gémir les lentisques écrasés. La chienne Zinette gambade toujours dans les pas du cheval, le chien Black tire la langue en courant de myrtes en bruyères.

Nonce Romanetti vit sa dernière heure sous cette lune voilée, dans cette atmosphère des premiers âges, et il semble que la nature soit angoissée par l'attente d'un crime perpétré sous le signe de l'amitié.

Coups de feu, hurlement à la mort.

Mancini, le propriétaire de la bergerie, et sa fille ont encore bavardé quelques minutes avec les guides. Puis les compagnons du bandit se sont égaillés., vers le maquis, la mer ou un village voisin — et l'homme et son enfant ont entrepris de remettre un peu d'ordre dans la maison. Le passage de leurs hôtes est toujours un bouleversement. On range donc, avant d'aller au lit, la vaisselle, les chaises, les bancs ; on couvre de cendres le brasier de la cuisine, et l'on dit une fois de plus ce qu'on répète depuis dix-huit années après chaque partenza.

— Comment cette vie finira-t-elle ?

Elle est bien près de finir... et peut-être Madeleine écoute-t-elle passionnément la nuit, la nuit qui va lui apporter la rumeur de sa délivrance... Dans la campagne, l'ami a trouvé une banale excuse pour prendre un peu de champ, il a fait ce que cent bandits ont fait avant lui dans de semblables circonstances :

— Ô Nonce ! Ralentis une minute, je te rejoins aussitôt.

— Bien.

Nonce Romanetti est droit sur sa monture nue, car il n'y a pas de fatigue qui paralyse son pouvoir d'attention. Un peu de nonchalance. D'ailleurs, il n'entend aucun bruit suspect. Il avance au pas hésitant de son cheval précédé de Zinette, suivi de Black.

Soudain, l'ami a levé son arme. Pas de bruit. Il n'a même pas besoin de décrocher son fusil de l'épaule, il a supprimé la bretelle. Il a mis en joue... Il tire et le Roi du Maquis tombe, foudroyé, sans avoir entendu venir la balle qui l'a frappé. Ainsi se flattait-il lui-même d'avoir tué sa première victime.

Un autre coup de feu pour assurer la vendetta, et l'ami meurtrier continue sa route.

Les chiens hurlent à la mort.

Mancini et sa fille sont Corses. Ils on des antennes pour les ondes tragiques. Ils entendent les détonations et savent aussitôt ce qui est arrivé. Ils ont réalisé entre les deux coups de feu toute la tragédie, depuis certaine arrivée, dans le groupe, d'un homme dont on s'était longtemps méfié... jusqu'à la manœuvre de tout à l'heure :

— Allez. Je l'accompagnerai, moi...

Sinistre compagnon. Assassin, traître à l'hospitalité ! Mancini et sa fille partent, maudissant l'inattendue confiance de Nonce. Le braque hurle toujours à la mort. Ils vont vers les hurlements Soudain, leur course est arrêtée par des appels plus rauques, par la silhouette du cheval profilée sur le fond de sombre verdure, et ils trébuchent sur le corps de Romanetti. Il est là le grand, le fort, le pitoyable roi des bandits. Son corps glorieux a roulé dans ce maquis qui était tout à la fois son asile et sa prison. Il est là, sur ce magnifique tapis, que le printemps enrichit toujours de radieux pétales et d'âpres parfums.

que décider ?

Mancini et sa fille font le signe de la croix, s'agenouillent, et puis ils se reprennent et méditent. Quelle est leur situation ? Ils sont suspects, comme je l'ai été, comme l'ont été tous les amis de Romanetti.

Un jour, hauts fonctionnaires et gendarmes à ficelles multiples tentèrent de me faire renoncer à certaines rencontres :

— Je risque donc quelque chose à me trouver chez un paysan si le bandit était parmi nous ? demandai-je.

— Certes, vous seriez poursuivi, ainsi que le paysan trop hospitalier.

— Pourquoi donc ?

— Vous ne devez pas être en compagnie d'un bandit.

— Oui-dà ! Chez lui, je serais coupable, mais chez autrui nous ne sommes pas avec le bandit, c'est lui qui est avec nous. Voyons : il frappe à la porte, entre et demande l'hospitalité. Que faudrait-il faire ?

— Refuser !

— Vous en avez de bonnes ! Ce n'est pas à nous d'entrer en conflit, c'est à vous de nous protéger contre ses visites.

Mancini et sa fille ne pouvaient guère s'opposer au séjour de Romanetti à Lava. Mais le voilà mort ! Que décider maintenant ?

Pendant qu'ils réfléchissent, arrivent des guides et des bergers. Ils se concertent entre eux, et quelqu'un commence par mettre à l'abri tout ce qui n'intéresse pas les pouvoirs publics — l'argent, la correspondance, les papiers personnels, les coutelas, les humbles bijoux, le stylet, la longuevue. Avec respect, avec dévotion, ils fouillent dans les poches du cadavre et n'y laissent que ce dont la famille n'aurait aucun souci. Ils cueillent ainsi une dizaine de milliers de francs.

Ils emportent sa jumelle de qualité, cadeau d'un riche visiteur, son poignard, ses bagues.

Ils emportent le portefeuille qui contient des lettres, qui contient les contrats sur timbre établis au nom de Madeleine et fixant les modalités des entreprises communes : de l'élevage à la vente du lait et des fromages.

On y trouverait même le contrat où Madeleine figurait en qualité d'impresario engageant Nonce à un metteur en scène de cinématographe.

Tout est emporté...

Et puis...

Et puis... Ils manquent d'imagination, ces braves gens. Ils ne sentent pas qu'ils ont sous les yeux les éléments d'une légende plus grande que Nonce Romanetti lui-même. L'enterrement sur place. Le silence absolu et la résurrection du Roi du Maquis pour des exploits héroïques, pour des embuscades où il serait vraiment invincible, intangible, invulnérable.

Ils n'ont pas d'imagination. De sorte que l'un d'eux, après entente ou de son propre gré, descend vers la vallée, court vers Villanova et avertit les gendarmes ou bien file vers Ajaccio et réveille quelque haut personnage.

la chienne « Zinette »

Il est environ trois heures du matin. Zinette, la chienne préférée, agace depuis une heure et demie les marins de la baie, qui ne comprennent pas la pauvre bête :

— Venez ! Mon maître est tombé…

Les marins la trouvent bien dissipée cette Zinette, ordinairement si sage.

— Hommes sourds, hommes stupides. Mon maître est par terre et ne répond plus à mes caresses.

Les marins se disent :

— Pourquoi Nonce laisse-t-il vagabonder sa chienne ?

Et ils embarquent, en chantant Ajacciu bellu. Et ils s'en vont.

Et l'on ne sait pas, depuis lors, ce qu'est devenue Zinette…

conciliabule

Voici donc Romanetti mort, gisant dans le maquis. Quelqu'un est parti alerter les autorités. Il est quatre heures du matin. On réveille les magistrats, les officiers, les gendarmes. On se concerte.

Je n'y étais pas, bien sûr, je n'ai reçu aucune confidence, je l'avoue, mais je puis donner tout de même la substance du conciliabule tenu à Ajaccio dans la nuit du 24 au 25 avril 1926.

Voici quelles sont les pensées qu'on y exprime :

Avoir tué Nonce Romanetti, quel titre de gloire !

Primes, médailles, avancements, vont tomber, manne inestimable, sur ceux qui auront fait triompher la justice.

Il n'y a pas de meurtrier connu. Pas de réclamations à craindre ; il serait trop sot de ne point susciter quelques hommes autorisés, idoines, qualifiés pour abattre un contumax et pouvant légalement bénéficier de tant d'avantages.

Conclusion : il faut former un corps expéditionnaire.

une tradition

Ici, une parenthèse par devoir de simple honnêteté. Je ne fais point le procès des gendarmes. On exige de ces braves gens un dévouement et une activité qui sont payés de très peu d'honneurs et de moins d'argent encore. Je crois qu'en l'occurrence certains d'entre eux se sont révoltés à l'idée de tirer parti d'une action d'éclat dont ils n'étaient point les héros.

Mais écoutez les propos que leur a certainement tenus quelque Corse présent à l'entretien :

— Hé là ! messieurs, que de scrupules et ignorez-vous où vous vivez ? Vous êtes en Corse, où vos prédécesseurs n'ont guère abattu de bandits, mais où ils ont toujours ramené triomphalement les cadavres. C'est une vieille habitude. C'est une tradition. Ce sont les insulaires eux-mêmes qu protègent leurs hors-la-loi contre vous. Il est juste que le jour où, pour des raisons personnelles, ils ont jugé bon de s'en débarrasser, vous soyez appelés pour prendre livraison des corps à grand renfort de mousqueterie. Écoutez la voix du passé ! Et ne laissez pas échapper une si belle occasion de vous faire valoir. Il est bien vrai que jusqu'ici le service était rendu par des paysans corses à des gendarmes corses. Affaires de famille, quoi ! On ne fait plus appel désormais dans l'Île qu'à des gendarmes continentaux, mais leur tâche est rendue si difficile par leur ignorance des mœurs, de la langue, et par l'hostilité du maquis, qu'ils peuvent sans rougir accepter cette petite compensation...

La maréchaussée se laissa convaincre et décida de former la troupe chargée de tuer officiellement Nonce Romannetti.

Sitôt convaincue, sitôt mise en route, et probablement en automobile.

une expédition peu dangereuse

Les voitures démarrent. Elles longent le cours Napoléon et le fond du golfe, puis contournent le mont où se dresse le château de la Punta, orgueilleux témoin. de cette vendetta entre les Bonaparte et les Pozzo-di-Borgo, qui commença à Ajaccio et déborda sur l'Europe entière sous le titre d'épopée impériale ! Les moteurs s'essoufflent sur la mauvaise route qui mène à Villanova. Là, on rejoint la brigade du petit village, alertée par téléphone, et les groupes reformés commencent à descendre vers le fond de la vallée.

Ah ! comme on saute avec entrain les barrières qui rendaient l'accès du domaine si périlleux ! Les chiens peuvent bien donner de la voix, la troupe progresse sans à-coups ! Les bergers se sont enfermés dans leur bergerie, Black, là-haut, continue de hurler à la mort.

L'aube pâle, à peine plus rose que le clair de lune, découvre la Méditerranée, à peine moins grise que le ciel. Le maquis est tout humide des pluies de la soirée. Le cœur des gendarmes s'alourdit à la pensée que, dans quelques minutes, ils vont pouvoir regarder de près l'insaisissable, l'invulnérable... Ils le voient. Sans doute ont-ils encore quelques hésitations à jouer la comédie de l'embuscade. Mettez près du cadavre un visage méprisant de guide fidèle et ouvrez vos oreilles aux hurlements de Black. Ajoutez l'émotion des bons pandores qui se sentent délivrés de leur plus terrible ennemi et auxquels le tentateur a murmuré :

— Prenez ! C'est une tradition, vous n'y faillirez point.

Eh non, ils n'y faillirent point. Ils s'organisent, se placent, en ordre de bataille... En joue ! Feu ! Ils criblent le cadavre de projectiles réglementaires, et, puisqu'il faut bien tuer quelqu'un ou quelque chose, ils tuent le chien !

Ils tuent le pauvre Black, qui hurle à la mort sur le corps de son maître.

Le décès est désormais officiel. Nonce Romanetti est bien mort, mais encore y faut-il l'appareil légal. On ne risque plus rien désormais. On peut attendre les magistrats, le médecin, les curieux. Il n'en manque point. Trente auto-mobiles sont sur les routes, dix canots doublent les îles San-guinaires. On peut laisser ce cadavre jusqu'au soir... Rédi-geons maintenant le bulletin de victoire et expédions-le dans le monde entier.

Notez que, d'après les heures mêmes de ce bulletin (sept heures quarante-cinq pour le meurtre officiel), les journaux du soir à Paris auraient dû annoncer les nouvelles. Ils n'annoncèrent rien. C'est que le télégramme ne partit pas sitôt que rédigé. Il y eut un trouble-fête.

— Attention, dit un grincheux, à votre rédaction !

— Pourquoi une telle attention ?

— Parce que, acteurs d'un drame en trois actes, vous êtes arrivés pour le deuxième seulement. Arrangez-vous pour qu'on vous croie présents dès le lever du rideau.

— Qui donc nous trahira ?

— Le cadavre.

Voilà nos gens bouche bée. Le cadavre aurait-il conservé dans l'au-delà les dangereuses vertus de sa vie ter-restre ? Décidément, ce serait trop drôle, et il vaut mieux en rire. Le trouble-fête continue :

— Le cadavre transformera votre deuxième acte dra-matique en farce de mauvais goût...

— Mais que diable, il est trop bien mort pour nous gê-ner en quoi que ce soit.

— Trop bien mort en effet... et l'autopsie l'établira de manière assez fâcheuse pour vous, car, ne l'oubliez pas, il n'y a pas au corps du bandit que des projectiles réglemen-taires. On trouvera, vous le supposez comme moi, une balle de Browning ou quelques chevrotines.

Les sourires se figent. Cette autopsie est une mauvaise plaisanterie.

— Mais, dit quelqu'un, nous avons pu être accompagnés par un indicateur

— Mauvaise excuse et doublement. L'indicateur n'a aucun droit de répression ni de châtiment, et, d'ailleurs, lorsqu'il vous faudrait le nommer, qui nommeriez-vous ? Avoir tué Romanetti n'est pas un fait d'armes dont on se vante.

Du coup, les figures s'allongent. Mais l'un des conspirateurs, et celui évidemment qui a le plus d'autorité, tranche :

— Les résultats de l'autopsie ne seront point communiqués.

— Bravo !

Oui, bravo ! Mais considérez un peu ce que vous nous forcez à imaginer et comptez sur vos doigts les récompenses qui vous ont été décernées. Zéro ! Romanetti valait un peu plus !

Le soir, le cadavre prit le chemin de la ville et fut remis aux praticiens, qui ne dirent pas s'ils trouvèrent dans sa chair des chevrotines, mais dans la semaine les gazettes en parlèrent comme d'une certitude, et le barde corse, le bon poète Maestrale, écrivait dans A Muvra, journal de langue corse qui paraît à Ajaccio :

« À une heure et demie de la maisonnette de Lava, on entendit une détonation.

À cinq heures, le cheval revint tout seul à l'écurie.

À sept heures et demie, autre fusillade, galop de la gendarmerie : Romanetti était mort.

Le coup — le coup mortel – fut tiré de derrière à balles coupées qui lui mâchèrent le cœur. »

En parlant des funérailles, Maestrale ajoutait, avec une ironie féroce :

« À Calcatoggio, le village tout entier était près de la fosse ; sa femme, sa belle-mère et toutes les femmes criant, une vieille se déchirant le visage, ses cousins, ses guides, ses amis chéris, son garçonnet, collégien de douze années — le soleil même s'était voilé de deuil, le maquis paraissait en grande affliction. Il y avait six gendarmes, sans doute pour le tuer une troisième fois. »

Depuis on a, paraît-il, découvert des cartouches, non de mousqueton, mais de fusil de chasse, près du lieu où tomba Nonce Romanetti.

Depuis des paysans ont raconté qu'ayant touché le cadavre sitôt après son décès officiel, ils constatèrent qu'il était froid.

Depuis des observateurs ont remarqué que les vêtements de Romanetti étaient trempés par la pluie, alors que la bruine avait cessé à trois heures du matin.

Depuis on a prononcé des noms de meurtriers.

Il serait impossible de se faire une opinion si le coup mortel était parti d'un browning. Or, il paraît certain que ce fut d'un fusil de chasse. Cette constatation met hors de cause tous les citadins, contadins ou villageois vêtus en bourgeois.

En effet, Nonce Romanetti avait des ennemis à la ville et à la campagne. Il en avait fort peu et, aux dernières nouvelles, il s'était réconcilié avec certains d'entre eux. Que donc ils fussent reçus à nouveau par ce garçon très orgueilleux, mais incapable de nourrir une longue rancune, rien d'impossible. Mais quelle figure aurait-il fait en voyant arriver un citoyen en complet veston cintré, libre de toute contrainte judiciaire et porteur d'un fusil sans bretelle ?

Il aurait perdu toute confiance, il n'y avait plus de surprise admissible.

Mais, au contraire, la réconciliation avec un homme « se gardant » contre les gendarmes ou des ennemis personnels, la réconciliation avec un homme en état de guerre n'inclinait pas le plus méfiant des bandits à la suspicion et à une surveillance particulière.

Celui qui a tué Nonce Romanetti d'un coup de fusil ne se séparait jamais de son fusil.

Rappelez-vous la scène du départ… Vous serez convaincus que l'assassin n'était pas posté sur le chemin de Nonce. D'abord cela suppose, ce qui est incroyable, que Romanetti est parti seul. Même dans ce cas, Zinette et Black auraient débusqué l'ennemi avant que Romanetti fût non seulement à portée de fusil, mais dans la courte ligne de mire accordée par la nuit : vingt ou trente pas. Ou Zinette et Black aimaient le meurtrier, et ils auraient joyeusement couru vers lui, et Romanetti, du haut de son cheval, aurait connu cette présence insolite. Ou Zinette et Black n'aimaient point l'ennemi de leur maître, et ils auraient serré de près la monture en grognant pour avertir Romanetti.

Et le coup étant arrivé par derrière, il aurait fallu que la victime approchât et croisât le meurtrier, qui n'aurait tiré qu'après le passage.

Pas avec de pareils chiens.

Et c'est Zinette et Black qui me poussent à conclure qu'il n'y a pas eu attente, affût, mais bel et bien surprise.

Romanetti s'est lui-même, de son propre gré, promené une demi-heure avec la mort.

Et la mort l'a pris si confiant et si las qu'il ne s'en est même pas aperçu.

Méditations sur la mort de Nonce Rolmanetti

Pour Jean Luc

Le caractère corse est si complexe que l'étranger est devant nous comme un aveugle devant des fresques. Tout ce que nous disons de nous-mêmes est obscur à autrui. Nous seuls pouvons tenter de voir clair.

Tâche de faire comprendre ceci hors de chez toi :

Il y a de grands industriels, de grands avocats, de grands bandits corses.

Nul ne pourra le contredire si tu affirmes qu'ils ont la même densité humaine et que l'on aurait pu changer l'ordre des acteurs sans modifier les résultats.

Comment veux-tu qu'on le comprenne ?

Un bandit célèbre est un grand homme que le destin a contrarié.

La réciproque est vraie.

Lorsqu'un bandit est tué, les chroniqueurs du monde entier glosent : « Dernier bandit… chevalier… tourisme… Pauvre Corse ! »

La Corse sur ce sujet se passe aussi bien de leur admiration que de leurs condoléances.

Divagations d'ignorants.

Complicité des habitants ? — Mon doigt malade fait-il partie du corps du chirurgien ou de ma main ? — Dois-je craindre qu'on ébrèche le scalpel ou qu'on m'entame l'os ?

Vous trouverez au banditisme des raisons indiscutables. Vous oublierez celles qui surgissent de la Spelunca, de la Scala de Santa-Regina, de l'Inzecca, des Fourches de Bavella. Un volcan ne vomit point de neige.

Quel dommage ! Le dernier meurtre de Nonce Romanetti remontait déjà à trois ans. Dans vingt-sept années il aurait bénéficié de la prescription. Il serait devenu un patriarche, un sage, un juge dont les chefs d'État auraient sollicité l'audience.

Voyons ! Vous ne vous inclinez pas devant ce départ ? Nonce Romanelli s'en est allé seul. Aucun cadavre civil ou militaire ne lui a fait cortège. C'est un miracle que personne n'osait espérer.

À quoi tenaient ces vies humaines ? Si la première victime avait discuté son affaire lui-même, d'homme à homme, selon la règle corse, il en aurait tiré un bénéfice pécuniaire. Il est allé chercher les gendarmes. Il a triché. Il a perdu ; puis il a entraîné dans sa tombe ceux qui prirent ses cartes.

Tant qu'un bandit tient le maquis, on te dira que les pouvoirs publics sont négligents et les gendarmes craintifs. Tu verras des sourires avantageux exprimer du bout des dents : « Ah si l'on me donnait pleins pouvoirs !... »

Le jour que le bandit est mort, ces mêmes sourires expriment comme une lassitude : « Il a été trahi ! »

Et l'on te démontre qu'il était impossible de le surprendre et de l'abattre.

Le bandit a ceci de commun avec le dictateur : ses amis ne lui pardonnent pas d'être mort.

Il est mort. — Alors, disent les gendarmes, il est à nous !

Le bandit doit faire mentir l'étymologie et vivre seul.

Hommes politiques et hors-la-loi n'entrent dans sa vie que pour l'engager sur le chemin de la mort.

La gendarmerie est au banditisme ce que l'engrais est aux labours.

Le héros agit sous les yeux de l'hisloire. Lorsqu'il est mort, la légende peut enfin s'en emparer et le grandir…

Le bandit vit dans la légende. Qu'il succombe, et le juge d'instruction en fera un pauvre homme.

Une idée : Tout porteur d'arme prohibée sera privé de ses droits civiques.

Les gendarmes peuvent revenir… le banditisme agonise.

vente aux enchères

Pour Horace

Le voyageur, que notre âme a su conquérir, observe que l'accueillant sourire de l'hospitalité insulaire s'assombrit lorsqu'on descend vers le sud de l'Île. L'accueil reste aussi franc, aussi cordial, mais la joie qui rayonne sur le Cap Corse s'atténue, s'alanguit, meurt, et du Fiumorbo au Sartenais l'atmosphère devient plus lourde de souvenirs dramatiques. C'est ainsi. À la réflexion, cela paraît logique. Le Cap Corse est d'une architecture agréable et mesurée, et c'est un véritable jardin ; la Balagne est une oliveraie. Ce sont régions claires, généreuses et opulentes. À quelques kilomètres vers le sud, on trouve les premiers pays sombres, les pays noirs, Castagniccia (la Châtaigneraie) ou Niolo. Là on commence à comprendre la complexité de l'âme insulaire et ses tragiques inclinations. On est entraîné malgré soi dans l'âpre bataille que se livrent la mer et le maquis, ces deux irréconciliables adversaires. Tiraillé entre le désir d'évasion qu'exaltent les sirènes de la Méditerranée et l'amour du sol natal que nourrissent les sèves du maquis, le Corse vit dans un conflit perpétuel de passions. Ajoutez que ses ancêtres berbères, plus nombreux qu'on ne croit, lui ont légué le mépris des richesses, des souffrances et de la mort. Donc la tragédie prend une déplorable ampleur là où la montagne paraît narguer la mer ; là où elle s'oppose dësespérément au passage des torrents, là où il semble que, pour se préserver de la séduction marine, nul mur ne lui paraît assez haut, nulle forêt assez profonde, nulle gorge assez étroite.

Celui qui a tenté de déterminer, et surtout chez nous, l'influence de la région sur le caractère des habitants, celui-là accusera Prosper Mérimée d'une lourde erreur, pour avoir situé l'histoire de Colomba au Cap Corse ! C'est un peu comme si Daudet avait écrit Tartarin de Concarneau avec la chasse aux casquettes dans la lande bretonne ! Les personnages de Colomba sont à peu près réels dans un décor qui ne leur convient point et d'où surgissent de perpétuels démentis. Le souci majeur de l'écrivain était d'éviter la réaction locale des gens de Fozzano ; il transporta ses héros de la région de Sartène dans la région de Bastia. Trop haut ! S'il s'était arrêté, à quelques lieues en deçà, l'âpre vallée supérieure du Golo, ou dans les gorges du Vecchio, ou dans le canton de Bocognano, son récit ne boitait plus et la faldetta de Colomba flottait aux pentes du Cinto et du Monte d'Oro aussi bien qu'aux flancs de l'Incudine.

Prosper Mérimée ne risquait rien, en son temps, sinon le succès. À une île dont les attraits étaient reconnus depuis des millénaires, il ajoutait ce pittoresque : le banditisme.

Les Corse s'en seraient volontiers passé. Le banditisme est une de ces maladies dont les malades préfèrent ne point parler parce qu'elle n'intéresse que ceux qui en sont atteints. Ni contagieuse, ni répugnante. Que veut-on de plus ? Les Corses, par atavisme, soignent les bandits, mais ils soignent aussi le banditisme. Ils n'admettent point qu'on transgresse les règles de ceci, ni qu'on maquille le visage de ceux-là. Depuis bien longtemps, nul gredin ne s'était avisé de se servir du maquis pour des expéditions déshonorantes. De Marseille, l'an dernier, il en arriva un. Il voulut attaquer des diligences. Ah ! Santa Madona ! Une semaine ne s'était pas écoulée, après son premier exploit, qu'il fut trouvé dans le maquis percé comme une écumoire. La Corse vengeait son honneur !

En cette année 1931, elle l'a encore vengé. Le banditisme a perdu la face aux expéditions de Guagno-les-Bains. À la mi-août, deux gredins vinrent rançonner les hôteliers. Ils assassinèrent un client récalcitrant. Or, tant que les bandits n'abattraient pas ces misérables, ne laveraient pas cet affront dans le sang, la grande légende en resterait diminuée et salie.

Les vieux paysans corses en rougissaient de honte ; nous autres du Continent aussi, et d'autant plus que nous avions tenté jusque-là de comprendre et d'excuser…

Les gendarmes, et ce sont bien les gendarmes cette fois, ont tué Caviglioli en novembre. Il leur en a coûté deux morts et deux blessés, mais ils ont vengé « la société »… et le banditisme.

Un voyou plus détestable encore, Bartoli, a été tué par un Corse, las d'être pressuré. On court après un troisième encore, un nommé Bornea, ancien gendarme. Tous indignes du vieux titre bandit de corse et méprisés, quelquefois craints.

Il faut s'entendre.

Bandit, oui! Pour affaires personnelles et quelquefois stupides. Voleur de grand chemin, assassin par cupidité jamais! Je veux vous raconter une histoire assez récente. Vous verrez encore comme on peut devenir bandit sans être méchant, ni animé de mauvaises intentions. Nous disons: c'est le malheur! C'est la fatalité!

Un jour que je me trouvais dans la région de Bavella, j'assistai à une vente publique par décision de justice. Ou plutôt à une tentative de vente.

Vers les dix heures du matin, l'huissier arriva du chef-lieu de canton. Il attacha son cheval au tronc d'un châtaignier, puis se dirigea vers le lieu de la vente, la place du village, où le garde champêtre avait étalé avec soin les quatre lots principaux, à savoir: une vieille carriole, une table, une antique coloquinte promue aux fonctions de fiasco, et un fusil de chasse tout neuf, d'un modèle perfectionné et d'une appréciable valeur marchande.

L'huissier grimpa sur la table en s'aidant de l'épaule du garde champêtre et regarda autour de lui.

Il vit le village: une dizaine de maisons plantées à la diable, bâties par des maçons ennemis des complications et ignorants des ornements. Des cubes de granit couverts de vieilles tuiles creuses et n'offrant pour fenêtres que d'étroites ouvertures, à peine plus larges que des meurtrières. En ce pays, chaque maison est une forteresse. Ni corniches, ni auvents, ni balcons, ni balustres, ni, bien entendu, de jardin; rien que les murs et les toits. Les architectes ont refusé de se manifester dans cette incomparable architecture naturelle. Pour bâtir le Parthénon, il faut une Acropole. Mais que bâtir dans les calanches de Piana? — ou la Scala de Santa-Regina? Des châteaux? Non, des gîtes!

Les fenêtres étaient fermées et personne ne flânait au pas des portes. Toujours dans la même simplicité architecturale, l'église offrait aux regards de l'huissier un long mur blanc, dont le soleil faisait un vaste brasier vertical. Devant. la porte : le clocher. Oui, devant la porte.

Trois pièces de bois en équerre portaient une cloche, et c'était bien là le clocher de cette église.

Plus loin, à quelques kilomètres à peine, sur un ciel radieux, la montagne de Bavella dressait ses fourches comme une main de porphyre rouge. L'huissier, qui avait grandi avec ce prodigieux spectacle sous les yeux, ne s'y attarda guère. Son regard revint vers la place, les maisons, l'église et s'arrêta sur les enfants qui jouaient à jeter des pierres aux isolateurs du télégraphe, sur les ânes qui méditaient et sur les cochons qui trottinaient; il ne vit pas l'ombre d'un acheteur. Alors il s'appuya à nouveau sur l'épaule du garde champêtre, descendit de son observatoire et s'en alla vers les maisons. Je les rencontrai à mi-chemin, lui et son garde.

— Vous manquez de chalands, leur dis-je.

— C'est que celui qui doit venir est en retard. Mais il saura où me trouver.

— Et comment, s'il vient seul, ferez-vous monter les enchères?

Le recors et son chef s'arrêtèrent et ils me considérèrent sans indulgence.

— Auriez-vous l'intention de surenchérir vous-même?

— Point! répliquai-je, sinon pour cet admirable fusil...

— Oui! eh bien! laissez le fusil là où il est et ne vous mêlez point de la vente!

Nous entrions dans une auberge où des paysans qui jouaient aux cartes firent mine de ne pas nous apercevoir. Je n'avais rien compris aux répliques de mes interlocuteurs, et je voulais savoir ce que signifiait cette vente aux enchères où les enchères paraissaient interdites. J'osai parler encore :

— Éclairez ma lanterne, car je ne distingue pas très bien...

— C'est simple, dit l'huissier. Les objets que vous avez vus exposés sur la place appartiennent au bandit Petru u ghjattu, Pierre le Chat, qui est parti pour le bagne, le mois dernier. Un de ses parents viendra : si la mise à prix lui convient, il rachètera ce qui lui plaît, sinon il s'en ira comme il sera venu. Mais personne ne se permettra, par dignité, ou par compassion, d'acquérir table, fusil ou carriole.

— Ah ! Et qu'a-t-il fait, Petru u Ghjattu ?

— Il a tué un homme.

— Pourquoi ?

— Pour une femme.

— Histoire d'amour.

Le garde champêtre haussa les épaules. L'huissier siffla entre ses dents.

— Histoire d'amour ! Ah ! Dieu non ! Il n'y a pas d'amour en cette affaire. Il y a trois hommes poussés au meurtre pour une bêtise, et cette bêtise nous a valu à ce jour deux enterrements, un homme au bagne, un autre dans le maquis... par là, et sa main indiquait d'un geste circulaire les grottes de l'Incudine, la forêt de Bavella, les fourrés de la vallée du Rizzanese et les bords de la Méditerranée.

Vous voulez les détails ? Je vais les exposer et vous verrez comme l'affaire est sanglante et bête, et comme elle était imprévisible, inévitable.

Dans une commune voisine, une vieille femme, une brave et bonne vieille femme, vivait de ses allocations. Elle avait perdu trois fils à la guerre. Ses deux filles étaient mariées, l'une avec un douanier d'Indochine, l'autre avec un cheminot du Dahomey. La vieille paysanne vivait là d'une existence matérielle digne, mais qui ne pouvait plus être heureuse. Elle était pourtant douce et charitable... Un jour, de ce vase de tristesse et de douceur s'envolèrent les plus atroces sentiments qu'ait jamais nourris un humain.

Alors qu'elle attendait le règlement de la pension de ses fils, un de ses parents lui prêta de l'argent, et lui en demanda reçu, ce qui est juste, parce qu'on ne sait ni qui vit ni qui meurt. Ce parent-là n'était pas allé à la guerre à cause d'un heureux accident où il avait, vers la quinzième année, perdu un œil. Or, il employa bien son temps durant la guerre. Il fit une petite fortune à fabriquer du charbon de bois, à élever du bétail. Bien que la vieille, par trois fois, ait été durement frappée dans sa chair, elle ne lui avait jamais reproché, à lui, de n'être pas mort au champ d'honneur! Elle le traitait comme un parent affectionné et estimé. Lui ne demandait qu'à rendre service... Vous voulez de l'argent? En voilà. Mais pour que vos filles, le cas échéant, sachent bien que je ne réclamerai que mon dû, signez ceci...

Elle signa, mais sitôt que le percepteur lui versa le rappel de ses allocations, elle courut vers lui.

— Ô Gnà! (il se nommait Ignace) je te rends ce que tu m'as prêté et je t'en remercie!

Puis, elle rentra chez elle, prier devant les médailles et les croix de ses fils massacrés.

Une de ses filles vint en congé, ce qui lui fut une consolation. Elle lui dit la gentillesse d'Ignace, mais sans parler du billet qu'elle avait signé. Elle s'en souciait bien! Ce ne fut qu'à Ajaccio, au moment où son enfant s'embarquait vers l'exil pour deux ou trois nouvelles années, qu'elle dit:

— Va en paix, ma fille. Si je meurs pendant votre absence, tout est en règle à la maison, tout... je ne dois rien à personne.

À ce moment précis, il lui sembla que le paquebot porté par une houle furieuse allait franchir le môle et l'écraser de sa masse. Elle chancela.

— Qu'avez-vous, mère ?

— Le papier, râla-t-elle. Le billet d'Ignace.

— Quel billet ?

— Le billet que je lui ai signé... Dieu saint ! Il l'a gardé !

— Et alors ?

— Et alors, quand je serai morte, il pourra vous poursuivre...

Les adieux furent bouleversés par cette pensée soudaine. La fille ne parvint pas à apaiser la frayeur de sa mère qui geignait comme si elle pensait mourir là, tout de suite, en laissant ses deux enfants dans la misère et déchiquetées par les créanciers comme un cadavre par des corbeaux.

Elle remâcha son appréhension tout le temps que le bateau courut dans le golfe, vers les îles Sanguinaires ; elle se contracta dans son angoisse tout le temps que dura le voyage du retour vers son village. Et la haine naquit en son âme et, parce qu'elle était Corse, cette haine prit le visage de la vendetta. Petit à petit de son cœur de Mater Dolorosa surgirent mille raisons de haïr Ignace. Le misérable ! Le lâche ! Il s'était tenu à l'abri pendant que les siens souffraient dans la boue des tranchées. Il avait gagné de l'argent pendant qu'ils agonisaient sur les fils de fer barbelés ou dans des trous d'obus. Le lâche! Le misérable! Il s'était gorgé du sang de ses fils, et il se préparait maintenant à dépouiller ses filles...

Le malheur fit qu'elle le croisa avant de rentrer chez elle. L'homme était soucieux et, malgré sa courtoisie coutumière, il la salua distraitement.

— Mon billet? cria-t-elle sans desserrer les dents.

— Quel billet?

— Oh! quel billet? Quel billet? Mon reçu...

Il répliqua, toujours préoccupé d'autres choses:

— Bah! Vous le retrouverez bien un jour.

Alors elle crut tenir la preuve... Volée, bafouée, on verrait bien!

L'idée ne lui vint pas, tant elle avait en quelques heures mûri cette haine, de demander des explications. Supporter la présence de ce ruffian, de ce détrousseur, de cette canaille! Elle arracha ses cheveux blancs et se déchira les paumes, et elle cria: « Vendetta! »

Parce qu'elle n'avait plus d'enfants mâles, elle convoqua ceux de ses frères; bien entendu, elle ne convoqua que des célibataires. Un soir, elle manda chez elle trois de ses neveux, trois hommes hardis et de bonne humeur, de ceux-là qu'on rencontre par les chemins sous le large feutre, portant la veste de velours sur l'épaule gauche et le fusil sur l'épaule droite: Pierre, ce Petrù u Ghjattu qu'on appelait ainsi à cause de sa souplesse et de sa vigueur, et ses cousins François et Jean-Dominique. Ils entrèrent chez elle à dix heures du soir. Ils en sortirent à minuit, ivres de vanité mauvaise, de désirs de meurtre et aussi ivres d'eau-de-vie.

Que leur dit-elle? On le devine aisément, lorsqu'on connaît notre race. Elle a évoqué l'ancêtre commun et sa fierté et l'honneur du nom. Elle a dû faire appel à l'intransigeance héréditaire qui est un sentiment bien vieux, et à ce sentiment nouveau : le mépris du combattant pauvre pour le non-combattant enrichi. Mais, surtout, elle a parlé avec cette incomparable fureur tragique qui les transforme toutes en poétesses sitôt que le malheur passe. C'était une vocératrice renommée pour son lyrisme et sa puissance. Elle a envoûté ces trois hommes, et, à la vérité, il n'en faut pas tant chez nous.

Ils la quittèrent à minuit. À minuit et quart, Ignace entendit frapper à sa porte, reconnut la voix de ses camarades, descendit, fut saisi et exécuté sur-le-champ. L'un lui vida un chargeur de browning dans le corps. Les deux autres, lui plantant un stylet dans chaque main, le clouèrent contre sa porte comme un hibou.

Et puis ils gagnèrent la montagne.

Au cours de l'instruction qui suivi le meurtre, il fut impossible d'établir les raisons de cet assassinat. La vieille refusa de dire un mot et, depuis lors elle n'est plus sortie de sa maison Jamais plus elle n'adressa la parole à qui que ce soit, et jamais personne ne la reverra, sinon la parente qui lui porte sa nourriture, va toucher sa pension et écrit à ses filles.

Jean-Dominique a été tué dans une embuscade. Le même jour, Petrù u Ghjattu blessé, fut arrêté. Durant son procès, il ne desserra pas les lèvres et se laissa condamner à mort. Sa peine commuée, on l'embarqua pour le bagne, où il est à présumer qu'il ne restera pas longtemps. Quant à François, il est encore au maquis, par là, du côté de Bavella ou dans les grottes de l'Incudine... ou ailleurs...

Saëtta

Et que Vanina votre sœur lointaine Chère Adry, vous soit sympathique.

— Zia Palma, venez-vous à la messe de minuit ?

Elles sont là, sur le pas de la porte, trois jeunes filles, vêtues de noir. Chaque visage est encadré par la faldetta. Trois belles figures graves aux traits réguliers, aux yeux sombres, aux sourires effacés.

Zia Palma est une vieille femme qui a porté le poids de toutes les douleurs humaines. Elle est petite, ratatinée, malheureuse mais sans humilité. Le désir de la vengeance la consume. Par trois fois elle a dû rythmer le lamento sur le corps de ses enfants bien-aimés. Par trois fois, on lui a ramené à la maison, sur la civière de branches et de feuillages, la chair de sa chair souillée de boue et de sang.

Son mari, son fils, son gendre. Ils sont tombés sous les balles du terrible Saëtta. Ce ne sont point là des tragédies étonnantes. Dans chaque village corse, deux, quatre, six familles sont en état de vendetta. Pourquoi ?

Nous l'avons dit déjà. Pour un enfantillage souvent, pour l'honneur d'une femme quelquefois. Discussion à propos du partage des eaux ; à propos des dégâts qu'une chèvre causa dans les jardins ; paroles malheureuses entre joueurs de cartes ; galanteries mal accueillies par la jeune fille… Futilités ! La vendetta frappe les familles comme la foudre brûle les arbres, comme la vague retourne la barque. L'ouragan ne donne point de raisons à ses victimes. La vendetta en fournit, mais fallacieuses. Elle frappe ! Pourquoi cette maison plutôt que cette autre ? Les anciens disaient « fatalité » !

Zia Palma n'ira pas à la messe de minuit : mais elle se tourne vers sa petite-fille, la douce Vanina, et elle dit :

— Va, mon enfant, avec tes compagnes et prie pour le repos de leur âme.

De la magnifique famille qui est née de Zia Palma, Vanina seule reste. Voici trois peloni percés par la balle, et trois fusils qui n'ont pas su atteindre le meurtrier, et trois stylets. Un seul a connu la saveur du sang humain.

Le grand-père est mort, et le père et l'oncle, et la maman qui a été tuée par la douleur. La vieille a résisté parce qu'elle ne veut pas mourir avant d'être vengée. Vanina a résisté parce qu'elle était jeune. Et pourtant...

C'est elle qui porte la blessure la plus horrible. Le bandit que les paysans ont surnommé Saëtta, la foudre, l'invulnérable et prestigieux Saëtta fut autrefois, il y a deux ans à peine, l'enfant chéri de Zia Palma et de ses fils, le fiancé de la douce Vanina.

Un jour, le frère de Saëtta, pour une sotte querelle de jeu, provoqua l'oncle de Vanina. Un coup de poignard est si vite donné. Le frère de Saëtta mourut. Le meurtrier prit le maquis.

Alors le fiancé cracha sur le seuil de la maison où l'accueil lui avait été si affectueux. Il se soumit à la dure loi de vendetta. Venger son frère et anéantir tous les hommes de la famille du meurtrier, tel fut son dessein. Inéluctable, la loi tragique ne permet point qu'on la discute, ni qu'on l'interprète. Le sang appelle le sang, tout le sang des mâles.

Vanina ne se sent pas le courage de quitter sa grand-mère en cette nuit, partout ailleurs si joyeusement fêtée. Elle n'assistera point à la glorieuse Nativité ; mais Zia Palma insiste :

— Va, mon enfant, va prier avec tes compagnes.

Une des jeunes filles a parlé trop vite :

— Pas sans vous, Zia Palma, pas sans vous.

— Pourquoi ?

— Saëtta est dans le village.

Lourd silence ! Saëtta ! La vieille s'est levée.

Ses regards ont durement interrogé les armes des morts. Obéiront-elles à ses vieux bras, à ses yeux las d'avoir tant pleuré ?

— Qu'est-il venu faire ?

— Se venger une fois de plus. Chadone l'a, paraît-il, espionné. Il veut tuer Chadone.

Zia Palma ne dit plus rien. Elle a entouré de ses bras sa Vanina bien-aimée. Ses regards interrogent toujours les armes des morts.

Et les trois jeunes filles s'en vont par le village appeler leurs amies, afin que le chemin de l'église soit embelli par plus de voix ferventes.

Le village ne dormira point cette nuit. Les lampes des hommes échangent, avec les étoiles de la nuit divine, de tendres saluts... Nous avons conduit les rois jusqu'à l'étable... Nous éclairons les préparatifs des bonnes agapes familiales.

Groupe des jeunes gens. Groupe des jeunes filles. On ne se rejoint pas. Chacun suit sa route. Les voix alternent, graves ou aiguës, sous un ciel éclatant du vieil automne. Nuit de Noël sans neige. Bénédiction des pays que la Méditerranée enveloppe en sa tiède caresse.

Les jeunes gens par ici, les jeunes filles par là et, dans l'église, les deux groupes iront l'un à droite, l'autre à gauche. Les Corses n'admettent point ces jeux charmants qu'on nomme faire la cour, conter fleurette, badiner...

Zia Palma assise tient ses genoux dans ses mains jointes ; son émotion ne se manifeste que par le balancement lent de sa pauvre tête. Elle répète comme une litanie :

— Non, je n'irai pas à la messe ! Non, je n'irai pas à la messe ! Non, je n'irai pas à la messe !

Quel ressort l'a soudain dressée ?

Elle va vers les souvenirs sanglants et elle crie :

— J'aurai ma messe, ma messe à moi.

— Tiens, dit-elle en jetant un pelone à Vanina. Voici la Sainte-Table, dispose la nappe. Que la tâche de sang se voit bien surtout !

Elle élève un fusil et dit :

— L'ostensoir.

Elle tourne sur elle-même hébétée, cherche.

L'hostie manque. Ce devrait être le cœur du bandit. Elle ne manque pas toujours, et le vin sera son sang que je boirai.

Vanina grelotte. Les yeux au ciel elle murmure :

Seigneur, que votre pardon soit sur elle ! Soyez miséricordieux ! O Jésus ! nouveau-né, intercédez pour elle qui fut si bonne, si tendre, si maternelle !

Tout à coup la porte s'ouvre et une femme apparaît, au visage baigné de pleurs.

— Zia Palma, Zia Palma, ma fillette va mourir. Elle a le mauvais œil. Tout le monde est à la messe de minuit. Venez exorciser mon enfant, venez la sauver !

Zia Palma ramène aussitôt la faldetta sur ses yeux, interrompt son office sacrilège et part sans dire un mot. De la main elle a fait signe à Vanina de ne point la suivre.

Vanina est seule. Elle peut enfin pleurer. Le cœur de la pauvre enfant débordait. Comment pourrait-elle avouer à son aïeule qu'elle ne pleure point seulement sur les morts ? Vanina pleure sur elle-même. Elle pleure son bel amour supplicié.

Elle revoit son beau fiancé Antoniù, qui n'était pas encore le bandit Saëtta. Elle se rappelle les promenades en montagne, les jeux marins à la plage, les chevauchées dans les forêts majestueuses, et les retours embaumés par les anémones des bois et les cyclamens. Ils n'étaient jamais seuls, mais leurs âmes candides savaient que d'autres joies leur étaient promises, et leurs fiançailles étaient ardentes et douces.

Les cloches! À cette heure, chaque soir, il lui souhaitait la bonne nuit sur ce même seuil d'où elle regardait disparaître dans la nuit son beau fiancé, son Antoine aux larges épaules. Et la voix grave:

— Bonne nuit, ma Vanina!

Chaque soir... et comme ses yeux regardent vers le seuil, elle y aperçoit Saëtta le bandit qui fut son fiancé.

Il est là. Saëtta est devant la maison qu'il a affreusement saccagée. Il est là.

L'assassin! Le bien-aimé! Voici sa belle figure bronzée, son front haut, ses yeux vifs, ses lèvres rouges, et son harmonieuse stature, et il parle de sa belle voix grave.

— Vanina!

— Toi! Oh! Toi! Que voulez-vous? Que fais-tu ici?

— Je passe. Je n'ai pas voulu passer sans te voir. Où est ta grand-mère?

— Chez Norata... Elle a été exorciser la petite fille... Allez-vous-en! Allez vous-en!

— J'ai voulu te voir, Vanina, et te dire mon désespoir... et mon amour.

Il parle et, malgré elle, Vanina lui répond. Elle sent bien qu'elle a plus d'amour au cœur que de haine. Et lui... lui, il a tué parce que la loi est la loi et qu'on ne peut sans être lâche et félon ne point obéir à la loi de vendetta.

Les cloches! Leur chant couvre la montagne entière d'un manteau d'harmonie et de clémence. C'est l'heure de l'apaisement partout où la parole de l'Homme-Dieu a enseigné la calme splendeur du pardon.

Tout à l'heure, dans chaque maison autour de l'âtre, on contera les vieux souvenirs bibliques et les histoires des sorcières et des fées locales. On chantera cantiques, berceuses, nanni et lamenti. On réveillonnera. On a tué les porcs la semaine dernière. Les figatelli parfumeront la polenta lourde. On écrasera les châtaignes bouillies ou grillées d'un seul coup, là, sur le genou pour les avaler comme des galettes minuscules.

Ah ! beaux Noëls d'autrefois ! Beaux Noëls de leurs amours !

Elle dit :

— Va-t'en ! va-t'en ! Grand-mère va revenir…

Va-t'en, tu me fais horreur ! mais elle voudrait que ses yeux le pussent retenir par un magique pouvoir. Et ses yeux le retiennent. Il n'est plus sur le seuil. Il est dans la maison, près de l'âtre, et elle lui montre les sinistres apprêts.

— Vois sa messe, sa Sainte-Table et son ostensoir…

Alors il incline la tête pour jeter ce blasphème.

— Je ne crois plus à la vendetta.

Malheureux enfants ! Le temps ne respecte point votre atroce bonheur. Le temps ne connaît pas votre détresse. Saëtta est encore là lorsque Zia Palma rentre. Il est encore là, et elle a tellement pensé à sa messe qu'elle ne voit rien d'abord, rien que l'immobilité de sa petite-fille dont elle saisit le regard. Elle suit ce regard…

— Ah !

Lionne rugissante. L'ennemi ! L'ennemi est venu ! Hosannah ! Voici l'hostie ! Voici la chair ! Voici le sang ! Elle bondit vers lui le stylet levé.

Saëtta, l'invulnérable bandit, Saëtta dont la force et l'adresse sont partout admirées, dont le nom signifie la foudre, Saëtta n'a pas grand effort à faire pour arrêter le bras de Zia Palma. Le stylet tombe.

Zia Palma court au fusil. Saëtta n'a pas bougé. Elle le met en joue. Elle va tirer. Ah! bonté divine. L'assassin! Elle le tient là, à bout portant. Sa vengeance! Elle ne mourra point sans être vengée. Eh quoi! Que fait là Vanina?

Vanina s'est précipitée devant Saëtta. Et elle crie, elle hurle:

— Pas ici, grand'mère, pas chez nous!

— Retire-toi!

— Non! non! Il est chez toi, il y est venu librement: tu ne peux pas souiller ta maison par ce crime.

— Retire-toi! par le Christ!

C'est Saëtta qui, lui-même, déplace la bien-aimée pour s'offrir aux coups de Zia Palma. Il est prêt à mourir. Il se méprise. Il se hait. Il veut mourir. Vanina s'est effondrée.

La vieille vise toujours, mais l'arme tremble, le canon s'abaisse, le fusil lui échappe, et deux larmes coulent dans les rides du visage douloureux.

— Tu es chez moi! Tu es chez moi! Je ne puis te tuer. Je n'en ai pas le droit. Va-t-en; ma vengeance te poursuivra partout ailleurs.

Elle a ouvert la porte.

— Va-t-en! Va-t-en, maudit!

Soudain elle tend l'oreille, ramène violemment l'huis, pousse la barre de fermeture et laisse échapper:

— Les voltigeurs!

Saëtta ne frémit point. Il vérifie son fusil, passe son poignard dans sa manche.

Vanina dit: La fenêtre!

— Non, dit Zia Palma. Il pourrait se blesser. Qu'il entre dans ma chambre.

— Que signifie ?

Elle ne souffre pas qu'on discute, qu'on hésite.

— Entre, et tais-toi.

Il obéit. Les voltigeurs frappent. Elle ouvre aussitôt. Bavardages. Ils content qu'ils poursuivent l'Insaisissable. Ils craignaient qu'il ne fût venu dans cette maison pour commettre un nouveau crime. Le soupçon d'une complicité entre la vieille et son bourreau ne les effleure même pas. Ils s'en vont.

Elle rappelle Saëtta. Il apparaît, bouleversé par tant de sang-froid, par une si rare maîtrise de soi.

— Ô Zia Palma ! Votre générosité me punit plus que la mort ! Vous êtes sublime, ô Zia Palma !

Et la vieille parle. Elle parle longuement en appuyant sur les mots car elle veut qu'on ne se méprenne point sur les mots :

— Ne crois pas à de grands sentiments. La vendetta a fait de toi mon ennemi, d'autant plus haï que le destin t'a mieux protégé. Je ne pouvais chez moi ni te tuer, ni te livrer, mais ne te tiens pas quitte. Pars et garde-toi ! Si je ne t'ai pas livré aux gendarmes c'est, comprends-le bien, que tu n'appartiens pas à la justice de la société. Tu appartiens à ma vengeance. Va-t'en !

L'homme se retourne pour dire :

« Adieu, Vanina » et repart vers son asile, la montagne. Vanina a la force de dire, en montrant le chemin pris par les voltigeurs :

— Ils sont partis par là.

Sur les routes on entend des cantiques. Ils chantent l'allégresse et la foi chrétienne. La vieille s'agenouille devant les reliques, et Vanina sanglote, cependant que, devant la maison désolée, voix graves et voix aiguës montent :

Il est né, le divin enfant,

185

Chantez, hautbois, résonnez, musettes…

pharisaisme

En novembre et décembre 1931, une véritable armée, commandée par un général, a envahi et occupé la Corse. Rien à dire sur l'intention, puisqu'il s'agissait « d'épurer le maquis » de voyous qui rançonnaient, pillaient et assassinaient…

Des élèves du trop fameux Perfettini créateur de cette nouvelle école… Perfettini tué aussitôt par l'un de ses parents.

Il y avait donc cet été : Bartoli et Bornéa dans le Sartenais, l'un à Palneca, l'autre à Guitera.

Caviglioli dans la vallée de Cinnarca et sur les monts de Vico. Et Spada. Et Micaelli. Et Ettori. Et d'autres moins connus.

Lorsque le corps d'occupation débarqua, Caviglioli était déjà mort.

Bartoli aussi.

Caviglioli fut abattu par les gendarmes. Ne croyez pas (car les pages qui précèdent sont plus vraies que tous les textes officiels) que les gendarmes aient découvert et surpris Caviglioli. C'est lui-même qui les a conviés à la bataille rangée et attendus, jusqu'à ce qu'il vinssent, au col de Saint-Antoine, au-dessus de Vico. Il y est resté, la tête traversée d'une balle. S'il n'avait pas recherché la bataille, il courrait encore, comme ont couru ses guides : Torre et Caviglioli jeune.

Le maquis cache et protège ses hommes.

Bartoli a été tué par un ennemi personnel qui avait assez romanesquement monté son affaire. L'auto, la femme fatale : la vamp des films américains, le fusil dernier modèle, les billets de mille…

Bornéa se garde.

Spada se garde.

Je dirai plus et mieux, car je vis là-bas malgré moi : Bornéa et Spada contemplent ces immenses mouvements de troupe, et ils en rient.

Ceux qui ont lu sans idée préconçue les études qui précèdent ne seront pas étonnés. Les autres demeureront incrédules. Certains enfin m'injurieront et au besoin souhaiteront de me voir emprisonné, arrêté comme on arrêta en Corse quelque cent cinquante personnes soupçonnées, prévenues ou accusées de complicité, d'association de malfaiteurs (holà !), de recel, que sais-je ? Des femmes, des adolescents, des bébés.

Un pharisaïsme assez inattendu vient, d'autre part, de se manifester.

Savez-vous pourquoi le tigre est cruel ? parce que M. de Buffon en a dénoncé la cruauté.

Pourquoi trouve-t-on en Corse des bandits et des malfaiteurs de droit commun ? Parce que des écrivains ont tiré du maquis et de ses hôtes, des sujets d'études ou des œuvres d'imagination. On ne saurait dégager d'autre conclusion des sottises qui nous arrivent à propos de cette expédition punitive sur la responsabilité des « littérateurs » dans les brigandages commis par Perfettini, Bartoli ou Bornea.

De tous les médecins dressés au chevet de notre pauvre île, de mitrailleuses et non de seringues armés, il n'en est guère en effet qui n'aient accusé la littérature d'être une des causes principales du banditisme. L'offensive des gardes mobiles est encouragée du geste et de la voix par le garde national Joseph Prudhomme, et, si l'on y consentait, il faudrait d'abord massacrer les reporters, les romanciers et auteurs dramatiques.

Gavroche chantait une bien jolie chanson :

Je suis tombé par terre,
C'est la faute à Voltaire…

S'il y a des bandits en Corse, prenez vous-en à Mérimée, Alexandre Dumas, Guy de Maupassant, Jean Lorrain, Alphonse Daudet, J.-A. Nau, pour les morts ; et, pour les vivants, à J.-B. Marcaggi, Charles Méré, Pierre Dominique, Henri Pierhome, Lorenzi de Bradi, Jane Catulle-Mendès ; à votre serviteur par-dessus le marché, qui a baptisé les hors-la-loi : les Rois du Maquis.

Dans tous les pays du monde, l'esclave, le mercenaire, le voleur de femmes, le flibustier, l'apache, le gangster, le vampire, l'éventreur, le cambrioleur, monte-en-l'air en espadrilles ou gentlemen, ont garni des milliers de mètres de bibliothèques. Quelques auteurs, négligeables sans doute, ont même tenté de comprendre, de justifier, de réhabiliter ces misérables humanités, de trouver des circonstances atténuantes, d'établir la part de l'atavisme, de la fatalité, de la passion, de la mauvaise chance. Homère le premier s'est soucié de ces contingences et, après lui, tous ceux — ou à peu près — qui ont étudié nos monstres, des tragiques grecs à Shakespeare, de Rabelais à Victor Hugo.

Or parce qu'une ou deux douzaines d'ouvrages seulement de l'inépuisable catalogue sont consacrés au monstre corse, à l'âpreté du terroir qui le nourrit, à la rudesse des éducateurs qui le forment, à la rigidité des principes qui le gouvernent, il paraît que le banditisme est en recrudescence et la Corse déshonorée. Il n'y a pas, vous entendez bien, d'autre cause essentielle. La République de Gênes et la Compagnie de Saint-Georges marchandes d'acquittements, des siècles durant, n'y sont pour rien ; ni le maquis, ni les progrès de la blistique ; ni les ignobles compélitions électorales ; ni la guerre de quatre ans ; ni la négligence de la Métropole.

Non, vous dis-je, le banditisme n'apprécie qu'un engrais : la littérature. Veut-on le faire grandir : qu'on l'arrose d'encre d'imprimerie.

Les pharisiens, en vérité, n'ont jamais rien trouvé de plus savoureux ou, si l'on préfère, de plus méprisable. C'est d'un grotesque achevé. Cela ne mérite pas l'honneur d'une réplique. On ne se donnera donc pas la peine de défendre ici les droits de l'écrivain. Que Colomba soit un personnage réel ou imaginé, ou tout ensemble réel et habillé par l'imagination, Mérimée a fait selon son bon plaisir, et la vraie Colomba par la grâce de son talent, c'est la sienne. Les Corses seuls peuvent en discuter, non les continentaux. La vraie Carmen aussi pour tous ceux qui ne sont pas nés Sévillans. Cyrano de Bergerac est Gascon parce qu'Edmond Rostand en a fait un Gascon, et revenir sur sa naissance et sa formation authentiques est insupportable aux spectateurs qui ne se piquent point d'érudition. On rappelle ici que la Corse s'est d'abord et longtemps montrée enchantée du prestige spécial que lui valait Mérimée. Ce qu'on rappelle aussi, c'est que bouder ou récriminer, dans ce domaine — c'est afficher un pharisaïsme honteux.

« Par la faute à Voltaire ou la faute à Rousseau », la France s'est engagée dans une expédition dont la seule excuse eût été un succès immédiat et éclatant. Pour l'instant va-t'en voir si les bandits viennent...

On n'a encore rencontré aucun de ceux que l'on cherche. Ou bien ils ont fixé des rendez-vous et se sont battus jusqu'à la mort (Caviglioli), ou bien ils ont été tués par des civils : Romanetti, Perfettini, Bartoli ; ou bien ils se sont rendus : Santoni, Rossi, Caviglioli jeune.

Le maquis, malgré l'ardeur des troupes, n'a encore livré aucun bandit.

Je ne veux pas savoir qui a mis le pied sur le démarreur des tanks, mais celui-là, s'il avait lu les auteurs morts ou vifs qu'on voudrait aujourd'hui accabler sous la rancune corse et métropolitaine, il aurait cherché — et trouvé ! — une solution moins scabreuse, moins désobligeante, plus sûre. À notre tour maintenant de dénoncer la confusion dont est victime la Corse. On a dangereusement confondu le mal hérité et la perversion acquise.

Le bandit est un produit ethnique. Le voyou est un produit d'importation. Toutes les protestations et criailleries du monde ne peuvent rien contre un état de fait aussi frappant.

Le banditisme est une douloureuse excroissance congénitale dont les racines plongent dans les siècles passés et ont été abondamment abreuvées de sang. Lorsque la justice de la société était défaillante, le sentiment corse de la vengeance s'exaspérait. Si la justice avait régné sur l'Île, le banditisme aurait agonisé. Or, du temps de Gênes, la balance de Thémis ne pesait que l'or des parties et penchait en faveur de la plus offrante. De là vient que la vendetta acquit un caractère sacré. Les bandits étaient bien — d'aucuns le sont encore — des victimes de leur hérédité. Je dis, j'ai écrit, je tiens pour valable encore que tout Corse de pur sang, élevé dans l'île, s'il n'a pas tué, c'est que le ciel l'a protégé. Placé dans des circonstances analogues, il aurait agi comme agirent ses frères de race. Ils ont ça dans la peau, de réagir sans mesure à l'injure ou aux coups ! Comme, de surcroît, ils sont souvent armés...

Ce banditisme-là, c'est une malaria. La sauvagerie des amis, successeurs et émules de Perfettini, c'est de la perversion. D'une part, le paludéen. De l'autre, le brigand vénal. Un paludéen, on le soigne ; un trafiquant de drogues, un marchand de chair humaine, on le punit. Comment a-t-on pu assimiler la brutale spontanéité du Corse aux basses convoitises des assassins que le Continent nous a renvoyés, après les avoir pervertis ?

Ignorance et stupidité.

Les écrivains, eux, ne se sont jamais trompés. Ils n'ont jamais exalté l'une ni l'autre forme de banditisme. Les uns ont dit ce qu'ils ont vu ; les autres ont laissé leur imagination vagabonder dans le maquis. Tous ont plaint la Corse d'être soumise à la sanglante loi de vendetta. Aucun n'a fait l'apologie du meurtrier cupide et sans honneur. Qu'ils n'aient sollicité l'autorisation de personne pour écrire ce qu'ils pensaient, c'est normal, logique, équitable, et les clameurs de pharisiens ne les peuvent troubler.

Ce qui les trouble est plus grave : si on les avait écoutés, on aurait mieux connu cette étonnante race, on aurait compris qu'il ne faut pas rire avec la vendetta ; on n'aurait pas empli les prisons de gens qui par inclination héréditaire ne seront habités désormais que par une curiosité et un espoir :

— Qui m'a dénoncé ?

— Je me vengerai.

Ou je ne connais rien de mon pays, ou la bêtise des pharisiens et l'aveuglement des pouvoirs publics sont en train d'y préparer d'interminables hécatombes… et d'innombrables bandits.

MAURICE PRIVAT

Bandits corses

(1935)

seul un Corse…

Seule une balle corse peut tuer un bandit. C'est un proverbe. Il se complète par cette remarque : seul un Corse peut comprendre l'île de Beauté.

Pourtant Prosper Mérimée… Nous avons voulu saisir le banditisme dans ses racines en nous familiarisant avec l'histoire et les mœurs de cet adorable pays. Ah ! le beau voyage !

On trouvera ici, avec le parfum du maquis, le portrait, les exploits de ceux qui ont nécessité une expédition tapageuse. Nous voudrions, en résumant nos observations, faire aimer, non les actes de ceux que l'on a dû traquer, mais la noblesse des insulaires, qui s'exprime par ce mot, l'honneur. On verra que l'esprit féodal s'est maintenu dans ces régions sublimes. Les professeurs tentent d'expliquer le Moyen-Âge : il est vivant en Corse, prêt à narguer l'ordre du XXᵉ siècle.

Peut-être aurais-je hésité à me rendre à Ajaccio et dans la splendide Cinarca, sur la trace de Romanetti et Spada, ou à Olmetto, pour retrouver le souvenir de Colomba, si j'avais connu l'érudit J.-B. Marcaggi, savant et curieux homme, plus capable que quiconque d'écrire l'histoire du banditisme en le montrant sous un jour lumineux. Je le remercie d'avoir mis son expérience à ma disposition et je suis touché d'avoir eu sa confiance. Que mes amis d'Ajaccio, de Saint-André d'Orcino et de tant de villages où l'on voudrait pouvoir terminer ses jours, si l'on devait n'être pas entraîné dans les querelles locales, trouvent ici le témoignage de mon affectueuse reconnaissance. Grâce à leurs confidences, qui ont complété les documents d'archives, j'ai tenté d'écrire, sans la trahir, sur la Corse éternelle, qui produit des hommes et de la grandeur.

Il n'y a rien de médiocre dans ce pays où palpite la flamme des anciens dieux, Ses mœurs vénérables, le tragique qui la baigne, l'esprit qui l'inspire mériteraient de longues études. Nous voudrions donner le goût de les compléter. La visite de la Corse trouble l'imagination et le cœur. Il n'est pas de promenade plus enivrante et charmeuse, car elle montre la force des races qui persistent dans le tumulte des passions, qui se prolongeront quand les bandits ne seront plus qu'une légende.

Allons en Corse car les temps bibliques ne sont pas révolus. Nous conclurons ensuite, si vous voulez.

I

l'âme corse

Si l'on examine les documents judiciaires consacrés aux derniers bandits qui ont illustré le maquis, les Perfettini, Bartoli, Spada, on ne voit qu'assassinats, sanglants meurtres de gendarmes, et, pour quatre de ces héros forcenés, de tragiques chantages. En les suivant dans leur existence, nous verrons comment les bandits sont devenus brigands. Mais ils sont un produit des mœurs. Mœurs hautaines et intraitables dont la grandeur nous confond. La

Corse en est restée au wergeld du vieux droit germanique, à la dia des Berbères.

Pour les Wisigoths et les Burgondes, tout membre de la famille, de la tribu tué devait être racheté par la mort de l'assassin ou de l'un des siens. Le père, le frère, le fils valaient le criminel. Les autres degrés de parenté étaient discutés. Deux cousins du groupe adverse compensaient le fils, mais seul le sang payait le sang. Les femmes n'intervenaient pas dans la vengeance. Pour une, attirée dans un guet-apens, une autre était offerte ou capturée. Un principe dominait cette justice sommaire : nul n'a le droit d'intervenir dans la douleur d'une maison et d'en fixer le prix. Son chef, seul, ordonne le châtiment et en assume les périls. Le wergeld, défini dans le traité de Verdun, remplaça par un tribut d'argent la nécessité du meurtre. Il établit un tarif, variable avec la qualité des victimes. L'effritement de la famille, la fusion des classes sociales précipitèrent le recours à la loi... et le marchandage.

Dans la Bible, nous trouvons la loi du sang. La vengeance, chez les anciens Israélites, incombait au plus proche de la victime. Avant l'Exode, les justiciers ne faisaient pas de différence entre parents proches ou éloignés. Aujourd'hui encore, l'implacable malédiction qui exige vie pour vie atteint les familles jusqu'au quatrième degré. Des tribus ne tiennent pas à limiter leur ivresse. Il en était ainsi chez les Bédouins : Imr oul Kafi, après le meurtre de son père, ayant fait vœu de tuer cent hommes de Banou Asad-Amr, fit périr cent prétendus responsables pour équilibrer la mort accidentelle de son fils. Chez les Kabyles, toute victime exige la vendetta. C'est la rokba, l'os : la femme y participe.

Si l'Occident, si les Juifs ont renoncé à la loi du sang, nous la trouvons intacte chez les Berbères, avec les adoucissements de l'ayana, le pardon, qui n'est pas ignoré de la Corse. L'ayana permet à celui que la dure rokba poursuit de sauver sa vie. On ne saurait la refuser à qui l'implore : les lois de l'honneur l'interdisent. Les parents du défunt remettent à celui qui devait tomber sous leurs coups, un objet, connu des parents, des amis, de la tribu originelle ou alliée, ayant appartenu à sa victime. Avec ce sauf-conduit, il circulera en paix.

Un Kabyle avait tué un voisin. La veuve guetta son ennemi dans la brousse. Elle le découvrit dans une grotte, qu'avec ses parents, elle cerna. Tous assaillirent l'assassin à coups de matraque. À demi assommé, il réclama l'ayana en saisissant le pied de la vengeresse. Les bâtons cessèrent de le marteler. Comme signe de reconnaissance, la babouche qu'il tenait fut accordée au meurtrier. Il partit avec ce talisman brinquebalant sur sa poitrine.

Comment la Corse chrétienne est-elle restée en dehors des mœurs de l'Europe ? Son insularité lui a-t-elle évité le brassage auquel furent soumis les peuples inféodés au wergeld ? En partie seulement. Faut-il incriminer l'administration génoise, faisant argent de tout et protégeant l'assassin, s'il pouvait payer, l'autorisant, tacitement, à exercer ses vengeances ? Les historiens l'affirment. Mais la Sérénissime République n'aurait pu qu'imposer la cristallisation des usages, par ses gabegies. Il faut chercher plus loin. La vendetta, en Corse, est à la base de la famille, du sens de l'honneur qui est sa marque. C'est le seul lien qui la rattache aux religions perdues.

Qu'est cette forte race ? Dans l'hydravion qui m'amenait à Ajaccio, éventé par les palmes, je pensais trouver, dans les montagnes, le souvenir des Étrusques. Lors de la conquête romaine, pensais-je, ils ont dû transporter leurs lares et leurs dieux dans ces vallées augustes. Ceux qui firent Rome, ingénieurs et hydrauliciens, marins redoutables, corsaires, à la religion sombre comme la mort, qui ornait leurs fontaines de la tête de Méduse dardant ses serpents ainsi que des menaces, ne s'étaient-ils pas réfugiés dans ces montagnes parfumées ?

Sans doute, les dialectes corses sont du toscan pur, mais l'Etrurie est indiscernable dans ces groupes variés. Au contraire, les Berbères y sont aussi vivaces que dans le Maghreb. Pourtant, que de races se sont affrontées sur cette terre âpre. Il y a des Sarrasins à Guagno : bronzés, front bombé, quelques poils au menton, lèvres épaisses ; des Phéniciens à Porto-Vecchio ; des Maures à Campo : cheveux crépus, négroïdes ; des blonds aux yeux bleus dans le Niolo ; des Génois et des Livournais à Bastia, des Puniques au Cap Corse : ils sont marins et commerçants, ce qui est exceptionnel dans l'île ; des Génois à Bonifacio et Calvi, des Grecs à Cargèse, dont les chefs sont les Stefanopoli Commène, descendants des derniers empereurs de Byzance.

Les Berbères ont prévalu. ils donnent à la Corse son originalité, son caractère. Ils portent encore le pelone, analogue au burnous, et les Corses se parèrent du turban jusqu'au XVIIIᵉ siècle, le turban qui n'est pas islamique : l'empereur Darius le portait à la bataille d'Arbelles, qui donna l'Asie à Alexandre-le-Grand.

Les Corses s'assoient le dos appuyé contre le mur. Les Berbères de même, tandis que les Arabes ont les jambes repliées en tailleur. Cent mots usuels disent une origine commune, citons la cruche, la jerra en corse, la djerra en berbère. L'air du chant kabyle et celui des Corses sont identiques. Quand les Corses enterrent un mort, dans la montagne, les parents, les amis, à tour de rôle, le portent sur l'épaule comme au Maghreb. La veillée mortuaire est identique et les conversations s'échangent autour du cercueil, comme si le défunt était vivant. À minuit, ou mange devant lui, des deux côtés de la Méditerranée. Les veuves font le simulacre de se jeter dans la fosse et s'égratignent le visage chez les deux peuples. Aux mariages, on lance ici du riz et du blé là-bas. Aux enterrements, on se lamente de même et les vociférations inspirées, sur les mêmes notes, disent les vertus du défunt et exaltent la vengeance. En Corse, quand le cadavre est emporté, on jette un pain derrière lui, on renverse la table, autour de laquelle les siens s'unissaient. Chez les Berbères, on jette aussi, de la maison en deuil, une galette ronde.

Un Corse chante : il appuie son menton et sa joue sur sa main gauche, comme l'Andalou, comme le Berbère. Les uns et les autres ont une ceinture de laine.

La femme, en Corse, préside à la vendetta. Elle en est la muse pathétique. Qu'une bagarre éclate, si une femme crie, les fusils partent tout seuls. Chez les Berbères, la femme excite à la vengeance. À Balogna on avait arrêté un bandit. Sa belle-sœur s'écria : « Si j'étais homme, Balogna serait aujourd'hui brûlée ». Au Maroc, une tribu s'étant soumise, les guerriers furent reçus avec mépris : « Si nous étions des mâles, crièrent les épouses, nous ferions la guerre et refuserions d'être des lâches ! »

En Corse, l'ancêtre ordonne, dirige, commande comme dans les tribus berbères l'ancien, même sans intelligence, est le chef incontesté.

On pourrait poursuivre le parallèle : il paraîtrait plus saisissant dans les mœurs électorales. Insistons sur l'identité de l'hospitalité corse et de celle des nomades. Les services de renseignements qui relient les déserts, les territoires et les tribus, avec des moyens modestes et déconcertants, sont une des merveilles de l'intelligence, de l'organisation françaises. Ils conseillent aux touristes qui ne se sentiraient pas en sécurité, de se confier au premier campement rencontré : ils seront désormais sous la garde vigilante de la famille. En Corse, le meurtrier lui-même, guetté par la vendetta, ne sera pas livré chez ceux qui veulent sa vie. Refuser à manger et à boire au visiteur, eût-il les mains ensanglantées, serait vil.

L'esprit berbère a mis son emprise sur la Corse, a modelé les âmes par la famille, unité sociale de cette admirable et tumultueuse région.

Elle est dépendante et d'un relief étonnant. M. Eugène Faggianelli, à Saint-André-d'Orcino, nous contait que ses parents avaient trois feux dans la même pièce. Trois crémaillères, trois popotes. Ils vivaient réunis : cependant la fumée qui s'envolait sur le plafond en lattes, séchant les châtaignes, rendant plus odorants et savoureux le jambon et le lonzo, auréolaient des plats différents. Chaque fils ou neveu avait sa cuisine et sa table dans le vaste immeuble où le vent gémissait. Ainsi, même dans la communauté, chacun gardait sa liberté, en restant, néanmoins, farouchement solidaires. Le foyer était construit au milieu de la salle commune : l'on ne se tourmentait pas d'être emboucané par ses vapeurs.

Le voyageur est frappé par le nombre des grandes maisons, solides, à trois étages et plus. Elles sont édifiées pour les enfants, les petits-enfants, les neveux, les cousins. Ils se les partagent. Ils y retournent, sûrs d'un fraternel accueil. La maison est leur raison d'être. Détruite, elle est rebâtie, autant que possible avec les mêmes matériaux. Il est interdit de la vendre. Seuls, les garçons en peuvent hériter à moins que la famille ne soit sans mâle. Elle est conservée dans l'indivision : des pièces restant communes. Le plus grand terme de mépris : il a vendu la maison de son père.

La famille se compte par fusils, c'est-à-dire par les hommes, et jusqu'au quatrième degré. Elle est sévère, dominatrice, encadrant les rejetons de la naissance à la mort. Ils en sont issus pour le bien et le mal. Les ancêtres y sont représentés, non par des photographies, des images, des écrits, mais par des armes et les tombes proches, d'où les morts veillent sur les vivants. Tout acte qui leur déplairait les ferait gémir dans l'autre monde.

La croyance aux revenants est générale. Le culte de la mort est si profond qu'il aimante les âmes. Des hommes continuent les vieux rites d'avant le christianisme. Ces croyants, qu'on dit être des mal baptisés, lisent l'avenir sur les omoplates d'agneau ou de mouton, ainsi que les devins au marché de Meknès. Ils content leurs rêves, comment, chassant le sanglier, ils l'ont étendu dans les buissons et, s'approchant pour l'emporter, ont reconnu, dans la bête grognante, un voisin, condamné à une fin prochaine. Ils assistent, aussi, dans leur sommeil, à des cérémonies funéraires qu'ils décrivent, annonçant à qui seront consacrés les prochains lamenti. Un destin tragique plane sur la maison qu'ils ont reconnue. Nous verrons que, parmi les femmes, se dressent des prêtresses inspirées qui ressuscitent les chants homériques.

Vêtues de noir, les paysannes portent le costume des vieilles du Languedoc et de la Gascogne. Leur devoir, autrefois, était d'aimer leur frère plus que leur époux. Je puis trouver un mari, je ne pourrai retrouver un frère, dit un proverbe. Le sang les sacre. Elles ne mangent pas à table, mais sont maîtresses au foyer, entourées de respect et d'affection. Les familles se déchirent pour elles. Elles sont puissantes par les fusils qui les entourent. Une jeune fille du Nord de l'île avait eu ses cinq frères sacrifiés par la vendetta. Elle pleurait, dans un terrible vocero :

« J'étais la seule femme au foyer, mes cinq frères étaient non seulement mes soutiens, mais à ma disposition, forts et fiers. Ah ! maintenant, je n'ai plus le droit de parler ».

Nul ne pourrait imposer ses droits. Elle n'était plus qu'une ombre attristée, une Erinnye s'efforçant de susciter des vengeurs, prête, elle-même, à prendre le maquis. Car il y eut de nombreuses femmes-bandits.

Nous verrons comment le clan, la faction prolongent la famille, lui imposent une société démocratique, toute à tous, enchevêtrés, où le sentiment de la justice est aussi impérieux que surprenant. Cette famille, unie comme les doigts de la main, extraordinairement active, où tout acte est collectif, comme est collective la responsabilité, est soumise à une autorité patriarcale. Les courants modernes tendent à la dissocier mais, au pays, elle retrouve sa vigueur. Un Corse n'y est pas un individu isolé, c'est un groupe qui subit des lois imprescriptibles. Pietri, le préfet de police du Coup d'État, peupla la police de Corses après le 2 décembre. C'était un homme à poigne. Il se retira à Sartène. Des bandits ayant appris qu'il avait reçu deux mille francs par lettre chargée, se présentèrent chez lui et les exigèrent. Ils ne purent obtenir que trois cents francs : on les assura que l'enveloppe ne contenait pas davantage. François Pietri se garda de porter plainte et transporta ses pénates à Ajaccio où il se sentait beaucoup plus en sécurité. Sur le continent, il se serait rebellé. Chez lui, il se tut, oubliant cette avanie. La Corse lui imposait son joug.

Un Corse n'oublie jamais un affront, d'ailleurs. L'honneur l'exige : il ne se lave que dans le sang. La vengeance est un plat qui se mange froid. Les haines se recuisent, les rancunes deviennent brûlantes. Dans ces maisons fermées, d'où aucun bruit ne filtre au dehors, tant les murs sont épais, les souvenirs sont évoqués. Le père, la maman disent tout devant les enfants, tenus par cette menace du chef : « Si jamais j'apprends que tu parles… » que tu parles de ce qui est évoqué auprès de l'âtre charbonneux… Dans un hameau, un conseiller municipal vota avec les siens contre un candidat présenté par son parti, trahison d'après la coutume. Dix ans avant, cet ami lui avait reproché de critiquer son cousin. Sa leçon, peut-être maladroite, n'ayant pas été digérée, il le témoigna à la première occasion avec une violence que seul un Corse peut sentir. Que de vendette, qui paraissaient sans cause, ou fondées sur une futilité, furent dues à une aigreur, longuement remâchée, explosant soudain. La mort d'un chien, le vol d'une poule, le passage d'un troupeau dans un champ, une médisance, accumulent des haines qui, à l'occasion, sont portées au rouge-blanc. Tout drame a de profondes racines qui font éclater le cœur. D'autant que la vie humaine, pour le Corse, se donne ou se prend avec libéralité.

Le grand-père du comte André Pozzo di Borgo, rival de Napoléon, avait eu, au début, du XVIIIᵉ siècle, une discussion avec un parent, Benielli, qui le souffleta. Calme, il dit, reculant d'un pas :

— Benielli, je te tuerai.

Il s'en fut chez lui, prit le mousquet, et, un matin, il se rendit chez son agresseur. Ne le trouvant pas, il lui laissa cet avis : « J'étais venu pour tenir ma promesse. »

La belle place du Diamant, au bord du golfe d'Ajaccio, où l'on devise en prenant le soleil, l'hiver, sous l'ombre des platanes, l'été, était alors un terrain vague entouré de collines. Les joueurs de boules s'y rassemblaient. Benielli étant l'un des meilleurs, son jugement était sollicité. Il arbitrait les coups difficiles. Pozzo surveillait le tournoi. Ayant reconnu son parent, il pria un berger de lui prêter son pelone, et guetta, dissimulé dans les buissons. Il fallait, pour qu'il ne blessât aucun spectateur, que Benielli sortît du groupe. Comme celui-ci mesurait une partie disputée, Pozzo di Borgo l'ajusta et l'étendit, raide.

Il se rendit à Alata, chez lui : la justice génoise l'abandonna à ses remords. Deux ans s'écoulèrent. Un franciscain vint prêcher une mission dans le village du meurtrier. La comtesse appela son fils :

— Mon enfant, j'aimerais que vous assistiez à cette cérémonie.

— Bien, ma mère, répondit-il, respectueux.

Il suivit la retraite. Comme elle allait se terminer, Madame Pozzo di Borgo recommanda à son fils :

— Vous me feriez plaisir si vous alliez vous confesser.

— Volontiers, mère, répondit-il.

Le voilà battant sa coulpe. Il rentre, rasséréné et prend le repas du soir. Soudain, il s'inquiète et déclare :

— Il faut que je retourne à l'église.

— Pourquoi donc ?

— J'ai oublié de dire au révérend père que j'avais tué Benielli.

Son acte lui semblait si naturel... Comment s'étonner qu'on ait pu voir, il y a quarante ans, à l'entrée des villages, des arrêtés, tels que celui-ci, pris par un maire des montagnes :

« ARTICLE PREMIER — Il est formellement interdit de porter des armes sur le territoire de la commune de Levie.

« ARTICLE 2 — Exception est faite pour les personnes notoirement en état d'inimitié. »

Celles-ci pouvaient se canarder sous l'œil serein des autorités. C'était le jeu. Il est arrivé à deux groupes en vendetta de se tendre réciproquement des embuscades jusque dans une cour de gendarmerie, ce qui paraît un comble.

Quand un Corse outragé veut assurer sa vengeance, il prend le maquis. Il devient chasseur d'homme. Il rôde autour de l'ennemi. Il l'encercle de sa silencieuse menace. Il choisit sa victime : le fils le plus beau, celui qui suscite le plus d'espérances. Il l'attire dans un guet-apens et devient bandit. Il ne se livrera à la justice que si des amis ont fait signer un accord à la famille de sa victime, accord fragile, souvent rompu. Car le jury de Bastia acquittait les meurtriers pourvus de ce viatique. Si les gendarmes se lancent à sa poursuite, il ne les cherchera pas, mais défendra sa liberté. Ravitaillé par les siens, il errera, trouvant asile chez ses amis, dans le clan. Pour gagner sa vie, il assurera des besognes d'intendant, surveillera l'exploitation des forêts. Il sera berger ; si on le cherche, ses camarades l'avertiront. Il devra, cependant, se garder de l'eau qu'il boit, du pain qu'il mange comme de la balle assassine. Des bandits sont morts empoisonnés. Le célèbre Théodore Poli fut victime d'une pomme imprégnée de cyanure de potassium : les gendarmes ne fusillèrent que son cadavre. Tué huit heures après, sa mort par les gendarmes est devenu refrain. Mais le bandit pourra, avec de la chance et de l'audace, devenir prince du maquis.

La vendetta prend parfois des formes prodigieuses. Car elle ne s'exerce pas seulement avec les armes. Le duel que se livrèrent deux Corses, Napoléon et le Comte André Pozzo di Borgo, dans l'Europe en flammes, le démontre singulièrement. Il est digne de l'épopée. Le voici.

Pascal Paoli, André Pozzo di Borgo et son cousin, Mario Peraldi, dont le fils devait mourir, à Trafalgar, aux côtés de Nelson, avaient été élus députés de la Constituante. Lucien Bonaparte, futur Président des Cinq-Cents, présidait avec Saliceti, ami de Robespierre, la section des Jacobins à Ajaccio. En 1792, des élections eurent lieu en Corse pour la

nomination des colonels de la Garde Nationale. Le lieutenant d'artillerie Bonaparte se présenta. Les candidats en
présence étaient Mathieu Pozzo di Borgo et Jean Peraldi,
frères des députés. Contre ce clan, Quenza avait fait alliance
avec Bonaparte.

Les Pozzo considéraient les Bonaparte comme leurs
clients. Ils étaient donc outrés qu'un membre de cette famille rivalisât avec eux. Pour s'assurer la majorité, les Bonaparte chambrèrent deux des délégués et séquestrèrent le
troisième, Murati, que Jean Peraldi, il est vrai, avait acca-
paré à son arrivée. Comme Mathieu Pozzo di Borgo se plaignait à la tribune de cette agression, il fut saisi à bras le
corps et expulsé de la salle. Bonaparte n'eut plus qu'à se
proclamer élu. Ses amis se distribuèrent les grades, suivant
la loi du clan.

Cette injure parut inacceptable à André Pozzo di Borgo,
chef de la famille brutalisée. Il battit froid à Bonaparte. En
1794, se promenant sur les quais, il montra une grammaire
anglaise à un ami :

— C'est le moment d'apprendre l'anglais, observa-t-il.

En 1796, lorsque l'astre du vainqueur de l'armée d'Italie commença à flamboyer, il se rendit à Londres, auprès de
Paoli. Il y reçut, comme Paoli et son cousin Mario Peraldi,
une pension de huit cents livres, équivalant à deux cent
mille francs d'aujourd'hui. Dès lors, il fatigua les cours et
les chancelleries d'Europe pour les dresser contre son heureux rival. Il prépara les coalitions qui empêchèrent l'Empereur d'envahir l'Angleterre. Il devint persona grata auprès du tsar Alexandre. En 1812, lorsque la Grande Armée
envahit la Russie, le comte Pozzo di Borgo conseilla l'incendie de Moscou et ranima les énergies des souverains
pour abattre Napoléon. Le fils de la Révolution agissait par
l'épée, son adversaire par la diplomatie. Celui-ci triompha

et fut envoyé, après le retour des Bourbons, comme ambassadeur extraordinaire de Russie à Paris. Ainsi, deux Corses, intelligences subtiles et vigoureuses, avaient mené une majestueuse et terrifiante partie d'échecs dont les peuples servaient d'enjeu.

Les Pozzo di Borgo, revenus en Corse, toujours hostiles aux Bonaparte, dominèrent l'île natale sous la Restauration. En 1871, après la destruction du château impérial de Saint-Cloud, occupé par les Prussiens, l'incendie des Tuileries sous la commune, ils achetèrent les pierres des Tuileries, les grilles du château. Ils les firent numéroter, transporter en Corse, créèrent un chemin et bâtirent au-dessus d'Ajaccio, avec les matériaux du palais où vécut la famille abhorrée, un castel rappelant les Tuileries. Ils l'édifièrent sur la montagne qui domine le golfe d'Ajaccio pour qu'il régnât sur l'aire de l'Aigle.

Dans le grand salon, ils placèrent, sur un panneau, un Napoléon de David, le représentant vieilli, las et, lui faisant équilibre, un magnifique André Pozzo di Borgo, altier, rayonnant, souriant, fleuri, magnifique, dû à Gérard, rival de David. Ayant fini par l'emporter, ils le proclamaient au monde. La vendetta était consommée. En trois-quarts de siècle, l'ennemi avait été écrasé.

Ceux qui savent détester avec cette furie déroutent l'imagination. Mais quels hommes ! Race de dominateurs qu'aucune situation, si haute soit-elle, n'étonne. Elle se sait faite pour commander, n'accepte une discipline que pour l'imposer à son tour. Elle est fière et libre. Les Romains assuraient déjà que les Corses étaient de mauvais esclaves, incapables de subir les travaux serviles.

Aussi les bandits corses, nés de ce peuple aux passions bouillonnantes, sont-ils une curiosité. Ils nous permettent de saisir comment vécurent dans notre France les peuples des montagnes.

II
la légende du banditisme

Ailleurs, les enfants jouent au gendarme et au voleur. Dans la Cinarca, le Fiumorbo ou le Niolo, splendeurs de l'île de Beauté, ils s'amusent au bandit. Les postes de gendarmes n'y sont pas recherchés et, pour obtenir des volontaires, il faut les allécher avec du galon. D'instinct, l'indigène subit le charme du bandit. Dès que les bambins s'éloignent de leur berceau, ils voient des croix au bord des chemins : elles marquent la place où des hommes tombèrent. Autrefois, comme chez les Hébreux, les passants devaient jeter sur ces tombes un caillou, une motte de terre, un morceau de bois. Aux veillées, dans les villages où l'on s'éclaire encore au pétrole ou avec des torches de bois résineux, le bois gras, récolté dans la forêt voisine, l'histoire des bandits fait frissonner les gamins. Quelle famille n'en a pas connu, n'en a possédé parmi les siens ?

Avec le temps leur physionomie s'idéalise. On oublie leurs exactions ou leurs interventions pratiques qui ne furent pas exceptionnelles. On ne veut connaître que le défi lancé aux dieux, les actes d'amitié qu'ils accomplirent. Des poètes les chantent. Les bons compagnons, au cabaret, improvisent des lamenti en leur honneur.

Car le Corse est poète autant qu'orateur. Il n'a pas d'art rustique. Son mobilier est sans caractère. Il n'a pas d'architecture, mais est éloquent et a la tête épique. Des paysans, ne sachant ni lire ni écrire, citaient des pages entières du Tasse et de Metastase, apprises à l'oreille, discutaient les formes poétiques comme des académies, multipliant les exemples, démontrant que la culture n'est pas l'apanage des clercs. Joseph Anglade, maître du romanisme, nous contait que son grand-père, languedocien illettré, composait des chansons en labourant son champ, les lançait aux échos. Les Corses, après avoir joué à la scopa, vieux jeu de cartes dû aux Phéniciens, qui ressemble au koushina des Syriens, imaginent des chansons satiriques interminables où chacun met son grain de sel. Comme en Provence, dans les veillées funéraires, ils disent les défauts des uns et des autres.

Les Bellacoscia appartiennent à cette catégorie de bandits qui, bien qu'ayant commis un nombre respectable de meurtres, ont gardé la sympathie du grand public grâce à leurs belles figures de berbers d'antant et leur rigueur jusque dans le crime.

Voulant établir leur sœur Isabeau, les Bellacoscia répandirent le bruit qu'elle devait épouser le jeune Miniconi, dont la situation était enviable. La prétendant compromise — elle l'était au regard des mœurs, chatouilleuses sur cet article — ils invitèrent l'adolescente à procéder au mariage. Deux oncles de Miniconi s'y refusèrent. Antoine et Jacques dressèrent une embuscade et les tirèrent comme des lapins. Ils n'atteignirent qu'un ami de leurs fâcheux, Vizzanna, qui se promenait en leur compagnie. Jacques prit le maquis à son tour.

Les deux bandits complétèrent l'organisation de leur secteur, dont les bergers étaient leurs guides. Leurs parents de Bocognano assuraient la liaison. Ils y imposaient un conseil municipal selon leur cœur et gouvernaient avec l'autorité d'hommes qui ne supportent pas qu'on leur manque. Par des jeux de lumière, une véritable télégraphie optique, ils connaissaient les nouvelles qu'apportait la diligence. Un service de sentinelles, des chiens dressés à aboyer aux étrangers les protégeaient. Le berger Pinelli ayant accepté de conduire les gendarmes vers les contu-maces, reçut une balle dans la tête. Les Bellacoscia étaient adroits : ils trouaient d'une balle une pièce d'or jetée vers le ciel.

Ils habitaient un village bâti par eux dans la Pentica et se réfugiaient, au moindre péril, dans une grotte d'eux seuls connue. L'entrée en était invisible, aucun sentier n'y me-nait. Pour y accéder il fallait grimper sur un arbre, des-cendre sur une saillie de rochers par une grosse branche et se faufiler dans un réduit où l'on pouvait soutenir un siège. Cinq fois les bandits se battirent avec les gendarmes, char-gés de les prendre morts ou vifs. Ils réussirent, dans chaque rencontre, à les tuer ou les blesser.

Antoine n'avait à son actif que des affaires de sang. Les Corses sont indulgents pour les crimes. Emmanuel Arène, le spirituel journaliste — chef du parti républicain, devenu le parti Landry — dont l'imposant tombeau s'érige à Ajac-cio, sur les bords de la mer, était pressé de réclamer la grâce d'un hors-la-loi.

— Mais, objectait-il, n'a-t-il pas tué deux gendarmes ?

— Je vais vous expliquer, monsieur le député, il a tou-jours été un peu espiègle !

Simplement. Antoine Bellacoscia était donc considéré, malgré ses crimes. Jacques était par contre traité en malfai-teur. Il avait fait confectionner par son gendre, gardien-chef du pénitencier de Chiavarelli, un cachet :

L'INDEPENDANT

Jacques Bonelli dit Bellacoscia

Il signait, avec son sceau, des lettres de menaces à ses sujets.

Car il exigeait tribut des propriétaires, taxait les entre-preneurs de travaux publics, enfermait les récalcitrants dans ses cavernes. Il ne fut l'objet que d'une seule plainte, due à

Battesti, de Novarre. Mal en prit au principal témoin, le bandit Xavier Susoni, qui fut assassiné. La justice n'atteignait pas les Bellacoscia qui ne rataient personne. Non qu'elle ne s'exerçât pas contre eux. Elle parvint à faire saisir leurs troupeaux qu'on vendit à la criée. Les bandits allèrent les reprendre chez les imprudents acquéreurs, comme l'a conté Paul Bourde dans un livre édifiant En Corse.

Jacques était poète. Il composa son lamento dont il reste cette strophe :

« C'est peut-être le jour qui vient : au ciel on ne voit plus que de rares étoiles. J'entends gazouiller les oiseaux et peut-être le cri du hibou : son hululement me fait redouter le malheur. »

Les deux frères vivaient ainsi que des patriarches. Ils avaient trente personnes autour d'eux, se montraient hospitaliers mais détruisaient les bandits qui ne leur rendaient pas hommage et s'aventuraient dans leur domaine. Ils mariaient leurs fils et leurs filles, passaient des contrats avec l'État pour l'exploitation des forêts, régnaient sur les élections, chassaient les ouvriers des bois ou des chantiers interdits par eux. Les magistrats n'osaient pas condamner leurs porte-parole, tant leur vengeance était à longue portée.

Leurs réceptions étaient courues. Ils se montraient bons enfants, prévenants et remettaient aux dames un stylet. Dans son fer était gravé : « Souvenir de la nuit que nous avons passée ensemble ». Ils n'y entendaient pas malice. Les touristes sollicitaient l'honneur d'une entrevue. Le service des postes était à leur dévotion. Quand on mobilisa contre eux jusqu'à deux cents gendarmes, on ne put les capturer. Huit jours avant ces opérations, ils les avaient connues, de Paris même, assure-t-on, et prirent leurs précautions.

Le survivant des Bellacoscia fut finalement gracié et put mourir dans son lit, entouré sinon de l'affection du moins de la considération générale. Après 1815, pour se débarrasser des contumax, la préfecture leur offrit des passeports, ce qui permit à Gallocchio de devenir un brillant officier de l'armée grecque, avec laquelle il combattit contre les Turcs aux côtés de lord Byron.

Jean Camille Nicolaï présente, lui, un beau spécimen du banditu d'onore, le bandit d'honneur. Il était du Sartenais où l'on comptait, en son temps, il y a une quarantaine d'années, plus de deux cents hors-la-loi. Son frère Napoléon ayant enlevé Catherine Lanfranchi, fille d'un riche propriétaire foncier, celui-ci, Lisandrone, diminutif d'Alexandre, exigea la restitution de son enfant et déclara la vendetta. L'enlèvement est courant en Corse pour précipiter les unions. Dans le mariage la jeune femme saute le seuil au bras de son époux, souvenir de l'antique rite qui voulait que l'épouse fût conquise de haute lutte.

Lisandrone Lanfranchi avait rencontré Nicolaï dans la forêt, entre Levie et Porto-Vecchio, le tua d'un coup de fusil, dressa un bûcher et mit le cadavre dans le feu éclatant.

Le jeune Jean-Camille, élève du collège d'Ajacccio, trouva son frère en train de rôtir.

Il l'ensevelit pieusement et jura la vendetta.

La cour de Bastia ayant acquitté Lisandrone, le vengeur se blottit à Porto-Vecchio, dans la maison attenante à celle de son ennemi. Il y demeura pendant trois jours, sans manger ni boire. Le matin du quatrième, un 14 juillet, Lisandrone se promenait entre deux gendarmes

C'était un républicain intransigeant. « Tout est en joie aujourd'hui, même les bandits » confia-t-il à la maréchaussée. Il tomba aussitôt, la poitrine trouée par deux coups de feu. Jean Camille sauta par une fenêtre et gagna la forêt.

Il était de Carbini. Il avait vingt ans. Il prit pour devise deux vers d'un ancien vocero : « De sang j'ai soif et de mort j'ai faim ». Il écrivit : « J'imprimerai à mes balles la haine et l'intelligence ». Il composa son lamento. L'infâme meurtrier de mon frère, dit-il, « a comparu devant le Seigneur et lui a confessé ses péchés. Dira-t-il que de deux frères. l'un fut tué par lui, l'autre voué au malheur ?

« Car je suis malheureux. J'habite la forêt, exposé aux duretés de l'hiver, toujours errant et solitaire. Est-ce une vie que d'avoir la nuit une pierre pour oreiller ? »

Il abandonna souvent le maquis. On vit Jean Camille à Ajaccio, bien mis, fréquentant les principaux établissements, bon enfant, aimable. Il avait un faible pour l'uniforme et préférait celui de capitaine de gendarmerie. Il critiquait volontiers la tenue des pandores rencontrés sur le cours Napoléon et leur faisait rectifier la position. Il aborda même le préfet Frémont, qui prenait l'air sur le Diamant et le pria, dans un espagnol excellent, de lui donner quelques renseignements sur le banditisme. À ce moment, on avait barricadé et mis en état de siège le tribunal de Sartène. qu'une troupe conduite par le journaliste Leandri, de Bastia, menaçait de prendre d'assaut. Des bandits, voulant délivrer l'un des leurs, cernaient la prison de cette sous-préfecture, saluant d'une salve tout gardien entrevu !

Une richissime Américaine s'éprit du beau jeune homme. Elle lui proposa de simuler un rapt avec des amis armés, vêtus du pelone, quand elle se rendrait d'Ajaccio à Cargèse, par la route des Sanguinaires. Là son yacht les recevrait. Il promènerait au loin leurs ivresses. Le lendemain, on révélerait la vérité. « Possédant l'amour, la gloire et la richesse, comment ne serions-nous pas heureux », écrivait-elle. Jean Camille accepta. Pendant les préparatifs de cette galante comédie, Il se rendit, déguisé en femme, à une noce dans sa famille. Les gendarmes, bien qu'avisés de cette particularité, ne le reconnurent pas parmi les danseurs villageois. Une imprudence le perdit. Après avoir pris congé des siens, il partit vers son refuge, et, se croyant seul, retroussa ses jupes. Ses chasseurs virent alors l'éclat de ses bottes et le fusillèrent, le 19 avril 1888 non loin de Figari. La belle Américaine, désespérée, abandonna la Corse.

Le caractère justicier de Jean Camille avait ravi l'âme populaire. Il apaisait les discordes autour de lui. On ne s'adressait jamais vainement à son cœur. Il était le défenseur du faible. Il faisait la leçon aux riches. Sa bravoure, sa façon de narguer ceux qui étaient chargés de l'arrêter le faisaient adorer. Il fut l'une des incarnations les plus chevaleresques du bandit. Il possédait le panache qui plaît à ce peuple guerrier, amoureux de la gloire, connaisseur en vaillance. Il est l'un de ceux qui ont fait oublier les exactions, les brigandages de tant d'autres hôtes du maquis, perdus de crimes et d'audace. Pourtant, eux aussi ont du relief. Ils se recommandent de Poli, qui dirigeait une troupe de quatre cents gaillards déterminés. N'écrivit-il pas au colonel commandant la gendarmerie d'Ajaccio de mettre à sa disposition quatre cents paires de chaussures pour ses hommes ? et réclamait une réponse. N'en recevant pas, il prévint : « Puisque vous ne m'avez pas donné ces souliers de bon gré, nous viendrons les prendre ». De fait, il fit une descente dans la gendarmerie, dont ses bandits gardèrent les portes, désarmèrent les factionnaires, bousculèrent le garde-magasin, firent déchausser la maréchaussée et emportèrent leur butin.

Ne signale-t-on pas que la guillotine devant fonctionner à Bastia, ses amis délivrèrent le condamné, s'emparèrent du bourreau et le décapitèrent avec sa machine sanglante ? Comment les imaginations ne seraient-elles pas tentées par de tels souvenirs, fussent-ils légendaires ? D'autant que le bandit eut souvent la richesse avec la gloire, une puissance féodale, qu'il traita de pair à compagnon avec le pouvoir, qu'il fut le grand électeur autant que l'arbitre suprême et même, à l'occasion, du dernier bien avec les gendarmes chargés de lui mettre la main au collet. Cette décrépitude de la loi, ce pacte perpétuel avec des condamnés imprenables ne pouvait que troubler les esprits, faire oublier les notions du juste et de l'injuste, contraindre à préférer l'alliance avec la force réelle. D'autant que même un Bartoli n'est pas un mauvais diable pour tout le monde. Il répand des bienfaits autour de lui. On le sollicite. La terreur qu'il répand fait sourire des concitoyens qui peuvent lui devoir quelques aubaines.

Mais on s'apercevra des périls que ce laisser-aller faisait éclore. On se demande parfois comment l'Ordre romain s'évanouit. Le banditisme montre la fragilité de notre civilisation, comment des dirigeants affaissés la laissent s'effriter. La vie de Nonce Romanetti est un témoignage sur lequel on pourra faire des réflexions désabusées.

III

Nonce Romanetti, un roi du maquis

Nonce Romanetti, le Petit Romain. Il mourut à quarante-deux ans, le 25 avril 1926. Il était de la Cinarca. Près de son logis était édifié le château des barons féodaux qui dominèrent le pays, y exerçant le droit de cuissage. La première nuit des noces de leurs sujets leur appartenait. On conte qu'un de ses domestiques restant garçon le prince s'étonna :

— Je veux avoir ma femme pour moi seul, répondit le serviteur. Si je me mariais, vous auriez une étrenne dont j'entends bénéficier.

— Marie-toi, répliqua le noble, tu n'auras rien à craindre de moi. J'en prends l'engagement.

Le Corse épousa une belle fille si alléchante que le maître de cette région montagneuse en oublia sa promesse. Le galant, ainsi bafoué, se tut, ruminant sa vengeance. Il envoya un avis aux Génois, par une lettre cachée dans une bouteille jetée à la mer. Il leur conseillait d'attaquer le castel à un endroit où le mur était fait de pierres et de terre glaise. Le donjon, qui avait résisté à maints assauts, fut emporté par la troupe de la Sérénissime République.

Nonce Romanetti appartenait à une bonne famille paysanne de Calcatoggio, village en éventail sur une hauteur, paré de vergers et de jardins. L'air y est vif et doux. Au loin la mer borde le golfe de Sagone. Adroit, intelligent, vigoureux, batailleur, bon camarade, ami sûr, plein de sang et de feu, il aimait rire, chanter, improviser sur la guitare. Il avait été berger dès son jeune âge et les histoires de bandits hantaient son imagination. Il était né au plus beau temps du banditisme. Il eut sa première affaire à dix-huit ans. Les élections en furent cause.

En Corse elles sont la grande préoccupation car le clan prolonge la famille. Non le choix des députés ou sénateurs, mais celui des conseillers municipaux. Il occasionne de véritables batailles où l'on dépense plus de génie que dans les Congrès internationaux. Deux groupes sont aux prises. Ils se toisent avec insolence. Ils cherchent par la brigue, les services rendus, les alliances, la menace, la fraude à se maintenir ou à triompher, capables de tout pour parvenir à leurs fins. Leurs ruses sont aussi déconcertantes que leurs audaces. Maintes communes de quatre-vingts habitants font appel à des électeurs jusqu'en Afrique occidentale française, afin de faire pencher la balance. Des programmes ne sont pas aux prises, mais des factions. Les chefs ne se lancent pas des idées ainsi que des défis. Ils ont des partisans et des adversaires. Tous se connaissent. Ils se rendent aux urnes les dents serrées, sans se saluer, le stylet dans la poche ou la manche, souvent le fusil sur l'épaule. Leurs yeux étincellent comme s'ils bravaient un ennemi, quand ils déposent leur bulletin. Après la proclamation les vaincus sont nargués, on fait des charivaris sous leurs fenêtres. Les vainqueurs disposent des places, des faveurs, se montrent impitoyables.

Récemment encore le commissaire-spécial d'Ajaccio, M. Louis Gaillard, intelligence souriante dans une rondeur méridionale, surveillait une élection disputée. Un électeur se présenta. Il n'était pas inscrit sur les listes.

— Impossible de vous laisser voter, remarqua le fonctionnaire.

— Mais je suis d'ici, je n'admets pas cette brimade.

— Je n'ai pas à savoir si l'on a eu raison ou tort de vous oublier mais je ne puis vous permettre de déposer votre bulletin.

Ici les amis commencèrent à s'agiter : armés, ils montaient une garde vigilante.

— Voyons, reprit M. Louis Gaillard, soyez raisonnable. Si vous votiez, malgré mon avertissement, l'élection serait cassée et vous seriez condamné à une peine de prison.

— Quel est le tarif ? interrogea le récalcitrant.

— Je ne sais… Un mois à un an.

— Un an, fit son interlocuteur, qu'est cela ? L'élection d'abord !

Il passa outre et l'on n'aurait pas approuvé une reculade.

Deux clans se disputent le pouvoir : celui de François Pietri, héritier de Gavini, celui d'Adolphe Landry, héritier d'Emmanuel Arène. Gavini fut bonapartiste, Emmanuel Arène républicain. Mais leur suite tempétueuse dédaignait les thèses politiques. L'accord même des chefs ne réduit pas les passions qui demeurent aussi tenaces.

En 1899, autour de la mairie, le jeune Nonce Romanetti manifestait avec les siens. Il y eut bagarre sur une place de Calcatoggio. Nonce joua du stylet et frappa un adversaire derrière l'oreille. Coût : dix mois de prison. Il les fit et revint au pays, aussi enragé, ardent, franc du collier. En 1909, venant d'être condamné, par défaut, à vingt jours de prison pour destruction de récoltes, il avait pris le maquis, fuyant les gendarmes. Une buvette de Saint-André d'Orcino, coquet village pimpant, fleuri, était son quartier général. Il s'y trouvait fréquemment, harnaché en guerre, célèbre par son entrain. Voulant décider le cabaretier à voter pour ses amis :

— Parle à ma femme, répondit l'autre, je ferai ce qu'elle voudra.

Il assiégea la dame de céans qui promit. Une voix pouvant déplacer une élection est un trésor sans prix. Un candidat fit de la surenchère. Le cabaretier avait une fille :

— Je ne l'épouserai que si vous votez pour nous, assura le postulant.

La maman renia sa parole. Nonce Romanetti en fut ulcéré. Les gendarmes assistant aux fêtes électorales, il avait pris le large, mais fit prier celui qui portait le drapeau du clan de venir le trouver.

— Je t'avais promis une voix, lui dit-il, elle m'a été volée : je ne pardonnerai jamais cette trahison. J'ai sur moi deux cent quarante-six francs. Prends-les, achète un électeur. Il ne faut pas que tu sois battu par la faute de ces lâches.

— Garde ton argent. Nous aurons, ce soir, treize voix de majorité.

— Tu en es sûr ?

— Certain.

— Ah ! je respire, c'est égal, ces coquins me le payeront.

Au crépuscule, Eugène Faggianelli assistait au dépouillement du scrutin. Ses partisans l'entouraient, graves, prêts à tout. Ils redoutaient une suprême manœuvre. Or le futur vice-président du conseil général s'aperçut que d'un bulletin s'échappait un papier plus petit.

— Arrêtez, s'écria-t-il avec autorité, il y a des bulletins doubles. J'exige que l'urne soit scellée, confiée à la gendarmerie qui l'acheminera sur Ajaccio où elle sera décortiquée par le conseil de préfecture.

— Pardon, tempêta le secrétaire, nos opérations sont correctes.

— Il y a des bulletins doubles et le conseil de préfecture le prouvera. Vous sachant battus, vous avez eu recours à la fraude. Nous ne l'admettons pas.

En même temps, un ami plaquait la pointe de son stylet entre les côtes du président du bureau, qui préféra accéder au désir de son rival.

Le conseil de préfecture trouva, effectivement, les treize bulletins doubles redoutés.

Cependant Nonce Romanetti, ayant fait sa prison, avait repris ses occupations. Il n'oubliait pas sa vengeance. Il commença par enlever, bien qu'il eût trois enfants d'une femme tendre et fidèle, la fille du cabaretier, qui lui avait promis et repris sa parole, la douce Yvonne, depuis mariée. Cet affront créait un état d'inimitié entre les familles. Nonce Romanetti, après des années, profita d'une menace pour défier, chez eux, ceux qui lui avaient manqué de parole. Il blessa l'hôte d'un coup de stylet au ventre, sa femme à l'épaule. Ce haut fait lui valut trois ans de prison qu'il fit à Nîmes. Il revint à Calcatoggio et s'établit boucher.

Il faisait son métier, aimable, jovial, empressé. La veille d'un jour de fête, comme il avait besoin de viande, il prit, d'accord avec un cousin germain du propriétaire de la bête, Jules Carbuccia, une vache dans un champ. Le cousin était en bisbille avec son parent. Nonce Romanetti ignorait-il ce détail ? Jules Carbuccia vit l'occasion de se venger d'un allié détesté. Il porta plainte contre lui et le boucher. Romanetti proposa de faire évaluer et de payer le double de la somme réclamée. Sans attendre les gendarmes, il alla chasser dans la montagne parfumée. Il en connaissait les sentiers, les abris, les grottes, les cachettes. Il attendit la réponse. Jules Carbuccia accepta et fixa un rendez-vous dans la forêt. Méfiant, Nonce Romanetti envoya un parent dans la clairière convenue, avec l'argent. Jules Carbuccia ne s'y trouvait pas, ayant amené des gendarmes. En Corse. un tel acte est indéfendable. En apprenant qu'on lui avait dressé un traquenard, le bandit affirma :

— Il n'entendra pas la balle qui le tuera.

De fait quelques jours plus tard, Jules Carbuccia tombait assassiné. Son meurtrier était devenu un hors-la-loi.

On le chercha vainement. Agile, souple et fort, il pouvait rester plusieurs nuits sans dormir. Il organisa sa défense, dans les bergeries qui bordent la région d'Orcino, loin des routes, dans un coin d'où l'on découvre les horizons. Le maquis est buissonneux : des massifs de myrtes et d'arbousiers, de lentisques permettent de se dissimuler, de braver les gendarmes. Romanetti restait en liaison, par ses guides, avec ses parents, ses amis. Tandis que les tribunaux condamnaient à trois ans de prison, pour vol de la vache, le parent de sa victime, il déambulait, fredonnant une chanson.

Parmi les bergers qui l'entouraient, une famille lui donna asile, les Leca, dont la cabane était à la Punta, la Pointe, près de la mer. Elle fut transformée en citadelle par Romanetti, puis devint le quartier-général d'André Spada.

Les Leca, fixés à Saint-André d'Orcino depuis une trentaine d'années, étaient de Pastricciola, de l'autre côté de la montagne. C'est un village de quinze hameaux, très éloignés les uns des autres, dont les habitants sont petits de taille, intelligents, rageurs et violents. Presque chaque année à l'occasion de la fête du village, éclate une dispute suivie de mort d'homme : ceux de Pastricciola voudraient tous porter la statue de leur patronne dans les rues du patelin.

Ils seraient fiers de fléchir sous le faix et, n'ayant guère de prétexte à compétition, ils en inventent. Charger la sainte sur sa tête, à la face de tous, c'est proclamer sa force, c'est bénéficier dans l'azur céleste, peut-être, d'un sourire rayonnant. Cela vaut bien une tête fêlée, un coup de stylet ou de revolver, pour ces hommes à fortes convictions qui ont besoin de se donner tout entiers, qui réclament, à leur tour, des leurs, la vie ou la mort avec la même crânerie. Car on peut tout leur demander : ils sont prêts à accourir sur un appel, à s'engager, fièrement, mais exigent de même, au nom de l'amitié.

Cette union souveraine leur tient lieu de justice. Un Corse n'implore pas : c'est sa fierté. Mais la loi du sang ou du clan impose qu'on lui accorde ce qu'il désire.

Les Leca ont subi l'énergique personnalité de Nonce Romanetti. Ils avaient plusieurs enfants. Jules Leca, guide du bandit, fit pour lui quatre ans de prison. François Leca fut tué à ses côtés par le gendarme Fatou. Une de ses sœurs fut frappée, dans un assaut, par une balle qui ne lui était pas destinée, mais ne fut pas perdue pour elle.

Nonce prit pour maîtresse Julie Leca, joliette, sympathique, très douce, fine, qui exerçait une influence apaisante sur le roi du maquis. Il l'adorait. Il en eut un fils, Pascal Romanetti, tendrement chéri. Celui-ci refusa de s'entendre avec André Spada, qui se considérait comme le successeur du tyran de la Cinarca. À la mort de Julie, Nonce se mit en ménage avec Antoinette Leca, sœur de la défunte. Mafflue, boulotte, avec des traits communs, Antoinette n'avait pas la délicatesse de sa sœur, ni son cœur tendre.

Elle resta la femme de la Punta et Nonce Romanetti lui préféra la jolie Madeleine Mancini, dont la famille devait être décimée par Perfettini et sa bande, dans le drame de Lava. C'est à Lava, au bord de la mer, que les Mancini avaient leur maison. Ainsi Romanetti possédait trois femmes, en dehors des passades. Cela n'est pas rare chez les bandits. Les femmes corses sont chastes, de mœurs sévères, mais subissent la polygamie sans révolte. Il est même arrivé qu'une épouse stérile cherchât une autre femme à son mari et l'amenât, maternellement, an foyer conjugal. Il est fréquent que l'abraccio, le repas des accordailles, préside à l'union, régularisée plus tard devant le maire et le curé.

La fortune de Nonce Romanetti date de la guerre. Les bergers mobilisés avaient abandonné les troupeaux. Le bandit s'en chargea et, comme les fromageries de Roquefort avaient besoin du lait des brebis corses, il organisa, avec ses bêtes et celles des paysans, le ramassage et la fourniture du lait. Il le payait, d'ailleurs, à ses clients qui, de par les mœurs, devenaient ses amis, devaient l'aider et le protéger. Le représentant des Caves de Roquefort ayant prétendu que le liquide était par trop mouillé, Nonce Romanetti le nia : il est possible qu'un auxiliaire ait cherché quelques bénéfices, qu'un ennemi ait voulu priver le bandit de ressources, et obtenir une clientèle désirable.

Le hors-la-loi, apprenant que sa livraison faisait l'objet de difficultés, envoya un guide au Grand Hôtel où l'envoyé de Roquefort s'était installé. C'est un palace, dans les palmiers et les fleurs.

— Nonce Romanetti voudrait vous parler.

— Mais…

— Il vous attend, tout de suite.

— Je vais me procurer une voiture.

— Inutile, j'ai la mienne.

Le bandit était à la Punta, chez Antoinette Leca. Il convia son visiteur à partager son repas.

— J'ai déjà mangé, objecta-t-il, la mort dans l'âme.

— Vous dînerez deux fois.

L'autre s'empressa d'accéder à ce désir. Comme il attaquait le lonzo, jambon roulé savoureux qu'on peut déguster à Paris, dans les hors-d'œuvre du Relais de la Belle-Aurore, Nonce interrogea :

— Alors, vous refusez de prendre livraison de mon lait ?

— Excusez-moi, je ne savais pas que vous étiez notre fournisseur.

— Vous le saurez désormais.

— Parfaitement. Cet incident n'aura, j'espère, aucune suite.

Ceci semble indiquer que le reproche n'était pas très sérieux.

Devenu riche, il possédait cent mille francs de revenus. Romanetti organisa son escorte et s'assura des liaisons jusque dans Ajaccio. Quand les gendarmes sortaient de Calcatoggio, la nuit, pour se mettre en embuscade, il en était averti, à la Punta, par une lampe placée à une fenêtre de la gendarmerie nationale. Car il possédait des amis dans ce corps d'élite. Pour Lava, un signal de la gendarmerie de

Villanova l'informait d'avoir à se méfier. Il se rendait seul dans une grotte, dont ses guides ignoraient les aîtres. Il possédait plusieurs chevaux. À la fin de sa vie quatre automobiles étaient à sa disposition.

Il exerçait un pouvoir incontesté. Quand on lui signalait un différend dans son secteur, Romanetti descendait au village : il montait à côté du chauffeur, deux de ses gardes, armés, veillaient sur le siège arrière. Le canon du fusil s'appuyait sur la saignée de son bras gauche. Prêt à tout incident, il se rendait chez les parties en dispute, interrogeait les uns et les autres, ainsi qu'un juge de paix, conseillait une solution, toujours raisonnable.

Parfois, des amis recouraient à son obligeance pour acheter une maison, une terre. Il faisait alors savoir qu'il préférait que l'acquéreur fût son compaing. Nul n'aurait osé passer outre, même si la propriété était recherchée à trop bon compte. Se faisait-il rétribuer ses complaisances ? Il était trop grand seigneur pour s'y habituer. Car il ne manquait pas de gloriole. Il payait ce qu'il achetait. Quand il se rendit dans les fermes, avec Roch et Napoléon Poggiale, pour s'enquérir des monnaies d'or possédées par les paysans, il les réglait on les faisait acquitter rubis sur l'ongle. Le trafic d'or clandestin lui rapporta, évidemment, d'amples bénéfices. Il lui arrivait de se débarrasser d'une dette sans débourser un centime.

Quand M. Vincenzi, de Sari d'Orcino, patrie de Pierre Bonardi, revint de la guerre, sa mère lui dit :

— J'ai vendu un champ à Romanetti.

— Bien, je vais le voir.

Il se rendit à Lava et après avoir trinqué :

— Tu viens pour ce champ ? Je ne puis te le payer intégralement. Veux-tu une partie tout de suite ?

— Sans doute et pour le reste ?

— Pour le reste, veux-tu être maire de Sari ?

Un Corse ne saurait refuser une telle dignité. Ceindre l'écharpe tricolore est un de ses bonheurs. M. Vincenzi, distingué, avenant, belle tête intelligente, ne pouvait dédaigner une telle offre :

— Si j'ai la mairie, je ne te demande rien.

— Tu l'auras.

Nonce Romanetti se mit en campagne. Le maire sortant tenait à son poste. Il paraissait indécrochable. La veille des élections, le bandit se rendit chez lui avec des grenades dans ses poches, grenades rapportées du front par les poilus, avec des fusils allemands ou américains, des revolvers, des fusils-mitrailleurs.

— Écoute, lui dit-il, tu vas te retirer de la lutte électorale. J'attends ta promesse. Sinon je fais sauter la maison.

Ce disant, il sortit de sa veste deux grenades armées. Menaçant, ses yeux lançant des éclairs, ayant fait le sacrifice de sa vie, il allait les projeter quand le candidat proposa :

— Arrête, Romanetti, la mairie sera à tes amis, puisque tu le désires.

Le pacte fut scellé avec une bouteille d'eau de vie corse parfumée, et Nonce partit, ayant fait coup double : son champ était payé, il aurait des féaux au pouvoir.

Il ne réussit pas toujours dans ses tentatives, tant les insulaires mettent d'acharnement à voter, tant l'exercice de ce droit leur tient plus à cœur que l'existence. Citons deux échecs caractéristiques : ils montreront le stoïcisme dont un Corse est capable.

Le bandit, entouré de sa garde armée, fut chez un vieillard pour le convertir à la cause du clan rival. C'était un paysan solide comme un châtaignier des montagnes, malgré ses quatre-vingts ans, impavide et qui vit entrer sans terreur cette troupe redoutable

— Je viens, avec mes amis, annonça Romanetti, te demander ta voix aux élections.

— Je voterai suivant ma conscience.

— Ce n'est pas répondre, reprocha Nonce. Tu n'es pas pour les nôtres. Tu me connais ?

— Certes, oui.

— Tu voteras pour la liste que je protège.

— Pourquoi ?

— Pour me faire plaisir.

— Demande-moi autre chose.

— Eh ! tu n'as rien ! Posséderais-tu quelques biens, je n'y toucherai pas. Je ne désire que la preuve de ton amitié.

— Impossible.

— Réfléchis.

— J'ai quatre-vingts ans, ce n'est pas à mon âge qu'on trahit, je voterai pour mon parti.

— C'est ton dernier mot ?

— Oui.

— Bien.

Romanetti se tourna vers ses auxiliaires

— Exécutez les ordres.

Le mobilier fut déménagé, un foyer aménagé. La flamme jaillit.

— Ce n'est qu'un premier avertissement. As-tu réfléchi ?

— Je n'ai pas à réfléchir.

— Sais-tu que je puis te tuer ?

— Que m'importe ?

— Tu es brave, mais ma résolution est prise. Si tu ne veux pas voter pour nous, j'enlèverai une voix à nos ennemis.

— Fais.

— Collez cet homme au mur, dit le bandit à ses parents et partisans.

Ils s'empressèrent.

— Tu sais que je n'ai jamais raté un lapin et mon fusil a deux coups, j'ai des revolvers dans les poches. Il dépend de toi seul que je tire.

— Qu'attends-tu ? fit le vieux, dédaigneusement.

Romanetti soupira :

— Après tout, tu as raison. Rentre chez toi. Nul ne touchera à un cheveu de ta tête.

Or le feu brûlait toujours, mais les meubles de l'ancêtre ne l'avaient pas alimenté. Ce n'était qu'un simulacre. Les aides du bandit rapportèrent donc, table, chaises, buffet dans l'humble maison, d'où la troupe guerrière se retira. Nonce offrit deux cents francs à sa victime, pour lui faire oublier sa peur.

Après les élections, le vieux tomba malade. Romanetti le fit soigner à ses frais et lui envoya les médicaments prescrits, avec de la farine et des fruits. Il lui fut secourable jusqu'au dernier jour. Tant de noblesse l'avait vaincu et qui peut ressentir de tels sentiments n'a pas l'âme vile.

Une autre fois, il dut aussi baisser pavillon. Ayant quémandé la voix d'un montagnard, il rencontra une telle résistance qu'il recourut aux grands moyens et fit capturer l'électeur. On le lui amena, dans le maquis, ligoté, plus fier que jamais, auprès d'une source où il avait établi son camp. Un chevreau cuisait sur la braise, en plein vent. On délia le prisonnier. Le bandit apparut :

— Excuse mes amis, dit Romanetti, j'avais besoin de te parler.

— Si c'était pour une affaire honorable, tu n'aurais pas eu besoin de me faire enlever, répondit-il, d'un air de défi.

— Tu sais très bien ce que je cherche : ta voix pour les élections.

— Je t'ai déjà répondu : non. Ce sera non encore et toujours.

— C'est ce que nous allons voir. Ficelez-le à nouveau et bien.

On l'étendit dans l'herbe haute.

— Qu'en dis-tu ?

— Non.

— Apportez-le sur la pierre : on va le traiter comme un cabri.

Le cabri, le chevreau, est saigné sur la pierre ainsi qu'aux temps bibliques. Sa tête penche, dégageant l'artère carotide où le sacrificateur plantera le couteau. Au-dessous, on place un vase pour le sang. L'aide du boucher bat le liquide écumant avec une fourchette, pour empêcher la coagulation du sang, dont on fera un mets recherché.

La tête du malheureux fut installée sur l'autel du sacrifice. Un auxiliaire du bandit prit un récipient et eut l'air de fouetter le sang.

— Nous donneras-tu ta voix ?

— Non.

Romanetti prit son stylet et l'appuya sur l'artère.

— Es-tu décidé ?

— Non.

Il piqua la peau.

— Tu ne tiens guère à la vie. je te demande bien peu de chose. Promets d'être pour mes amis.

— Non.

Nonce poussa le stylet. Le sang coula, à peine.

— Faut-il que j'insiste ?

— Fais ce que tu voudras, je ne trahirai pas.

Alors, Romanetti :

— Déliez-le, et toi, embrasse-moi, tu es un homme ! Tu vas déjeuner avec nous et tu voteras comme tu voudras. Soyons amis.

Ils le furent.

Je n'ai pu trouver le nom de ce héros, aussi magnifique que Régulus et Mucius Scœvola. Son acte ne saurait étonner un Corse. On a conservé son souvenir, non celui du martyr de l'élection, qui montre de quelle étoffe sont faites ces âmes. Ceux qui trouvent banal notre temps croient que tout ressemble au vide de leur cœur.

Quand Romanetti contait cet échec, il ajoutait : « Que pouvais-je lui faire, le tuer ? Pourquoi ? »

Il n'était pas inutilement sanguinaire. Un des siens me disait : « Il n'avait commis que quatre meurtres. » Mais à ses yeux, seul, le premier comptait et c'était un châtiment « mérité ». Il passait l'éponge sur les autres. Il s'agissait d'un gendarme et de deux bandits. Paix à leurs cendres !

Le gendarme s'appelait Fatou. Il assiégeait avec son détachement la cabane des Leca, qui n'était pas encore devenue forteresse. Romanetti y reposait, pieds nus, en bras de chemise. La maréchaussée cernait l'abri, faisait converger ses fusils sur la porte, tiraillait au hasard. Romanetti et François Leca, pris au dépourvu, tapaient avec le canon de leurs fusils — un bandit peut quitter sa veste mais dort avec ses armes sous la main — sur les mousquetons de leurs agresseurs, dont les coups ricochaient contre le sol de terre battue. Nonce avait Fatou bien en face. Ils se connaissaient. Ils avaient de l'amitié l'un pour l'autre. Le bandit espérait que cet ennemi le laisserait fuir. Atteint d'un coup de feu à l'épaule et dans le poignet, il lâcha sa chevrotine. Fatou tomba. Le bandit, mal en point, en profita pour décamper dans sa tenue sommaire. Il se perdit dans les broussailles.

Plus tard, quand il fit bâtir sa maison de la Punta et celle des Leca, il fit effacer la trace du sang en demandant au curé de Villanova, l'abbé Poli, de bénir la bergerie et la maison. Il croyait en Dieu, comme tout Corse. La cérémonie fut magnifique et terminée par un dîner où le prêtre fut à l'honneur, ainsi que ses jeunes officiants. On but, on chanta et, à la fin du repas, Nonce pria le prêtre de lui prêter sa soutane. Il s'en para, aimant l'attitude, le geste, la gloriole. Le curé de Villanova retourna dans sa cure avec un fort mal aux cheveux.

Le troisième crime de Romanetti lui vaut l'estime publique, comme le quatrième, car il débarrassa la Corse de deux bandits, Pierre Carli et Pierre Paccini. Il en avisa le procureur de la République, étant ponctuel dans ses comptes.

Pierre Carli rançonnait les gens au nom de Romanetti, ce qui était intolérable. D'autant que le roi du maquis ne pratiquait guère ce genre de sport. Prévenu, Nonce chercha celui qui abusait de sa notoriété. Il le rencontra comme celui-ci allait réclamer quatre cents francs à un paysan de Corregliano, près de Casaglione, après avoir cambriolé le docteur Ceccaldi. En l'apercevant, Pierre Carli, peu rassuré, mit en joue Romanetti, qui riposta par la même menace. Ils se regardèrent dans les yeux.

— Pas la peine de faire de tels gestes entre amis, marchons ensemble, proposa Romanetti.

Ils causent, méfiants, l'un et l'autre gardant son fusil à la saignée du bras. Le sentier devenant étroit, Romanetti laisse passer Pierre Carli. Il fait alors deux pas en arrière et tire dans le dos du lourdaud. Il retire des poches de son rival expirant toute cette monnaie que le bandit venait de dérober au docteur Ceccaldi, de Castalabo, et la lui plaça sur le ventre, en évidence. Appelant son guide :

— Tu peux prévenir les gendarmes que Romanetti a tué Carli.

Il partit en fumant une cigarette, aussi insoucieux qu'un chardonneret gorgé de rosée.

Quand à Pierre Paccini, il l'attira en lui promettant une belle pêche en mer. On ne sait pourquoi, après avoir été bien ils se brouillèrent, et comment Paccini put accepter une promenade dangereuse. Sans doute voulait-il se montrer inaccessible à la peur. C'était un homme dur, sournois et redouté, qui aimait le sang. Nonce l'exécuta et l'enterra de ses mains, sans révéler l'emplacement de sa tombe : suprême vengeance. Ainsi les honneurs funèbres ne pouvaient lui être rendus.

Jaloux de son autorité, toujours prêt à l'imposer, il ne tolérait pas que d'autres bandits vinssent dans son fief. Ceux qui s'installaient dans ses domaines devaient accepter sa souveraineté, devenir ses lieutenants, tels André Spada et Caviglioli. Qui entrait sur ses terres sans faire acte de vassalité était pourchassé. Le moindre avertissement le mettait en garde. Il guettait les aboiements de ces chiens, dressés à éventer l'ennemi et qui sentaient l'étranger d'une lieue : leurs grondements alertaient les bandits.

Un soir, comme il sortait avec son guide, une odeur de caoutchouc le surprit. Il pleuvait. Une escouade en embuscade avait revêtu ses cirés. Le vent en apporta le fumet dans le maquis.

— Retournons, dit le bandit, ça sent le gendarme.

Car il était avec eux en état de paix, plus ou moins armée, mais vigilante.

À minuit, en hiver, il sortait d'une auberge de Calcatoggio quand il tomba sur une ronde de curieux.

— Qui êtes-vous ? interrogèrent-ils.

— Et vous ?

— À cette heure les honnêtes gens ne se promènent pas avec un fusil.

— Je vais au café chercher un ami.

— Nous y allons avec vous, on verra bien.

Ils entrèrent et, reconnaissant Romanetti, ne furent pas rassurés.

— Déposez vos mousquetons, commanda-t-il.

Ils s'exécutèrent.

— Maintenant, qu'on serve à boire.

Se tournant galamment vers la maréchaussée :

— Vous me tuerez peut-être tout à l'heure, vous ne pouvez pas me refuser de trinquer avec moi. Messieurs, à votre santé, à la vaillante gendarmerie.

Au café succéda l'eau-de-vie corse, analogue à l'aguardiente espagnole, blanche, subtile, parfumée, et Nonce, bon compagnon, commença à chanter. Son entrain séduisit ses prisonniers. Il était alerte, épanoui, enlevant.

À deux heures du matin, les pandores le prièrent de leur laisser toucher son fusil.

— Le voici, dit-il, regardez-le tant qu'il vous plaira, mais souffrez que je le laisse sur mes genoux.

— Vous n'avez pas confiance ?

— Si, parbleu, vous êtes de braves garçons et j'ai pour vous beaucoup d'estime, mais que désire un gendarme ? De l'avancement, un galon de plus, la médaille militaire. Je préfère ne pas courir de risque.

À trois heures du matin, le maréchal-des-logis s'écria :

— Il n'y a pas à dire, vous êtes un type. Vous savez que nous vous aurions arrêté si nous vous avions reconnu, tué même. Cependant vous nous offrez à boire et à manger.

— Je ne vous en veux pas de faire votre devoir.

À quatre heures, les gendarmes, ivres, chantaient en chœur, avec les assistants : « Vive Romanetti et le grand

Napoléon ! » Ils partirent, d'un pas hésitant, et rentrèrent à la caserne. Leur hôte s'était éclipsé avant eux. Le maréchal-des-logis, époux d'une Corse, se déshabilla, se mit au lit et entonna « Vive Romanetti et le grand Napoléon. »

— Malheureux, lui assura sa femme, tu es à quelques mois de la retraite et tu vas chercher une histoire, te faire peut-être casser. Tais-toi donc.

Comme il insistait, elle lui ferma la bouche avec un oreiller et veilla sur son sommeil comme sur celui d'un enfant, tant elle redoutait un scandale.

De tels traits, vite connus, favorisaient la popularité du bandit, comme sa générosité. Il prêta de l'argent sans intérêt aux pêcheurs d'Ajaccio, pour qu'ils installent des moteurs sur leurs barques. La Corse ne suffisait plus à son renom.

IV

la mort d'un hors-la-loi

Un jour Eugène Faggianelli, maire de Saint-André d'Orcino, fut mandé par Romanetti.

— J'ai reçu quelques lettres, lui dit-il, veux-tu me les lire.

Ils étaient sous un arbre, dans la campagne. Les guetteurs surveillaient, prêts à signaler un fâcheux. Nonce, dont un frère est établi pharmacien à Paris, ne savait pas lire, bien qu'il eût l'esprit vif et même orné, les dons poétiques naturels aux Corses. Deux sœurs, habitant l'Algérie, demandaient sa protection pour un héritage contesté. Fier de prouver sa puissance, il leur fit donner satisfaction.

Un de ces guides descendit chez Henri Omessa, directeur de l'Éveil de la Corse, le journal de François Coty à Ajaccio. Henri Omessa, brillant officier de la guerre, journaliste remarquable, écrivain qui a publié avec Pierangeli député de la Corse, sous le pseudonyme de Pierhome, l'histoire romancée des bandits Gallochio et Bellacoscia 2, est aussi avocat.

— Romanetti voudrait vous voir. Il m'a ordonné de vous conduire auprès de lui, dit l'arrivant.

— Bien, je vous suis.

Auto, promenade dans le maquis. Des gardes le dévisagent. Le voici à la Punta. Nonce Romanetti verse le pastis et annonce :

— Je t'ai fait venir parce que j'ai un service à te demander.

— Un service ? Henri Omessa n'est pas rassuré.

— J'ai un ami qui va passer en cours d'assises, je voudrais que tu le défendes à la cour de Bastia.

— Qu'a-t-il fait ?

— Il a tué un homme.

— Diable !

Le jeune homme que Nonce lui recommandait ainsi avait assassiné un vieillard sans armes. Le faire acquitter était impossible.

— En faisant des prodiges, assura le légiste, il ne pourra pas s'en tirer à moins de cinq ans.

— Cinq ans ! S'il n'a que cinq ans, toute, sa famille et moi-même te remercierons à genoux. Cinq ans, c'est vite passé, surtout qu'il pourra obtenir sa grâce conditionnelle : il aura une bonne conduite. Tu crois que cinq ans ?...

— Permettez. Je ne promets pas qu'il ne pourra être condamné à davantage. Mais peut-être...

— Je compte sur toi. Je te ferai envoyer le dossier demain.

Retour dans l'enivrement du printemps bleu. Le golfe de Sagone est éblouissant. Le lendemain, un porteur présenta le dossier et une enveloppe. Henri Omessa l'ouvrit. Elle contenait deux mille francs : pour ses honoraires.

— Je ne veux pas de cet argent. Romanetti m'a demandé un service. Je le lui rends volontiers. Rapporte-lui ceci.

— Pas du tout, expliqua l'envoyé. Faites votre commission vous-même. D'abord, je ne sais pas où est Nonce. Ensuite, je le connais, si je le prouvais, en lui rendant cette enveloppe que je n'ai pas exécuté sa commission à la lettre, il serait capable de m'envoyer une balle dans la tête. Merci.

L'avocat dut conserver la somme, malgré ses protestations ultérieures. Il réussit à convaincre le jury, qui accorda les circonstances atténuantes : son client n'eut que les cinq ans envisagés. Romanetti en fut ravi. L'argent pour lui ne comptait pas, du moins quand il en avait.

Il allait et venait librement. On le vit tailler au Cercle Napoléon d'Ajaccio, vêtu en bourgeois. Nul n'aurait cru que cet homme était si redoutable et recherché. Il assista à un baptême – Marie Mancini était la marraine – dans la ville de Bonaparte, où les beautés abondent, en tenue de capitaine aviateur ornée de décorations imposantes. Il ne risquait pas grand-chose : une garde exercée le protégeait. Il saluait avec bienveillance ceux qu'il connaissait. Au Canari, le dancing de la cité, il invitait les danseuses galamment, empressé, grand seigneur. Une nuit il fut l'occasion d'un drame.

Un inspecteur de la Sûreté, étonné des allées et venues autour de l'établissement, le surveilla. Tirant son revolver, il braqua soudain sa lampe électrique sur l'un des guides qui fit feu. Le policier s'écroula. Romanetti et sa suite prirent la poudre d'escampette. Des autos les amenèrent dans un lieu plus sûr, après avoir ramassé des veilleurs à la Brise de Mer, caboulot où se rencontraient les bandits.

Or, Roch Poggiale, frère de Napoléon. qui exploite un bal à Marseille, était à la table de son ami Nonce. Appelé au palais de justice, il y rencontra un garagiste, qui était avec lui dans la soirée tragique.

— Tu me répéteras ce que tu as dit au juge pour que je fasse la même déposition, lui recommanda-t-il.

— Entendu.

L'ami fut dans le cabinet du magistrat. Une demi-heure passa. Roch inquiet se mit dans un coin, surveillant l'escalier. Quand il vit descendre son commensal, entre deux gendarmes, il préféra filer à l'anglaise et prendre le maquis. Il y demeura quarante-cinq jours, faisant le bandit, puisqu'il s'était mis hors de la justice.

Cependant, les élections sénatoriales approchaient. Roch, fin renard de la politique, disposait de quinze délégués. C'était un chevalier banneret électoral. Ses amis promirent, en son nom, qu'il ferait voter pour le candidat qui le ferait relâcher. Mais, pour être libéré, il devait se faire arrêter et n'y tenait pas, préférant la vie en plein air au confort de la prison. Une transaction se fit chez le préfet. Roch Poggiale se rendrait au greffe, où l'on ferait la prise de corps et la mise en liberté en même temps. La cérémonie dura cinq minutes. Un haut personnage bénéficia de cette solution commode.

On se doute que Nonce Romanetti présidait aux élections avec énergie. Il fut l'artisan de la campagne qui fit élire François Coty au Sénat et lui valut d'être invalidé. Le bouillonnant parfumeur ne fut pas avare de promesses avec le bandit. Il lui assura qu'il lui enverrait quatre automobiles pour le transport de ses hommes. Nonce n'en reçut qu'une, après bien des réclamations. François Coty rendit visite au bandit, à Lava, où Madeleine Mancini avait préparé une collation magnifique. Pour remercier son hôtesse, l'homme riche, qui devait avoir entendu parler de l'hospitalité corse, remit deux cents francs à la jeune femme. Romanetti vit le geste.

— Donne, dit-il à Madeleine.

Du bois brûlait dans l'âtre. Il y jeta les deux billets et ordonna :

— Apporte-nous deux bouteilles de champagne.

Il fit, tard dans la soirée, raccompagner son invité, après lui avoir donné une impressionnante leçon de mise en scène. De demi-heure en demi-heure, tour à tour, des gardes se présentaient, claquaient les talons et sur un signe du chef :

— Poste n° 1, rien à signaler.

— Poste n° 2, tout est calme.

Il utilisa ce décor, par la suite, avec ses hôtes de marque. Car il adorait jeter de la poudre aux yeux. Cette organisation enthousiasma François Coty.

À peine était-il parti, Romanetti convoquait ses guides.

— Tenez, dit-il, tirant deux billets de mille de son portefeuille, M. Coty m'a remis ceci pour vous.

Le parfumeur avait oublié de se conduire en grand seigneur. Le bandit réparait, à ses frais, cette négligence.

Il avait le goût des réceptions fastueuses. On cherchait à approcher ce personnage légendaire. Il invitait volontiers des hôtes de choix. Alors le service devait être impeccable. Si un détail clochait, il fronçait le sourcil et les femmes pâlissaient, se hâtant de réparer leur bévue. Une des Dolly Sisters, accompagnant le vicomte de La Rochefoucauld, vint le voir.

— Tu es un frère.

— Non, protestait Nonce, tu es un La Rochefoucauld, un grand nom de l'histoire de France et nous n'avons rien de commun.

— Si, tu es un frère.

— Non, je suis un bandit et tu es un bourgeois.

Il gardait ses distances.

Ce soir-là, la Dolly dansa nue pour lui. Sortant ainsi, dans la nuit radieuse, elle embrassa sur la bouche le premier guide qu'elle rencontra, en proclamant pour narguer son amant :

— Ça, au moins, c'est un homme !

Il arrivait au hors-la-loi de se distraire des mondanités en faisant venir les femmes de la maison publique d'Ajaccio. Il n'y en a qu'une, alimentée par les continentales. Un patron mourut : sa veuve réclama une cérémonie majestueuse, à la Cathédrale. Elle lui fut refusée. La fanfare municipale fut moins difficile et accompagna défunt Bernard, en jouant des marches funèbres et des airs héroïques.

Romanetti faisait danser les amantes de Vénus et les renvoyait comblées.

Il avait plus d'attentions pour les dames du Canari, les entraîneuses, souvent charmantes. Il les faisait chanter au son de la guitare, tourner au rythme de l'accordéon. Il passait deux, trois jours en noces et festins, quelquefois alerté par un veilleur, ce qui l'obligeait à disparaître. Il menait l'existence d'un baron d'autrefois toujours sur le qui-vive et profitant de son bon temps, aimé plus que craint, ne sachant que faire de sa richesse, s'ennuyant parfois à mourir de ne pouvoir aller et venir comme il lui aurait plu, étonnant par ses bravades calculées.

Quand le commandant Maîtrot, alors le plus jeune commandant de gendarmerie, esprit fin, diplomate, fils du général Maîtrot, fut nommé en Corse, il rêva de terminer la carrière de Romanetti et commença ses préparatifs. Il venait du Maroc. Il avait traqué les dissidents. Le maquis n'est pas sans rapport avec le bled. Il se croyait sûr du succès.

Comme il se promenait à cheval, hors de la ville, suivi d'une ordonnance, un homme en costume de velours côtelé, vêtement des paysans et des bandits, se présenta sans armes, les bras en croix devant lui, et annonça :

— Je suis Romanetti, venez me prendre.

Le chemin était creux. Trois fusils de chaque côté menaçaient l'officier. Il préféra sourire, retourner en arrière et monta un assaut contre Nonce, qui glissa entre les mailles.

Le commandant Maîtrot se familiarisa avec la Corse. Il en comprit l'âme, si proche de celle du Maghreb où il avait brillamment servi. Il résolut de traiter les bandits comme les Berbères en dissidence et d'utiliser les méthodes des services de renseignements, héritiers des bureaux arabes fondés par Bugeaud. Il demanda un entretien à Romanetti, qui le reçut à sa table, familièrement, orgueilleusement, avec une nuance de respect. Au dessert, comme il lui offrait une cigarette :

— Merci, j'ai les miennes, remarqua le hors-la-loi.

— Redoutez-vous que celles-ci soient empoisonnées ?

— Non, vous êtes un galant homme, mais on ne saurait prendre trop de précautions.

Ainsi le vieil El-Hiba, l'homme bleu, invité chez le sultan du Maroc, ne buvait que de l'eau de sa gourde, même en mangeant chez « son ami », car sait-on jamais ?

L'officier proposa à Romanetti de délivrer la Corse de ses autres bandits. Il fut pressant. Nonce souriait :

— Voyons, mon commandant, objecta-t-il, vous me demandez de faire votre métier. Je me charge de ceux qui se hasardent dans mon secteur. Faites comme moi.

On n'aurait su mieux parler. Le commandant Maîtrot, malgré son habileté, sa connaissance subtile des hommes, dut rester sur son échec.

Sa rencontre avec le bandit ne fut pas sans émouvoir la gendarmerie qui en fut un peu plus démoralisée. Ces soldats d'élite ne comprenaient rien à cette façon de traiter un condamné à mort. Que leur chef négociât avec lui paraissait stupéfiant. Cet acte, dont ils n'appréciaient que le côté immoral, devait avoir de profondes répercussions dont le banditisme, qui s'épanouit après l'arrivée de Perfettini, devait largement profiter. Le chef des gendarmes d'un département avait un peu trop confondu la Corse et le Maroc, permis à ses hommes de se demander où était le devoir. Il fut du reste frappé par ses chefs, mais le mal était fait.

Faut-il s'étonner que Romanetti, se trouvant à Vizzavona, ait demandé la voiture du préfet pour faire une course ? Le chauffeur embarrassé, lui assura que la préfète seule en disposait et qu'il ne pouvait l'utiliser sans son ordre.

Le bandit protesta et l'on assure que lorsque l'auto partit, une balle la salua.

Cela nous semble surprenant car Nonce respectait les femmes.

En tout cas, ce préfet, indisposé contre l'homme qui se croyait tout permis et traitait de puissance à puissance avec les représentants du pouvoir central, abonda en propos menaçants. Comment Romanetti en fut-il avisé ? Par ses amis politiques, sans doute, ses obligés, qui devaient leur mandat à sa bonne volonté ? Par des services rendus aux familiers du préfet ? Ne criez pas à l'impossible. Un secrétaire général de la préfecture ne réclama-t-il pas l'aide du bandit Bartoli afin de rentrer en possession d'une lettre compromettante ? L'un des envoyés du ministère de l'Intérieur ne concluait-il pas, après un séjour dans l'île exquise, carrière d'hommes éminents : « En Corse, le maquis commence à la préfecture d'Ajaccio. »

Bref, Nonce suit que son algarade de Vizzavona avait excité l'ire du puissant chef. Il en sourit. L'envoyé de la République, faisant sa tournée de conseil de révision, sa voiture fut arrêtée sur la route. Alerte. Inquiétude. Des fusils luisent entre les branches. Mieux vaut parlementer. Romanetti se présente, souriant :

— M. le Préfet, assure-t-il, j'aimerais faire quelques pas avec vous. Soyez rassuré : vous êtes sous ma protection.

Faisant contre mauvaise fortune bon cœur, celui qui n'était pas M. Louis Marlier sortit de son automobile et fit quelques pas avec le bandit, empressé, jovial, qui prit le bras de celui qui voulait le persécuter.

— Vous avez un bien beau képi, admira-t-il, me permettez-vous de l'essayer ?

Il s'en coiffa, avec bonne grâce. Après avoir offert du brocciu exquis et des provisions de route à l'administrateur officiel, il se reprocha de lui avoir fait perdre un temps précieux et le rendit à ses occupations.

Seulement, un photographe surveillait cette rencontre forcée et prenait force clichés pour montrer l'intimité du bandit et du chef politique. En retournant à Ajaccio, celui-ci aurait pu apercevoir, dans quelques vitrines, ces photos indiscrètes. Les émissaires de Romanetti les y avaient placées pour que leur chef eût les rieurs de son côté.

Ce prince devait pourtant veiller sur sa sécurité. Ceux qu'il avait sacrifiés, pour être agréable à ses amis, ne lui pardonnaient pas son intrusion dans leurs affaires et rongeaient leur frein. Des pères, des frères voulaient venger une fille, une sœur que le bandit avait enlevée. Il était chaud de la pince, bel homme, riche ; il savait parler aux femmes et les enjôler. Elles se laissaient aller dans les bras de ce gaillard à qui sa légende faisait une auréole. Ces révoltés formaient une conspiration permanente contre sa vie.

Son service d'information lui révélait les périls. Il avait des espions dans la gendarmerie et la police. Il se rendait alors avec ses fidèles chez les dénonciateurs et leur apprenait qu'il connaissait leur révolte. Ceux qui lui demandaient pardon étaient épargnés. Il châtiait les autres. Pour obtenir des aveux, il faisait chauffer les pieds des paysans soupçonnés. Romanetti était le plus fort : l'on devait se courber sous sa poigne.

Toute défense était impossible : le hors-la-loi ayant des intelligences jusque chez les gardiens de l'ordre, qui le prévenaient. Décidément mieux valait être son ami.

Avec cela, cet audacieux, qui ne manquait ni de cœur, ni du sens de la responsabilité, supportait mal certaines injustices. En les apprenant, il s'exclamait, tapant du poing sur la table :

— Mais il n'y a donc plus de justice en France !

Lui, exerçait la sienne, sans faiblesse. Un citoyen de Cannella l'éprouva. Il avait demandé l'hospitalité à son grand ami, qui l'accueillit à Lava.

— Tu resteras deux jours, lui dit-il.

— Merci.

Après le dîner, l'invité soupira qu'il préférait partir. Il n'avait pas emporté de linge. Il avait oublié sa savonnette.

— Tu trouveras ici le nécessaire, certifia le bandit.

Mais l'autre préféra s'en aller. Son attitude embarrassée préoccupa Romanetti, qui sortit sur ses talons. Il renifla l'air, Il tira sa jumelle à prismes, gagna un observatoire et vit des képis de gendarmes. Il détala mais n'en pensa pas moins. La visite des pandores fut infructueuse.

Nonce profita d'un passage à Cannella pour se rendre chez le traître. Il lui avait donné une viole qu'il reprit. Des mois passèrent. Celui qui ne se savait pas démasqué vint à Lava quémander un service à Romanetti. Madeleine Mancini le reçut avec dignité et mit le couvert pour lui. Le bandit arriva comme l'intrus buvait son café :

— Tu as mangé ?

— Oui.

— Que t'a-t-on donné ?

— Des entrailles de cabri.

Les tripes de chevreau sont un plat apprécié des bergers.

— Des entrailles de cabri ? interrogea le maître respecté, tu les as trouvées bonnes ?

— Excellentes.

— Elles auraient dû te rester dans la gorge mais, sois tranquille, c'est le dernier repas que tu as pris ici.

Il mangea silencieusement. Il ne regardait même pas celui qui avait voulu le livrer. Au dessert il explosa :

— Madeleine, dit-il, pourquoi as-tu accueilli cet homme qui m'a vendu ? Tu es sa complice ?

— Mais, j'ignorais…

— Et toi que viens-tu faire ici ? Traînes-tu encore une odeur de gendarmes après toi ?

— Je ne sais ce que tu veux dire.

— Ah ! gredin. Tu croyais que je ne savais pas ? Quand tu es parti, l'autre soir, avais-tu touché le prix de mon cadavre ?

— Je t'assure…

Romanetti eut un geste coupant et décida :

— Prenez cet homme et cette femme. Liez-les chacun à un arbre. Ils ont trahi ensemble. Ils seront envoyés ensemble à Dieu.

On ne discutait pas un ordre du chef, quel qu'il fut. Il pleuvait en tempête. Madeleine Mancini et l'homme de Cannella furent entraînés par les guides et ficelés à deux arbres.

Romanetti réfléchissait, sous la lampe à pétrole fumeuse. Les lieutenants se rassirent, inondés. L'un d'eux, un parent, insista en faveur de Madeleine Mancini.

— Peut-être, observa-t-il, ne savait-elle pas que le cafetier t'avait trahi.

Il reçut un tel coup d'œil sombre qu'il n'insista pas. À ce moment des invités arrivèrent. Il y avait parmi eux un jeune homme d'Ajaccio, curieux mais timide. En passant auprès des troncs où les corps des malheureux étaient liés il avait frissonné d'horreur et manqué avoir une syncope.

— Donnez-moi une bouteille vide commanda Nonce. Bien. Réduisez-la en morceaux. Nous obligerons ces coquins aux aveux.

Les préparatifs étaient terminés.

— Allez les chercher.

Madeleine méritait son nom. Elle avait l'air d'une naïade ruisselante et pleurait comme une fontaine. L'auxiliaire de la police était noyé et piteux. Il jeta un coup d'œil sur les armes et les débris de verre. Il attendit la mort en grelottant, désemparé. Romanetti s'occupait de ses invités et leur faisait donner un concert. Entre deux chansons, il proclama :

— Cette fille va mourir avant toi. Malheur, on ne peut croire, même en celle que l'on aime. La femme apporte toujours la trahison dans sa jupe.

— Non, je ne savais pas. Si j'avais su que cet homme n'était plus votre ami, je l'aurais jeté hors de la maison.

— Et toi, n'as-tu rien à dire ?

— Si, soupira-t-il, moi seul suis coupable.

— Toi seul !

— Je le jure sur la tête de mon père.

— Madeleine, rentre dans ta chambre.

Les chants reprirent. Nonce, le front barré par le souci, cherchait la vérité. Il se leva. apaisé, ouvrit la porte toute grande et dit à son hôte :

— Fous le camp. Ne reviens jamais, sinon tu auras une balle dans le ventre.

L'autre fila comme un trait, dans l'orage, et arriva à Ajaccio en une heure, haletant. Il avait couru comme un fou, sentant tous les diables de l'enfer à ses trousses. Madeleine Mancini reprit sa place au foyer, sans autre explication.

Tel était Romanetti, haut baron, maître en son fief, limité par sa seule volonté.

Nonce aimait séjourner dans la coquette station thermale de Vizzavona, dont le conseiller général est César Campinchi. Il s'y rendait en tenue bourgeoise, sans fusil mais avec des revolvers dans ses poches. Il descendait au Grand Hôtel, y buvait avec sa puissance habituelle car son estomac et son foie supportaient des litres d'eau de vie. Alors il interdisait aux locataires de sortir. Ses guides s'assuraient des portes. Le procureur de la République de Lyon, ayant demandé qui menait un tel tapage et le forçait à se cloîtrer dans sa chambre, fut éberlué quand on lui parla de Romanetti. Ces mœurs lui paraissaient indignes d'un département français. Il fit de telles menaces que le propriétaire, M. Muraccioli, dont le frère était maire de Bocognano, le village proche, intervint et fit un esclandre. On prétend que ses guides exigèrent qu'on leur livrât les femmes de chambre. M. Muraccioli tint bon, n'admit pas de servir ses dangereux clients. Sa résolution l'obligea à abandonner ses affaires et la Corse, où il n'était plus en sécurité. Il dut passer deux ans en Algérie, avec le cauchemar de terribles vengeances.

En étendant son champ d'activité, Romanetti rencontrait des résistances. Il en était ulcéré. N'était-il pas le roi du maquis ? Tout ne devait-il pas se soumettre à ses volontés ? Il ne gardait son caractère primitif que dans la Cinarca, son comté, où l'on s'inclinait devant lui. Il s'y montrait débonnaire, entrait dans les maisons, se montrant heureux d'être invité. Des incidents flatteurs entretenaient sa gloire. Un avion était tombé à Lava, près de la maison des Mancini, l'hydravion Marseille-Ajaccio ayant en une panne malencontreuse. Accouru, le premier, Nonce Romanetti organisa les secours. Il y avait des blessés. Il les soigna et fit mettre à l'abri le courrier postal, les valeurs, les mallettes des passagers. Une dame portait une fortune en bijoux. Il se contenta de la secourir. Il ordonna à un guide de prévenir les gendarmes et s'éclipsa, sans rien emporter, quand il vit pointer leurs képis, satisfait d'avoir fait œuvre d'humanité. Ainsi il apparaissait comme digne des bandits légendaires qui n'avaient que du sang sur les mains, ce qui n'est pas partout pendable.

Le 15 août 1925 il se trouvait à Calcatoggio en plein jour, dans un café devant lequel coule une fontaine charmeuse. Elle orne une place que borde la route, limitée par un petit pont. Un châtaignier l'ombrage. Nonce chantait et dansait, trinquant avec les habitués, admiré par les jeunes gens. Le grand avocat César Campinchi, natif de ce village où vit sa maman, observait la scène en souriant. Un guide protégeait le bandit. Interdit de séjour, il s'était mis au service du prince du maquis. Un gendarme, qui baguenaudait, le reconnut et l'appréhenda.

Un cri :

— Au secours Romanetti

Un Corse ne résiste jamais à un appel. Il a besoin de protéger. L'hospitalité insulaire est imprégnée de ce sentiment pathétique. À la base des relations dans l'île de Beauté, il y a l'impérieux devoir de répondre présent à qui demande une aide. Il est plus sacré encore pour un bandit. Celui-ci ne saurait, sans forfaire, abandonner un serviteur, qui ne peut être qu'un ami. Romanetti accourut, revolver au poing, fit lâcher son prisonnier au soldat et, lui plaçant son arme sous le nez, l'obligea à reculer jusqu'au pont.

— Saute, décida-t-il.

Le malheureux allait s'exécuter, risquant de se casser les reins dans sa chute.

— Arrête, ordonna l'ancien boucher, quel âge as-tu ?

— Vingt-cinq ans.

— Tu es trop jeune pour mourir. Allons, viens boire avec moi.

Le gendarme le suivit, la tête basse. Il but, heureux d'en être quitte à bon compte et pria le cousin germain du bandit de l'accompagner à la caserne. Romanetti quitta son village un peu plus tard et se rendit à Saint André d'Orcino où on lui fit fête dans plusieurs maisons.

Il était près de sa fin. Ses aventures à Vizzavona avaient eu une suite. Pour se venger de Muraccioli il avait fait campagne contre le maire de Bocognano, Pierre Muraccioli, frère de l'hôtelier. Avec rudesse. Il avait souffleté un électeur qui regimbait contre son intrusion. C'était le parent d'un berger, Charles Maninti qui avait été guide de Bella-coscia, jadis et ne craignait pas les bandits. Il prépara avec un soin religieux sa vendetta, certain d'être soutenu par les amis du maire, dont la fureur grondait contre celui qui commençait à se croire le maître occulte de la Corse. Romanetti ancien gaviniste devenu piétriste avait, d'ailleurs, foulé aux pieds la loi du clan, par haine des Muraccioli. À Bocognano. il appuyait la liste rivale, celle des landrystes, également ment patronné par Micaelli, le bandit du Fium'Orbo.

Charles Maninti, au temps où il avait connu Jacques Bellacoscia, l'Indépendant avait reçu pour lui une gourde de vin empoisonné.

Le berger manqua recevoir une balle dans la tête mais put démontrer sa bonne foi. Il était lié d'amitié avec le bandit Micaelli, figure impressionnante, dont nous relaterons les exploits. Observateur extraordinaire, il sait comprendre les grandes voix de la nature, interpréter le vol harmonieux des nuages et le friselis des feuilles. Il commença par pousser son troupeau de chèvres entre Lava et la Punta, se familiarisant avec le terrain, scrutant la moindre faille. Il chassait et la forme de chaque buisson lui devenait présente. Il allait, nonchalant, sans avoir l'air de rien, portant une friandise dans son bissac pour les chiens du seigneur de ces parages. Les molosses se taisaient quand il se promenait dans le fouillis de feuilles toujours vertes et de fleurs. Le berger ne paraissait occupé que de la lente fuite des jours et tissait le filet où le bandit trébucherait. Il surveillait de loin les habitudes de Nonce et lui rendait des services. Il aurait été le premier à signaler l'arrivée des gendarmes. Il ne demandait à aucun des guides où couchait, de préférence, le hors-la-loi. Charles Maninti savait ce que faisait l'ennemi, à chaque heure, où il se trouvait et se cachait. Il était devenu son double, son démon. Qui aurait pu s'en douter à le voir grave et souriant, prévenant, toujours prêt à soutenir la cause de Romanetti ?

La vengeance est une longue patience. Quand la haine prend une telle densité elle fait penser à quelque diamant noir. Les Anciens croyaient à l'existence de planètes obscures, qui troublaient l'harmonie des mondes. Les venins, qui influencent certains esprits, empoisonnent-ils ?

Charles Maninti tissait sa toile. Il connaissait la grotte où Romanetti allait seul, son refuge, lieu de méditation pour

cet homme d'un autre âge. Il avait repéré une sape dissimulée d'où il l'avait vu passer dix fois. Il lui avait donné la
forme de son corps. Alors il retourna à Bocognano et y vécut pendant une année, sans paraître se souvenir de Lava et
de la Punta, évasif même avec le bandit Micaelli qui s'éton-
nait de son absence.

Ces natures secrètes et obstinées ne sont pas rares en
Corse où l'on sait se taire, fut-ce au prix de la mort. On
parle encore, dans les veillées, d'une belle jeune fille qui ne
put cacher qu'elle avait eu un amoureux. Le père exigea le
nom de l'amant. Elle le refusa. Ni les prières, ni les coups
ne la fléchirent. Un matin le maître prit son fusil :

— Viens, lui ordonna-t-il.

Il l'emmena dans la forêt. Elle suivait, connaissant son
sort, incapable d'y échapper. Celui qui lui avait donné la
vie, qui se serait fait hacher pour elle, la plaça contre un
arbre et prévint :

— Tu as compris ? Tu peux encore te sauver.

Elle dédaigna de répondre. Il la visa au cœur. Elle
s'écroula, morte. Si son ombre gémissante est revenue au
foyer chéri, c'est pour protéger son silence.

L'anniversaire de l'affront allait revenir. Charles Maninti repartit. Il ne montra pas le fusil qu'il emportait, arme
de chasse, en deux morceaux. Il le fourra dans son bissac,
sous ses provisions : pain, jambon, saucisson, eau-de-vie,
fruits. Il traversa Ajaccio comme un paysan sans souci et remonta vers le Cinarca. Il s'installa dans son observatoire.
Deux nuits de suite il sentit Romanetti au bout de son fusil
et ne tira pas. Est-ce parce que sa main tremblait ? Est-ce
parce qu'il guettait une meilleure occasion ?

Nonce Romanetti, depuis quelques jours, sentait l'en-
cerclement du destin. La joie de vivre l'avait abandonné. Il
était préoccupé, anxieux. Il songeait à ce qu'on dirait de lui

après sa mort. Le poète Maistrale avait composé son lamento. Il lui demanda de venir auprès de lui. Maistrale est un paysan de Bastelica, la patrie de Sampiero, incarnation du patriotisme corse avant Pascal Paoli. Il mena contre Gênes des armées obstinées et chercha, au XVIe siècle, du secours contre les Génois, tant en Espagne qu'à la cour du roi de France. Sa femme Vanina, une d'Ornano, de cette grande famille qui a valu à l'Île tragique tant de renommée, avait attiré les principaux chefs corses à Marseille. Elle les empoisonna. Sampiero châtia son épouse, alliée de l'ennemi, en l'étranglant de ses mains. Pourtant ceux de Bastelica ne sont pas sanguinaires, étant doux comme les forts. Maistrale est grand, solide. C'est un bon poète qui exprime l'âme de son pays. Ses lamenti sont justement célèbres. Prudent, réfléchi, sa poignée de main est aussi loyale que son cœur est fidèle. Les Corses l'ont en affection : il le mérite.

Maistrale ne se rendit pas immédiatement à l'appel du bandit et ne put connaître sa dernière volonté. Car la troisième nuit où Charles Maninti guetterait, tapi dans sa cachette, sans plus guère remuer qu'une feuille, allait éclore.

Le temps était orageux. Du ciel tombaient des traînées de pluie droites comme des lances. Romanetti, après qui les Erinnyes s'étaient accrochées, eut une discussion violente avec Madeleine Mancini. Il lui disait qu'elle serait la cause de sa fin. Pour la punir de fautes souvent imaginaires, il l'obligeait à marcher sur les genoux, après avoir semé un paquet de gros sel. Sa douceur ne le désarmait pas. Il la battit, lui pocha un œil et, comme elle pleurait, honteux, énervé, il partit à deux heures du matin, en claquant la porte, sortit le cheval qui attendait son bon plaisir et s'éloigna dans la tempête. Il passa, sans méfiance, auprès du berger en embuscade qui lui lâcha deux coups de feu dans le dos et courut prévenir la gendarmerie. Le cadavre fut dévalisé avant l'arrivée des soldats. Le bandit avait sur lui dix mille francs en billets de banque, qu'on ne retrouva pas plus que sa jumelle et des revolvers qui doivent être soigneusement dissimulés. À neuf heures les gendarmes de Calcatoggio vinrent reconnaître le corps et le tuèrent, dit-on, une seconde fois. Ils le firent transporter pour l'autopsie à l'hôpital d'Ajaccio, à la façade harmonieuse, sur la mer. On rendit le corps à la famille qui lui fit faire des obsèques imposantes.

Le bruit de cette mort tragique souleva une émotion passionnée. Les chars ployaient sous les couronnes de fleurs. Cinq mille personnes suivirent le convoi funèbre. Les curieux se massaient pour saluer celui qui devenait un héros, dont on oubliait les fautes pour le défi qu'avait été son existence. Quatre-vingts automobiles l'accompagnèrent à Calcatoggio où il fut inhumé. Des villages, les paysans étaient accourus, portant des gerbes odorantes, moins embaumées que le maquis. Il ne manqua que des honneurs officiels sur la tombe. Romanetti fut sincèrement pleuré et ceux qui se réjouirent de sa mort le cachèrent. Une réprobation aurait monté vers eux. L'on chantera longtemps : « Vive Romanetti et le grand Napoléon ! » Encore l'Empereur fut-il discuté pendant des lustres en Corse, où seule sa fin dans l'isolement de l'Atlantique imposa la légende de Sainte-Hélène.

Tel fut Romanetti, cruel et bon, bandit que son panache fit aimer, qui aimantera, longtemps, les imaginations.

V

la leçon de Perfettini

Les Corses, si exaltants, sont des gentilshommes paysans, fiers et libres. Supposez qu'on présente Moro-Giafferri à quelque berger. Il se montrera empressé. Si, au cours de la conversation, la qualité de son interlocuteur lui apparaît :

— Comment, vous êtes le grand avocat. Quel honneur pour moi ! je suis ravi.

Il est touchant de respect. Mais s'il se met à sa place, d'instinct, il n'admettra jamais qu'on ne le traite pas en camarade. Il n'y a pas de domestiques chez les Corses et Paul Bourde signalait que dans certaines maisons les servantes refusaient de toucher des gages, préférant emprunter les sommes dont elles avaient besoin. Nuance. Essentielle.

Ces gentilshommes paysans cultivent volontiers de leurs mains ce qui est nécessaire à leur vie. Ils le font avec intelligence et habileté. Si l'occasion, rare, de vendre leurs produits se présente, ils s'organisent pour développer les cultures : pommes à Orezza, cœur du pays, où l'on a conservé le souvenir des luttes pour l'indépendance, pommiers et cédrats sur la côte orientale, vignobles à Patrimonio, Sartène ou Calvi, lièges à Porto-Vecchio, laiteries dans le Niolo. Ils sont calculateurs, mais sans aptitudes commerciales, raisonneurs, sérieux. Peuple de cadres. Sans les Corses il n'y aurait plus d'armée française et l'administration tout entière devrait se renouveler, des garçons de bureau aux grands chefs. Victimes des révolutions économiques, ils ne peuvent vivre sur leur sol âpre.

Entrez dans les villages, lisez les noms des morts pour la patrie, qui comprennent, parfois, jusqu'à 80 % des mâles, observez, vous constaterez que les belles maisons, la plupart des fontaines pittoresques datent de la Restauration. Villèle qui était du Lauraguais et possédait un domaine près de Toulouse, avait fait voter des lois protégeant les matières premières à base agricole : huiles, soie du mûrier, vigne, laines et cuirs. La Corse en bénéficia comme la Provence, la vallée du Rhône et le Languedoc. Les régions méditerranéennes en reçurent maints bienfaits. Elles furent mises en difficulté par le libre-échange, que réclamait la civilisation industrielle. La production familiale devint incapable de lutter contre l'introduction massive des produits. Les transports coûteux s'ajoutèrent aux embarras.

La Corse en pâtit, son réseau routier étant insuffisant. Ses huiles, ses fruits, ses soies, ses grumes, ses primeurs se trouvent en concurrence avec les soies de Chine et d'Italie, les olives d'Italie et d'Espagne, les bois d'Espagne, les oranges de la péninsule ibérique, les fleurs du Var puis de Nice. L'agriculture fut abandonnée : elle ne laissait pas de profits. Cela est si vrai que lorsque les Américains achetèrent les cédrats an prix de huit francs le kilo il fut planté plus d'un million de cédratiers. Ce fruit doux-amer est tombé, en deux ans, de huit francs à quarante-cinq centimes, le tabac de quatre francs à presque rien, les artichauts d'un franc vingt-cinq pièce à dix centimes, l'huile, de huit francs le kilo à trois, les pêches d'un franc vingt-cinq l'unité à cinquante centimes la douzaine. Ainsi le renouveau de l'arboriculture et des primeurs, dans l'île de beauté, aura été de courte durée.

Son isolement la désavantage. Le cabotage est réservé au pavillon national par une vieille loi de Colbert, établie dans l'intérêt des ports de l'Océan, pour empêcher les Anglais de commercer sur ses côtes. Les courriers postaux ne recherchent pas la marchandise pour le continent, ayant avantage à naviguer sur lest.

L'avènement du libre-échange a rejeté vers les manufactures les paysans et les artisans villageois. Elles les prolétarisèrent. En Corse, ces abandons n'ont pas profité à l'industrie. Au contraire. Il y avait des hauts-fourneaux à Solenzara. Alimentés par les minerais de l'île d'Elbe, ils produisaient du fer à la catalane : ils furent abandonnés. Des milliers d'hectares, dont la terre avait souvent été amenée à dos d'homme, furent restitués au maquis. À quoi bon ramasser les châtaignes ou les olives quand les fruits, arrivés au port, ne payent même par les frais de camionnage ? Dès qu'un espoir de gain apparaît, le Corse, qu'on dit paresseux, parce qu'on veut ignorer ses difficultés, profite de l'occasion, rare pour lui. Il a besoin d'une main-d'œuvre saisonnière et recourt aux Italiens. Pourquoi se louerait-il ? N'a-t-il pas de quoi manger, sur sa terre ? Il sera muletier, au contraire, bûcheron magnifique, charpentier, mécanicien. Ne pouvant exporter ses produits, il offre ses hommes. La jeunesse est rare, dans les communes, entre dix-huit et cinquante ans. Elle est sur toutes les routes du monde, et surtout fonctionnaire avec autant de dignité que de scrupule et de talent.

Mais une partie de ces enfants audacieux, nés soldats, qui ne sont pas enclins à la crainte, émigre vers Marseille. Elle y trouve d'autres Corses, beaux mômes qui n'ont pas rencontré de cruelles et mènent la belle vie. Ils apprennent à exercer leur chevalerie pour le compte de dames usagées. Un Corse, qui occupe de hautes fonctions à Marseille et qui soutient ses compatriotes, généreusement, a donné comme indication à ses services :

« Si celui qui se réclame de moi habite dans un périmètre de quatre cents mètres autour de la cathédrale, je ne le recommande pas. S'il est hors de ces limites, avis favorable ».

C'est que dans ce rayon, opèrent les compagnons des nervis, qui ajoutent aux profits faciles de la traite des blanches un rôle suspect d'agents électoraux. C'est dans ce milieu que se forma Paul Perfettini.

C'était un beau garçon, brun, hardi, qui n'avait pas peur d'une explication à la loyale, surveillait ses maîtresses pour qu'elles fussent d'un meilleur rapport et soutenait les intérêts de Fernand Bouisson, Président de la Chambre. Il organisait des équipes pour l'imposer. Il était son chevalier-servant. Cela lui valut l'impunité pour des peccadilles : vols à main armée, entôlages commis par ses compagnes. Il jouait les terreurs. Ayant assassiné, pour les voler, près de Mazargues, dans une villa, la Pergola Fleurie, M. Freschetti et sa bonne, après avoir dîné avec le principal auxiliaire du Président, il comprit que son protecteur ne pourrait lui sauver la mise. Criminel de droit commun, le 4 mars 1928, il prit le large et s'embarqua pour la Corse.

Pourvu d'armes et d'argent, il s'installa d'abord à Ajaccio. Il transformera le banditisme en exploitation forcenée. Ce Corse a été dévoyé par les bas-fonds du Vieux-Port.

La police ne découvrit pas immédiatement l'assassin de la Pergola Fleurie. Enfin, elle mit la main sur Ziller, son complice, qui dénonça le principal auteur. Il était loin. Préparé à ravager un large secteur, quand il prit le maquis, Perfettini s'était acquis des amitiés redoutables.

La Corse est le pays de l'hospitalité délicieuse. Démocratique, elle n'est pas égalitaire, invoque une hiérarchie. Un paysan parlant à un homme d'âge mûr ne peut appeler par son prénom, lui dira Ziu, oncle, et Zia à sa femme. Les patriciens, qui doivent leur titre à plusieurs générations de richesse ou de considération sont Sgiò et Signora. Le sgiò équivaut à l'appellation « notre maître », des campagnes. La fortune ne donne pas droit à cette distinction. Le Corse revenu fortuné d'Amérique ne l'obtient que si son père était sgiò.

La pauvreté ne l'enlève pas. Une signora pourra aller chercher du bois dans la forêt sans cesser d'être une dame.

Aucun bandit ne lui manquerait de respect. Le Corse honore la femme. Il n'enlève guère que celles qui le veulent bien. Paul Perfettini piétina ces coutumes. Il alla jusqu'à obliger des montagnards à abandonner leur lit pour prendre leur place chaude. Profanation qui ulcérait les cœurs et devait le faire abattre, quelque jour, comme une bête puante.

Il forma une bande. Son principal second était Giuseppi, appelé Laurent d'Aspretto. Cabaretier, indicateur de police, il joua si bien sur les deux tableaux qu'un lieutenant de gendarmerie témoigna en sa faveur sans s'apercevoir qu'il était dupe. Giuseppi possédait à Bonifacio, vieille cité génoise qui défie les vagues, sur un rocher élevé, une maison publique fréquentée par les tirailleurs sénégalais. Son gérant appartint à la bande à Bonnot.

Les brigands se mirent en campagne. Ils enrôlèrent Joseph Bartoli et Dominique Sintoni, de Palneca, attaquèrent la maison du docteur Ricci à Porticcio. Giuseppi s'empara des bijoux, qu'il écoula à Marseille. Perfettini et Bartoli se partagèrent les armes du docteur et cinq mille francs. Le 29 mai, ils se rendent à Lava dans la maison qu'habitait jadis Romanetti avec Madeleine Mancini. Ils réclament de l'argent, font sortir Madeleine, tuent son père et ses deux frères, emportent trois mille francs, oubliant le magot caché dans une boîte à lait.

C'est la tragédie de Lava, qui épouvanta le pays. Paul Perfettini prétendit avoir voulu venger Romanetti. Pourquoi, en ce cas, s'en prendre aux Mancini ? Quelle responsabilité avaient-ils dans sa mort ? N'auraient-ils pas dû pouvoir compter sur la protection du maquis devant être, par définition, suspects aux gendarmes ? Les brigands envahirent leur demeure, réclamèrent dix mille francs et tirèrent dans le tas après en avoir obtenu trois. Le jury fut convaincu que Madeleine Mancini, originaire de Bastelica, petite, ronde, belle figure expressive, menton pointu, avait fomenté ce drame. Il crut que, par cupidité, la gracieuse amie du maître de la Cinarca avait réclamé de Perfettini l'exécution des siens, leur disparition la rendant héritière. Des partisans affirment l'innocence de la jeune femme et réclament sa grâce. Me Jane Catulle-Mendès, veuve du poète, est à la tête de ces avocats d'office. Combien d'autres sont persuadés que la douce Madeleine Mancini souffla l'idée de l'expédition au nervi marseillais : la chose jugée ne les impressionne pas.

La mort des Mancini souleva l'indignation, tant ces meurtres étaient en contradiction avec les coutumes. Elle exalta les crapules, ceux qui voyaient dans le banditisme un excellent moyen de lézarder sans rien faire.

Dix volontaires rejoignirent Perfettini après cet exploit : Paul Allotti, Noël Cardi, Napoléon de Leca, Battesti, Giocanti l'Escroc et Maraggi d'Ucciani, dont la sœur est une receleuse adroite. Ils entraient dans les fermes, terrorisaient les paysans, les obligeaient à leur remettre de l'argent, festoyaient en les menaçant, coupaient les routes, arrêtaient les autos, culbutaient les femmes... Une jeune Hollandaise fut obligée de descendre d'un car de touristes. Paul Perfettini abusa d'elle après l'avoir dévalisée. Pourtant elle ne trouva pas l'aventure déplaisante, le garçon étant beau et chantant si bien en s'accompagnant sur la guitare. Elle refusa de porter plainte. On assure que des Hollandaises accoururent en Corse plus nombreuses après cette agression : les satyres ont souvent préoccupé les femmes.

Le malfaiteur organise son fief, condamnant à mort tout habitant qui aura parlé avec un gendarme. Il lève des impôts qui ne correspondent à aucun service, ce qui choque les mœurs. Jusqu'alors, un bandit louait son bras, son fusil, son influence. Contre une redevance, il assurait la tranquillité.

Paul Perfettini exploitait comme un sauvage coupe l'arbre afin de cueillir le fruit.

Toute société a ses lois parce qu'on ne saurait s'en passer. Le vice et la vertu n'ont pas les mêmes. Le nervi, l'apache lançait un défi à la société, ne rêvant que bombances.

Que nous sommes loin des bandits romantiques, tel Castelli qui défendait sa liberté, il y a quelques années. Dans une maison, il se nomma, demanda à manger. On le servit. Il déposa son fusil dans un coin, signe de confiance : un Corse du maquis n'abandonne pas ses armes. Il alla à son hôte et l'embrassa sur la bouche. Vieux geste, rite que nous trouvons chez les anciens Perses. Il signifie : je me donne à vous, je mets mon souffle sous votre protection. Il mangea, causant avec le propriétaire.

Ayant terminé, il lui dit :

— J'ai besoin de dormir, je suis harassé. Mais promettez-moi de m'éveiller dans quatre heures.

— Pourquoi dans quatre heures ?

— Parce que, dans quatre heures et demie les gendarmes seront ici. Je voudrais partir avant eux. Si vous ne me secouez pas dans quatre heures, vous serez obligé de me livrer.

— Comptez sur moi.

La promesse fut tenue. Castelli partit après avoir dit à son sauveur : « À la vie, à la mort ».

Il avait eu une dernière exigence :

— Ne regardez pas où je vais.

— Je lis mon journal et je ne lèverai pas les yeux.

Dix minutes plus tard, les gendarmes accouraient. Ils repartirent bredouille, sans recueillir d'indication.

Or, à quelque temps de là, Castelli revint dans la maison amicale, monté sur un magnifique cheval blanc, non les petits barbes des Berbères, qui furent longtemps les seuls chevaux de la Corse, mais un bel anglo-arabe.

— Je t'offre ce cheval, dit-il. Je l'ai acheté. Tu peux l'accepter sans crainte.

— Merci, j'ai déjà un cheval. Que ferais-je d'un autre ?

— Demande-moi ce que tu voudras, quand il te plaira, Castelli est à ta disposition.

Perfettini n'avait ni cette allure, ni cet accent. Les raids qu'il organisait contre les biens et les personnes devenaient de plus en plus insupportables.

Laisserait-on un département français à l'abandon ? Tant que le banditisme était localisé, le mal n'était pas grand. Le brigandage, au contraire, méritait une lutte à mort. La Sûreté générale l'organisa et, depuis 1928, prépara les opérations qui devaient amener la fin de ce phénomène moyen-âgeux. Car l'expédition en Corse ne fut pas improvisée, mais longuement, soigneusement méditée.

Sous la direction du commissaire Natali, on purgea le maquis des complices de Perfettini. Dominique Santoni fut arrêté. Tous furent sévèrement condamnés. Le chef restait libre, donc redoutable. Pour le chasser, on rappela de Syrie le gendarme Bustori. Cousin du brigand, il exécrait celui qui s'était attaqué aux siens. Il cacha sa haine et vint ostensiblement, en congé, dans son village, à Vezzani. Officiellement, embusqué derrière une tombe, il aurait guetté et abattu le gredin de deux balles dans la tête. Il vaut mieux croire que Bustori, feignant d'être sans rancune, demanda un entretien à son parent. Il fut à lui, l'embrassa et saisissant son revolver, lui tira dans le côté gauche, trouant le cœur. Ainsi, le 17 août 1928, Perfettini mourut, ayant accumulé des haines invincibles.

Son meurtrier revint à son poste, dans le Levant, après avoir touché le prix du sang. Il n'en profita pas, l'assassin fut vengé. Bustori était depuis quinze jours en service qu'il tombait sous une balle mystérieuse. Il n'est pas de lieu au monde où l'on ne trouve des Corses.

Paul Perfettini avait laissé pire qu'un sinistre renom : une méthode, un exemple. Ils influenceront Joseph Bartoli, soldat de la coloniale, qui avait connu le brigand à Marseille, dans les rues chaudes. Ils dirigeront la vocation des Caviglioli. Ceux-ci n'ont vu dans le banditisme que le plaisir facile. Le maquis fut pour eux le chemin du Paradis.

François Caviglioli, ses neveux Toussaint Caviglioli et Jean-Baptiste Torre ont tué des gendarmes sans raison. Ils n'avaient aucun motif pour faire les bandits. La façon dont Caviglioli quitta Ajaccio est surprenante.

Il naquit le 1ᵉʳ octobre 1898 à Lopigna, dans la Cinarca, fut guide de Romanetti et se fâcha avec lui pour une histoire de femme. Il le lui notifia dans les termes de la vendetta : « garde-toi, je me garde ». Mais il ne semble pas l'avoir recherché. En 1928, nous le trouvons plongeur au Café Solférino, en face de la préfecture, bâtie sous le Second Empire et dont trois salons, tendus de belle perse, ont été installés pour l'impératrice Eugénie. Ce monument, qui fait souvenir qu'on avait ressuscité Pompéi, quand on en dressa les plans, est entouré de jardins. Il reconstitue une maison antique. Est-ce pour rappeler que les Romains, malgré huit expéditions en un siècle et des armées de quatre-vingt mille hommes, n'ont guère pu s'assurer que les côtes de la Corse, où ils bâtirent Aleria, Mariana, peuplée par les anciens légionnaires de Marius ?

Le 6 décembre 1928, François Caviglioli est au Chic Bar, sur le cours Napoléon, avec son frère. Une altercation éclate, suivie d'une rixe. Fusillade. Les consommateurs que cette histoire n'intéresse pas plongent sous la table. Les glaces sont émiettées, le comptoir démoli. Un homme part, la main à la cuisse. Nul ne le suit. Il perdait du sang comme un sanglier blessé. Il va mourir dans la rue du Théâtre. C'est le frère de François Caviglioli, le père du petit Toussaint. Comme il expire, un grand gaillard à la casquette miteuse sort à son tour de l'établissement, le revolver au poing. Il a l'air halluciné. Tous les dix pas, il lâche un coup de feu sur le trottoir et relève son arme en hululant : hououou ! Il monte la rue de la Poste où on le perd de vue. On pense qu'il a pris le maquis après avoir tué un homme.

Caviglioli fait un crochet et retourne chez sa mère, dans le vieux quartier génois. Il prend ses armes et part, sans être inquiété. Place des Palmiers, où se trouve l'Hôtel de Ville, l'agent de police Ampregna est de service. François Caviglioli tire sur lui et le manque. Il prend ensuite le cours Grandval, jusqu'à la grotte où les amoureux se donnaient rendez-vous avant que François Coty la fît aménager parce que Napoléon venait y rêver. Il prend le maquis. À dix minutes de la lumineuse place du Diamant, règne la brousse pittoresque. À ce moment, il ne risquait qu'une contravention pour port d'arme prohibée. Ce n'était pas grave. Songez qu'une dispute ponctuée d'un coup de feu ayant éclaté au collège d'Ajaccio, le proviseur fit fouiller les élèves : on découvrit dans leurs poches deux cent trente-sept revolvers automatiques. François Caviglioli était-il parti pour venger son frère ? Il n'a rien fait, par la suite, permettant de le croire.

Que fait-il dans le fief où il s'est installé ? Il rançonne les habitants, entre dans les auberges et y boit. Il est ivre dès le matin. Deux bandits arrêtèrent le curé de Vico :

— N'allez pas plus loin.

— Il faut que j'aille dire ma messe.

Caviglioli, couché et saoul, expectora :

— Je voudrais bien entendre la messe, si j'avais le temps.

Il se fit dire des prières, battant sa coulpe avec accablement.

Il n'a vu que l'occasion de mener la bonne vie. Il exploite bûcherons et charbonniers, arrête les autos pour se faire conduire. Il attire son neveu Toussaint, puis Jean-Baptiste Torre. Toussaint était chasseur au Grand Hôtel. Torre employé dans un grand magasin de Paris, fut appelé dans la coloniale au Maroc. Il avait déserté lors d'une permission. Son père, désespéré, le décida à retourner à son corps où le conseil de guerre l'acquitta.

Durant une permission, en 1928, il assista, à Lopigna, fief d'André Spada, aux élections au conseil général. Armé, il manifestait, avec son oncle et des amis, quand un coup de feu fut tiré sur la maison du maire Sorba. Qui en était responsable ? Jean-Baptiste Torre fut accusé. Il embarqua pour se présenter devant le tribunal correctionnel d'Ajaccio. Son père, l'ayant vainement attendu, demanda à un ami :

— Lui avait-on passé les menottes ?

— Non, voyons, il est libre.

— Le malheureux !

— Comment ?

— Il est perdu.

Le papa Torre connaissait la faim d'aventures qui tourmentait son enfant. Il devinait qu'il avait rejoint l'oncle-bandit, après un échange de correspondance. Il tenta vainement de l'approcher pour lui faire des remontrances. Jean-Baptiste Torre le fuyait.

François Caviglioli était-il méchant ? Malgré ses crimes, il semble avoir été un détraqué, parfois sympathique, dépourvu de suite dans les idées. En entrant dans

certaines maisons, il enlevait son fusil et se livrait en décla-
rant :

— Si vous voulez vendre du sang humain, allez prévenir les gendarmes. Je ne me défendrai pas.

Son rôle, trop lourd pour ses épaules, l'accablait fréquemment. Il avait trouvé un refuge auprès de Spada. Il le
quitta mécontent que son ami eût élu Mimi Caviglioli, sa
sœur, pour maîtresse. Il la lui aurait refusée parce qu'il avait
tué. Il devait devenir criminel à son tour et seul le hasard
l'avait protégé jusqu'alors.

Avec lui, nous trouverons la gendarmerie en singulière
posture. Le commandant Herbelot s'en fut un soir chez la
mère du bandit. Ce chef des gendarmes pria Mimi Caviglioli de prévenir son frère qu'un assaut allait être lancé
pour le capturer. Comme la belle fille aux chairs fermes,
saine, solide, qui a bien tort d'abandonner le costume et la
coiffe noirs traditionnels, objectait qu'elle manquait d'argent :

— Voici deux cents francs, dit l'officier supérieur, prenez une auto, hâtez-vous.

Elle partit aussitôt et accomplit sa mission.

Une autre aventure, aussi étrange, arriva au fugitif près
de Cargèse, village que fit bâtir le général de Marbœuf, au
début de la réunion de la Corse à la France, et où le culte
chrétien grec est encore célébré. Il rencontra trois gendarmes de Cargèse. Les deux troupes fraternisèrent, se
désarmèrent mutuellement, pour être en sécurité et déjeunè-
rent de compagnie. En se retirant les soldats, pour justifier
leur tournée, emportèrent le fusil-mitrailleur de Caviglioli,
qui le leur abandonna généreusement. Qu'est-ce qu'un bandit qui tirent aussi peu à ses armes ?

Mais ces relations cordiales peuvent s'expliquer par
l'espoir qu'on avait d'utiliser Caviglioli contre André

Spada. Celui-ci l'accusait de vouloir le livrer et peut-être...
Les deux hors-la-loi se battirent. Spada fut blessé et tira un
coup de feu terrible dans la tête de son ancien beau-frère. Il
lui démolit la mâchoire et lui coupa le bout de la langue.
Aussi Caviglioli bredouillait-il par temps de pluie.

Un fait plus déconcertant montrera que c'était un drôle
de type. À Miramar, sur la route de Tiuccia, dès neuf heures
du matin, il lui prit la lubie de faire arrêter les voitures. Il
s'installa dans un café et attendit les invités que ses guides
lui amèneraient. Il les accueillait, leur offrait à boire, sans
leur permettre de payer. Entre neuf heures du matin et cinq
heures du soir, quarante voitures furent ainsi immobilisées.
La gendarmerie de Calcatoggio est à dix kilomètres, celle
de Sari d'Orcino à la même distance et quatre à vol d'oiseau, celle de Casaglione à huit kilomètres. Les gendarmes
de Calcatoggio observaient ce rassemblement à la jumelle.
La maréchaussée ne se dérangea pas. Sa devise semblait
être : loin des balles.

Tandis que François Caviglioli traitait ses prisonniers,
dansait avec les dames, disant que l'existence du maquis
était si monotone qu'il se donnait ces plaisirs imprévus, une
auto refusa de s'arrêter. Son conducteur, un Anglais fut
blessé au bras d'un coup de feu pour n'avoir pas obtempéré.

Parmi ceux qui avaient dû subir son invitation, se trouvait le propriétaire de l'hôtel Solférino.

— Il me semble que je vous ai vu chasser dans la forêt,
lui reprocha-t-il.

— En effet, j'y suis venu récemment.

— Maintenant que nous avons trinqué, vous pouvez revenir, mais je n'admets pas qu'on chasse sur mes terres. J'ai
mis des écriteaux pour l'indiquer. Les lapins du maquis, les
perdreaux, les grives, sont ma basse-cour. Je me nourris de
leur chair. Il faut me le laisser.

Il avait placé au bord des routes, en effet, des écriteaux affirmant : « Défense de chasser — Ordre du bandit Caviglioli ».

Il se montra d'ailleurs poli et même déférent avec les dames. L'une d'elles s'étonnant du nombre de ses armes, il les étala complaisamment. Un gros revolver la surprit.

— Qu'est ceci ? remarqua-t-elle.

— C'est un parabellum. Je penserai à vous, madame, à la première balle que je tirerai.

De même les chevaliers d'autrefois dédiaient à leurs amantes le premier sang que leur épée verserait. Caviglioli était Corse, même dans le pire.

Il comprenait le devoir. Au plus mal avec l'adjudant de gendarmerie Agostini, qui cherchait à le prendre et ne s'en cachait pas, il fit arrêter les voitures pour le capturer et le fusiller. Ne l'ayant pas découvert, il lui fit dire :

— Tu ne passeras pas.

— Si, je passerai. Informes-en Caviglioli. Je ne le chercherai pas, mais, dussé-je être tué, je ne puis reculer.

— Alors, qu'il passe, répondit le bandit.

Le 20 octobre 1930, il commit son premier crime en assassinant Ange-Antoine Simeoni à Paomia. Le 17 août 1931, il terrorisa Guagno-les-Bains, patrie du général Gaffori, patriote qui fut l'un des chefs pour le ralliement à la France et dont la femme menaça de faire sauter la maison, véritable poudrière, plutôt que de pactiser avec Gênes.

Huit heures du matin, le seigneur de Vico et autres lieux descend à Guagno, de sa montagne, avec ses deux neveux. Ceux-ci montent la garde. Lui somme successivement chaque hôtelier, suivant son importance, de lui verser une contribution. Il encaisse et court dans un autre. Au Grand Hôtel, Antoine Juano, d'Ajaccio, étonné par le bruit, met le nez à la fenêtre. Toussaint Caviglioli l'ajuste et lui traverse le cœur. Aussitôt les sacripants vont à la poste et interdisent au receveur, sous peine de mort, de laisser téléphoner quoi que ce soit à Ajaccio. N'avaient-ils pas, quelques mois avant, détruit les fils télégraphiques et téléphoniques, autour de leur résidence, pour être sûrs de ne pas être troublés dans leurs forfaits ? Après cette histoire, qui portait préjudice au tourisme, on commença à resserrer la surveillance autour de ces bandits. Ils y répondirent en menaçant les gendarmes, tirant des coups de feu, à deux heures du matin, autour de leurs solides maisons, comme s'ils avaient voulu y donner l'assaut.

C'est à Balogna, dont le maire était l'oncle de François Caviglioli, que le chef de cette communauté, intrépide et malfaisante, trouva la mort. Toute la nuit, après avoir, au crépuscule, arrêté quelques autos et rançonné leurs occupants, il écouta l'accordéon, dans un café, en buvant. Ses façons personnelles, sa fantaisie, une certaine loufoquerie, lui avait valu des inimitiés. Par les dénonciations, on pouvait le suivre à la trace.

Le cabaret où il faisait fête était isolé du village, protégé par la montagne comme la plupart des villages corses. Balogna est la commune de France qui a suscité le plus d'arrêts de la Cour de cassation et du Conseil d'État en matière électorale. Elle bat Palneca elle-même, malgré Manetta, illustre en son pays, Machiavel des urnes. C'est dire qu'on y est subtil. Les enfants dès leur naissance, semblent y avoir des clartés du code. Les gendarmes furent moins fins et, ayant tendu une embuscade, se révélèrent piètres manœuvriers. Leur chef, le commandant Neuféglise, au lieu de cerner silencieusement la maison suspecte, par des sentiers de chèvres, se plaça avec ses hommes dans une auto. Sur les marchepieds, d'autres militaires s'étaient rassemblés. Pour qu'il n'y eût pas de casse, dans ces conditions, il aurait fallu que les gendarmes fussent invisibles. Les voyez-vous, entassés comme dans une voiture du Métro, à six heures du soir? Leur véhicule va lentement pour ne pas perdre ses clients. Naturellement Caviglioli, si tapé soit-il, n'a pas choisi ce cabaret champêtre au hasard. Il permet de voir venir. Jean-Baptiste Torre, en jouant de l'accordéon, surveille l'horizon.

Il distingue l'auto. Il ne peut prendre la maréchaussée pour des clients de l'agence Cook ou des chasseurs. Il donne l'alerte. Les bandits sortent et ouvrent le feu. Roulement de fusils-mitrailleurs. Deux gendarmes sont tués et un blessé, ainsi que le lieutenant Neuféglise, qui en est resté aux méthodes de guerre du XVe siècle, en oubliant que son adversaire utilise les leçons de 1914.

J'ai beaucoup d'amitié pour le corps d'élite qu'est la gendarmerie. Ses procès-verbaux sont impeccables et complets, rédigés sur les modèles élaborés par les cours prévôtales du XVIIIe siècle, époque où tout le monde, même les femmes de chambre, savait bien écrire. Ils sont dignes, sérieux et ne marchandent jamais avec le devoir. La mentalité de ses soldats s'est transformée : avec plus d'allure, de primesaut, de finesse, améliorations dues à l'école, elle a gardé ses vertus traditionnelles. Ses cadres inférieurs sont autrement capables et intelligents que ceux d'antan. Les supérieurs ont-ils piétiné sur place, ou tourné leur activité vers d'autres problèmes, celui de la circulation routière, notamment, ou le remplacement du cheval par le moteur?

En matière de défense contre les malfaiteurs, ils n'ont guère innové. Tactique, armement sont anciens. Contre un bandit caché dans les broussailles, le revolver d'ordonnance est une plaisanterie ; c'est chercher une aiguille dans une botte de foin, attaquer à mille mètres contre des mitrailleuses. À Paris, on met les forcenés hors d'état de nuire en leur faisant respirer quelque gaz dormitif. De tels moyens ne pourraient-ils être envisagés? D'autant qu'un Caviglioli ou un Bornea par exemple, n'ont rien de bandits d'honneur. Les ménager ou le paraître est un défi aux honnêtes gens.

Dans leur rencontre avec François Caviglioli et ses neveux, les gendarmes auraient dû être tous détruits. Par bonheur, le gendarme Chaze, de la brigade de Vico, s'était dissimulé sur le bas-côté de la route. Protégé par la nuit ténébreuse, il abattit François Caviglioli et atteignit le jeune Toussaint d'une blessure en coup de fouet qui lui ceintura le ventre. Actif, énergique, il poursuivit ensuite Torre, qui disparut dans le maquis avec son cousin germain. En apprenant cette rencontre, Mimi Caviglioli rugit:

— Oui, mais le lion n'est pas encore tué.

Pour elle, le lion c'était Jean-Baptiste Torre qui se réfugia, en traînant son parent, dans une caverne dissimulée. Il y vécut dix-huit jours se nourrissant d'un sac de biscuits de soldat caché en des temps moins difficiles. Car les bandits ont des dépôts d'armes et de vivres en divers lieux. Ils peuvent y souffler en cas de poursuite.

Toussaint Caviglioli, couché sur un matelas de feuilles sèches, guérit dans cet asile. Jean-Baptiste Torre se rendait parfois la nuit à Balogna. Les gardes mobiles et la police, faisant des rondes et arrêtant les paysans — qui assistaient les bandits — le ravitaillement était devenu malaisé. Mais, à son appel, une fenêtre s'entrebâillait, un pain, un saucisson, un fromage était jeté silencieusement. Ainsi la loi de l'hospitalité demeurait respectée.

Toussaint Caviglioli s'est rendu, après des tractations obscures. Jean-Baptiste Torre, plus farouche et résolu, garda le maquis.

Y rencontrait-il deux autres coryphées du banditisme
— Bornea et les frères Spada, redoutables seigneurs ?

VI

André Spada et Bornea

Avec André Spada et Bornea, nous allons commencer
à saisir le banditisme et ses dessous. Nous le verrons dans
sa complexité par l'énergique Joseph Bartoli. Derrière les
hors-la-loi, présidant à leurs agressions, une maffia tragique. Abritée par ces hommes, elle parle au nom de balles
ailées. Ces maffiosi exploitent les fusils comme fermes en
Beauce. Plus leurs coadjuteurs sont redoutables, plus ils ont
lieu d'être exigeants. Ce sont des cerveaux à grandes com-
binaisons, qui auraient joué un rôle au temps des communes
ou des républiques de la Renaissance.

André Spada n'est Corse que par sa mère, Anne-Marie
Berti. Son père, Gavino Spada, est sarde. Il se fixa à Lopigna, dans la montagne et exploita les forêts, ici bûcheron, là
charbonnier. Il habita ensuite Coggi, en face de Saint-André
d'Orcino, dans la Cinarca, à dix kilomètres de Calcatoggio.
André Spada naquit à Ajaccio en 1897. Son frère Sébastien
qu'on appelle Bastien, qui devait être son lieutenant, naquit
à Lopigna.

Les Sardes, surtout bûcherons, exercent en Corse de petits métiers. Ils se rassemblent en face de leur île natale, à
Bonifacio, où l'on parle le vieux génois, incompréhensible
pour le reste de l'île, mais qu'entendent des marins originaires des Échelles du Levant. La Sardaigne, comme la Sicile et les îles de la Méditerranée, eut toujours des bandits.
Il y en eut à Chio ainsi qu'à Chypre où la race berbère
s'était également implantée. Pour venir momentanément à
bout de ceux qui dominaient la Sardaigne, Mussolini dut or-

ganiser une expédition de dix mille carabiniers. Elle lança des colonnes mobiles, fixa la responsabilité collective des villages et des familles, déporta les plus compromises, cassa des centaines de fonctionnaires. Tout cela dans le silence. En Sicile, on arrêta plusieurs milliers de partisans. Une église de Palerme fut transformée en cour d'assises et deux cents inculpés s'y virent condamner. Une association de bandits ne s'ouvrait qu'aux malfaiteurs pouvant justifier de cinq crimes. Elle comptait plus de cent membres. Il y en avait un, près de Catane, protégé par un sénateur, qui se flattait de quatre-vingt-trois assassinats, sans être le plus sanguinaire. Ainsi, une tradition, d'une ampleur extraordinaire, pèse sur les Italiens des îles. La maffia subsiste en Sicile, malgré les assurances que donne la presse transalpine.

André Spada, malgré son père sarde, est Corse. Il l'est par sa mère et sa formation. Cependant, il doit à son origine une religiosité plus vive. Mystique et convaincu qu'il remplit une mission, il s'entoure d'images saintes et de fétiches. On a trouvé dans sa maison une centaine de crucifix, en même temps que trente fusils ou revolvers.

Mobilisé avec la classe 17, il fut affecté au trente et unième d'artillerie de campagne, puis versé au cent soixante-quatorzième régiment d'artillerie d'Algérie. Il fit les opérations de la colonne de l'Oronte, en Syrie, et combattit pendant deux ans. De retour chez lui, il demanda à rengager et une place dans les douanes. Son rengagement était accepté, sa nomination comme douanier certaine, quand il dut penser à une existence plus cahotée : deux jours avant que son nom agrémentât l'Officiel, il avait tué deux gendarmes. Autrement, il aurait fait un fonctionnaire zélé et peu commode. À quoi tient le destin ?

Il était encore charbonnier quand il dut prendre le maquis. Le soir du 8 octobre 1922, on fêtait, à Sari d'Orcino, la patronne du village, sainte Liberata, dont la chapelle s'accroche au flanc de la montagne. Pas de fêtes, en Corse, sans coups de feu. On décharge les revolvers et les fusils tant pour faire du bruit qu'en signe de confiance. Lancer des balles vers le ciel prouve qu'on ne redoute aucun danger. André Spada était dans un bal où un voiturier avait amené deux femmes de mœurs faciles et un marin italien qui dansait avec la plus jolie. Un jeune homme de Sari voulut tourner avec elle. Dispute. Bagarre. Un coup de feu éclate. Le matelot tombe, la cuisse trouée par un coup de revolver. Les gendarmes accourent.

— Qui a tiré ?

La femme indique Dominique Rutili, qui prenait l'eau-de-vie avec Spada. Il n'avait pas bougé. Les témoins l'affirmèrent. Les gendarmes arrêtèrent, néanmoins, Rutili et son ami Stefanini. Ils leur passèrent les menottes En route ! Un chemin en descente, bordé d'un mur où s'accrochent des giroflées. Rutili proteste, appelle Spada, pousse un cri de douleur, les menottes lui meurtrissant les poignets. Spada ne résiste pas à l'imploration. Deux coups de feu. Les gendarmes culbutent. Une balle dans la lampe à pétrole. Le cabaret devient sombre. Le bûcheron libère son ami. Ils prennent ensemble le chemin du Palais vert et vont se réfugier chez Nonce Romanetti. Ils seront ses guides, formeront sa garde.

Le Palais vert, c'est le nom que les bandits ont donné au maquis qui, malgré les saisons, garde sa parure de feuillages. De là, ils datant fréquemment leurs lettres. Ils y sont rois et l'on sait que leur domaine s'étend au village enclos par la mer fleurie. Mais André Spada quitta Romanetti, non sans avoir fait impression sur Antoinette Leca, la deuxième épouse de son maître, la préférée, la femme qui le tient, comme disent les Corses, étant Madeleine Mancini.

Il décida, en 1925, de se rendre avec Dominique Rutili à Finosello, pour une opération qui n'a pas été éclaircie. Finosello est à quelques kilomètres d'Ajaccio. Un guide les mena de Sarola-Carcopino au bord du Gravone où ils attendirent la nuit pour se blottir dans deux petites maisons appartenant à la veuve Musio, d'origine sarde. Elle habitait la première avec son fils. Rutili y coucha. Spada traversa un jardin et s'installa dans l'autre.

Les deux bandits commirent l'imprudence d'envoyer leur hôtesse avertir un de leurs amis. Jamais un hors-la-loi ne laisse sortir d'une maison où il se trouve. Pour ne pas être dénoncé. Afin de garder des otages. Dans la nuit, la brigade mobile et les gendarmes, alertés par la craintive Madame Musio ou celui qu'ils avaient prévenu, ou un espion, cernèrent les bicoques. Le guide, réveillé par des bruits suspects, écarta légèrement le volet et surprit le guetteur. Il donna l'alarme et s'enfuit. On tira sur lui sans le toucher. Peu rassuré sur les suites de cette aventure, car sommaire est la justice de Spada, il abandonna la Corse et s'installa à Nice.

Il pleuvait. Un petit jour sale se leva. André Spada traversa la ligne des policiers et décampa. Il attendit son camarade et, pour lui donner une chance, tira trois coups de feu sur la maison et les policiers. Rutili ne put profiter de cette diversion, le jour étant venu. Il tua Madame Musio et son fils qu'il accusait d'avoir voulu les livrer et partit, en coup de vent, s'engageant dans les terres labourées. Gendarmes et policiers s'élancèrent sur ses traces. Cherchant à se mettre à couvert, il se dirigea vers un sentier bordé de lentisques et de chênes-verts. En contrebas, les inspecteurs Suzzoni, Papini et Acquaviva, assis pour se protéger du froid dans un angle formé par le talus et le mur, attendaient un signal. Ils ne pouvaient voir Dominique Rutili, caché par des buissons. Celui-ci ignorait leur présence. À l'endroit où se trouvaient les inspecteurs, il se penche, regarde, distingue les policiers. Au même instant, Papini l'aperçoit et le met en joue.

Trop tard. Rutili qui tenait son fusil en bataille, l'ajuste et lui lâche ses deux chevrotines. Papini tombe. Suzzoni gravit le talus et saute sur le chemin. Il bondit sur le bandit, qui rompt d'un pas, jette son fusil, reprend du champ et sort un revolver de chacune de ses poches. Il met un genou en terre et il se rue sur Suzzoni qui, l'épaule fracassée, fléchit et s'abat. L'inspecteur Acquaviva, terrible comme un bouledogue, fort comme un Turc, s'est précipité à son tour. Il a tiré un coup de feu sur Rutili et l'a manqué. Les défenseurs de l'ordre n'ont pas l'habitude de tirer qu'ont leurs adversaires. Joseph Bartoli, à la balle infaillible, brûlait deux cents cartouches par jour.

Acquaviva saute sur le terrible bravo. Il le ceinture et le force à lâcher son parabellum. En se débattant, Rutili sort son stylet. Il porte l'inscription classique : « Ne me tire pas sans raison, ne me remets pas sans honneur ». Le policier tient bon, pare les coups, essouffle l'ami de Spada qui, pour se dégager, saute, en l'enlevant, au bas du talus. Il avait calculé que son molosse obstiné ferait matelas. Acquaviva, étourdi, doit lâcher prise. Tombé sur le rebord d'une cuve à eau, il se blesse et demeure un moment abasourdi. Rutili peut fuir. André Spada qui n'aime pas tuer, bien qu'il ait le fusil chatouilleux, en aurait profité pour se tirer des grègues. Son coadjuteur revient sur l'inspecteur, la lame haute, pour le poignarder. Il frappe, ayant visé au cœur. Au passage, Acquaviva accroche le poignet, se redresse et saute à la gorge du bandit qui se défend, adossé au talus. Le policier dirige le poignet de son agresseur pour qu'il se frappe lui-même, car Rutili ne savait pas qu'un stylet, comme une épée, doit se tenir la pointe en haut. Fatigué, ayant peur d'obéir à la poigne inflexible, le bandit lâche son arme. Acquaviva pousse un cri de triomphe. Un gendarme, accouru au combat, surpris de ne plus entendre de coup de feu, vient prêter main-forte à son camarade. Rutili lutte en désespéré. Il tombe enfin, épuisé.

— Tuez-moi, achevez-moi, implore-t-il.

Un autre gendarme, accouru, met le carton de son mousqueton sur la tête du criminel. Le froid de l'arme lui donne un sursaut qui fait partir le coup, mais la balle ne lui effleure que la peau du crâne. Il n'y a plus qu'à lui passer les menottes. Acquaviva aura mérité la Légion d'honneur qui lui sera décernée et Rutili la condamnation à mort que le jury de Bastia lui infligera. M. Gaston Doumergue le gracia. Au bagne il s'écrie souvent :

« Dieu garde que je retourne en Corse ! »

Rugissant de douleur, ayant assisté à la capture de son ami, André Spada s'enfuit et revint dans les montagnes du Cruzzini, au-dessus de Lopigna. Il s'entendait avec les forestiers pour surveiller leurs exploitations et jouait le rôle de garde-champêtre. Mais il voyait aussi Romanetti, à la Punta. Ensemble ils vinrent à Ajaccio sommer Pascal Mariani d'abandonner une plainte contre Séverin Morazzani, frère d'Antoine Morazzani, qui fut le ministre des bandits.

Pascal Mariani avait été l'associé d'Antoine Morazzani pour l'exploitation du service d'autobus Ajaccio-Vico qui bénéficiait du courrier postal. La Corse ne dispose guère de chemins de fer et ses routes sont en piteux état. L'auto a fait disparaître l'isolement des villages. Les paysans ne fournissant pas assez de voyageurs, le contrat avec les postes est recherché.

Pascal Mariani se sépara d'Antoine Morazzani, homme renfermé, prudent, sombre, à forte pensée, capable de tout.

La discussion des comptes fut orageuse. Tant que Séverin Morazzani, depuis bandit, se mit en embuscade derrière un buisson de la route où son ancien ami devait passer, en voiture. Il tira deux coups sur Pascal Mariani et sa femme. Il les manqua. Ayant porté plainte, l'entrepreneur se préparait à dormir quand on heurta son huis. Il dut ouvrir. Romanetti et Spada entrèrent, accompagnés d'Antonetti, Joseph Bartoli et Perfettini. Ils exigèrent que Pascal Mariani ne poursuivît pas son agresseur. Vous voyez le spectacle : la nuit sombre, les cinq bandits armés autour de Mariani. On sert le café et l'eau-de-vie. On cause, à voix basse. Le transporteur doit promettre. Son inaction valut un acquittement à Séverin Morazzani qui peu après, tua Jules Malandri, l'homme de confiance de Spada.

Après cette affaire, Pascal Mariani dut payer tribut à joseph Bartoli et Bornea. Sentant sa vie et celle des siens en péril, il liquida ses entreprises, perdant trois cent mille francs, et s'exila. Les lignes qu'il exploitait furent reprises par Antoine Morazzani, dont le rôle sera précisé quand nous expliquerons la vie farouche de Joseph Bartoli, baron de Palneca.

Spada avait été entraîné par Romanetti dans cette équipée. Il en garda un mauvais souvenir. C'est un solitaire. Il n'écume pas son fief. L'âpreté des Morazzani lui déplaisait. D'autant qu'ayant saisi l'intérêt que présentaient les transports, il avait résolu de les utiliser pour gagner sa vie. Non qu'il eût l'esprit d'entreprise qui caractérisait Romanetti. Antoinette Leca lui insuffla ses idées, sur ce sujet.

Libre, après la mort de son époux honoraire, possédant la maison de la Punta, elle y appela André Spada. Elle élevait son neveu Pascal, fils de sa sœur Julie et de Nonce. Pascal se nomme Leca, à l'état-civil, parce que son père, marié à Calcatoggio ne pouvait, d'après la loi, reconnaître ses enfants nés hors de l'union légitime. Mais ceux qui le fréquentent ne l'appellent que Pascal Romanetti. L'intrusion du bandit dans la maison qui avait été l'arsenal et la forteresse du maître de la Cinarca, lui déplut. Il l'aurait supportée si André Spada avait vengé son père.

— Je ne suis qu'un enfant, disait-il, et celui qui devrait ne penser qu'à tuer l'assassin de celui qui m'a donné la vie s'en désintéresse. C'est donc moi qui prendrai le fusil plus tard.

Rien n'est jamais fini en Corse.

Cette maison de la Punta a des murs très épais et doubles. La cheminée est à secret. Il suffit de déplacer trois pierres pour se faufiler entre deux murailles et, si les issues sont gardées, sortir par une porte dérobée. De cet observatoire on voit tout l'horizon, avec ses chemins et la mer, de sorte que la surprise est malaisée.

Voici André Spada installé. Antoinette Leca en a un enfant, qui expire au bout de quinze jours. Il se lie alors avec Marie-Aimée Caviglioli, Mimi, sœur de François. Elle sera la grande passion de sa vie. Passion orageuse : il s'est donné, tout entier, Mimi est vite lasse. Des scènes violentes éclatent. André Spada se traîne aux genoux de celle qu'il aime. Il la supplie. Il surprend une intrigue avec Giocundi, entrepreneur de bois à Bastia, qui exploite des forêts dans la région. Il la menace. Il l'adjure de ne pas l'abandonner. La femme qui n'aime plus est impitoyable. Mimi s'enfuit avec Giocundi.

Elle file le parfait amour à Bastia. Exaspéré il s'y rend, par les bois et la brousse. Il s'installe avec son fidèle fusil sur une terrasse, guettant les amants une nuit entière. Il y retourne le lendemain car il veut surveiller l'entrée d'un cinéma où sa maîtresse — on dit son amie, en Corse — doit se rendre avec l'entrepreneur. Sans succès. Il attend le jour et se fait conduire, persuadé que les amoureux s'y cachent, à quarante kilomètres, près de la maison familiale des Giocundi. Il rêve, au crépuscule, autour d'elle. Par une fenêtre illuminée il voit deux ombres : un homme et une femme. Il tire et tue la sœur et l'oncle de Giocundi. Il partit, croyant avoir fait justice. En apprenant qu'il s'était trompé et que l'heureux ravisseur de Mimi avait, par son acte sanglant, hérité d'une grosse fortune, il éclata en sanglots.

Le voici revenu. inconsolable, auprès d'Antoinette Leca. Car il ne tue pas par plaisir.

— Je ne tire que si j'y suis obligé, a-t-il coutume de dire.

Et voici qu'il se met aux affaires.

Jusqu'alors il n'avait été que l'auxiliaire de Joseph Faggianelli dit Scempiu et rançonnait les forestiers. presque tous italiens.

L'Italien Fanchi, qui habite Saint-André d'Orcino, a la concession du service postal entre Ajaccio et Lopigna. Il touche vingt-quatre mille francs de subvention annuelle. André Spada en réclame la moitié. L'entente devait stipuler qu'il protégerait l'exploitation contre toute main-mise. Fanchi refuse. Spada le « cherche ». Quand il passe, conduisant son auto, il lui tire un coup de feu et le blesse à l'épaule. Une institutrice fut mise en sang, par les éclats de verre et la sœur de César Campinchi, l'illustre avocat parisien, reçut une chevrotine dans le bras. Si la balle avait tué le chauffeur, six personnes dégringolaient dans le ravin à pic, le bandit s'étant placé à un tournant dangereux. Après cet avertissement, Franchi traita mais ne renouvela pas son contrat avec la poste. Il demeura en bon accord avec son irascible voisin.

André Spada, par l'entremise d'Antoinette Leca, voulut passer contrat, pour son compte, avec la Poste.

À Paris cela peut sembler extraordinaire, mais on admet en Corse que le bandit doit vivre et l'on préfère lui savoir une occupation régulière. Or, tandis qu'il faisait exécuter des démarches d'intimidation, suivant les rites, auprès des adjudicataires possibles, Sorba, maire de Lopigna, se mettait sur les rangs. Il y était poussé par son demi-frère, Vitus Ricci, ami intime de Spada et qui croyait n'avoir rien à craindre de lui. En effet André Spada, dont le nom signifie épée, dansait un soir, à Arbori. Un de ses revolvers tomba pendant qu'il se démenait et le blessa à une jambe. Ricci l'emporta sur ses épaules, le mit à l'abri, le soigna et lui amena un médecin discret. Ayant sauvé la vie de son camarade, il croyait pouvoir faire ce que bon lui semblerait sans avoir à lui rendre des comptes. Jamais un Corse pur-sang n'aurait cherché noise à son sauveur. Spada fut en fureur parce qu'un ami lui avait enlevé le pain de la bouche et aussi parce que Sorba, le maire de Lopigna, lui devait son écharpe. Il lui écrivit des lettres pour exiger qu'il abandonnât ce service, qui lui appartenait, tel étant son bon plaisir. Il prépara pour sa reprise, des contrats sur papier timbré avec Antoinette Leca. Méfiant, il passait, en même temps, un contrat d'association avec celle qui était devenue sa femme. Vitus Ricci, peu rassuré sur la fin de cette histoire, persuada les gendarmes de Sari d'Orcino, venus en tournée à Lopigna, de ne pas descendre à pied par le col de Vergio mais de prendre sa voiture, le lendemain matin. Évidemment, jusqu'à Sari, il aurait avec lui des fusils sérieux, ce qui ferait reculer le bandit. Cela, au contraire, devait le déchaîner.

Le 18 mai 1930, à trois kilomètres de Lopigna, le bandit barra la route, sur le flanc de la montagne avec des grosses pierres et un tronc d'arbre qu'il avait abattu. La diligence ne pourrait franchir cet obstacle. Son intention était d'humilier Ricci en l'obligeant à rebrousser chemin, de lui démontrer qu'il ne pouvait enfreindre sa volonté. Devant l'obstacle, l'auto s'arrête. André Spada fut stupéfait en voyant les gendarmes. Il croit à un guet-apens. « Le faux bonhomme, le traître », proteste-t-il. Comme Vitus Ricci, qui voit son ami d'hier que son frère accompagne, descend pour parlementer, il reçoit, ayant le pied sur le marchepied, une décharge à toute volée et tombe. Les trois gendarmes, adossés à la voiture n'avaient rien vu. Au coup de feu ils se retournent. Un gendarme épaule. Il ne tire pas assez vite. Les chevrotines du second coup du bandit tuent celui qui visait et son camarade. Dans leur chute ils font choir la troisième hirondelle de l'armée, qui ne peut se débarrasser de ces cadavres ruisselants de sang chaud. Le soldat attend la fin, sans pouvoir se défendre.

Spada s'approche et interroge le chauffent

— Combien y a-t-il de gendarmes ?

— Trois.

— Descends du colporteur les sacs postaux et les marchandises.

Le malheureux s'affaire.

— Range-les le long du chemin.

— Puis-je repartir ?

— Mets le feu à l'auto, dit le meurtrier, en menaçant du revolver.

— Vous voulez me ruiner ?

— Obéis.

Le chauffeur terrorisé met le feu au moteur.

Le hors-la-loi, condamné par contumace à la peine capitale, s'en va en recommandant :

— Attention aux sacs postaux, qu'ils arrivent à bon port.

N'avait-il avec lui que son frère Bastien, comme il l'affirme, ou Pascal Romanetti, Jules et Napoléon Leca, frères de sa maîtresse Antoinette, comme le croit la justice ? Plus tard il disait :

— Je ne voulais pas tuer Ricci, moins encore les deux gendarmes dont j'ignorais la présence. Si je n'ai pas attendu que la voiture fût brûlée — l'incendie fut éteint après son départ — c'est pour permettre au troisième d'avoir la vie sauve. Je n'ai tiré que parce que ma vie était en péril.

Il assurait également :

— Les gendarmes font leur devoir et je n'ai rien contre eux. Si je puis les éviter je ne tire pas, mais gare aux civils qui voudraient me faire pincer. Pour eux, pas de pardon.

En somme il n'admet pas les francs-tireurs. Cet homme, qui porte un Christ gravé sur le chaton de sa bague, est persuadé que ceux qu'il a atteints étaient marqués par le destin : si Dieu l'avait voulu il aurait détourné son arme. Il interdit de jurer, auprès de lui, sous peine d'une balle dans le ventre. Il porte un chapelet béni dans sa poche.

Il protège volontiers les faibles, les déshérités qui font appel à son bras. Quand il connut l'expédition qui allait purger le maquis il s'écria :

— Ce n'est pas trop tôt qu'on débarrasse la Corse de ces sales bandits !

— Mais, lui dit-on, ils vous cherchent aussi.

— Pourquoi, s'étonna-t-il, je n'ai jamais rançonné.

Le seul délit, c'est de voler. Celui-là, à son avis, est inexpiable. Un bandit-voleur ne mérite aucune pitié.

Pourtant on a demandé de l'argent en son nom. Mais Jules Malandri ne lui faisait certainement pas part de toutes ses exigences. C'était son homme d'affaires et son associé. Ils exploitaient ensemble, après la tragédie de Lopigna, le service Ajaccio-Lopigna dont les bureaux étaient cours Napoléon, pas très loin du palais de justice. Antoinette Leca avait passé le contrat avec l'entrepreneur pour le compte d'André Spada. Les règlements étaient orageux. Jules Malandri, fils d'un Italien établi charron à Ajaccio, était dur à la détente. Les comptes s'établissaient revolver sur table. Jules parlait haut. Il avait deux frères, Antoine, surnommé Toto et Laurent. Sa situation d'intendant d'André Spada lui valait des bénéfices qu'il provoquait. Ne s'avisa-t-il pas d'aller réclamer vingt mille francs à son concurrent, Antoine Morazzani de la part de Spada ? L'entrevue fut menaçante car Antoine Morazzani qui exploitait le renom d'épouvante de Joseph Bartoli et disposait de Bornea n'était pas homme à se laisser marcher sur les pieds. Il fut cinglant et flanqua Jules Malandri à la porte. Le lendemain, à Zicavo, fief de Bartoli, des coups de feu furent tirés sur une voiture d'Antoine Morazzani, qui assurait par ses autocars, le service Ajaccio-Sartène et Ajaccio-Zicavo. Jules Malandri étant soupçonné, Séverin Morazzani, frère d'Antoine, fut aussitôt mobilisé. Il s'enquit de ce bon ami, l'amena au bureau de son frère, pour arranger leur différend. L'autre s'y rendit, sans méfiance et sortit persuadé qu'on ne le croyait pas capable d'avoir fait claquer une balle dans la voiture de son rival. Séverin l'accompagna et le fusilla comme un lapin, en pleine place du Diamant, à l'heure de l'apéritif.

Ainsi André Spada, homme aux principes rigoureux, était entraîné à l'extorsion de fonds par le chantage. Le bandit est souverain mais isolé. Ses yeux, ses oreilles appartiennent à des intendants qui ne sauraient être de tout repos. Ils brandissent le nom de leur patron comme une bannière ou une menace. Ils déforment ses volontés. Romanetti ne leur laissait pas la bride sur le cou. Il les surveillait, prêt à les cingler s'il surprenait une déloyauté. André Spada n'a pas le même coup d'œil prompt, le pressentiment, l'esprit toujours éveillé, Il est nonchalant, Il tisonne ses pensées ou sort tremblant de ses colloques avec le ciel. Antoinette Leca s'occupe pour lui des détails du ménage. Il est souvent malade. Ayant trop mangé et trop bu, il est atteint d'albumine et enflé. Une maladie de cœur lui a donné de l'emphysème. Il ne peut gravir un sentier dans la montagne sans que le souffle lui manque. Aussi son frère Bastien, fidèle, tendre, est-il toujours prêt à l'emporter pour que sa défaillance ne soit pas mise à profit par les gendarmes qui, après l'affaire de Lopigna, cernèrent la Punta. André Spada s'y trouvait et eût été pris, sans ses cachettes.

Ce bandit, fier d'être un homme libre, était donc sous la dépendance de ceux qu'il croyait ses domestiques et l'on abusait de son renom féroce. Antoinette Leca participait à la curée. Elle se rendit dans un magasin de soieries d'Ajaccio, cours Napoléon et acheta des tissus. Le commerçant les empaqueta, les porta jusqu'à la voiture de la reine. Elle s'en alla.

— Et votre note?

— Je suis l'amie du bandit Spada: vous pouvez lui envoyer la facture dans le maquis, dit-elle.

Le négociant s'inclina. Il ne soupira qu'après son départ.

Complexe est le rôle de ces auxiliaires qui s'accrochent après le bandit comme le vizir après un sultan. Ils cherchent des clients en même temps que l'exaltation de leurs propres intérêts. Ils présentent au féodal, fort de ses armes et de son droit, des revendications sous un jour persuasif. Il s'agit toujours de justice piétinée, d'amis qui subissent l'oppression. Ils flattent l'appétit de générosité qui est au fonds de tout Corse. Ils sont largement payés pour parler, se taire, faire agir, jeter l'huile sur le feu. Fertiles en ruses, plaidant le faux pour cacher le vrai, sollicitant les témoignages ils enserrent leur maître dans un réseau d'impostures. Le bandit ne saurait se passer de ces hommes d'affaires agiles que la police surveille et qui jouent sur les deux tableaux.

Il est également obligé de protéger ses amis, de satisfaire leurs ambitions, et l'on sait combien elles sont, en Corse, d'abord électorales. C'est ainsi qu'André Spada dut intervenir aux élections sénatoriales de 1931 pour favoriser Jules Leca. Celui-ci, venant de purger cinq ans de réclusion, se fit néanmoins élire délégué sénatorial. Le plus déconcertant, c'est que cet exploit valut à l'auxiliaire de feu Romanetti six mois de prison. La justice ne nous a pas accoutumés à de telles sévérités.

Mais nous verrons mieux, avec Joseph Bartoli, jusqu'où peut aller l'utilisation du bandit.

André Spada suscita, comme tous les barons du maquis, l'admiration passionnée de quelques femmes et une Anglaise, Mrs Edith Halford Nelson, s'éprit de ce chevalier sanglant. Elle lui adressa des lettres extasiées, des poèmes en anglais, pleins d'ivresse. Elle frémissait toute en parlant de lui. C'est du reste un beau garçon, malgré son obésité, sa lourdeur, son front mangé par les cheveux drus.

Comme François Bornea est différent du rude Spada à qui l'on reproche surtout d'avoir le fusil trop vif. Bornea est un fanfaron du crime. Jeune, il est né le 17 avril 1905, à Campo, près de Guitera, station balnéaire, son père Louis était sarde, comme celui de Spada. Sa mère Antoinette Fauschi est Corse. Il fut forgeron auprès du chef de famille et s'engagea dans la flotte. Le Corse de l'intérieur, soldat et même guerrier, redoute la mer. Avant de prendre le bateau il vient contempler plusieurs fois les vagues en hochant la tête. Le moindre mouton balancé par les flots lui fait se demander s'il ne devrait pas attendre une autre occasion. C'est un terrien, différent de ses compatriotes du Cap Corse, qui vont volontiers faire fortune en Amérique, mais sont d'une autre race.

Bien découplé, beau garçon, hardi, fort et sportif, François Bornea se fit bien noter, devint quartier-maître et gendarme. De la XVe légion il passa au service maritime. Strict dans le service, il n'épargnait pas les matelots en bordée et les salait outrageusement.

Il avait une passion pour le vélo. Coureur cycliste, il devint populaire sur les vélodromes de l'île de Beauté. Mais il ne manifestait guère le respect de la propriété. Ayant emprunté deux mille francs, sur la masse, il oublia de les restituer. Ceci constituait un détournement des deniers publics. Il n'attendit pas sa radiation et, à la fin de 1929, il rejoignit Joseph Bartoli — son village étant proche de Palneca — après avoir pris langue avec Antoine Morazzani, ministre des finances du maître de la vallée du Taravo. Pour ses débuts, il s'attaque à un concurrent de cet entrepreneur de transports, qui désirait se débarrasser de ses rivaux.

Ange Marcilli, tête chaude et brave cœur, assurait le service publie d'automobiles entre Ajaccio et Zicavo. Le 17 janvier 1930, Marcilli, conduisant sa voiture, fut arrêté près de Cozzano par un gamin de quinze ans pourvu d'un fusil presque aussi grand que lui, qui d'autorité, réclama trois mille francs. Deux ou trois ombres armées appuyaient cette revendication. Le transporteur réfléchit en les détaillant. Un des brigands s'avança: Marcilli reconnut Bornea.

— Je n'ai pas d'argent, déclara-t-il.

— Va, n'oublie pas que tu as une dette.

Quelques jours plus tard on lui intima l'ordre de cesser son exploitation ou de verser huit mille francs plus cent francs par jour à perpétuité. L'industriel demanda un rendez-vous à Bartoli.

— Tu te plains de Bornea ? Je ne suis pas solidaire de ses actes.

— Alors désavoue-les, abandonne-le.

— Lâcher un ami ? Pour qui me prends-tu ?

Ange Marcilli n'insista pas. Il liquida sa voiture et quitta la Corse. Antoine Morazzani pouvait espérer prendre ainsi, petit à petit, les lignes automobiles de la Corse. Il ne négligeait rien pour y parvenir. Il avait déjà dégoûté Pascal Mariani, dans le même secteur.

Épistolier, beau parleur, ayant l'autorité d'un ancien gendarme, ferré sur la théorie et la compulsant fréquemment. François Bornea exerçait une influence sur Joseph Bartoli. Il avait pris le maquis avec les principes de Perfettini. Rançonner devint pour lui et ceux qui suivirent son école un but, non un moyen. Le bandit ne pouvait être pour lui un malheureux, mais un malfaiteur. Lui aussi, dévoyé par « le milieu », a suivi ses mœurs.

Il ne respecte pas les femmes et court le guilledou. C'est pour la possession d'une belle fille qu'il se disputa avec Joseph Bartoli qui le blessa d'une balle dans la jambe.

Cependant il n'avait pas encore tué, au début de mai 1930. On devine que les bandits le traitaient avec quelque dédain : il n'était qu'un voleur. Son ancien métier ne pouvait lui valoir beaucoup d'égards. Pour montrer de quoi il était capable il assassina n'importe qui. Le 15 mai 1931 sur la route de Ciamanace. à Zicavo, il rencontra Bucchini qu'il ne connaissait pas et qui vaquait à ses affaires, lui logea une balle dans la tête, froidement. Sans provocation. Pour s'imposer, se prouver à lui-même qu'il était capable de tout, geste de l'apache, pariant au bistrot qu'il tuera un homme.

Il se spécialisa dans l'extorsion de fonds. Ses lettres, bien tournées, s'achevaient par cette formule menaçante : le double de ma signature est déposé au parquet. C'était vrai et témoignait de son mépris des institutions qu'il avait juré de protéger. Il choisissait ses victimes avec perversité. C'est ainsi qu'il réclama dix mille francs au procureur général Leotardi, venu de Saïgon en vacances auprès des siens. Le haut magistrat, éberlué, vit le procureur de la République d'Ajaccio qui lui confirma l'impuissance de la justice. Pour que ses parents n'aient pas à redouter les exploits du redoutable Bornea, le procureur général paya mais n'en pensa pas moins. L'ancien gendarme taxa les commerçants d'Ajaccio et ceux de son fief, faisant régner une terrible panique.

Dur à la peine, capable de rester rencoigné dans un massif d'arbousiers pendant deux jours, sans prendre de nourriture, connaissant tous les secrets de mon domaine, inaccessible aux sentiments qui sont l'honneur des Corses, il s'est révélé d'une prise difficile et s'est si bien terré, durant les opérations de nettoyage, qu'il a pu passer pour mort. Il fera encore parler de lui.

Nous allons le retrouver mêlé à la vie de Joseph Bartoli, terreur s'il en fût jamais, dont la fin fit pousser à presque toute la Corse un soupir de soulagement. Avec celui-ci nous allons mesurer la dégradation du bandit, devenu coupeur de bourse, assassin appartenant au plus offrant et dernier enchérisseur. La maffia, également, apparaîtra dans tout son éclat.

VII

la formation de Joseph Bartoli

Les villages de Corse, dans la montagne, sont enfermés dans un cirque de hauteurs. Ils étaient isolés par la neige, interdisant l'accès des cols durant quatre mois de l'année. Lors des invasions les habitants des rivages se réfugiaient dans ces asiles. Ils descendaient parfois autour de l'ancien pays retournant dans leurs retraites dès qu'apparaissaient les Barbaresques ou la malaria. Un grand nombre de ces bourgades est donc complété par une plage. On vit de préférence l'hiver au bord de l'eau, à la belle saison sur les hauteurs. Ghisonaccia a Ghisoni comme bord de mer, Calacuccia, dans le Niolo, Galerio. Bastelica se complète par Bastelicaccia et Palneca par Pila-Canale.

Les électeurs s'arrangent pour participer, dans les deux communes, aux fêtes politiques que sont les nominations des conseils municipaux. lis sont interchangeables et forment de véritables bataillons volants. Cela permet des calculs prolongés et, comme les plages sont à des kilomètres de villages perdus, de s'intéresser aux affaires des cantons sur le parcours.

Palneca, patrie de Joseph Bartoli, est perché dans le haut de la vallée du Taravo, torrent à truites, écumant dans des contrées splendides. On pêche souvent les poissons à coups de fusil! Les gens du Taravo, isolés du reste de l'humanité pendant des millénaires, forment une race à part. Basanés de teint, ils ont les cheveux crépus, le nez fort à la racine, légèrement aquilin et se montrent extrêmement rusés. Ils rappellent les indigènes des Abruzzes et ceux du mont Olympe, en Grèce, où les brigands sont une tradition.

Interrogez un enfant de Palneca:

— Comment t'appelles-tu?

— Qu'est-ce que cela peut vous faire? répond-il, se mettant sur la défensive.

Si l'on interpelle une fillette:

— Où vas-tu?

— Où l'on m'attend, dit-elle.

Elle se détourne pour voir si on ne la suit pas, cherchant à dépister l'indiscret. Cela est instinctif. C'est spécial en Corse où l'étranger est traité d'une manière royale, où on l'accompagnera pendant des kilomètres, sans rien connaître de lui, pour qu'il ne se trompe pas de chemin.

D'où viennent ces familles où l'on se prénomme volontiers Salomon et Jacob, Rachel et Rebecca ? La légende veut que deux frères fondèrent Palneca : ils s'appelaient Barthélémy et Toussaint qui sont devenus Bartoli et Santoni. À Palneca, le nom patronymique est Bartoli ou Santoni. Les deux ancêtres qui s'établirent dans ce puissant paysage, surpris par la neige, qu'ils n'avaient jamais vue, poussèrent leurs troupeaux devant eux, jusqu'à ce qu'ils eussent retrouvé la terre libre et l'herbe verte. C'est là qu'ils édifièrent leur bergerie, comprenant deux pièces. Une pour abriter leurs bêtes, une pour eux. Leurs descendants furent nombreux et intraitables. Pascal Paoli, quand il forma la République Corse, pour qui Jean-Jacques Rousseau médita une Constitution, dut raser Palneca afin de pacifier cette région. Le banditisme y est exalté. J'ai recueilli cette berceuse dans la région de Zicavo, dont dépend Palneca : « Quand vous serez grand, vous ne craindrez ni voltigeurs ni gendarmes, et si vous êtes hardi, vous serez un fier bandit. » Cela est prometteur.

Prosper Mérimée a écrit qu'il n'y avait pas de superstition en Corse et son appréciation fait autorité. Elle est hâtive. À Palneca, dès qu'un enfant naît, on place dans le fond de son berceau un stylet dont la poignée forme croix, et un livre de messe. Le poignard, pour préserver des sorcières qui ont pouvoir d'empêcher une balle de jaillir d'une arme à feu. Le livre de messe, afin d'écarter les démons. On ne laissera jamais seul le bambin, les jours de brouillard, malgré ces précautions, tant qu'il n'aura pas percé sa première dent. Les Gramanti, esprits malfaisants cachés dans les rochers et les ravins, pourraient l'enlever, le séquestrer, le faire disparaître ou le mutiler.

On raconte que la grand-mère d'Antoine Santoni dit Balloni, cousin et associé de Joseph Bartoli, aurait été enlevée, dans la brume, à l'âge de cinq ans. On ne la retrouva qu'après une nuit d'angoisse. Elle revint au village en boitant et resta estropiée toute sa vie. Elle dit, en pleurant, que deux hommes l'avaient menée dans une plaine, loin, bien loin. Ils lui avaient paru être son père et son oncle, alors à la plage avec les troupeaux. Toute la nuit, elle avait dû tenir béante l'ouverture d'un sac où ses parents déversaient du blé. Comme elle se lassait de tenir les bords de la toile, le prétendu frère de son père lui avait décoché un coup de pied. Elle était repartie, à l'aurore, clopin-clopant, épouvantée de se trouver seule. Sa jambe lui faisant mal, le médecin l'examina et ne put rien découvrir, mais elle resta boiteuse. Pour la consoler de la ruade envoyée par l'oncle, son « père » lui avait fait don d'un petit oiseau que la petite bergère enferma dans son sac à provisions et qui s'envola dès qu'elle voulut le montrer.

Quand un enfant est malade, une vieille, qui possède le signe, transmis, sous peine de sacrilège, dans la nuit de Noël, l'antique fête du solstice d'hiver, le met nu. Elle lui passe plusieurs fois la main sur la partie souffrante en prononçant des incantations. Trempant son doigt dans l'huile d'olive pure, elle laisse tomber la goutte dans une assiette pleine d'eau. Si la goutte reste ronde, l'enfant guérira, si elle s'étale, le mal s'aggravera. Nous trouvons ce rite en Toscane et en Sicile.

Or, la vieille a eu raison, le petit ou la mignonne reste dolent. On recourt à la sorcière. Elle examine un verre d'eau, le fixe, pour entrevoir le mauvais œil dont l'enfant est victime. Elle conjure le sort. Parfois, elle reconnaît l'œil du coupable, elle l'affirme. Cela fut le départ de vendette forcenées.

Le jour du Samedi-Saint — ce jour-là, en Corse on blanchit les maisons pour recevoir le curé, qui vient les bénir — tous les hommes de Palneca font claquer leurs fusils et revolvers aux premiers sons des cloches revenues de Rome. Ils les rechargent aussitôt, car les sorcières n'ont aucun pouvoir sur les balles en ce moment sacré. Leurs manigances ne serviraient de rien. Les armes sont précieusement gardées et l'on n'y fera appel que pour une occasion de choix. On préfère demander le fusil d'un ami, si celui-ci a été utilisé depuis le jour fatidique, afin de conserver sa cartouche.

À la Toussaint, où les anciennes races célèbrent la disparition d'Alcyone, l'étoile magique, l'une des Pléiades, perdue dans l'infini, à la Toussaint, à Palneca comme dans toute la Corse, on allume des torches ou des bougies sur les tombes : elles se consument dans le vent, comme une prière.

Joseph Bartoli grandit dans ce singulier village, dont les habitants vivaient comme aux temps légendaires, ne parlant que de bandits et de politique. Car la politique est leur délire. Et Bartoli en était épris, comme tous les siens. Il appartenait à une famille dont la mairie constituait le fief, étant le petit-fils d'un Bartoli qui fut illustre sous le nom de Manetta et dont le souvenir s'est perpétué.

Ce paysan, qui ne savait ni lire, ni écrire, était fin comme un renard, aussi madré qu'un avoué normand, davantage même. Il appartenait au parti d'Emmanuel Arène, le parti républicain dont Adolphe Landry est aujourd'hui le chef incontesté, le seul parti cohérent existant en Corse, celui qui se réclame de Francois Pietri, l'ancien parti Gavini. Parti de la fidélité à l'Empire aujourd'hui complètement rallié au régime, ne groupant que les opposants et les mécontents autour d'un noyau aristocratique.

Emmanuel Arène fut qualifié roi de la Corse. Il l'était avec nonchalance et habileté. Grâce à son secrétariat : un modèle. Il recevait des ministères, avant la publication à l'Officiel, la liste des nominations intéressant des Corses. Son collaborateur écrivait aussitôt une belle lettre au compatriote pour le féliciter. Emmanuel paraissait s'en être occupé ! C'était un fameux zèbre. Journaliste à la plume étincelante, il trônait à l'ancien Figaro ; il est l'un des auteurs du Roi, avec Robert de Flers et Aman de Caillavet.

Un jour, en tournée avec le préfet et un conseiller général, comme un maire l'accompagnait dans sa république, un facteur s'approcha du magistrat municipal et lui tendit le courrier.

— Cette lettre est pour Santelli, dit celui-ci.

Le facteur la plaça entre le pouce et l'index et classa de même son courrier, entre ses dix doigts, suivant les indications qui lui étaient données. Le préfet suivait ce triage en fronçant le sourcil.

— Comment, rnaugréa-t-il, un facteur qui ne sait pas lire

— Hélas non ! M. le Préfet, convint le conseiller.

— Je voudrais bien savoir quel est l'imbécile qui l'a fait nommer !

— C'est moi, Monsieur le Préfet, répartit Emmanuel Arène. S'il avait su lire et écrire, je l'aurais fait préfet !

Cela avec le sourire. Il n'était cinglant que s'il le désirait. Cynique, d'ailleurs. Lorsqu'on commença à chuchoter qu'il figurait sur les listes de Panama avec d'autres amateurs de chèques, il prétendit :

— Pour une fois où je suis sur une liste ministérielle !

Il recommandait un candidat à Darlant, ministre de la Justice dont le nom est devenu anonyme.

— Impossible, lui fit remarquer le Garde des Sceaux. Votre protégé a été appelé quatre fois chez le juge d'instruction. La cour d'assises l'a acquitté, mais son dossier est par trop cruel. N'insistez pas, il n'est vraiment pas dans la normale.

— Mon cher ministre, voyons, s'il en était autrement, j'espère que je n'aurais pas à vous demander cette faveur?

— Je vous en prie, ma conscience m'interdit de vous obliger. Ce serait bafouer les lois.

— Soit, je suis au regret, n'en parlons plus.

— Cela vaut mieux. Une autre fois, nous aurons plus de chance.

— Mais certainement.

Darlant avait une maîtresse qui s'honorait d'appartenir à la Comédie-Française. Emmanuel Arène ne pouvait l'ignorer, étant parisien avec élégance. Il écrivit quelques échos déplaisants pour la demoiselle. Ulcérée, elle se plaignit à son protecteur, exigeant qu'il fît cesser ces insolences. Le ministre profita d'une séance de la Chambre pour voir le député de la Corse.

— Voyons, mon cher ami, pourquoi éreintez-vous une femme charmante qui a tant d'admiration pour votre talent?

— Parce qu'elle a plus de goût à la ville qu'à la scène, sans doute.

— Pouvez-vous dire?

— Je trouve qu'elle joue mal. J'ai le devoir de le dire. Vous n'allez pas censurer le droit de critique. Ma conscience ne l'admettrait pas.

— Certes, je ne voudrais pas paraître vous influencer.

— Vous auriez raison, sur ce terrain…

— Je vous comprends. Mais voyons, cher ami, cette nomination dont vous m'aviez entretenu…

Le Garde des Sceaux préféra capituler. Ô mœurs, ô lois, ô vénérables exemples !

C'est qu'Emmanuel Arène n'était pas habitué à se voir refuser ce qu'il demandait. Le chef d'un parti, en Corse, a droit à des égards. Les Pozzo di Borgo, revenus triomphants après l'Empire, jouèrent ce rôle de Deus ex machina sous la Restauration, le maréchal Sebastiani sous la Monarchie de Juillet, puis Gavini sous le Second Empire. Arène continuait ces princes sans titre et non sans couronne.

Il se tirait des plus mauvais cas avec une agilité d'acrobate. Un paysan, venu à Paris exprès pour le voir, ne s'étonna qu'au bout d'un mois de ne jamais le trouver. On devine que le malin compère avait donné des ordres pour n'être pas importuné. Comprenant qu'on l'évinçait, le Corse devint furieux. Écartant la servante, il pénétra dans le salon, ouvrit des portes et se trouva nez à nez avec celui qu'il voulait découvrir.

— Oh ! mon vieil et cher ami, quelle bonne surprise ! Que je suis heureux de vous voir !

— On ne le dirait pas. Voilà un mois que vous vous privez de ce plaisir et je ne suis pas homme à supporter un affront.

— Comment ? Depuis un mois ? C'est inimaginable.

Il sonna la bonne, admirablement stylée.

— Ma pauvre fille, c'est ainsi que vous recevez mes meilleurs amis de Corse. C'est intolérable ! Que cela ne se reproduise pas ou je serais obligé de vous donner vos huit jours.

— Bien, monsieur, je n'avais pas osé prévenir monsieur, qui est si occupé.

— Jamais pour ceux que j'aime.

— Mais, tous ces matins, vous étiez en conférence avec un ministre.

— Croyez-vous donc qu'un ami tel que lui serait de trop dans ces consultations. Il fallait me prévenir. Je vous le dis pour la dernière fois.

Le paysan avait toujours l'air rogue.

— Voyons, mon cher ami, vous allez déjeuner avec moi et vous me conterez ce qui vous amène. C'est accordé d'avance. Je traite justement quelques ministres et futurs ministres. Nous avons rendez-vous chez Durand. Je vous présenterai à ces messieurs. Ils seront ravis de vous connaître.

Il entraîna son compatriote, ébloui de tant d'honneur, place de la Madeleine. Les convives sont amusés d'avoir à leur table ce paysan du Danube qui place son mot à l'occasion, non sans esprit. Aux liqueurs, Emmanuel Arène fait signe au maître d'hôtel, qui apporte l'addition. L'invité la saisit au passage.

— Je vous en prie, je ne puis permettre.

— Mais non, laissez-moi cette joie. Ce jour restera marqué pour moi d'une pierre blanche : j'ai pu approcher tant d'hommes illustres. Laissez-moi ceci.

Emmanuel Arène connaît ses Corses. Il les sait chatouilleux sur la question d'argent. Il insiste puis cède, bien que la note soit démesurée pour son ami. Celui-ci tire un énorme portefeuille. Il va regarder le montant et, se ravisant, tire un billet de cinquante francs.

— Et puis, non, je préfère ne pas savoir. Payez-vous.

Le maître d'hôtel, médusé, se demande si c'est du lard ou du cochon. Alors, le roi de la Corse, doucement :

— Rendez la monnaie !

Voilà qui est grand seigneur, n'est-il pas vrai ? Eh ! bien, Manetta, dont le surnom signifie mains agiles, était un

Emmanuel Arène villageois. On se transmet, à la veillée, ses inventions, pour nous prodigieuses. Elles le méritent.

En Corse, dit un proverbe, un maire doit mourir dans son écharpe. C'était l'avis de Manetta : il fit tout pour y parvenir. Dès qu'il fut certain d'avoir la majorité contre lui, il prit des mesures et installa le bureau électoral dans le grenier de l'école. Pourquoi ? Parce qu'on y accédait par une échelle mobile. Il installa au bas le garde-champêtre. Un de ses partisans pouvait la gravir. Il la faisait enlever pour l'adversaire. Ainsi le clan rival resta quinaud.

La fois suivante, il eut l'idée de tacher les bulletins de l'ennemi. Il les salissait avec sa chique, collée à son pouce. On s'en méfia trop tard, mais cette ruse de guerre ne pouvait servir deux fois. Il se pommada alors les moustaches puis il se graissa les doigts pour les mauvais votes. On s'en aperçut et, quatre ans plus tard, il recourut à une éponge graisseuse pour vicier le scrutin.

En tournée pastorale, l'évêque, qui n'approuvait pas ses méthodes, embarrassantes pour son candidat, apostropha Manetta :

— Vous êtes un voleur, lui dit-il.

— Moins que vous, Monseigneur.

— Comment, vous osez ?

— Le dire, certes, le prouver même : n'avez-vous pas dérobé toute l'intelligence de votre famille ?

Pourtant, à un renouvellement du conseil, le bougre était embarrassé. Il songeait à faire brûler les urnes, pour faire remettre la proclamation du scrutin et découvrir un nouveau truc, quand le sort se déclara en sa faveur. Un de ses cousins germains fut tué par un mécontent, dans la rue. Il en profita pour faire appeler son clan, qui vota comme un seul homme. Ensuite, il plaça le cadavre sur le seuil de la maison où se trouvait le bureau. Les adversaires, respectant la mort, n'osèrent l'enjamber et durent, une fois dc plus, cuver leur honte.

Pour les élections législatives, il demandait gentiment au préfet :

— Combien de voix vous faut-il ?

Il les apportait, généreusement.

Un des représentants du pouvoir se montra revêche. Apprenant que les archives de la commune étaient dans un désordre inexprimable, il les réclama, prêt à sévir. Manetta réunit ses fidèles et leur expliqua la situation. Tourné vers chacun, il interrogea :

— Que peux-tu offrir ?

— Un saucisson.

— Bien, et toi ?

— Un jambon.

— À ton tour ?

— Un lonzo.

Il continua ainsi et conclut :

— Parfait. Apportez tout cela demain matin, chez moi.

Il en remplit trois caisses qu'il fit déposer dans l'antichambre préfectorale et se rendit chez l'envoyé de la République.

— Ah ! c'est vous, monsieur le maire. Apportez-vous les pièces que je vous ai fait l'honneur de vous réclamer ?

— Certainement, M. le Préfet.

— Où sont-elles ?

— Dans votre antichambre.

— Mais pourquoi ne pas les avoir avec vous ? Voyons-les.

Ils sortent. On ouvre la première caisse. Les victuailles apparaissent.

— C'est cela que vous appelez vos archives ? s'étonne le haut fonctionnaire.

— M. le Préfet, vos prédécesseurs se sont toujours contentés de celles-ci.

Et ce jour-là, ils ne causèrent pas plus avant !

Il dupait ses administrés avec le même flegme. Il s'était fait un copain du portier de la préfecture, magnifique avec ses favoris et ses moustaches blanches retroussées, son uniforme galonné. Pour montrer sa puissance, il installait les siens à la terrasse du Café Napoléon et du Café Solferino, prenait le portier par le bras et déambulait dans le jardin avec lui, causant, lui tapant sur le ventre. Ses partisans béaient d'admiration, prenant ce figurant pour le préfet. Afin d'écarter ses ennemis du pouvoir, il recourait à un truc devenu classique. Dans sa commune, comme dans tant d'autres, les mêmes noms de famille sont fréquents. Il faisait établir les listes avec la kyrielle des prénoms et les cartes, pour ses adversaires, avec le prénom usuel. Un Santoni se présentait.

— Comment t'appelles-tu ?

— Santoni Jean.

— Il y en a quatre. Es-tu Santoni Jean-François, ou François-Jean, ou Ange-Jean ou Joseph-Jean ?

— Je suis Jean-Joseph.

— C'est possible, mais rien ne le prouve. Je ne puis t'admettre au vote.

Cela créait des états d'inimitié redoutables. Il n'en avait cure.

Pourtant, en 1884, il fut vaincu et dut abandonner le pouvoir. Il avait tout prévu, cependant, mais il fut victime d'une erreur qui fait penser aux voies du Seigneur, pour nous impénétrables.

Pour empêcher ses rivaux de l'emporter, il avait convoqué son parti, l'avant-veille du dimanche qui lui fut fatal, dans sa maison capable de braver un siège. La mairie était dans cette construction solide. Avec des sacs de farine et de sable, on matelassa les fenêtres, on barricada les portes. Des meurtrières furent ménagées pour permettre de foudroyer l'assaillant, s'il osait procéder à une attaque. L'on but, l'on mangea, en attendant le grand jour. Il arriva. Les ennemis seraient bien attrapés. Avant que le Conseil d'État eût statué sur le vote, on trouverait un moyen pour se maintenir. À cœur vaillant, rien d'impossible.

Il y avait chez le maire une centaine de larrons, heureux du bon tour qu'ils jouaient. Une bataille s'engagea. Le clan adverse avait mobilisé ses troupes, dont les fusils crépitaient : des balles perçaient les volets, brisaient les vitres. Manetta en reçut une qui lui emporta un pouce. Il se pansa et retourna au combat. Or, ses amis ne s'étaient pas contentés de boire. Ils avaient dû lâcher de l'eau. On avait disposé des récipients pour cet usage. Ils débordèrent et le liquide chercha une voie. Il la trouva et s'épancha dans la cave, sonnant, goutte à goutte sur des bidons de pétrole vides.

Dans le hourvari, un électeur du maire, ancien sapeur du génie, entendit le bruit perfide causé par ces sources. Il colla son oreille au parquet et la chute rythmée, amplifiée par le résonateur naturel, l'épouvanta.

— Les salauds, grogna-t-il, ils creusent une mine, écoutez.

— Vous êtes sûr ?

— Vous entendez, toc, toc, toc. On ne peut s'y tromper. Ils vont nous faire sauter !

Dame, ils en auraient été capables, s'ils y avaient pensé. Tumulte. Conseil de guerre. Le sapeur, promu commandant, ordonna :

— Coûte que coûte, il faut faire une sortie.

On s'y prépara. Les portes furent libérées des obstacles. En colonne par deux, les assiégés s'élancèrent. La fusillade pétarada. Tous sortirent et se formèrent en carré, prêts à tout. Avec un hurlement de triomphe, les ennemis se précipitèrent dans la mairie, s'imposèrent au bureau, votèrent à tour de bras dans l'urne conquise et proclamèrent le résultat. Ils firent un charivari soigné devant les maisons de leurs concitoyens, confus, honteux, qui rêvaient de vengeance. Il y eut plusieurs morts après cet éclat et Manetta, ne pouvant rester sur cet affront, s'installa à Ajaccio pendant quelques années. Il tenait un journal avec ostentation, et parfois, feignait de lire, mais il lui arriva de le tenir à l'envers. Tel, comme dit Merlin « cuy de engeigner autrui »…

« Hé quoi, dira-t-on, ceci a pu se passer en France ? » Comment donc ! L'Ariège, l'ancien comté de Foix, aux villages isolés dans la montagne, où les paysans sont aussi passionnés que les Corses et ont leurs coutumes, des charcuteries analogues, des ascendances communes, probablement, est riche d'aventures électorales savoureuses, de fraudes compliquées. On ne s'y tue pas : on s'y fêle le crâne volontiers. Or, la mairie ne représente plus, dans les Pyrénées, le palladium qu'elle est encore en Corse. Ici, le pouvoir y est âprement recherché. Il tient lieu de richesse, de renom, de situation, permet de servir les siens et d'envoyer les autres au diable. Par lui, il est même possible, on le verra, d'acquérir la fortune et de s'établir. Néanmoins s'appauvrir est mieux vu et plus fréquent.

Car, parmi ces hommes à personnalité vigoureuse, le droit à l'autorité est personnel mais toujours remis en question par l'ingéniosité ou la vigueur. Ailleurs aussi, mais d'une manière voilée, ouatée. Si le fief, au temps que les chroniques corses appellent le temps des Seigneurs, et qui suivit le temps des Juges, passa péniblement aux héritiers naturels, l'autorité suprême ne s'y transmit jamais. Le chef du jour n'assure pas la direction à sa race. Tous les Corses aspirent au pouvoir : furieusement égalitaires, les plus forts, les plus énergiques l'arrachent tour à tour à l'opinion populaire, encadrée dans les clans. C'est aux clans que le système féodal dut de ne pas pouvoir s'imposer. Entre les comtes et le petit peuple, il trouva une troisième classe, remuante, agissante, ayant l'habitude de la liberté, du commandement, se fiant aux armes pour se faire respecter. Nulle part, le sentiment de l'indépendance individuelle n'est plus vif, malgré l'autorité familiale, draconienne.

Cette situation a privé la Corse d'un art. Ses enfants sont éloquents et amoureux de la poésie. Ils fournissent des écrivains de talent, depuis Napoléon, dont le style est un modèle de force concise, des orateurs prestigieux. Ils n'ont ni peintres, ni sculpteurs, ni arts rustiques, ni poteries racées. Celui qui a fait fortune, vivant sur le même pied que le berger, son cousin, ne s'en différencie que par le costume. Il n'y a ni châteaux, ni villas clôturées dans l'île de Beauté. Les meubles sont nus, rudement équarris, peu nombreux.

Comme ceux des Bretons sont différents ! C'est que les Corses ayant fait fortune se gardent de l'envie. Ils placent leur argent sur le continent. Ils font peu de plantations : ils ne pourraient défendre les petits arbres contre les animaux de la parenté, qu'il serait injurieux de faire mettre en fourrière. S'ils montaient une industrie, les alliés accourraient en masse réclamer une sinécure.

L'œuvre sculptée ou peinte a besoin de longs loisirs, et ne saurait se passer de la protection des riches ou des puissants, de celle des femmes qui ont dans le sang la fièvre du changement. La constitution du peuple, fondée sur un permanent contrôle et le triomphe des factions, interdit le développement de l'aristocratie. La position de la femme corse l'empêche d'imposer ses goûts. Elle n'est pas infé-

rieure, mais différente des coutumes gauloises et germa-
niques, sans aller jusqu'à la prière que les Juifs adressent,
chaque matin, à l'Éternel, pour le remercier de ne pas les
avoir fait naître filles. Les officiers français du XVIIIᵉ siècle
furent stupéfaits de mœurs analogues à celles des Berbères.
Ils les notèrent en ces termes : « La jeune épousée se désha-
bille elle-même, quitte sa chemise et va se jeter ainsi dans
le lit de son époux... Dès le lendemain, elle commence à aller aux champs et à porter le bois, les récoltes et d'autres
fardeaux sur la tête ; enfin, à faire les travaux d'une bête de
somme... J'en ai rencontré mille pour une, dans les montagnes et le long des chemins, par la plus forte chaleur, portant des fardeaux très lourds sur leur tête, le mari la suivant,
monté sur son âne ou sur son mulet. » Elle est dépendante
et le demeure, mais terriblement protégée. Sa force, c'est
d'être non seulement la gardienne, mais la vestale du foyer,
et de maintenir la tradition avec une farouche austérité. Elle
est digne et majestueuse comme une Muse. Sa tendresse,
son dévouement vont à l'infini. Elle est écartée de la politique, affaire des hommes. Elle se retire durant leurs entretiens, qui ressemblent à des complots. Car pour gagner une
voix, ils se livrent à des calculs extraordinaires et se ruinent,
allégrement.

Dans une commune de soixante-dix habitants, les deux
listes ont dépensé, respectivement, en 1928, cent soixante-
quinze mille et cent trente-cinq mille francs, cela sans af-
fiches ni publications de journaux. Un électeur disposant de
trois voix : celle de son fils malade et de son père tombé en
enfance, avec la sienne, se mit à prix et reçut dix mille
francs en argent, une oliveraie et une vigne. Pourtant le
Corse est trop fier pour être communément vénal. Mais,
pour déplacer la majorité, on ne recule devant aucune dépense.

Un parti imagina, dans un petit pays, de faire venir des électeurs de Tunisie, par avion, les Corses étant nombreux dans la Régence et y réussissant fort bien. Son rival, aussitôt, chercha des alliés et mobilisa un autre véhicule volant. Furieux le premier décida d'empêcher cet esquif aérien de partir avec ses sept votants. Il acheta le pilote et le mécanicien qui devaient transporter l'ennemi, pour simuler une panne. Le second avait eu la même idée. De sorte que les quatorze Corses demeurèrent à Tunis, impuissants, tandis que les aviateurs riaient sous cape.

Voilà l'atmosphère où se forma le jeune Joseph Bartoli. Il fut élevé par son père Paul Bartoli et sa mère. Erminie, une Santoni, dont le frère était prêtre et fut curé à Vero. Paul Bartoli, fils de Manetta, ancien bandit, considérait comme un outrage la présence des gendarmes à Palneca. En 1916, après des attentats sur leur immeuble — des coups de fusil et de revolver l'encadraient chaque nuit — on enleva cette garde, faiblesse qui devait coûter cher. En 1928, Paul Bartoli tua le gendarme Cazot en des conditions singulières. S'il ne s'en était confessé, sur son lit de mort, ce meurtre serait demeuré mystérieux.

Les élections battaient leur plein, à grand renfort de fusillades. Les clans se défiaient. Le gendarme Cazot vint de Ciamanace pour exécuter un mandat d'amener. Il savait que, ce jour-là, il trouverait son homme, occupé à ses devoirs civiques. C'était un piétriste comme Paul Bartoli, dont la famille avait changé de faction. Le fils de Manetta, causant avec le brigadier, lui demanda de différer l'arrestation jusqu'au soir. Cela pour être assuré d'une voix, chose précieuse. Le brigadier fut évasif et ne pensa qu'à remplir sa mission. Comme il partait, avec son prisonnier, il fut foudroyé à la sortie du village, en longeant une belle châtaigneraie au flanc de la montagne. C'est ainsi que le parti eut une voix de plus. Elle fut insuffisante. Joseph Santoni, autre et sympathique petit-fils de Bartoli Manetta, fut néanmoins bandit.

La mère de Joseph Bartoli, traits durs, visage de chouette, venimeuse dans ses propos, assure-t-on, est considérée comme ayant insufflé le mépris de la vie humaine à son mari et à ses fils. Souvenez-vous du rôle de la femme corse dans la famille, gérante des biens en donnant l'illusion à l'époux qu'il a la haute direction, où le père gâte les enfants dont l'éducation est laissée à la compagne. Elle incarne les ténébreuses vengeances. Elle les suscite. Gardienne de la vie, elle veut du sang pour la protéger, dresser une frontière d'horreur autour des survivants. Elle préside aux lamenti et aux voceri, coutumes qui nous emplissent de stupeur, mais nous fait comprendre l'âme féroce des anciens Hellènes.

En 1887, Paul Bourde vit, à Sartène, le cadavre étendu sur la Place Porta, d'un homme qui venait d'être tué. Sa veuve accourut, traînant ses petits enfants. Elle plongea ses doigts dans la blessure sanglante et barbouilla le visage des innocents, pour qu'ils se souviennent. Dans la maison souillée par une vendetta, la mère, la femme conservent, comme des reliques, les chemises sanglantes, les pelones ou les vestes de chasse troués. Elles en font des autels et, en leur présence, appellent les Furies. Les morts sont placés sur une table, la table devant la porte de leur maison, le visage découvert. Autrefois, dans le Sartenais, à Sainte-Lucie de Tallano notamment, on les jetait ensuite dans le charnier de l'église, et les curés défunts, vêtus de leur surplis, rejoignaient leurs paroissiens, ligotés à une chaise. Dans l'église grecque de Cargèse, le patriarche est encore enseveli de cette manière, mais non ses ouailles. Or, les familles arrivent, en apprenant la fin tragique. Elles appellent les vocératrices. Car les femmes sont chargées de la plainte des morts, comme si elles connaissaient mieux celle qu'elles appellent la Voleuse, la Dévorante, Celle au Pied-Léger. Elles clament, comme aux temps antiques.

Quand David apprend la mort de Saül, il prononce un lamento : « L'élite d'Israël a été tuée sur ces montagnes. Comment ces vaillants hommes sont-ils tombés ?... N'annoncez pas cette nouvelle sur les places publiques d'Ascalon de peur que les filles des Philistins ne s'en réjouissent... Montagne de Gelboé, que la rosée et la pluie ne tombent jamais sur toi ; qu'il n'y ait point de cultures sur tes coteaux, parce que c'est là qu'a été perdu le bouclier des forts d'Israël : il a chu des mains de Saül, comme s'il n'eût pas été consacré par l'huile sainte. »

L'Illiade contient d'admirables voceri. Achille est en proie aux démons de la vendetta quand il s'écrie, posant ses mains sur la poitrine de Patrocle : « Je te salue, jusqu'aux entrailles des demeures infernales. Je t'ai promis une vengeance ailée : je vais l'accomplir. Après avoir traîné Hector sur ta tombe, je le livrerai aux chiens pour qu'ils le dévorent cru. J'égorgerai ensuite, devant ton bûcher, douze beaux enfants des Troyens, car ta mort me remplit d'une fureur triste. »

Lorsque la vieille Hécube, mère d'Hector, voit, du haut des remparts d'Illion, la tête de son fils traînée dans la poussière du char d'Achille, elle s'arrache les cheveux, gémit lugubrement et, donnant « le signal des grandes lamentations », s'écrie : « Pourquoi vivrais-je encore, accablée de douleurs, puisque tu as succombé, toi, mon enfant, qui, nuit et jour, étais mon orgueil, toi le salut des Troyens et des Troyennes, qui voyaient dans ta beauté le signe du ciel. Lorsque tu respirais, tu faisais leur gloire et tu es dans les griffes de la Parque. »

Cassandre l'inspirée, la blanche Andromaque, Hélène dont la beauté nous fait toujours frémir se lamentent avec la puissance et le frisson sacré qui animent les pleureuses de Corse. Oui, comme Hélène la blonde, qui sanglote et balbutie : « Il n'est plus, dans la vaste Illion, personne qui m'aime et me pardonne : je suis odieuse à tout un peuple. »

Le vieil Homère note que ce discours fait gémir l'immense foule. De même les vocératrices troublent, jusqu'à la moelle, les assistants et leur font perdre tout contrôle. Elles leur inspirent un délire et des résolutions fauves.

Ces paysannes, illettrées, qui improvisent sur l'air appris des ancêtres, en se balançant d'avant en arrière ou de droite à gauche, chantent les vertus de celui qui n'est plus et des siens. Elles alternent. Elles reprennent. La nuit tombe. Elles continuent à la clarté des torches ou des lampes. Les menaces succèdent aux invectives. Une atmosphère d'inquiétude sacrée resplendit. Les hommes en sont exaspérés. Comment résister à l'appel du sang ? S'ils ont un peu de cœur, énervés par ces litanies d'épouvante, ils caressent leur fusil et font un vœu qu'ils ne pourront transgresser. Ils prendront le maquis à leur tour. Au besoin, la femme, un soir, poussera un long soupir qui retentira dans l'âme de son compagnon. Il ne saurait supporter d'être jugé. S'il demande :

— Qu'as-tu ?

— Je pense que depuis trois mois mon frère n'est pas vengé.

Que peut décider le malheureux ?

Erminie Bartoli jouait, dans sa famille, le rôle de ces pleureuses forcenées. Mais Joseph devait subir d'autres influences.

VIII

Joseph Bartoli devient bandit

Avant de suivre Joseph Bartoli dans sa vie altière, notons l'importance des élections pour la formation des Corses. On ne saurait les donner en exemple. Pourtant, elles trempent ceux qui en montent et calculent les rouages. Elles les préparent mieux à la vie que les cultures livresques. Familiarisant avec le fort et le faible de chacun, elles permettent de peser les âmes, de ne pas confondre le dévouement avec le lucre, de savoir ce qu'il y a derrière une parole, de déjouer les ruses. Elles sont une rude école d'administration, l'homme étant partout le même. Il a les réactions de sa race et de son milieu, mais d'identiques mobiles lui servent d'appui. Le Corse qui a subi les joutes tortueuses de la politique ne se laissera pas leurrer. Il connaît les leviers qui manœuvrent les sociétés. Le midi doit à son amour de la tactique, mise au service des idées, d'exercer en France la magistrature. Son esprit délié se meut à l'aise dans les difficultés, le rend opportuniste en dépit des étiquettes. Le Corse, préparé à toutes les diplomaties par ces écoles tempétueuses, ne sera pas inférieur à ses ambitions. Pour lui, les ressorts des actions humaines ne sont pas un grimoire : il les lit aisément.

Si nous avons insisté sur l'aspect meurtrier de certaines compétitions, nous devons reconnaître que l'évolution des mœurs interdit, de plus en plus, le recours à ces moyens. Ce que perd la force est gagné par la rouerie. Les maires en difficulté font enfermer dans l'enveloppe d'un partisan une vessie de poisson pleine d'huile, afin d'annuler l'élection, ou recourent à des artifices aussi peu banals. Mais si le bandit n'avait pas existé, ils ne l'auraient pas inventé.

Revenons au petit-fils de Manetta qui a gardé le surnom de son aïeul. Né le 17 janvier 1902, à Palneca, il s'engagea à dix-huit ans dans l'infanterie coloniale. Bon soldat, excellent tireur, il fut nommé caporal. À Toulon, il commit un premier crime et se tira d'une banale affaire de femme grâce à sa présence d'esprit.

Bartoli était lié avec un autre caporal de la coloniale, Jean Santoni, également de Palneca. Ils sortaient ensemble, dansaient, dévisageaient les promeneurs. Jean Santoni avait une maîtresse, fille accommodante, à qui un troisième caporal, également corse, Biancardini, fit la cour. Rancœur. Entre copains, ces compétitions sont interdites. Jean Santoni convoqua Biancardini pour une explication. Redoutant la force et le mauvais caractère de son rival, il pria Joseph Bartoli de l'accompagner. Celui-ci était né redresseur de torts. À Palneca, il était toujours prêt à en découdre dès qu'on faisait appel à lui. Les voilà dans un caboulot, autour de trois verres. Joseph Bartoli arbitre le différend.

— Tu savais que c'était ma femme, grogna Jean Santoni.

— Il fallait le lui dire.

— Tu n'avais pas le droit de t'attaquer à elle. Il y en avait d'autres.

— Elle m'a préféré, c'est mon affaire.

— Permettez, parlons entre hommes, intervint Manetta, on ne soulève pas une femme qui a un légitime propriétaire.

— Il n'avait qu'à la garder.

— On n'accède pas aux désirs d'une putain, on la fait remettre dans le droit chemin par celui qui en est responsable.

— Je ne suis pas venu pour recevoir des leçons de morale, proteste Biancardini.

Il se lève pour s'en aller. Jean Santoni, d'un bond, lui envoie un coup de tête dans l'estomac. Le colosse ploie sous la douleur et se redresse le revolver à la main. Santoni cherche le sien. Trop tard. Biancardini vise. Joseph Bartoli écarte son ami d'un revers de main et, d'une balle inflexible, abat le camarade. Il file, sans un mot, jette son arme et court dans un village voisin. Il termine sa soirée, plein d'entrain, dans un bar où l'on danse.

La distance qu'il a parcourue semble impossible à franchir, même au pas de gymnastique, dans le temps mis par le futur bandit, qui s'est donné un alibi. Au contraire, Jean Santoni est apparu dans un autre bistrot, éclaboussé de sang, du coup porté par Bartoli. Il demande à ses camarades de témoigner que Bartoli a tiré. Cela le perd. Le conseil de guerre le condamnera à vingt ans de travaux forcés et acquittera Joseph Bartoli.

Libéré, celui-ci se rend au Maroc. Il y possédait des parents, qui assuraient les transports automobiles dans la belle Meknès. Il y est chauffeur et fait des économies. Les touristes qu'il promena ne se doutaient pas que ce beau garçon alerte, prévenant, qui roulait à fond de train sur les routes impériales, acquerrait une triste célébrité. Il se montrait énergique et tenait le volant avec maîtrise. Il se lasse de travailler chez d'autres, rêve d'exploiter une ligne d'autos en Corse. Il retourne à Palneca en 1927. Il prend l'adjudication d'un service entre Ajaccio, Palneca et Ciamanacce. Antoine Morazzani, que nous avons signalé dans les préoccupations d'André Spada, assure la ligne Ajaccio-Zicavo par Cozzano. Ils suivent le même parcours jusqu'à Cozzano, où ils bifurquent. Ils ont un concurrent, Mariani, qui n'est pas le Pascal Mariani, ruiné par Morazzani et qui dut s'expatrier. Une entente lie le principal entrepreneur d'Ajaccio et Joseph Bartoli. Il s'agit de faire abandonner la partie à ce Mariani qui les gêne. Des coups de feu sont tirés, en novembre 1927, sur la voiture que celui-ci conduisait. Blessé au bras, il préférera renoncer. Joseph Bartoli fut convoqué à Ajaccio, chez le juge d'instruction. Il exposa qu'il ne savait rien : ayant joué toute la journée et toute la nuit à Palneca, il ne pouvait se trouver sur la route. Mariani convenait que, s'étant rendu à Palneca, avant d'être touché par la balle, il avait remis, au café, un paquet à son concurrent. Ensuite, entre Palneca et Ciamanacce, sur la route creusée de fondrières, il avait été attaqué. Pour qui connaît Joseph Bartoli, cet alibi est trop indiscutable pour être honnête.

Les Corses sont extraordinairement joueurs. Dans les cafés d'Ajaccio, des tentateurs se promènent, portant, dans un panier, poules, canards, perdreaux, merles, grives, gâteaux de broccio. Les chalands conviennent d'une carte. Ils tirent, d'un sac, un étui de fer qui dissimule une carte roulée. Si celle-ci est conforme à l'annonce, ils ont gagné. Le biribi est analogue au jeu des couteaux, prospère en Auvergne et qui vint de Provence.

Dans les cafés on préfère la phénicienne scopa, ou la mora, originaire de Toscane, où il faut deviner le nombre des doigts cachés. Plus encore le nase, poker à deux cartes, où le bluff est dieu, comme au poker importé de Grande-Bretagne. Les insulaires se passionnent pour ces tournois, fertiles en ruses, qui ont occasionné d'horribles vendette.

Donc Joseph Bartoli n'est pas inquiété. Il continue son service. Depuis juillet 1927, il était marié, ayant enlevé une jeune fille. À Palneca, on s'unit d'abord, on se marie plus tard. Pourtant la piété y est intraitable. Pas de maison où l'on ne trouve crucifix, images du Christ, de la Madeleine, de la Vierge, des chapelets bénis. Manetta emmena chez lui une jeunesse de Cianamaccia, Marie-Reine Gabrielli et son frère Jeannot. Celui-ci a joué un rôle dans un assassinat commis à Propriano, en 1931, pour le compte du bandit. Il avait facilité, pour le bon motif, la capture de sa sœur. Il subissait l'ascendant de l'énergique Bartoli. Reine avait perdu son père et possédait deux autres frères.

Elle appartient à une famille célèbre dans les annales de Ciamanace. Son père était un « Miloni ». En 1770, un jeune homme de cette tribu disputa une femme à son rival, un Francisci. Ils se délièrent et engagèrent un duel à mort. Tous deux restèrent sur place. L'honneur était sauf. La vendetta, d'après les coutumes, n'avait pas à s'éployer. Mais le curé du village, un Miloni, ralluma le flambeau de la discorde. Sur le continent, les prêtres animent un parti politique, ceux de l'île merveilleuse suivent le clan familial. Ils y sont englobés et ne bronchent pas à ses mots d'ordre. Fait effarant pour ceux qui ont considéré Émile Combes comme l'Antéchrist : sept curés, élus délégués sénatoriaux, votèrent pour l'auteur de la Séparation.

Le prêtre appartenant aux Miloni ne se satisfit pas du jugement de Dieu. Célébrant la messe, il descendit de l'autel pour poignarder un jeune homme de l'autre tribu. Ce fut comme un signal. Les Miloni se précipitèrent sur leurs rivaux et en étranglèrent sept de leurs mains. Les autres s'enfuirent pour s'armer. Ils revinrent devant la maison de Dieu et en barricadèrent les portes, assurant la garde afin de faire périr leurs assassins par la famine. Les partisans ou parents de leurs ennemis, qui accouraient, se virent également pourchassés.

Durant trois jours et trois nuits, les Miloni prièrent dans la nef. Ils n'avaient ni stylet ni mousquet. Comment traverseraient-ils le cercle de fer dressé autour d'eux ? La faim, la soif les tenaillaient. Ils avaient bu l'eau bénite et le vin de messe, l'huile de la lampe perpétuelle, soleil des cœurs. Le quatrième jour, ils s'en prirent au curé, leur parent.

— Vous êtes cause de notre détresse. Nous en avons tué sept. Nous sommes trente promis à une mort affreuse, sans pouvoir nous défendre.

— Trente pour sept, tu nous as fait faire un marché de dupes. Nous valions mieux que cela !

— Tu prétends être un prêtre savant et puissant ? Puisque Dieu ne peut rien pour nous, adresse-toi aux démons !

Alors, celui qui, sur la terre, peut appeler le Sauveur pour perpétuer le miracle de l'Eucharistie, fit un grand geste qui interrompit les reproches. Adossé à l'autel, il proclama une prière mêlée d'imprécations, jeta le crucifix qui se brisa, le piétina et, de son poignard, déchira mon étole, son manipule enserrant le bras gauche.

Il se tait. On entend comme des palpitations. Le prêtre sacrilège reprend sa lecture et louange Satan.

— Ne perdez pas confiance, dit-il, on vient à notre secours. Quoi que vous voyiez, quoique vous entendiez, ne vous étonnez de rien. Les portes de l'église vont s'ouvrir, vous n'aurez pas d'embûches à redouter. Observez cet ordre : que chacun rentre chez soi sans s'occuper de ce qui se passe autour de lui et, surtout, sans tourner la tête.

Les Miloni se demandent, malgré leur épouvante, si les portes s'ouvriront. Même si ce prodige s'accomplissait, les barricades demeureraient et les ennemis lâcheraient leurs balles, longtemps mâchées. Le prêtre devine ces objections :

— Pourquoi douter ? Les balles ne pourront vous tuer aujourd'hui.

Il reprend son livre. À sa voix, le ciel devient noir, le tonnerre éclate, un vent froid court sur l'assistance et un grand mouton blanc surgit au milieu de l'église. Il bêle. Sa voix est éclatante. Il se dirige vers les portes, les frappe de la tête : les barricades tombent. Les gardes qui veillent autour de l'église en sont abasourdis. Le prêtre sort :

— Suivez-moi, ordonne-t-il, rappelez-vous mes recommandations.

La première minute d'effarement passée, les assiégeants tirent. Ils groupent leur feu sur le mouton, à qui une balle arrache un flocon de laine. Il reste indemne, comme les prisonniers, soudain libérés, qui rentrent chez eux sans encombre. Seul un imprudent fut atteint. Sur le seuil de l'église. il s'était retourné pour demander :

— Nous y sommes bien tous ?

Immédiatement une balle effleura son talon droit. Il arriva dans sa masure sans autre incident. Le prêtre magicien fit demander aux femmes, qui pouvaient circuler dans le village, la vendetta les épargnant, si personne n'avait été blessé.

— Non, tout le monde est sauf. Un seul a reçu une égratignure.

— Cela suffit. Dites-lui d'aller à confesse, tout de suite, il va mourir. J'avais promis une âme à Satan : j'ai compris qu'il la lui fallait sans sursis quand une balle a enlevé un flocon de laine.

Deux jours plus tard, le malheureux trépassait.

L'église et son clergé montèrent à Ciamanace dont le curé fut envoyé à Tasso. Depuis, aucun prêtre n'exerce son ministère dans son village d'origine. L'église profanée, fermée durant des années, fut bénite solennellement pour éviter le sacrilège. Mais, tous les sept ans, on officie dans le temple, pour un paroissien décédé de mort violente.

On pense que ce drame a eu une suite. Les Francisci, ennemis des Miloni, voulurent leur compte de cadavres. Ils sacrifièrent plusieurs adversaires en attendant d'atteindre le prêtre, méfiant. Ayant célébré les vêpres à Tasso, il se rendit à Ciamanace, à cheval. On s'empara de lui :

— Tu vas mourir, fais appel au démon, ton ami.

— Accordez-moi un quart d'heure, proposa-t-il tranquillement.

Les vengeurs préférèrent ne pas courir le risque d'une intervention infernale. Ils lièrent les mains de Miloni et l'attachèrent à la queue de son cheval lancé par des sentiers abrupts. Les os furent rompus dans la chair en bouillie.

Ainsi, après un duel à mort, trente vies furent sacrifiées.

Reine Gabrielli, femme de Joseph Bartoli, fut bercée par ces souvenirs fantastiques. Ses deux grands-pères ont été bandits, Le paternel, ayant une mort sur la conscience, gardait le maquis. Sa femme étant près d'accoucher, il voulut embrasser l'enfant. Il rencontra, à Palneca, Baptiste Bartoli, surnommé Musicu, qui venait de Ciamanace.

— Comment va ma femme ? interrogea-t-il.

— Que t'importe, puisque l'enfant n'est pas de toi.

— Que dis-tu ? C'est une infamie !

— Tu es le seul à ignorer ce que vaut ta femme.

C'était faux, mais Gabrielli, voyant rouge, monta chez lui et cassa les reins de sa malheureuse épouse d'un coup de fusil.

Le grand-père maternel tua le frère de son gendre, déjà enterré, pour que tous les biens revinssent aux enfants de ma fille Lucie. C'est la mère de Reine Gabrielli. Condamné à cinq ans de prison, il s'est suicidé en revenant des galères. Que voilà donc une hérédité chargée ! On ne sera pas surpris que cette jeune femme aux traits purs ait présidé à la vocation sinistre de Joseph Bartoli. Elle le lança dans la carrière.

Paul Leonetti était épicier à Ciamanace. Il y possédait une bicoque où, comme dans ces magasins campagnards, l'on trouvait de tout. Échangeant avec Manetta une auto usagée contre une neuve, il redevait au transporteur dix mille francs. Reine Gabrielli était retournée dans son village : son époux, terminant sa tournée à Ciamanace et en partant, préférait cette solution :

— Sers-toi chez Leonetti, lui recommanda-t-il, ce que tu prendras viendra en déduction de ce qu'il me doit.

Reine, ayant besoin d'une marmite, se rendit chez l'épicier. On refusa de la servir si elle ne payait comptant. Malentendu ? Mauvaise foi ? Demande mal présentée ? Quand Joseph Bartoli rentra, Reine lui chanta une si belle chanson qu'il ne put douter qu'on l'avait outragé et s'élança :

— Ma femme te doit de l'argent ? interrogea-t-il.

— Pas un sou !

— Pourquoi as-tu refusé de la servir ?

Discussion. Bagarre. Les frères Leonetti veulent flanquer Joseph Bartoli à la porte. Il résiste, mais passe à plat ventre le seuil aux marches usées. Comme il se relève, Paul Leonetti lui envoie un coup de pied dans les fesses. En Corse, on tue pour beaucoup moins. Manetta s'en va, menaçant. Il cuve sa honte et n'assure pas son service de liaison entre le village et la préfecture. Il va voir sa mère, à Palneca, l'embrasse, emprunte un fusil à son père. Paul Bartoli, qui a tué le brigadier Cazot sans haine, serre silencieusement la main de son gars. Joseph Bartoli se soûle et rentre chez sa femme.

— Va me chercher Paul Leonetti, ordonne-t-il.

L'épicier vient, désarmé. Le chauffeur l'attend, devant sa maison.

— Écarte-toi, crie-t-il à sa femme.

Un coup de fusil : cinq chevrotines perforent le ventre de son agresseur qui meurt quelques jours plus tard.

Joseph Bartoli devient bandit le 20 mai 1928. Nous le trouvons à Lava, exécutant les Mancini avec Paul Perfettini, le 29 mai. Par qui fut-il mis en reports avec le nervi ? Les Morazzani ne furent-ils pas des agents de liaison tout désignés ?

Nous avons indiqué quel singulier personnage était Antoine Morazzani, sorte de Mazarin de sous-préfecture, usant des bandits pour ses avantages personnels. Son père finit greffier de la justice de paix de Zicavo. Il ne s'occupa guère de ses enfants qu'éleva Joseph Faggianelli dit Scempiu, surnom signifiant l'estropié, le mal fichu. Scempiu a épousé Louise Morazzani, sœur aînée d'Antoine et Séverin, bandit redoutable. Joseph Faggianelli était associé avec les Morazzani : leur cœur battait à l'unisson. Sa réputation est pire que mauvaise. On dit qu'il serait capable de faire du mal à qui oublierait de lui dire bonjour. Exploitant des forêts, pour le charbon et le bois de chauffage, dans la région de Lopigna et tout le canton de Sari d'Orcino, il ne pouvait ignorer André Spada, charbonnier de son métier, comme tant d'Italiens travaillant en Corse. Le bandit mystique embarquait du charbon et du bois pour l'Espagne sur des felouques italiennes. Quand la garde mobile envahit son secteur, il descendit de ses montagnes vers la mer, pour se cacher sur un de ces navires, prêt à appareiller. Le bateau en qui il avait mis son espoir étant parti, il dut rentrer à la Punta.

Or, André Spada intervint, dans plusieurs adjudications, pour que Joseph Faggianelli dit Scempiu fût seul bénéficiaire des forêts domaniales. Il interdisait aux ouvriers péninsulaires de travailler ailleurs que chez son ami. Tant pis pour eux s'ils étaient payés irrégulièrement, à des tarifs réduits, pour des journées interminables. La loi du plus fort ne s'exerçait pas en vain. Mais Faggianelli trouvait son bandit peu commode. André Spada ne comprend pas assez les affaires. Il gênait Morazzani en exploitant la ligne Lopigna-Ajaccio. Faggianelli dit Scempiu préférait donc recourir aux services d'un autre. Joseph Bartoli allait devenir le bandit de son cœur.

Il alla le trouver dans sa retraite, s'entendit avec lui et l'habilla de pied en cap : costume de velours à côtes, bottes, fusil de précision. Il l'emmena à Zicavo puis à Ajaccio où il fit la noce avec lui. Il assura à Manetta :

— Ce Spada est une plaie. Je suis menacé par lui. Il veut m'empêcher de travailler. Il m'exècre parce que je suis du Taravo.

Mieux valait faire valoir ces arguments auprès du Palnécais. Se redressant sous l'affront infligé à son pays, il proclama :

— Je suis du Taravo et ne m'en laisse imposer par personne.

Un cartel fut envoyé au fataliste Spada, qui répliqua :

— Je n'ai peur ni d'un homme, ni de tous ceux du canton de Zicavo réunis.

Tant d'insolence devait être châtiée. Joseph Faggianelli conduisit à Sari d'Orcino, dans son auto personnelle, Bartoli, accompagné de Bornea et de bandits moins célèbres. Ils se rendirent à la Punta, n'y trouvèrent pas leur homme, assiégèrent une bergerie où il se réfugiait. André Spada couchait volontiers avec les animaux. Surpris, marchant à quatre pattes, il disparaissait comme une ombre légère.

Les bandits ne trouvèrent pas leur insulteur. Apprenant qu'il avait été vu à Lopigna, son village, ils y coururent, conduits par un épicier obligé de les guider, qui sera néanmoins rançonné par Joseph Bartoli, en 1930. Spada les aperçoit et, préférant éviter le combat, s'enfuit de la maison de ses parents par une petite fenêtre donnant sur la montagne. Il gagne un observatoire. Joseph Bartoli et ses fusils pénètrent chez le successeur de Romanetti.

— Où se cache André Spada ?

Silence.

Il va vers une jeune fille, sœur du bandit.

— Puisque votre frère est assez lâche pour éviter notre rencontre, il mérite tous les affronts : vous allez dormir avec moi.

Le Corse, fût-il hors-la-loi, préfère la pudeur : dans les mots. Les grivoiseries l'offusquent. La demoiselle se hérisse :

— Vous ne savez pas à qui j'appartiens ?

— Vous êtes la sœur de Spada, c'est pourquoi je vous veux.

Il avance la main pour la saisir et lui voler un baiser. La maman Spada intervient et fait honte à l'ancien colonial. Il finit par laisser la jeune fille, mais envoie un nouveau défi à son rival et lui donne rendez-vous à l'endroit et à l'heure qu'il lui plaira de choisir.

Les mauvais garçons se retirent. Ils fouilleront en vain la route et ses alentours, le reste de la nuit, pour trouver le fugitif.

Quelques jours plus tard, grâce à cette intervention, les exploitations forestières de Joseph Faggianelli reprirent leur entrain. Un accord était intervenu. Seulement André Spada assura Joseph Bartoli de sa colère. Qu'avait-il à se mêler de ses démêlés avec Scempiu ? maugréait-il, nous nous connaissons assez pour faire nos affaires nous-mêmes. Il promettait à Bartoli de lui faire payer ce manquement aux usages, avec l'affront qu'il avait tenté de lui infliger en s'en prenant à sa sœur. Depuis, aucune réconciliation n'a été possible entre Bartoli et Spada. Leur querelle devait mal finir car le charbonnier de Lopigna envoya, au printemps 1931, une balle dans le ventre de son ennemi. On sait pourquoi. On ignore comment et où. Mais les suites de cette bataille furent mémorables.

Ramassé par ses gardes, le bandit fut entraîné dans un de ses repaires. Un médecin reconnut qu'une opération était indispensable. Elle ne pouvait être assurée qu'à Ajaccio. Il fallait une auto et un guide sûr. On prévint Francois Tolinchi, maire de Sainte-Marie Siché, conseiller général, dont nous conterons l'histoire ahurissante. Il s'empressa et accourut avec voiture et chauffeur, en compagnie d'une dame. Joseph Bartoli, qui serrait les dents pour ne pas crier, fut placé sur le tapis-brosse du véhicule. Une couverture le dissimulait. François Tolinchi et la jeune femme s'installèrent sur le siège arrière.

Les gendarmes, apprenant que Joseph Bartoli, blessé, circulait sur la route, organisèrent des barrages et arrêtèrent les automobiles. Celle qui transportait le bandit, gémissant à chaque cahot, semblait insoupçonnable : ils la laissèrent passer.

Ajaccio. Le maire du village descend et demande à un hôtelier du cours Napoléon, près de la préfecture, une chambre pour une dame subitement prise des douleurs. Il étend le blessé sur le lit. Il court s'informer d'un chirurgien. Il ramène celui de l'hôpital, après une longue attente. La nuit est venue. À la clarté de la lampe électrique l'homme de l'art examine le patient.

— Impossible d'opérer ici, c'est trop grave. Il faut mener cet homme à l'hôpital.

— L'hôpital est certainement fermé à cette heure.

— Oui et le cas est urgent. Courez-y néanmoins. Vous sonnerez. Une religieuse vous interrogera. Dites-lui : blessure par accident du travail. Elle ouvrira aussitôt. J'arriverai et j'opérerai… je ne sais si le malheureux s'en tirera.

Sortie à la sauvette. On porte Joseph Bartoli dans la voiture. En route pour l'asile des souffrances, à cinq cents mètres. La sœur, en entendant les mots magiques « accident de travail », les seuls auxquels elle pouvait répondre, ouvrit la porte et aida François Tolinchi à porter le bandit sur le billard. Elle appartenait aux Sœurs de N.-D. la Merci, vieil ordre religieux qui soulagea les victimes des Barbaresques. Sur son costume de bure tintinnabule une croix, complétée par un bel ornement en émail, au bout d'un ruban rouge-ponceau. Le chirurgien arriva pendant que la sœur désha-billait le bandit : visage dur, net, grandes oreilles en éven-tail, front droit, solide, têtu. On lit sur sa poitrine tatouée : « Je suis perdu : adieu la Corse ». Il a deux plaies béantes au ventre.

— Mais ce n'est pas un accident du travail ?

— S'il ne subit pas une opération immédiate, il est perdu.

L'argument la touche. Voici Joseph Bartoli nu. La lapa-ratomie est indispensable.

— Nous allons l'endormir.

— Non, proteste Manetta.

— Il est impossible…

— Je ne veux pas du chloroforme.

— On peut essayer de l'éther.

— Inutile. Charcutez !

— Mais vous allez effroyablement souffrir, vous n'y résisterez pas.

— Si !

Il prend sous le coussin de toile cirée deux revolvers qu'il y avait dissimulés. Les avant-bras tendus, il menace le docteur. La religieuse est épouvantée. Pour qu'elle n'ait pas l'idée de donner l'alarme, François Tolinchi s'assied, non-chalamment, devant la porte fermée. Sous les canons, le chirurgien taille, enlève les chevrotines, nettoie, coud. Son patient ne broncha pas. Au moindre incident, il lui flanquait une balle dans le cœur. Quel caractère !

— Nous allons le transporter dans un lit, dit la religieuse.

François Tolinchi se lève, tire un billet de son portefeuille :

— Ma sœur, prenez ceci, pour vos pauvres. Nous ne pouvons demeurer plus longtemps. Nous allons rhabiller l'opéré et repartir.

Ils s'éloignent et se rendent cours Napoléon, dans un autre hôtel, toujours sous le prétexte de soigner une femme en mal d'enfant. C'est là que Joseph Bartoli guérit assez pour rejoindre le maquis. Malgré le nombre des personnes dans le secret, on ignora cette aventure incroyable.

Elle montre la puissance qu'avaient les bandits, la terreur qu'ils inspiraient. Pourtant, à ce moment, Joseph Bartoli dit Manetta, couvert de sang, exerçait d'innombrables rapines. Certains des siens le traitaient en objet de scandale. Dire qu'en d'autres conditions il aurait pu être un héros digne de l'épopée et qu'il préféra une fin stupide. Car la grandeur même de ses crimes et de ses exactions devait le mener à un trépas sans gloire. Il n'y croyait pas, s'abusant sur sa force et la lâcheté de ses contemporains. Ne s'aperçut-il pas qu'il n'était qu'un instrument aux mains de plus habiles, qui finiraient par le livrer afin de n'être pas compromis avec lui ? Car ce bandit, si audacieux et fier, n'était qu'un assassin à gages, emporté dans un tourbillon.

Revenons sur son existence tourmentée. Nous estimerons mieux son rôle.

IX

dans les serres des rapaces

Après sa rencontre ratée avec André Spada, en mai 1928, Joseph Bartoli retourne à Zicavo puis s'enferme dans la maison familiale construite par son grand-père. Il habite la chambre de sa mère. Nous l'avons vu au service de Joseph Faggianelli dit Scempiu. Le voici traitant avec Antoine Morazzani, né conspirateur. Celui-ci épousa d'abord une jeune fille de Cauro, gracieux village, célèbre par une petite fille qui eut le don de prophétie. Phtisique elle se consumait comme une fleur à l'air vif et annonça à une parente la mort prochaine du comte Gualbert Peraldi, dont la maison familiale est dans cet aimable pays.

— Il est atteint du même mal que moi, dit l'enfant.

On l'ignorait.

Un matin elle appela une voisine

— Demain, à l'aube, vous irez dans votre jardin et vous y verrez briller une belle rose. Vous me l'apporterez. Je sais qu'elle est pour moi.

On était en été.

— Mais, ma petite Catherine, il n'y a pas de roses en cette saison, tu le sais bien.

— Il y en aura une.

La dame inspecta son rosier. Comment cette belle enfant, couchée depuis des mois, pouvait-elle croire que des roses s'épanouiraient en août ? Aucun bouton ne montrait sa fine tête pointue. Pourtant, en se levant, la voisine cueillit la fleur exquise, éclatante de fraîcheur.

— Merci, dit la petite vierge, en la respirant. Elle vient du ciel. Demain matin il y en aura une autre, pour vous.

— Vous croyez ?

— Je le sais.

Il y en eut une, conservée comme une relique et dont on se dispute les pétales. La voisine annonça la nouvelle délicieuse.

— Gardez-la en souvenir de moi... Il n'y en aura plus maintenant.

Telle était cette mignonne, digne de la légende dorée et dont la fin fut édifiante.

Antoine Morazzani ne s'occupait pas de cette enfant sublime, mais des services automobiles dont il rêvait de couvrir l'île de Beauté. Or, il rencontra à Sartène, terminus d'une ligne, une fort jolie veuve de guerre, fine, distinguée, plaisante, énergique, Marie Lucchini. Il la courtisa, l'enleva, l'amena à Zicavo. Madame Lucchini était née Marie Predali. Son père tenait une buvette servant de bureau aux autos Morazzini. Il alla trouver Antoine et lui déclara :

— Je ne sais pas si vous êtes marié, mais, s'il le faut, vous divorcerez pour épouser Marie.

L'industriel promit : il n'avait pas besoin de cette menace pour se décider. Marie Predali était assez charmante et intelligente pour se défendre seule. La femme et la maîtresse accouchèrent presque en même temps. Antoine dénoua sa première union et épousa la belle Marie.

Pour l'exploitation de la ligne Ajaccio-Zicavo il avait un associé, Marsily, parent de son ancienne femme. Rompant avec cette famille, il brisa son contrat avec Marsily, qui créa un service sur le même parcours. On sait comment Antoine Morazzani se débarrassa de Mariani qui, lui aussi s'était installé dans son secteur. Pascal Mariani, de même, dut s'exiler. L'entrepreneur voulut écarter son ancien associé et parent de son chemin. Bornéa, son homme lige, comme Joseph Bartoli, et qui aime écrire, envoya à Marsily une lettre lui enjoignant de cesser son entreprise. Celui-ci s'émut, chercha le moyen de faire revenir sur un oukase qui le ruinait. Il alla intercéder auprès de Séverin Santoni, que nous allons trouver mêlé à tant d'affaires du bandit.

Petit, mince, très brun, les yeux enfoncés et brillants derrière des lunettes d'or ; son visage à large bouche est ridé, plissé, parcheminé comme s'il riait ou était affligé d'un rictus. C'est le cousin germain de Joseph Bartoli. Tous deux sont petits-fils de Manetta. Il fit de bonnes études et fut attaché au parquet d'Ajaccio. Il a été propriétaire du café Napoléon, l'un des plus achalandés et copropriétaire du principal cercle. Il revendit sa part cent cinquante mille francs. On assure qu'il fit, certains soirs, trente mille francs de cagnotte.

Il n'aurait pas été Corse si la politique ne l'avait pas envoûté.

Affable, obligeant, toujours prêt à rendre service, on s'est étonné de le voir en liaison avec son cousin, qui lui servit d'agent électoral, d'ailleurs. Précisons que la morale de l'île est basée sur ce précepte : on ne juge pas un ami. Il est loisible de regretter ses actes, non de les rejeter. S'il est malheureux, pourchassé et quelle que soit sa faute, on ne doit pas l'abandonner. Ces principes, fondements de l'amitié, sont plus catégoriques pour les parents. La famille n'exécute un de ses membres que s'il l'a personnellement trahie. Elle ne saurait sacrifier ceux qu'on appelle les branches pourries. Évidemment sur le continent, où l'on est si peu solidaire qu'on est presque étranger entre frères, ces obligations apparaissent comme des folies. Elles sont l'armature de la société dans l'île de Beauté.

Séverin Santoni s'est toujours efforcé, dans ses relations avec son cousin germain, condamné à mort par contumace, d'observer ces règles d'or, tout en satisfaisant à ses devoirs de camarade. Rude tâche, gymnastique rappelant les jeux icariens, exigeant un goût exagéré du péril. Quand Marsily sollicite sa protection auprès de Bartoli, qui fait campagne avec François Bornéa, il saute dans l'auto du transporteur. Ils se rendent à Guitera-les-Bains, s'arrêtent devant l'hôtel Santoni, maison solide, sur les bords d'un torrent, dans un paysage grandiose et mélancolique. Le propriétaire, Don Santoni, qui est allé faire fortune au Brésil, cousin du bandit et de Séverin, est sur le pas de la porte. Ils s'arrêtent.

Ils entrent dans la pièce cimentée, aux fortes tables complétées par des bancs et des chaises de paille. Bornea et Bartoli se présentent, le fusil braqué sur leurs visiteurs.

— Ils sont ici, dit Don.

— Prévenez-les que nous avons un mot à leur dire.

Le cabaretier revient :

— Ils refusent de vous voir.

Séverin insiste.

— Nous venons chercher quelques explications sur la lettre écrite par Bornea.

— Nous venons, dit Séverin...

— Pas d'explication, Marsily n'a qu'à s'exécuter. Qu'il déguerpisse, c'est tout ce que nous lui demandons.

— Cependant...

— Je n'admets pas votre intervention. assure Bornea, d'autant que Marsily me doit de l'argent.

— Moi, s'étrangle le transporteur.

— Oui et je ne comprends pas que vous cherchiez une protection quand je vous ai donné un ordre.

— Voyons, Joseph, observe Séverin, tu ne vas pas nous laisser partir ainsi. Tu ne voudras pas frapper un de mes amis.

— Je ne demande rien, répond Manetta mais je suis obligé de soutenir Bornea.

— Tu n'es pas raisonnable, Giusé.

— Et puis tu m'embêtes, je ne m'occupe pas de la manière dont tu gagnes de l'argent.

— Laisse-moi tranquille.

Les bandits sortent. Bornea marchait à reculons, son fusil dirigé sur Séverin Santoni qui reprit l'auto avec Marsily.

Tous deux étaient penauds. L'entrepreneur vendit ses voitures et chercha à gagner sa vie sur le continent. Un de moins, se réjouit Antoine Morazzani.

En février 1929, le père de Marie Morazzani deuxième épouse de cet homme sombre, acharné dans ses desseins, est blessé dans un bar à Sartène, où il habite. L'affaire est compliquée et seul, Max Massot, reporter solide, dont les enquêtes sont un modèle d'intelligence, a pu la débrouiller. Mais les affaires de Corse sont si délicates qu'il n'a pu saisir tous les éléments du drame.

Jean-Baptiste Predali, frère de la belle Marie, avait épousé une demoiselle del Porto. Il en avait eu deux enfants puis était parti en bamboche. L'oncle, Jacques del Porto, s'était chargé des enfants. Or, son fils, âgé de dix ans, roula sous une auto de l'entreprise Morazzini et fut tué. Il réclama une indemnité, n'obtint que des promesses et fut débouté par la justice, l'enquête ayant conclu à l'imprudence du gamin. Il rumina sa rancune et s'en prit aux Predali. Rencontrant le père, il lui chanta pouilles. Menaces. Il tire sur le vieux. Le patron du bar, Fiametti, s'étant interposé, fut convoqué chez le juge d'instruction pendant qu'on arrêtait Jacques del Porto et son frère. L'un d'eux mourut à l'infirmerie de la prison.

Les Predali et Morazzani sont en rumeur. Ils guettent leur vengeance. Or, Fiametti indiqua au magistrat que l'attitude du père Predali lui avait paru provocante. On ne pouvait laisser impuni ce témoignage. Jean-Baptiste Predali attendit la prochaine convocation du cabaretier, le 5 mars 1910. Plusieurs témoins, dont Fiametti, regagnant Sartène pour y passer la nuit, s'arrêtèrent dans une buvette, à Petreto-Bicchisano. Vers dix heures du soir, Jean-Baptiste Predali, beau, grand et fier, le Scempiu Joseph Faggianelli,

Antoine Morazzani et Joseph Bartoli apparaissent sur le seuil du café.

— Retirez-vous, disent-ils aux consommateurs du village, nous venons pour les Sartenais.

Les interpellés se retirent, on fait voltiger quelques balles au-dessus de leurs têtes afin qu'ils retournent sans retard auprès de leurs épouses. Les bandits ordonnent aux témoins :

— Bras en l'air !

Vieille coutume du pays plus ancienne que le hand's up des films américains.

— Tu vas mourir, dit Predali à Fiametti. Fais ta prière.

Celui-ci feint de se recueillir et saisit le canon du fusil de Manetta. Antoine Morazzani, placé auprès de lui, l'abat d'un coup de revolver dans l'oreille. Les bandits s'en vont, couvrant de coups de feu leur mouvement de repli. Joseph Bartoli les quitte, revient vers les amis de Fiametti et le cabaretier, épouvantés.

— Je suis Joseph Bartoli. Je prends ce meurtre à mon compte. Il en cuira à qui osera me contredire.

Il part, fier comme Artaban. Jean-Baptiste Predali vient alors grossir son état-major. Il put filer en Espagne avant l'expédition envoyée en 1931 pour nettoyer le maquis. Il y a pris un titre de comte et, ayant intéressé une belle personne, richement pourvue, il y mène grand train. Peut-être aura-t-il une fin édifiante. Rien d'impossible pour un Corse.

Ainsi nous trouvons, à la charge d'Antoine Morazzani, un assassinat inconnu, chèque couvert par une provision. À la suite de ce crime, Joseph Faggianelli dit Scempiu est arrêté. Utilisera-t-on les élections sénatoriales pour le faire relâcher ? Antoine Morazzani joue de cette espérance pour attirer Joseph Bartoli dans le guêpier électoral. Non qu'on ait besoin de pousser le petit-fils de Manetta afin de le décider.

Il est ainsi qu'un taureau que la seule vue du rouge fait bondir. Il connaît les citoyens et la manière de s'en servir. Abandonnant la manière de Nonce Romanetti, car il ne se présente pas à la bonne franquette, il donne les ordres cassants du reître en pays conquis. Il ne devient souple que dans la tactique et prend alors des précautions déroutantes. Généralement, sa méthode préfère la menace, que confirme un cartel.

C'est ainsi qu'en juin 1928, dans les élections municipales de Sainte-Marie Siché, le chef du clan landryste, Sampiero d'Ornano, descendant de Sampiero, incarnation de la liberté corse, et de la belle Vanina d'Ornano, apprit que s'il persistait dans sa campagne contre Francois Tolinchi, son adversaire, Joseph Bartoli lui ferait la peau. Il haussa les épaules et mit tout en œuvre pour défendre honorablement sa liste. Il refusa la garde protectrice que ses amis lui offraient, se contentant de ne pas rêver à la lune. Une voix le héla, un soir :

— N'allez pas plus loin, intima Manetta.

Ayant l'oreille fine, Sampiero d'Ornano repéra la place d'où le bandit l'avait interpellé et l'encadra de balles, en se dissimulant derrière un arbre. Il put vaquer, ensuite, tranquillement à ses affaires, car il prévint le chef du clan adverse qu'il le tiendrait pour responsable des suites, s'il y en avait.

Joseph Bartoli était assisté, dans cette tentative ratée, par le bandit Dominique Santoni condamné aux travaux forcés, depuis, pour sa participation à la tragédie de Lava et qu'il ne faut pas confondre avec Dominique Santoni, autre lieutenant du petit-fils de Manetta.

En 1929, il devait rencontrer d'autres difficultés et une prime d'encouragement au bien. Sous le prétexte de sauver Scempiu, le malfaisant Joseph Faggianelli, Antoine Morazzani demande à Joseph Bartoli de faire nommer des délégués sénatoriaux à sa dévotion. Le bandit écrit au maire de Tasso pour lui faire part de ses ordres. Comme Sampiero d'Ornano, le premier magistrat de Tasso, résiste, Bartoli emploie les mêmes arguments auprès des trois délégués désignés par la municipalité de Zicavo. Pendant que Manetta joue les matamores, Antoine Morazzani négocie, à Ajaccio, ces trois voix, qui intéressent un candidat.

Paul Lederlin, homme puissant, grand-maître des Blanchisseries de Thaon, ancien sénateur des Vosges et qui désire retourner au Sénat, se présente en Corse, prêt à dépenser une fortune pour être élu. Il a confié quelques millions à ses partisans. Il arrose d'or ceux qui en manifestent le désir. Au jour du scrutin, le prix du bulletin sera tarifé cinquante mille francs et les bureaux seront fermés à quatre heures, la majorité étant acquise.

Il ne faudrait pas conclure cependant que tous les délégués se laissèrent acheter comme cochons en foire, mais il existe, autour des clans, des personnalités flottantes qui se laissent tenter par des arguments plus décisifs. Il y a aussi des pêcheurs en eau trouble. Les trois voix de Zicavo que se faisait fort d'apporter Antoine Morazzani, lui furent payées, d'avance, soixante-dix mille francs, par Xavier Strubb, homme de confiance du magnifique Paul Lederlin.

Ces voix sont-elles certaines ? Voici qu'un délégué vient se plaindre à Séverin Santoni, le cousin germain de Joseph Bartoli, de l'intrusion du bandit dans leurs projets. Ils ont rencontré Antoine Morazzani qui leur a dit :

— Joseph Bartoli et moi vous demandons de voter pour Lederlin.

La municipalité de Zicavo, comme toute la famille de Manetta, appartient à la faction adverse. Les piétristes excuseraient le meurtrier de Paul Leonetti s'il intervenait en faveur de leur candidat. Ils sont émus qu'on exige leur abdication.

Séverin Santoni comprend l'opération faite par Antoine Morazzani. Il lui demande de le faire conduire auprès de son parent. L'entrepreneur de transports s'y refuse. Séverin le menace du procureur de la République. Antoine le défie. Pourtant, il n'est pas rassuré. À ce moment, Henri Bartoli, le Boiteux, oncle du bandit et son courrier, arrive de Palneca. La situation exposée par Séverin lui paraît délicate. Comment Joseph a-t-il pu oublier le parti ? Henri Bartoli recherche son coquin de neveu et l'amène à Pisciatella, localité proche d'Ajaccio. Séverin Santoni s'y rend en compagnie de César Casabianca, maire de Guarguale. Ils y trouvent l'ancien caporal de la Coloniale, assisté de François Bornea, gendarme défroqué, qui tient en respect les visiteurs en les menaçant de son fusil. Celui-ci ne connaît que des arguments de boxeur : un poing c'est tout. Être plénipotentiaire, dans ce milieu, exige un sang-froid qu'on ne saurait trop souligner.

Joseph Bartoli explique qu'il n'avait pas abandonné le clan.

— Serais-tu devenu fou ? Tu oses réclamer à nos amis de voter contre leur candidat ci tu prétends n'avoir pas trahi ?

— Mais non, il s'agit d'échanger ces trois voix contre la liberté de Scempiu.

— À d'autres. Antoine Morazzani a vendu les suffrages. Ne t'a-t-il pas remis quatre mille francs à Zicavo ?

— Puisque tu le sais, je veux bien en convenir.

— C'est de l'argent de Lederlin. Morazzani te donne un œuf et garde un bœuf.

— Tu crois ?

— Il s'agit bien de la mise en liberté de Joseph Faggianelli. Tu es roulé comme un chapeau d'Auvergnat, mon pauvre Giasè. Quand on fait le bandit on doit choisir un peu mieux ses porte-parole.

Joseph Bartoli s'étrangle de fureur. Il aura une explication avec l'industriel. Dans tous les cas il lève l'interdit sur les délégués de Zicavo :

— Qu'ils votent comme ils l'entendront, proclame-t-il. Ils sont libres.

Satisfait, Séverin Santoni et César Casabianca se retirent. Ils sont également heureux d'être éloignés du fusil de Bornea. Antoine Morazzini, que cette entrevue alarmait, accourut à Porticcio, chez une maîtresse de Bornea, fière d'un enfant de l'ancien gendarme. Il comptait y rencontrer ses auxiliaires. Ils arrivèrent et le mirent en joue

— Hé quoi ! les amis, que se passe-t-il ? s'étonna le transporteur.

— Tu nous as volés.

— Vous ne comprendrez jamais rien à rien. Nous sommes, en effet, des imbéciles.

— Il ne peut être question de querelle entre nous. Débarrassez-vous de vos armes et causons.

Ils acceptent en maugréant, mais caressaient la crosse de leur revolver.

— Bon, on vous a dit que j'avais reçu de l'argent de Lederlin.

— Oui.

— C'est vrai depuis tout à l'heure seulement. Je t'ai remis quelque chose, en avance, sur ce que je comptais encaisser. Je vais vous compter le complément. Voici neuf mille francs. Avec les quatre mille que je t'ai donnés cela fait treize mille francs.

— Combien as-tu touché ?

— Pas un fifrelin de plus.

— Tu mens.

— Parole d'honneur.

— Tout de même, remarqua Manetta, je n'avais marché que pour faire mettre Scempiu, ton parent, en liberté.

— Je croyais que tu connaissais la politique, fait Antoine Morazzani, dédaigneux. Depuis quand ne peut-on faire ajouter de l'argent à une promesse ? Ces gens-là tiennent à vous en proportion de leurs sacrifices. Le représentant de Lederlin fera les démarches que je lui ai demandées. Il m'en a donné la certitude. Ce n'est pas tout, il versera la forte somme pour les délégués de Palneca.

— Combien ?

— J'ai obtenu cent trente mille francs.

— Cent trente mille francs ?

— C'est un chiffre. Tu vois que je pensais à toi.

— Certes, tu es un ami.

— Je suis heureux de te l'entendre dire. Allons, Bartoli, allons, Bornea, on va arroser cette bonne nouvelle. J'espère que la mignonne a fait le café.

Il écarta ainsi l'orage.

Les cent trente mille francs ainsi promis la part d'Antoine Morazzani était plus considérable — furent remis aux bandits par Xavier Strubb, secrétaire et agent du candidat, le lendemain des élections, qui avaient coûté six millions et demi à Paul Lederlin. Ce fut au cours d'un banquet donné à Vizzavona, en l'honneur du nouvel élu. Joseph Bartoli et François Bornea y assistaient et le méritaient par leurs services. Ils ne prononcèrent pas de discours, mais furent remerciés de leur précieux. concours.

Cependant, le gendarme repenti n'était pas rassuré. On lui avait donné une liasse de billets neufs. Il se demandait si ce n'étaient pas des billets de la Sainte Farce. Il ne faisait pas confiance à la richesse de Paul Lederlin. Il doutait de sa générosité. Le bandit, ce jour-là, prenait le contre-pied des opinions reçues.

Il avait conscience d'avoir mérité cet argent. La veille, le jour des élections, il avait, avec Joseph Bartoli et sa bande, accompli un coup d'audace. Pour permettre de terminer certaines tractations et interdire le scrutin à des délégués ennemis, tous s'étaient rendus à Pisciatella. Ils s'installèrent dans une maison, celle où Séverin Santoni et César Casabianca les avaient admonestés, et firent arrêter les automobiles, dans les deux sens, par leurs partisans armés. L'une d'elles transportait sept gendarmes. Elle obtempéra, comme les autres. Profitant de l'arrêt forcé, l'un des soldats voulut descendre pour satisfaire un besoin pressant. En apprenant que Joseph Bartoli surveillait la route, il préféra conserver sa place et son envie. Cinquante autos furent immobilisées pendant trois heures. Prévenu que la majorité était acquise, le bandit donna un ordre. Le beau Jean-Baptiste Predali s'avança au milieu de la route et dressant son fusil, pour indiquer que la voie était libre :

— Circulez ! commanda-t-il.

Son geste, malgré le paysage, faisait penser à l'agent qui règle la circulation sur l'avenue de l'Opéra.

Nous avons vu que les gendarmes préféraient ne pas rencontrer Bartoli. Ils redoutaient cette famille. En 1919, à Calzola, territoire de Pila-Canale, plage de Palneca, un petit cousin de Manetta, le jeune Pierre Bartoli, rencontra trois pandores d'une autre commune. Sur le chemin public, devant les villageois accourus, il les désarma et leur fit faire l'exercice. Poursuivi, il prit le maquis. Le commandant maîtrot, chef de la gendarmerie, facilita sa reddition en allant le voir.

Joseph avait pour les gardiens de l'ordre la déconsidération qui caractérise le marsouin, tenu par l'esprit de corps. Il ne manquait pas une occasion de leur faire sentir son mépris. À Cozzano, le jour de la fête patronale, il se promenait, son fusil sur le bras, quand il vit un brigadier et trois gendarmes.

— Fixe! ordonna-t-il.

Les soldats, désarmés, d'ailleurs, se mirent au garde-à-vous. Joseph Bartoli les fit manœuvrer et les félicita pour leurs mouvements d'ensemble. Il se retira dans un café. Ayant bu, il voulut descendre le chef et sortit le chercher. Le maire, Pierre Pantalacci, s'interposa, le raisonna et l'emmena déjeuner pour être sûr qu'il ne ferait pas un mauvais coup. Pour humilier ceux qu'il appelait: « la sale race », il se fit inviter dans une gendarmerie et déjeuna avec la femme d'un maréchal-des-logis à sa droite et celle d'un gendarme à sa gauche. Il les lutina même sans vergogne. Il avait interdit le territoire de Palneca, son fief, à la brigade de Ciamanace, le village voisin. Il inspirait un tel effroi qu'on le faisait prévenir quand la maréchaussée était obligée de passer sur ses terres. Le gendarme Cathelineau se chargeait de ces étonnantes missions. Aussi le drame qui lui coûta la vie ne s'explique-t-il pas.

Le 29 avril 1931, le maréchal-des-logis Jean Falconetti et le gendarme Maurice Cathelineau, de la brigade de Ciamanace, arrêtèrent Antoine Cardella, interdit de séjour. Ils l'avaient trouvé dans la scierie de Sardegna, installée dans les bois de Verde, au-dessus et à droite de Palneca. Il y travaillait depuis quelque temps et logeait à Palneca chez Jacques Bartoli, frère du bandit, qui tenait un débit de boissons. Il pria ceux qui l'avaient capturé de passer par Palneca. Il voulait y prendre ses affaires et payer quelques dettes. Les gendarmes accédèrent à son désir, malgré le règlement qui a tout prévu. Il oblige ceux qui ont un prisonnier d'éviter la traversée des villages. Une vieille, à qui Antoine Cardella devait cent cinquante francs, se rendit chez Jacques Bartoli, par des sentiers, pour faire valoir sa créance. Elle alerta donc la maisonnée. Un parent, Jean Santoni, alla prévenir Joseph, qui s'exerçait au tir dans les bois voisins. Les gendarmes accompagnèrent l'interdit de séjour dans le petit café de Jacques. Ils déposèrent leurs mousquetons et burent un coup, ce que le règlement défend. Cependant, Joseph Bartoli venait de monter dans sa chambre par un bel escalier à révolution, sur le côté. Sa maison, surélevée d'un étage et d'un grenier, depuis peu, est située en face de celle de son grand-père, où vit encore sa mère. Sur le fronton de celle qui fut la mairie, on lit : « Joseph Bartoli, dit Manetta, maire, 1882 ».

Celle du bandit a des volets verts. Un balcon à l'italienne permet de prendre le frais. Elle est machinée comme un bastion. Des trappes permettent, en cas d'alerte, de descendre d'une pièce dans l'autre. Au premier étage, une fenêtre ouvre sur des rochers. Il suffit de la franchir pour se sauver dans la brousse, Le grenier est percé de meurtrières qui commandent l'entrée de la route et le village. Des volets en bois permettent de les masquer. Un tel immeuble permet de soutenir un siège.

C'est Séverin Santoni qui paya les entrepreneurs, Joseph Bartoli, par sa condamnation à mort, n'ayant même plus les droits d'un mineur.

Cardella, aux aguets, entendit les pas du bandit.

— À moi, Bartoli, s'écria-t-il.

Joseph Manetta apparut et menaça les gendarmes de son fusil.

— Bras en l'air, leur ordonna-t-il.

Ils s'exécutèrent.

— Filez !

Ils voulurent reprendre leurs mousquetons. D'un geste. Joseph Bartoli le leur interdit. Ils s'enfuirent et, sur une petite place, juste devant la maison d'Ange Bartoli, gendarme en retraite, adjoint au maire, ils furent foudroyés par deux balles. Ils n'avaient reculé que pour être mieux tués. Qui tira ? Joseph Bartoli prit cette tuerie à son crédit et fut cru. Y a-t-il un autre meurtrier ? À Palneca on le croit, mais c'est devenu l'inviolable secret de la tribu.

Libéré par cette intervention, Antoine Cardella prit le maquis et fut capturé le 2 décembre 1931, entre Forcioli., Azilone et Zicavo.

Et dire que Joseph Bartoli aurait pu être capturé en 1929 ! Il était caché dans la chambre de sa mère quand soixante gendarmes cernèrent la maison édifiée par le grand-père Manetta et y perquisitionnèrent. Une porte fermée les préoccupa.

— Ici, qu'y a-t-il ? demanda un officier.

— Ici, répond la maman, nous ne pouvons pas ouvrir.

On n'insista pas. Il y aurait eu de la casse mais on en aurait fini avec un personnage agressif entre tous.

Joseph Bartoli était le maître souverain de ce village perdu. Quand il voulait rentrer à Palneca, un de ses hommes prenait un raccourci, tirait quelques coups de revolver à l'entrée du village et déchargeait son arme à la sortie.

Ce signal ordonnait à chacun de rentrer chez soi. Les portes se fermaient, les cafetiers mettaient les contrevents. les lampes s'éteignaient, on soufflait les bougies. Suivi de sa troupe, le bandit s'installait dans le café de son frère et écoutait des chants dansait aux sons de l'accordéon. Il inspirait une terreur telle que sa femme, Reine Gabrielli, disait :

— Je me mettrai en position qu'aucun homme n'oserait me toucher parce que je suis la femme de Joseph !

Il possédait d'ailleurs des alliés dans ce petit pavs où l'on ne saurait séjourner sans éprouver un malaise. Grâce à sa puissance indiscutée, les hommes pouvaient trouver du travail dans les exploitations forestières. Les jeunes gens qui lui servaient de guides étaient appointés. La caisse de secours de la commune considérait ses protégés comme soutiens de famille. Ses recommandations avaient plus de valeur que celles du préfet. Il rendait, à l'occasion, d'invraisemblables services. C'est ainsi qu'un Palnecais vint le trouver pour lui signaler la détresse de sa fille. Elle ne mangeait plus. Elle ne buvait plus. Elle se desséchait comme une plante à qui l'eau manque.

— Qu'a-t-elle ? interrogea le bandit.

— Elle est amoureuse.

— Cela me regarde. De qui ?

— D'un jeune homme du Fiumorbo.

— Diable ! Le Fiumorbo est le secteur de Micaelli, qui n'est pas commode. Il est maître chez lui. Je vais lui écrire. On verra.

Il le fit, signalant que deux cœurs pouvaient être unis par leur entremise. Quelques jours plus tard, le facteur lui apporta une lettre dont l'enveloppe indiquait : « Envoi du bandit Félix Micaelli à Ghisonaccia, au bandit Joseph Bartoli, à Palneca ». Elle signalait, en substance : « Mon cher collègue, j'ai fait la démarche que vous me demandiez et j'ai le plaisir de vous informer que votre protégée pourra se marier avec celui qu'elle aime ! »

En marge de la société moderne, une tradition féodale se perpétuait et narguait les pouvoirs établis.

Joseph Bartoli était d'une sensibilité maladive, qui contrastait avec ses décisions impitoyables, la dureté de ses actes. Séverin Santoni, toutes portes closes, déclarait à son cousin germain :

— Tu es la honte de la famille, tu la déshonores un peu plus chaque jour par tes crimes et tes demandes d'argent répétées, tu la voues à l'exécration.

La tête dans ses mains, le bandit sanglotait, gémissait, prenait conscience de ses fautes. Elles pesaient sur lui de tout leur poids. Il était croyant. Il avait des tableaux de sainteté dans sa chambre et portait sur lui deux crucifix. Sa fillette Colomba — il lui avait donné le nom de la grand-mère maternelle, tuée sur un soupçon — est aveugle. Il envoyait sa femme et la petite à un pèlerinage renommé, celui de Notre-Dame de la Vésine, près de Bastia. Il espérait, il attendait un miracle. « La pauvrette paie mes péchés, confessait-il, mais Dieu n'aura pas le cœur de se venger sur une enfant. »

Ses alliés, ses besoins, la couronne sanglante qu'il s'était posée sur le front, l'entraînaient dans un cycle infernal. On ne s'impose pas longtemps par la terreur. Si mal outillée et veule que soit la société, elle prend toujours sa revanche. Une série de chantages démesurés allait rendre nécessaire l'exécution de Manetta.

X
la fin du bandit Bartoli

Or, Antoine Morazzani avait un concurrent sur la ligne Ajaccio-Sartène. C'était Ollandini qui, au lieu de suivre la route de Zicavo, prenait celle de la pittoresque Sainte-Marie Siché. Antoine voulut accaparer ce service. Inquiet pour l'avenir, sentant peut-être la mort rôder autour de lui, il avait créé une ligne d'autobus dans les Basses-Alpes, ce qui lui permettrait, si Bartoli devenait un jour trop exigeant, d'aller sur le continent. En attendant, il s'imposait. Il devait à la poste, pour des colis-postaux contre remboursement, quatre-vingt-deux mille francs, indûment retenus, qu'on n'osait pas lui réclamer. Quand on connaît l'âpreté de l'État, cette carence en dit long. Mais, derrière le transporteur, on redoutait le fusil de Bartoli et sa bande.

Ollandini, le gêneur, reçoit le cartel de Manetta. Il devait verser vingt mille francs ou cesser son exploitation. Il n'en tient pas compte. Joseph Bartoli fait publier, dans un journal d'Ajaccio, qu'il jette l'interdit sur les voitures Ollandini : pour des motifs personnels, il fera feu sur celles qui sortiront. Les voyageurs n'ont qu'à prendre leurs précautions et favoriser la ligne Morazzani. Le 31 juillet 1931, Ollandini vient supplier Séverin Santoni d'intercéder auprès du bandit. Jusqu'à présent ses interventions, quand il s'agissait d'argent, n'ont guère été bien vues de son parent. Il a menacé l'intercesseur d'une balle dans le front s'il continuait à lui enlever le pain de la bouche. Séverin, qui ne peut laisser un ami dans l'embarras, va trouver Noël Bartoli à Petreto-Bicchisano. Ensemble, ils cherchent le contumax qui consent à se satisfaire de douze mille francs et permet, sans autres menaces, la circulation des voitures de son client. Mais, pendant quinze jours, une partie de la Corse fut privée de courrier. Aucune mesure ne fut consentie pour remédier à cette anarchie, faire échec au banditisme. L'interdit fut levé en dehors des pouvoirs publics. S'ils furent émus, aucun acte ne le justifie. Un département français était comme abandonné.

Ollandini pouvait reprendre ses occupations. Pour combien de temps ? Car Antoine Morazzani ne manquerait pas de revenir à la charge. Une mort violente décapita ses ambitions.

Le 31 août 1931, comme Antoine Morazzani sort de son garage d'Ajaccio, sur le bord de la mer, accompagné d'Antoine Santoni, des coups de revolver éclatent. Antoine Morazzani tombe ; Antoine Santoni a le poumon perforé. On les conduit dans une clinique. Leur meurtrier, lui aussi un Antoine et qui s'appelle Rossi, prend le maquis. C'est un récidiviste, réformé pour troubles mentaux aux bataillons d'Afrique, interné après quelques actes absurdes. Pourquoi s'était-il attaqué à l'intendant des bandits ? Il écrivit au journal la Jeune Corse, d'Ajaccio : « J'ai voulu venger un crime commis par Antoine Morazzani : il a fait empoisonner, pour dix mille francs, par un garde-chiourme, le forçat Padovani. » Le frère de ce bagnard, bandit lui-même, a rejeté cette accusation. Il est vrai qu'il faisait partie de la gens Morazzani.

Depuis, Antoine Rossi s'est livré aux gendarmes. Le juge d'instruction lui ayant demandé :

— Pourquoi as-tu tiré sur Morazzani ?

— Parce qu'il le méritait, a-t-il répondu.

Or. un quart d'heure avant de commettre son meurtre, Antoine Rossi se trouvait avec Antoine Malandri, dit Toto, ministre de Spada, qui, par son entremise, permit de filmer le bandit mystique. Un quart d'heure après le drame, il rejoignait l'assassin, près du palais de justice. Ô ironie ! Ils allèrent ensemble chez un armurier, acheter des munitions pour que le bandit pût défendre sa liberté.

Séverin Morazzani avait tué Jules Malandri. Un vengeur s'était dressé à son tour. La nouvelle courut la campagne. Joseph Faggianelli descendit armé dans la ville, proclamant qu'il allait exécuter le meurtrier de son beau-frère. La sœur d'Antoine, femme de Scempiu, se lamenta et se déchira le visage, en criant vengeance.

Depuis la séparation de Bartoli et Bornea, pour une affaire de femme où Bartoli avait joué son compère, l'ancien
gendarme faisait équipe avec le frère de l'homme terrible et
secret qu'était Antoine. Celui-ci gît sur un lit d'hôpital. On
prévient ses coupe-jarrets. Ils préfèrent ne pas abandonner
leur abri. Joseph Bartoli court le risque d'être appréhendé et
descend dans la ville de Napoléon, en voiture, assis auprès
de la femme d'Antoine Santoni. Il porte une soutane, assure-t-on. Ses parents le contestent : il s'était caché le visage
sous des pansements, prétendent-ils. Le certain : il put passer une demi-heure, dans la clinique, avec le chef des maffiosi. Désormais, il n'a plus de maître et vole de ses propres
ailes. Il intensifie ses exactions et s'érige en prince, avec
frénésie. Il veut étendre son influence à la Corse entière.

En dehors de ses tractations avec les Morazzani, de ses
menaces pour leur compte, il faisait des opérations personnelles. L'une des plus connues est l'affaire Sanguinetti, in-
téressante parce qu'elle montre certains engrenages.

Elle fut exécutée suivant un plan classique. Nous avons
vu que les Bellacoscia faisaient payer tribut à ceux qui travaillaient dans leur secteur. En 1883, une société parisienne
exploitait des vignobles aux environs de Sartène. Ces plantations déplaisaient aux bergers, friands de ces pâturages
naturels. Limités pour le parcours des troupeaux, ils appelè-
rent les bandits, qui mirent le domaine en interdit. Un piquet
de dix gendarmes protégea les ouvriers, jugula les dépréda-
tions, les attaques des pâtres et de leurs protecteurs. Mais,
dès que la maréchaussée, estimant la région pacifiée, partit
vers d'autres horizons, les bandits ramassèrent dans les
vignes quatre-vingt-dix travailleurs et les expédièrent à Sartène, avec défense de reparaître, sous peine de mort.

Que fit le représentant de la société ? Prenant les bandits à son service et les transformant en gardes particuliers, il obtint de faire cultiver ses vignes en paix.

Par conséquent, les bandits-percepteurs n'étaient pas ignorés en Corse. Quand Joseph Santoni dit Balloni, père de Toto et François Santoni, qui exploitait une partie de la forêt de Marmano, vint demander au représentant de Sanguinetti, adjudicataire d'un autre lot de la même forêt, vingt mille francs pour Joseph Bartoli, il continuait une tradition. De même, en faisant valoir que, faute de paiement, l'exploitation cesserait.

Sanguinetti est de Bastia. Énergique, carré, solide, il habite Paris. Il y reçoit un avis de son homme d'affaires et une lettre du bandit Bartoli, qu'appuyait alors François Bornea. Il en fait part à son ami François Pietri, député de Sartène, chef du clan auquel appartient Bartoli. À ce moment — 1929 — François Pietri, ancien inspecteur des Finances, et qui organisa les Finances du Maroc avec maîtrise, est ministre des Colonies. C'est un esprit distingué, qui possède une forte culture et le sens de l'État. Que va-t-il faire ? Comme Séverin Santoni, cousin germain du bandit, est de passage à Paris, il le fait convoquer au ministère de la rue Oudinot par son chef de cabinet, Peretti della Rocca, depuis préfet de l'Aube. Séverin Santoni trouve Sanguinetti auprès du haut fonctionnaire. Présentation. Conversation.

— N'envoyez pas l'argent qui vous est demandé, dit le parent du bandit. Je vais arranger cette malheureuse histoire.

L'industriel bastiais en avise Henri Bartoli, dit le Boiteux, oncle de Joseph Manetta. Mis au courant, le meurtrier somme Sanguinetti de s'exécuter, en conseillant à Séverin Santoni de ne plus se trouver sur son chemin. Bornea acquiesce.

Le cousin germain, de retour à Ajaccio, reçoit une lettre injurieuse du baron de Palneca. À la première rencontre, je te tuerai, lui annonce son doux allié. Il ne s'en formalise pas, mais préfère ne pas insister. Sanguinetti lui fait part des nouvelles avanies qu'il subit. Il lui demande d'intervenir à nouveau et, s'il y est obligé, de verser aux mauvais coucheurs les vingt mille francs réclamés, dont il le couvre par chèque. Il prévenait, par le même courrier, Henri Bartoli, le Boiteux, qu'il envoyait à Séverin Santoni la somme dont on l'imposait.

Si Séverin Santoni était décidé à résister, cet avertissement ne pouvait que fausser ses négociations. Deux jours plus tard, Jacques Bartoli, frère de Joseph, lui rendait visite.

— Mon frère m'envoie chercher l'argent. Si je ne le rapporte pas, il me tuera et vous avec moi.

— Que me demande-t-il ? Je ne verserai rien.

— Tu veux donc ma mort. Tu sais qu'il ne revient jamais sur une décision. Donne-moi les vingt mille francs.

Séverin Santoni dut s'exécuter. On assure que la provision du chèque Sanguinetti fut déposée à la Société Générale, à Ajaccio, par un inspecteur de police.

Il n'est pas agréable, en Corse, d'être parent d'un bandit. Les mœurs vous ligotent. Un administrateur des Colonies, qui appartient à la famille Bartoli, ne put manifester sa désapprobation qu'en refusant, sept années durant, de venir en vacances dans son village natal. Sinon, il aurait dû pactiser. Tant les mœurs sont pressantes. Paul Bourde signalait, il y a quarante-quatre ans, que des fonctionnaires, même de haut rang, envoyaient, l'hiver, du blé et du vin en des maisons de campagne abandonnées, pour le ravitaillement des bandits. C'était une condition de bon voisinage.

— Mieux vaut, disait l'un d'eux, les nourrir, que les obliger à voler.

À cette époque, ils rançonnaient particulièrement les maîtres d'école et les curés. La plaie, actuellement, est moins profonde.

Mais ce Séverin Santoni, aux interventions difficiles, utilisa-t-il, pour son compte, l'autorité du contumax ? Oui, dans les élections non pour ses affaires. Il soutint de nombreux procès sans recourir à ce terrible arbitre.

Propriétaire du Café Napoléon à Ajaccio, un de ses clients, le professeur Muracciole, du Collège Fesch, qui prenait le frais à sa terrasse, fut blessé d'un coup de feu qui ne lui était pas destiné. Dame, avec cette manie des revolvers qu'ont les Corses ! Civilement responsable, Séverin Santoni fut condamné, en 1929, à cinq mille francs de dommages et intérêts. Il acquitta cette somme et les frais qui la doublaient.

Pierre Gregory, fils d'un riche banquier de Bastia, lui devait quarante mille francs, reconnaissance de dette passée devant notaire. Pierre Gregory possédant un conseil judiciaire, ce qui le rendait mineur au regard de la loi, les tribunaux annulèrent cette créance. Séverin Santoni aurait pu la faire revendiquer par son cousin. Il perdit cette somme sans lui en parler.

L'ancien notaire de Lecca, qui exerçait à Ajaccio, devait dix-sept mille francs au commerçant. Celui-ci se porta partie civile contre son ancien client. Le juge d'instruction lui conseilla de retirer sa plainte et de recourir à l'arbitrage de deux avocats. Cette revendication traîne depuis quatre ans : Joseph Bartoli n'en eut pas connaissance.

Au contraire, nous trouvons Séverin Santoni empressé à défendre les autres : aucun témoignage n'est venu contredire cette observation. En voici une autre preuve :

Paul-André Susini, directeur des Pompes Funèbres de Tunis, est de Ciamanace. Il vient passer l'été de 1931 dans son pays. Un courrier de Joseph Bartoli portant même nom et même prénom, mais originaire du Fiumorbo, lui remet, au mois de septembre, une lettre du bandit réclamant vingt mille francs.

— Je n'ai pas cette somme ici, répond-il, je vais aviser.

Il fait ses valises et s'apprête à rentrer à Tunis par l'hydravion. Comme il attend la diligence automobile, Lucien Leonetti, un ami, l'apostrophe :

— Tu nous quittes déjà ?

— Chut ! Tu comprends, fait-il à mi-voix, je préfère m'éloigner de Palneca.

— Pourquoi ? Vois Joseph Manetta. Tout s'arrangera.

— Non, j'aime mieux filer.

— Je vais avec toi, rien n'est perdu.

Ils partent. À Ajaccio, pendant que Susini court à l'Air-Union, son camarade voit Séverin Santoni.

— C'est abominable, s'écrie celui-ci, il s'en prend même à mes amis. Ça ne se passera pas comme ça.

Il recherche Paul-André Susini, le rassure, le prie de s'installer chez lui en attendant qu'il ait décidé le hors-la-loi. Il loue une auto et monte à Palneca. Susini, que sa compagnie réconforte, l'accompagne. Ils cherchent le bandit. Ils le découvrent et le directeur des pompes funèbres ne redoute plus rien car la réconciliation s'est faite sans qu'il ait déboursé un centime. Il est vrai que les élections étaient proches. Séverin Santoni devant être candidat au conseil d'arrondissement, son cousin germain ne pouvait, sans forfaire, ruiner son espérance. Joseph Bartoli devait y jouer un rôle décisif, tant dans son canton que dans celui de Sainte-Marie Siché.

Chez lui, il soutint son parent en interdisant au sortant, Jules Cesari, de se représenter. Après avoir reçu ses arguments à bout portant, la veille du jour faste, le candidat gênant abandonna la lutte et en informa les journaux, faisant sentir qu'il se soumettait à la menace.

À Sainte-Marie Siché, Joseph Bartoli servit les intérêts de son ami François Tollinchi, qui lui avait sauvé la vie en le faisant opérer de la laparotomie, en écartant de lui gendarmes et policiers.

François Tollinchi est une personnalité savoureuse. Petit, de teint olivâtre, chétif, nerveux, infiniment spirituel, charmant compagnon, exquisement roublard, il boite, ayant un pied qui fond : il est atteint de tuberculose osseuse. Paillard, malin, il excelle à monter des bateaux. Quand les journalistes accoururent pour assister à l'expédition contre les bandits, il prévint Robinson, correspondant du Daily Express, que la flotte venait d'appareiller pour Palneca. Grosse nouvelle pour un Britannique. Elle était d'autant plus inattendue que Palneca est en pleines montagnes ! Sans l'intervention de Max Massot, ce canard aurait pris un beau vol !

Tollinchi offrit le lendemain à sa victime, avec ses excuses, une autre nouvelle aussi sensationnelle.

— Je sors du cabinet du préfet, dit-il, et je ne sais si je dois vous faire part de notre conversation. Mais ces bandits sont extraordinaires !

— Vraiment ? Que se passe-t-il ?

— Vous me promettez d'être discret ?

— Parole d'honneur !

— Hé bien, les hors-la-loi ont écrit au préfet. Nous sommes sept, lui ont-ils déclaré. Désignez sept officiers, les plus braves de la garde mobile. Ils se battront en duel à l'américaine, avec nous. Ils nous chercheront. S'ils triomphent, nous faisons bon marché de notre vie.

— C'est passionnant, déclara Robinson, qui se précipita vers le télégraphe, malheureusement fermé à ce moment. Malheureusement, car la plaisanterie aurait eu plus de sel.

Le père de François Tollinchi était charretier à Sainte-Marie Siché. Il avait pour maîtresse une cabaretière, Sabella, Isabelle, admirablement belle, dont rêvaient les routiers. Ils lui jetaient des pièces d'or au visage. Elle les laissait s'éparpiller. Quand elle estimait la somme suffisante :

— Allons, viens, disait-elle à l'un d'eux, qu'elle entraînait dans sa chambre.

Sabella fit ainsi fortune et édifia une belle maison. Son maître, qui la battait, lâcha le fouet, prit un commerce de charbon, devint entrepreneur, s'enrichit, fut maire de son village et conseiller général. Excellent maire, d'ailleurs, car il administrait avec intelligence. Son casier judiciaire ne l'empêcha pas d'être décoré.

Son fils, François, n'a pas encore eu cette chance. Il ne faut pas désespérer. Le député Caïtucoli, qui est un bon enfant, fit bien attribuer le mérite agricole à un électeur qui n'avait guère, dans son dossier, qu'une condamnation pour destruction de récoltes.

Il est fréquent qu'un maire corse se ruine pour ses concitoyens. François Tollinchi sut se faire des rentes par la mairie, où il succéda à son père. À Sainte-Marie Siché, toutes les familles moins six touchaient les secours d'assistance. Les six étaient récalcitrantes et s'en flattaient. Sur les deux cent cinquante francs alloués par trimestre, le premier magistrat de la commune en retenait quatre-vingt-dix. Pour la réparation du toit de l'église, prévenait-il. Cela lui rapportait cent mille francs par an. On ne vantera jamais assez les mérites de l'ingéniosité. On se demande quelquefois où passe l'argent des impôts. Il est dispersé en pluie d'or sur des malins qui excellent à utiliser les lois. De sorte que l'on ne peut assurer maintes réformes. Vous ne doutez pas qu'on trouverait, dans d'autres départements que la Corse, des histoires aussi plaisantes. Car mieux vaut en rire.

Les fraudes électorales commises par François Tollinchi lui ont valu l'admiration des connaisseurs et quelques ennuis. En 1927, il a été condamné à vingt jours de prison avec sursis et à la privation des droits civiques pendant deux ans ; en 1930, à un mois de prison sans sursis et deux autres années de privation des droits civiques. Il a accompli sa peine à l'hôpital. Pour un abus de confiance — il oublia de restituer cent mille francs qui lui avaient été confiés, en 1925 — il lui fut infligé, en août 1930, six mois de prison avec sursis. Ces déplorables châtiments l'obligèrent à abandonner l'écharpe et le mandat de conseiller général. Pour s'en venger, il parla de fonder l'association des élus de Corse privés de leurs droits civiques. Il n'en aurait pas été le seul membre.

Ne pouvant se représenter, il voulut du moins ravir le siège de conseiller général à celui qui l'avait remplacé, l'ancien commissaire spécial Borelli, qui avait régenté longtemps le port de Marseille, rendant de discrets services à ses compatriotes. Maire d'Albitreccia, aimable village, le conseiller sortant Borelli arbore une belle tête aristocratique encadrée de cheveux blancs et d'une barbe élégamment liliale. Il appartient au parti Landry.

Pour le vaincre, ses adversaires firent inscrire dans les communes des électeurs du Taravo. Ceux de Palneca et de cette région se déplacent volontiers, au contraire de la plupart des Corses. Ils exercent de petits métiers. Chez eux, ils suivent les ordres du clan. Hors de leurs communes, au contraire, ils se laissent acheter leurs voix, exigent même cette marque d'estime. Ce sont les Bohémiens de l'île de Beauté, tandis que ceux de la Balagne parcourent le pays avec leurs mulets chargés d'huile et drainent l'argent en commerçants sérieux, que ceux de la Castigniccia, en-deça des Monts, agriculteurs, et même industriels, les plus démocrates de ce pays démocratique ont, les premiers, établi le régime populaire. Pasquale Paoli, à qui sa maison natale sert de mausolée, est de la Castagniccia, la Châtaigneraie.

François Tollinchi, ayant préparé, de longue main, ses batteries fit choisir comme rival de Borelli, son beau-frère. Le docteur Jean Da Passano, qui devenait champion du clan Pietri, héritier du bonapartiste Gavini, préside la section d'Action française d'Ajaccio, qui comprend au moins un inscrit lui-même. Il appartient à une vieille famille patricienne. Ses adversaires l'estiment. Mais peut-être à son insu, lui donna-t-on des appuis qu'il aurait réprouvés. Car il visita quelques communes de son canton en compagnie d'un jeune prêtre qui, sous une soutane de bonne coupe, dissimulait le bandit Joseph Bartoli en personne.

Accompagné par sa bande, le contumax fit, aussi, des visites menaçantes en faveur du parent de François Tolinchi. Mieux encore : pour assurer un succès douteux, il réclama au conseiller Borelli une prime de trente mille francs et le retrait de sa candidature. Bouillonnant d'indignation, celui-ci monta à Palneca et fit demander le bandit. Il le secoua comme un prunier, devant les siens.

— Le malheureux, dit-il, me réclame trente mille francs. Je ne les ai pas. Les sommes dont je dispose pour les élections m'ont été confiées par mon parti. Je n'ai pas le droit de les détourner de leur but. Je ne lui verserai rien. Quant à retirer ma candidature, ce serait me déshonorer. Je n'y puis songer : l'on ne saurait compter sur moi pour un tel acte. Quels que soient les risques à courir, je les accepte et les brave. Seulement, dites à Joseph Bartoli, car je ne veux pas lui adresser la parole, qu'il ne devrait pas oublier les services que je lui ai rendus à Marseille.

Il se retira avec dignité et le bandit, déconcerté, le laissa en paix. Sa force, comme celle de ses émules, était basée sur la lâcheté et la carence des autorités. L'attitude courageuse qu'adopta le maire d'Albitreccia ne lui valut pas le moindre désagrément. Il fut battu parce qu'il refusa de traiter les urnes en filles que l'on viole, mais il a gardé son autorité morale.

À ce moment, Joseph Bartoli était grisé. « Je dispose de trois cents fusils » disait-il. Il croyait qu'à son appel trois cents gaillards déterminés, prêts à tout, le suivraient. On le flattait par crainte. Il représentait la puissance souveraine parce que les défenseurs de l'ordre ne contrariaient pas ses plans. Ses exactions devenaient plus pressantes. Il prenait des otages à Ajaccio comme dans les communes. Les commerçants étaient terrorisés. Une peur glacée s'étendait comme un brouillard sur la Corse lumineuse. Autour de la préfecture, on n'osait parler de bandits qu'entre intimes, en surveillant les allées et venues. Dans certains établissements, quand un paysan s'asseyait, les habitués préféraient filer, silencieusement, redoutant un coup d'éclat. N'oublions pas que le Corse n'est pas seul dans la vie, que mille obligations le lient. De sorte qu'il ne se redresse que pour les siens ou par ordre. Des gamins menaçaient de Bartoli, pour un oui, pour un non. Par bravade, le hors-la-loi, couvert de sang, préparait même, pour les élections législatives de 1932, l'enlèvement et la séquestration d'Adolphe Landry, député de Calvi, chef du clan rival, plusieurs fois ministre. Il se croyait tout permis.

Quel profond politique lui suggéra des exigences qui imposeraient une épuration totale ? Qui lui inspirait assez de confiance pour qu'il acceptât de s'attaquer à des gens capables d'exiger une riposte immédiate ? Plus les demandes de Joseph Bartoli seraient démesurées, plus s'imposerait la liquidation du banditisme. Ceux qui avaient utilisé le bandit, devenus ses prisonniers, tremblaient aux complicités qu'il réclamerait. Certains jouaient sur deux tableaux, prêts à se garder. Joseph Bartoli avait écrit au préfet une lettre insolente. Cela n'ayant pas suffi, il fallait lancer des défis plus accablants.

Qu'avait signifié au préfet le bandit Joseph Bartoli ?

Le bandit Joseph Bartoli et Cie
À Monsieur le Préfet de la Corse

Je protège mes amis comme ils m'aident et me protègent. J'en ai dans le canton de Zicavo et dans le canton de Sainte-Marie, où il doit y avoir bientôt des élections, et l'on me dit que vous vous laisseriez aller à les contrarier.

Je suis donc obligé de vous donner des ordres qui seront brefs. J'espère que si vous tenez à parcourir ce pays, vous et votre famille, vous les écouterez. Si donc, à Sainte-Marie comme à Zicavo, vous vous mêlez des affaires de mes amis, si vous protégez leurs adversaires, qui sont aussi les miens, vous resterez cachés dans votre palais, vous et votre famille, et je prendrai mes dispositions pour vous empêcher de mettre le nez dehors et vous priver de l'air frais de Vizzavona. C'est donc entendu et j'espère que vous ne me forcerez pas à mettre la main à la pâte et à faire subir le conseil de guerre aux gros légumes qui, même très gros, ne sont pas à l'abri de mes balles. En attendant, si besoin sera, de mes nouvelles.

Je vous salue pour toute la bande de Zicavo.

Chef de la bande
Bartoli

Pour vérification, de mon écriture et du cachet royal, s'adresser au parquet.

Si vous êtes Préfet à Ajaccio, moi je suis Gouverneur du canton de Zicavo et de Sainte-Marie-Siché en Corse.

Le « cachet royal » est celui qui est reproduit sur la couverture. Encore une tradition. Romanetti signa d'abord ses lettres avec deux doigts trempés dans l'encre, puis avec un cachet reproduisant sa signature. Nous écrivons « sa signature » bien que Nonce Romanetti ne sût pas écrire. Mais il avait adopté celle-ci.

Qui pouvait recevoir sans frayeur les cartels du bandit ? On choisit — et le hors-la-loi sourit à cette proposition — le propriétaire du Grand Hôtel, le consul d'Angleterre et le consul d'Italie. C'était bien combiné,

Le propriétaire du Grand Hôtel d'Ajaccio, où la cuisine n'est pas à la hauteur des tarifs, préside le Syndicat des hôteliers. Il avait d'autant plus ressenti cette injure que, n'habitant pas la Corse, il ne redoutait pas de représailles. Il fit aussitôt des démarches auprès du ministère de l'Intérieur et réclama un exemple. Sinon il fermerait ses hôtels et dirait qu'il avait dû prendre cette mesure, ne pouvant plus répondre de la sécurité de ses clients. Comme la Sûreté générale élaborait un plan pour en finir avec le banditisme, cet avis tomba comme mars en carême. Le vice-consul d'Italie habitait ce palace, blotti dans les fleurs et la verdure. S'il était pris à partie, que dirait la presse transalpine, par ordre de son gouvernement qui a des visées sur la Corse.

Le consul d'Angleterre Rutley, en ce même mois de septembre, se vit réclamer vingt mille francs, comme le Grand Hôtel. Il prévint le préfet et prépara ses fusils, en cas d'attaque. Il n'est pas homme à se laisser intimider. Le consul d'Italie, le professeur Chiusano, nie avoir reçu la sommation du bandit, mais d'une manière si molle…

Ces menaces posaient le banditisme corse sur le plan international. La longanimité du pouvoir, devant des excès répétés, confirmés, accrus, pouvait mettre la France en singulière posture, surtout dans une période de tension mondiale. Déjà les propagandes étaient alertées, prêtes à d'humiliantes critiques.

Pendant que les gendarmes étaient chargés de garder le Grand Hôtel et ses locataires, un bateau anglais, qui cinglait sur Ajaccio avec une centaine de touristes, reçut un radio si inquiétant qu'il changea de direction. Le capitaine d'un long-courrier, venu d'Angletere, captant un avis aussi alarmant, refusa de laisser débarquer ses passagers, tant il craignait pour leur vie. Il fallut que le consul d'Angleterre montât à bord et donnât sa parole, tant en son nom qu'en celui du préfet, M. Séguin, qui l'accompagnait, que les touristes n'avaient rien à craindre, pour que le marin consentît à laisser poser la passerelle. Le comte François Peraldi, président du Syndicat d'Initiative, appuya cette démarche. Il possède, dans ses archives de famille, un laissez-passer de Nelson et un de ses parents est mort sur le Victory aux côtés du grand amiral. Aussi son intervention ne pouvait-elle qu'être prise an sérieux par les loups-de-mer britanniques.

On n'a jamais su d'où était parti ce message excessif et qui l'avait expédié. Sans doute d'un poste de TSF clandestin, qu'on n'a pu repérer, faute d'outillage. Comme par hasard, la radiogoniométrie est inconnue dans ce secteur envié. Joseph Bartoli ne s'était pas encore attaqué aux étrangers. Il était trop corse pour en avoir l'idée. Il réclama vingt mille francs à chacun des consuls, poussé par un démon tentateur et ne vit pas qu'on l'engluait.

Par ses forfanteries il imposait un redressement. Car, désormais, il fallait se soumettre à la loi des bandits ou les mâter.

L'expédition, préparée de longue main, fut résolue et la chasse contre Joseph Bartoli organisée avec minutie. Pris dans un réseau serré, il succomba. L'on trouva son cadavre, le 6 novembre 1931, au bord de la route du col de Verde, à l'ombre des arbres de la forêt de Marmano, son domaine. Son sang avait largement arrosé la terre. Les gendarmes le

353

veillèrent toute la nuit: son autopsie fut faite, le lendemain, à l'hôpital d'Ajaccio. En même temps des gardes mobiles étaient débarqués dans la même ville avec des autos mitrailleuses. Des groupes de ces gendarmes arrêtaient les suspects, installaient des garnisons dans les villages, commençaient une œuvre d'épuration.

La population respira. Abandonnée depuis si longtemps elle avait dû accepter les nouveaux féodaux et faire bon ménage avec eux.

On a dit que la tapageuse expédition avait des dessous politiques et qu'elle était dirigée contre la propagande fasciste. Un journal de Londres, le Daily Express, s'en fit l'écho. Il faut tout ignorer de l'île de Beauté pour discuter de telles calembredaines. La Corse est française, pleinement, absolument. Les Corses ont pour les Italiens plus que du dédain, du mépris. Ils parlent un dialecte proche des langues de la péninsule. Nos Provençaux aussi. Mais ils sont d'une autre race que leurs voisins. Ceux-ci n'ont jamais pu les conquérir. En huit siècles la richissime République de Gênes n'a abouti qu'à se faire exécrer et a dû renoncer. Au contraire il a suffi à la France d'une année et d'une armée pour s'implanter en Corse.

Seule une autre nation, l'Espagne, aurait pu obtenir ce résultat, parce qu'il y a d'étranges affinités entre les Ibères et la Corse. Tandis que les Italiens ont du mal à se faire accepter par ce peuple irascible, les Espagnols acquièrent aisément droit de cité. Ils sont en confiance, dès le premier instant.

Il nous reste à établir comment mourut Joseph Bartoli. Nous avons recueilli quatre versions sur sa fin tragique. Elles méritent d'être résumées: elles montrent à quel point tout est embrouillé dans les histoires de ce beau, magnifique, délicieux, prestigieux pays.

Il y a d'abord la version officielle. Un Bastiais, Jean Simonetti, qui exploitait la forêt de Marmano et subissait les exigences du bandit, lui avait demandé un entretien. Il le rencontra comme Joseph Bartoli s'exerçait au tir. Le prince du Canton de Zicavo voulut essayer le fusil du forestier.

— Soit, aurait répondu celui-ci, mais prête-moi ton arme pendant que tu tireras avec la mienne.

— Prends-la.

Bartoli épaula mais, ayant vu dans ses yeux une lueur de meurtre, l'entrepreneur aurait abattu Manetta pour sauver sa vie en péril.

Le cinéma parlant nous a permis d'entendre les précisions données par le forestier. Elles seraient suffisantes sans quelques omissions. Comment l'automobile de Simonetti fut-elle détruite par un incendie au col de Verde, près de l'endroit où l'on trouva Bartoli ? Le retour de flamme qui aurait provoqué cet incendie paraît bizarre. D'autant que le bandit reçut deux balles, une dans le cervelet, l'autre dans le dos et qui lui brisa la colonne vertébrale.

Le récit de Simonetti oublie une jeune fille, Mademoiselle Jaja, dont les parents habitent Toulon et qui passait ses vacances à Ajaccio. Or, elle joua un rôle dans cette tragédie en servant d'appeau pour que Joseph Bartoli se départît de sa méfiance. Mademoiselle Jaja fut vue, avant le drame, à la terrasse d'un café d'Ajaccio entre Jean Simonetti et le substitut du procureur de la République, qui paraissait la catéchiser. Elle eut une entrevue avec le hors-la-loi à Palneca, le village du bandit, dans la maison du cantonnier.

Ces oublis font que personne, en Corse, n'a admis la vérité administrative.

Ceux qui déchiffraient les principaux éléments du drame signalaient que les coups de feu qui abattirent Bartoli devaient avoir été tirés par un autre que Simonetti. Tandis que celui-ci causait avec le percepteur du maquis, deux balles avaient été tirées. Par qui ? Jean Simonetti n'avait-il pas un chauffeur ? C'était un inspecteur de la Sûreté, long, mince, agile, gouailleur, parigot à la langue agile, incomparable chasseur de têtes, qui depuis dix-huit mois était détaché en Corse. Impressionnant conducteur d'autos, photographe, enquêteur intrépide, policier remarquable, il s'était familiarisé avec les habitudes des grands saigneurs et de leurs aides. On se méfiait d'autant moins de lui qu'on le voyait avec Simonetti. En Corse nul ne s'étonnera si un chauffeur mange à la table du patron. Le contraire surprendrait. Par conséquent l'inspecteur Christophe accompagnait l'exploitant de forêts. Pendant que celui-ci causait avec Joseph Bartoli, il aurait profité de l'occasion et ajusté le bandit, à courte distance, le faisant passer de vie à trépas. Simonetti aurait adopté sa version afin de cacher ses rapports avec la Sûreté.

Et la belle Jaja, direz-vous ? C'est par elle que l'entrepreneur aurait regagné les bonnes grâces de son inflexible créancier. Il la laissa en otage à Palneca, afin de dissiper toute méfiance. Quant à l'auto brûlée, il faudrait admettre l'accident. Étrange accident, qui brûla la carrosserie en épargnant le moteur et même le réservoir d'essence, qu'on trouvait encore plein huit jours après l'affaire, tandis que les bidons vides de combustible gisaient sous la voiture.

Pour d'autres, c'est dans l'automobile de Simonetti que le bandit aurait été exécuté. Ici il faut exposer une histoire touffue, celle des Santoni, parents du maître de Palneca, qui auraient joué un rôle passif pour les uns, actif suivant d'autres, dans le drame.

En 1929 le Belge Arkmann acquit, avec un associé, une forêt de Palneca appartenant à la famille Gaspari. Séverin Santoni prétendant être, par sa grand-mère, héritier de cette propriété fit opposition au paiement. La somme en litige, cinquante-cinq mille francs, fut déposée à la Banque commerciale d'Ajaccio. Pour exploiter les bois, Arkmann dut installer une scierie, sur la route de Sermano. Au début de 1931, la mévente des produits forestiers le mit en posture difficile. Ses créanciers le poursuivirent et le tribunal ordonna la vente de la scierie. Des acquéreurs se présentèrent, et parmi eux l'industriel Sorba, de Propriano, qui risquait de l'emporter. Il reçut alors la visite de Joseph Santoni dit Balloni, cousin germain de la mère de Joseph Bartoli dont le fils Antoine, Toto, a épousé une fille de sa cousine germaine. Balloni était accompagné par Jean Simonetti.

— Nous venons de la part de Manetta. La scierie doit être achetée par l'un de nous, mais le bandit en sera copropriétaire.

Évidemment M. Sorba préféra ne pas insister. Les autres amateurs furent découragés par les mêmes moyens. L'usine, qui valait soixante mille francs, fut vendue six mille, un seul adjudicataire, Joseph Santoni dit Balloni, s'étant présenté.

Il commença à l'exploiter. Ayant besoin d'un camion automobile, il en acquit un, chez Sorba. Il devait s'acquitter par traites mensuelles. En mai 1931, au lieu d'argent, l'industriel de Propriano reçut une lettre de Joseph Bartoli lui réclamant vingt mille francs, son tarif. Elle lui fut remise par Balloni, son client, qu'accompagnait Toto Santoni. Sorba les implora. Une intervention étant promise, le fils de Balloni revint:

— Manetta est intraitable. Mon père n'a pu le fléchir, dit-il. Vous devez payer dans les quarante-huit heures, sous peine de mort.

Une fois de plus Séverin Santoni est alerté. Il tente une démarche. Son cousin refuse de le recevoir bien qu'il soit accompagné par Noël Bartoli, de Bicchisano. Celui-ci, à qui Sorba s'est accroché, réussit à obtenir un entretien. Des ouvriers palnécais y auraient assisté avec Joseph Santoni dit Balloni et Toto Santoni.

— J'ai espéré, dit l'industriel de Propriano, que vous seriez sensible aux arguments que j'ai fait valoir auprès de votre parent Balloni.

— Écoute bien, Joseph Santoni, dit Manetta, ceci t'intéresse. Voyons, M. Sorba, qu'avez-vous demandé à mon cousin et que vous a-t-il promis ?

Les explications requises étant données, Joseph Bartoli devient trépidant :

— Sachez que je ne vous ai envoyé cette lettre de menace qu'à la demande de Joseph Santoni. Il n'avait pas de fonds disponibles pour acquitter votre traite. Non seulement il n'est pas intervenu en votre faveur mais il m'a supplié d'exiger un versement immédiat. Cet argent, que Toto devait encaisser en mon nom, vous aurait été remis, le lendemain, pour payer l'auto que vous lui avez vendue. Demandez à ces jean-foutre si je ne dis pas la vérité.

Silence.

— Je devrais leur brûler la cervelle. Pour cette fois je ne les châtierai pas. Je ne vous réclame rien. Mais faites-vous payer, poursuivez-les à boulets rouges. Ce sont des coquins.

Après le chantage exercé sur Sanguinetti, qui alerta jusqu'au ministre des Colonies, Jean Simonetti se vit lui aussi, appliquer le tarif de Joseph Bartoli. Recevant sa lettre, à Bastia, il pria Joseph Santoni, l'ami Balloni, de décider le bandit à le laisser tranquille. En apprenant son échec, il lui remit seize mille francs et demanda un délai pour le reste. Il fut donc surpris de décacheter une autre lettre de menaces. Il monta à Palneca et chercha une entrevue avec Manetta, en dehors de Balloni. Elle lui fut promise. Comme il travaillait sur son chantier, avec Balloni, le bandit se présenta.

On trinque.

— C'est tout de même dur, observe Simonetti d'être pris à partie pour quatre mille francs alors que j'en avais donné seize mille.

— Comment cela, réplique le hors-la-loi, je n'ai rien reçu.

Joseph Balloni s'interpose :

— J'ai encaissé l'argent. Simonetti, me l'a remis à Propriano, où nous embarquions du bois, il y a quelques jours. Ayant des factures à payer je l'ai utilisé. Je te le rendrai sur mes premières rentrées.

Joseph Bartoli est fou furieux. Il fait un geste de mort vers son parent en croisant les deux index. Celui qui trouve une croix sur sa porte, qui en reçoit une sur un carré de papier blanc est, de même, menacé. Joseph Balloni jure qu'il n'est pas coupable. Jean Simonetti intervient en sa faveur. Le bandit s'apaise.

Mais le Bastiais cherchait l'occasion de se venger. Il en voulait moins à ses larrons qu'à celui qui leur servait d'épouvantail. Il travailla à faire des Balloni les auxiliaires de la justice. Son visage malicieux le révèle ferme en ses desseins et dissimulé. En juillet 1931, comme Toto Santoni, fils de Joseph Balloni, l'accompagne à Propriano, il le laisse à l'hôtel pendant quelques minutes. Des policiers arrivent, fouillent le jeune homme, trouvent des armes sur lui. Ils le conduisent à la prison d'Ajaccio. Comme on peut l'incriminer dans quelques affaires d'extorsion de fonds avec menaces, son compte est bon. Jean Simonetti, qui l'a fait pincer, intervient en sa faveur. Le cousin du bandit peut reprendre ses occupations : c'est par lui qu'on arrivera auprès du contumax. On lui donne jusqu'au 1er janvier 1932 pour faire disparaître le bandit. Sinon il aura vingt ans de travaux forcés et son père l'accompagnera au bagne.

Donc Jean Simonetti a préparé le piège et s'est assuré des alliés. En quittant la jolie Jaja, le beau Joseph Bartoli, satisfait, monte dans l'auto de celui qui lui a offert cette agréable proie. L'inspecteur Christophe est au volant. L'industriel bastiais l'y remplace. Bartoli s'assied auprès de lui, son fusil sur les genoux. Derrière montent Toto Santoni, son frère François et le chauffeur de la Sûreté. On va discuter une affaire forestière et l'on visite une coupe de bois. Puis on boit, dans une bergerie qui servait d'abri au bandit. Heureux, on remonte dans la voiture qui est remise en route. Le chemin est désert. Personne en vue. Christophe tire dans le cou du bandit. Il s'écroule et se redresse d'un sursaut. Une deuxième balle le tue, mais le sang qui a inondé la voiture dénoncerait le crime. On transporte le cadavre, déjà recroquevillé, près de la maisonnette où l'on a fêté l'accord. Les verres, le champagne et une bouteille de pastis entamée sont encore sur la table. La gendarmerie de Ghisoni, prévenue, devait trouver sur le bas-côté de la route, non loin de la bergerie, une voiture incendiée.

Dans une autre version, qui circule à Palneca, l'inspecteur Christophe est ignoré. Sur le siège arrière de la voiture, il y aurait eu trois Santoni : Toto et son frère François, leur cousin Don, hôtelier à Guitera-les-Bains, homme résolu, qui a des manières de gentilhomme. L'un des trois aurait joué le rôle d'exécuteur des hautes œuvres et l'opinion publique désigne Don Santoni. Mais les réputations sont généralement imméritées.

Sans l'envergure des opérations de police, Joseph Bartoli aurait été enterré cérémonieusement. Vingt à trente bandits, portant leur arme sur le bras, auraient monté la garde autour du cercueil parmi les pleureuses échevelées. Sa fin tragique, les arrestations qui suivirent ont exaspéré ses amis. Contenus par la présence des gardes, ils préparent des représailles. C'est que Palneca possède, en Corse, une effrayante renommée. Il y a trente ans, lorsque, dans la cour du collège Fesch, placé sous le patronage de l'oncle de Napoléon, un élève avouait : « Je suis de Palneca », il y avait un malaise. On s'écartait de lui avec crainte. Combien n'entendent pas prononcer le nom de Palneca sans frémir.

Quand les policiers perquisitionnèrent chez le frère de Joseph, Jacques, ils trouvèrent, dans la maison maternelle, sa maîtresse, mademoiselle Arrighi. Elle reçut les inspecteurs et les gendarmes avec une telle insolence hautaine qu'un garde en fut offusqué.

— C'est à lui fiche une paire de claques, déclara-t-il.

— Faites-le, si vous l'osez, répondit-elle. La vie est courte mais elle suffit pour se retrouver.

Dans le village occupé par les soldats, des femmes disaient : « Quand mon fils aura quinze ans, qu'il pourra planter un clou jusqu'à la tête, le sang coulera. »

Comment vaincre la consigne du silence donnée à tous. Les enfants eux-mêmes se tairont, se souvenant d'un proverbe : en bouche close n'entrent pas les mouches. Race dure, intraitable, elle compte sur l'avenir. Sous Napoléon III, pour détruire certains foyers du banditisme, on dût aller jusqu'à la déportation et l'éparpillement des familles.

Joseph Bartoli avait un oncle qui fut curé en Tunisie. Ce frère de sa mère avait préféré terminer ses jours dans son pays et fut nommé desservant dans le village de Vero. Ses paroissiens redoutaient qu'il leur amenât des bandits. On dit qu'il prêtait sa soutane à son neveu pour des démarches compromettantes. Il expira le 1er décembre 1931. Sur son lit de mort, il imposa :

— J'exige qu'on ne me lamente pas tant que Joseph ne sera pas vengé !

Lui, prêtre, qui avait pouvoir d'absoudre et aurait dû être tout pardon, réclamait la vendetta, même à son heure dernière.

On dit à Palneca : ici la vengeance dure trente ans. Le Bédouin se vengera trente ans après, affirme la sagesse arabe.

Avant l'Islam, dans le sud de l'Arabie, une guerre mit aux prises deux familles : les Beni-Beckre et les Beni-Taghleb. Jassas, ayant tué son beau-frère pour laver un affront, le frère de la victime jura de n'approcher aucune femme et de ne se parfumer qu'après avoir exécuté son meurtrier. Il mourut avant d'y parvenir. Il avait eu un fils, avant son serment. Celui-ci, quarante ans après le drame, accomplit le sacrifice promis par son père. Que sont donc ces hommes qui savent protéger leur haine, pour qui le temps, qui corrode tout, semble ne pas exister ?

Pourtant, même dans le banditisme actuel, on trouve des exemples chevaleresques. Le bandit d'honneur s'est perpétué. Crayonnons deux figures : celle de Félix Micaelli, celle, plus attachante encore, de Simon Ettori.

XI
deux bandits d'honneur

Félix Micaelli est du Fiumorbo, région forestière d'une pathétique douceur, différente du Taravo. Ses habitants sont des guerriers nés plutôt que des pasteurs. Ils ne sont complètement heureux qu'à cheval. Batailleurs, ils sont toujours prêts à en découdre. À la belle saison, ils laissent leurs montures en liberté, dans la forêt. Ils sont célèbres par leurs bandits et la violence des vendette. Dans le Fiumorbo, des familles de vingt-cinq et trente membres ont été anéanties, dans chaque camp. Le banditisme y fut une affirmation politique.

Après les Cent-Jours, le commandant Poli, qui avait suivi l'empereur à l'île d'Elbe, fier d'être le petit gendre de la nourrice de Napoléon, de toucher, par conséquent, à sa famille, se jeta dans les maquis, les ravins et les sappari, cachettes souterraines à double issue, de son pays. Lorsque le dieu de la guerre causait avec Poli, dans son exil méditerranéen, il songeait à se créer une retraite en Corse, à y régner. Il fut toujours hanté par ce rêve. Admirateur de Pascal Paoli, qui incarna la volonté d'indépendance de la Corse, il pensa, durant la Révolution, à gouverner ses compatriotes. Quand la fortune le trahit, une tumeur de l'hypophyse ayant affaibli son lucide génie, il pensa à la terre maternelle, à l'île héroïque. Certes, il y était discuté. Son buste en marbre, donné en 1806 par le cardinal Fesch. à la ville d'Ajaccio, fut, à l'avènement de Louis XVIII livré à la foule. Elle le précipita dans la mer. On traitait l'Empereur de bâtard, bastardino, on le voulait fils du général de Marbeuf, alors que nul ne fut plus réellement, intégralement corse, dans ses erreurs — notamment ses conceptions sur la marine — comme dans ses lumineuses décisions et ses vertus incomparables d'administrateur.

Avec des amis dévoués. il comptait s'implanter et devenir inexpugnable. Le commandant Poli se faisait fort de lui amener des troupes aguerries. C'est pour lui créer un asile que, avec le soutien des bonapartistes, il prit possession du Fiumorbo. Les bandits guerroyaient contre les troupes royales et le clan des Pozzo di Borgo. Ils mirent en échec, durant des années, les bataillons du souverain.

Dans cette région si noble, le bandit a des traditions patriotiques. Il est non seulement un malheureux, à qui l'honneur commande, mais un insurgé. Les Bellacoscia, qui opéraient dans la vallée de la Pentica, près de Bocognano, en plein Fiumorbo, bénéficièrent de ce souvenir. Entre 1894 et 1896, ce pays, devenu fief de Jean-Antoine Colombani, n'eut plus de vie administrative et fut privé de percepteurs, de juges de paix, de curés, comme de gendarmes. Les bandits y régnaient. Ils commirent douze meurtres en quelques mois, et finirent par s'entre-tuer.

Félix Micaelli a dépassé la cinquantaine. Il est grand, majestueux. Son ventre est seigneurial. À dix-huit ans, il enleva une jeune fille qu'il aimait. N'ayant pas osé parler à son père, il amena la fiancée jusqu'à la porte de sa maison. Il exposa au maître son désir et sa décision. Le père Micaelli lui reprocha d'avoir agi avec trop de promptitude. Comme la discussion se prolongeait, la demoiselle qui s'ennuyait seule, vit venir vers elle le cousin germain de Félix. Il lui faisait la cour. La belle s'impatientant :

— Tu vois, insista-t-il, il n'est pas capable de s'imposer au foyer. Les pourparlers s'éternisent. Il ne saura pas te faire respecter. Vas-tu t'embarrasser de cette mauviette ?

Lasse de s'exposer aux flèches des mauvaises langues, la jouvencelle partit. Pour excuser sa promenade sentimentale, haïssant autant Félix qu'elle l'avait aimé, la jeune fille préféra laisser ignorer qu'elle avait suivi volontairement le futur bandit. Aussi le père déposa-t-il une plainte contre le ravisseur, sûr de sa bonne foi, mais que les gendarmes ne vinrent pas moins chercher. Il se défendit, et refusant de se laisser arrêter, tua un gendarme et en blessa un autre. Le voilà obligé de prendre le maquis. Ainsi son histoire débute comme celle du bandit Gallochio qui subit, lui aussi, une plainte en dénonciation calomnieuse, ayant enlevé sa fiancée avec son consentement, tandis qu'on l'accusait de lui avoir fait violence.

Le cousin germain de Félix était non seulement déloyal, mais féroce. Affamé de sang, il avait dressé une liste de dix-huit personnes à envoyer dans l'autre monde. Il montra cette comptabilité. Les parents du hors-la-loi, horrifiés en apprenant que leur enfant figurait sur ce mémoire, dirent à Félix Micaelli de se garder. Il prit ses précautions. Comme il était descendu pour embrasser sa mère, elle lui parla du misérable.

— Il va nous déshonorer. Tue-le pour nous préserver de plus grands malheurs.

Félix se mit aux aguets et le fusilla. Les gendarmes organisèrent une expédition contre lui. Prévenu par les bergers, il abattit ceux qui le serraient de trop près et se cacha. Il médita sur son sort. Il avait chanté la sérénade sous les fenêtres d'une bien-aimée indigne. Il avait espéré que ses parents jetteraient sur le jeune couple, à la sortie de l'église et de la mairie, les grains de riz, présages de prospérité, qu'à la porte de la maison on lui ferait manger une cuillerée de miel pour indiquer que toute union n'est heureuse que si les époux y apportent une égale douceur, Il se disait que, sous les fenêtres de la chambre nuptiale, ses compagnons ne chanteraient pas, : « Que le premier soit un garçon, que le deuxième soit aussi un garçon et le troisième également et le quatrième et tous les autres ! ». Il résolut de refaire sa vie, passa à Marseille sans encombre et s'engagea à la légion étrangère sous un nom d'emprunt. Excellent soldat, il fut nommé caporal et allait être promu sergent quand un compatriote le reconnut.

— Mais tu es bien Félix le bandit, lui dit-il.

Il s'éloigna, ne voyant pas comment écarter le péril. Devait-il déserter ? Il préféra se confesser à son capitaine, véritable officier de la légion, qui l'écouta avec recueillement.

— Tu peux me nommer celui qui t'a deviné ?

— Oui, mon capitaine.

— Bien, je vais arranger cela.

Le dur-à-cuire commença par fourrer en prison celui qui s'apprêtait à dénoncer Micaelli. Il alla ensuite trouver le toubib et le pria de faire passer son protégé devant un conseil de réforme. Libéré de son engagement pour une maladie imaginaire, Félix revint en Corse et s'installa dans le maquis. Il eut plusieurs rencontres avec les gendarmes, qu'il ne cherchait pas. Mais il tenait davantage à sa liberté qu'à leur vie.

En 1914, il avait cinq meurtres sur la conscience et faisait régner l'ordre et la paix autour de lui. Dès qu'on lui signalait un différend, il accourait, écoutait les explications des parties et s'interposait. Pour vivre, il se faisait confier la surveillance des exploitations forestières, sans rançonner son peuple, sans manifester les exigences qui ont caractérisé Joseph Bartoli et même André Spada.

Quand la guerre éclata, il réclama l'honneur de servir. On examina son dossier et on le déclara indigne de porter les armes. Il en éprouva un grand chagrin et résolut d'être utile à sa manière. Il interdit aux bandits l'accès de son secteur. Il avertit les déserteurs qu'il valait mieux risquer de sauver sa vie au front que de tomber, certainement, sous sa balle.

Il exploitait des fromageries, ce qui lui permettait d'avoir pour alliés les pâtres de son fief qui lui vendaient le lait de leurs brebis. Il s'emparait des récalcitrants et les conduisit au village, faisait prévenir les gendarmes et invitait son prisonnier à se livrer. Dès qu'apparaissaient les uniformes bleus soutachés d'argent, il revenait dans ses abris. Un jour, ayant capturé un soldat particulièrement agressif, il le remit lui-même, sur la route, aux mains d'un lieutenant de gendarmerie. Celui-ci, peu rassuré de se trouver aussi près de Micaelli, tremblait en passant les menottes au lascar.

— Laissez-moi faire, dit Félix tranquillement. Il ferra celui qu'il restituait aux périls du front et, saluant l'officier, s'en alla, sans se retourner.

Après la guerre, en 1926, le poète Maistrale alla le voir. Micaelli avait trois femmes. Chacune habitait une maison, qui protégeait l'un des angles de son domaine personnel. Il avait ainsi trois observatoires, placés suivant les meilleurs préceptes de l'art militaire. Deux épouses, particulièrement chéries, avaient construit de leurs mains une chaumière qui servait de gynécée ; elles y recevaient le bandit, sans manifester de jalousie. Maistrale venait mettre Micaelli au courant d'une situation délicate. Le percepteur de Prunelli di Fiumorbo était marié. Sa femme, institutrice à Acciani, village situé à cinq kilomètres de Prunelli, logeait à l'école. Le mari la rejoignait tous les soirs. De sorte qu'il laissait son coffre sans surveillance. Le poète venait demander son appui au hors-la-loi pour protéger la caisse de l'État, qui risquait d'être volée, la région étant dangereuse.

Félix Micaelli a un cousin percepteur dans un village proche de son asile. Est-il besoin de dire qu'il ne l'a jamais tourmenté. Il réfléchit :

— Il suffirait de nommer la femme du percepteur à Prunelli.

— Les changements sont exceptionnels au cours de l'année scolaire.

— Je comprends, reprit le bandit. Nous sommes en mai. La rentrée des classes aura lieu le 1er octobre ?

— Comme d'habitude, certainement.

— Je réponds de la perception jusqu'à cette date. Personne ne la pillera. Ensuite, je voudrais bien que le percepteur m'aidât en habitant son village.

— Je vais le demander.

L'inspection académique se hâta de prendre les mesures de sagesse qu'on lui proposa. La perception de Prunelli fut désormais sans histoire.

Après la tragédie de Lava, Félix Micaelli résolut de détruire Paul Perfettini, hôte indigne du maquis, à son avis. Il se mit en campagne et était près de l'approcher quand le nervi fut tué.

Sa conception de la morale étonnera toujours ceux du continent. N'ecrivit-il pas — il a une large correspondance et a même préparé ses mémoires — au chef d'un secteur de la voie des chemins de fer : « Je vous recommande mon cousin. C'est un garçon très doux et très tranquille. N'écoutez pas les racontars qu'on vous prodiguera à son sujet. Il a simplement failli être condamné pour meurtre ». Ah ! ces têtes chaudes de Corse !

Les femmes de Micaelli sont adjudicataires des travaux publics. Elles rempierrent les chemins et rafistolent les voies, sous la surveillance de leur seigneur et maître. Leurs marchés sont scrupuleusement exécutés, au tarif. Pour obliger le hors-la-loi à se livrer, on eut l'idée d'arrêter deux de ses compagnes. En représailles, il fit abandonner les chantiers et l'on dut renoncer à ce moyen d'infortune. Des admiratrices ont cherché à l'approcher. Une riche Chilienne, après être restée cinq jours avec lui, confondue de bonheur, lui fit don d'armes magnifiques et de tentes confortables. Ces amours n'ont pas troublé son solide cerveau.

Comme une automobile passait sur la route, il l'arrêta, aimablement, et se fit conduire. Dans la traversée d'un village, il recommanda au conducteur :

368

— Devant la gendarmerie, ayez l'obligeance d'accélérer.

— Pourquoi ?

— Je suis le bandit Micaelli.

— Enchanté de vous connaître.

L'immeuble dangereux passé, le conducteur dépose son client.

— Merci, mais, à votre tour, qui êtes-vous ?

— Le contrôleur des contributions.

— Quel bonheur ! Je vous enverrai des recommandations à l'occasion. Que Dieu vous protège !

Tel est ce bandit « qui n'a que du sang sur les mains » et mène l'existence d'un patriarche.

Simon Ettori est encore plus humain, plus proche de notre compréhension. Peut-être parce qu'il est d'une autre race que Félix Micaelli. Car il est de souche celtique. Corps trapu, tête ronde, cheveux gris, moustaches blanches retroussées. Il fait penser à un paysan d'Auvergne. Cet homme qui fut condamné deux fois à mort par contumace, est un tendre, aussi timide que doux. Il naquit il y a plus de 60 ans, à Moca Croce, dans les montagnes du Sartenais. Il s'y maria en 1904 et y vécut jusqu'en 1906. Son frère François habitait Murato ou Cognocoli et fabriquait des ébauchons de pipes dans les racines de bruyères. Particulièrement unis, ils travaillaient ensemble, à l'occasion.

L'hôtelier Lenzi, de Pila-Canale, étant menuisier, avait exécuté les travaux intérieurs de la mairie avec Casale, le beau-père de François Ettori, qui était aussi son oncle. Ils avaient touché leurs mandats. Vingt ans plus tard, Lenzi réclama vingt francs à son ancien collaborateur, devant le juge de paix de Bicchisano pour une fourniture dont il aurait répondu : des ferrures pour les fenêtres de la maison commune.

La dette, même réelle, était prescrite. Après tant d'années, on ne sollicite pas un règlement, surtout pour si peu. Le magistrat condamna le beau-père de François Ettori à rembourser cette dette et aux frais. Aucun appel n'était possible. Le demandeur avait affirmé, sur la foi du serment, que cette somme lui était due.

Les parents de François se préparèrent à payer quarante-cinq francs, vingt francs augmentés des frais. Passant devant chez Simon Ettori, le futur bandit, ils le mirent au courant du différend :

— Je vais régler Lenzi.

— Exige un reçu, c'est un malhonnête homme.

— Soyez sans crainte. Je dois aller à Pila Canale, je terminerai cette histoire.

Il descend avec, naturellement, son fusil en bandoulière. Le Corse est toujours armé. Deux amis l'accompagnent : Charles Ettori et Bernardin Tafanelli. Charles Etiori a son fusil, lui aussi. Tafanelli ne s'est même pas précautionné d'un couteau.

Les voici à Pila-Canaie. Ils entrent dans la buvette de Lenzi. Ils consomment. Simon Ettori dit à ses camarades :

— J'ai à causer avec le patron.

Il a préparé un reçu et s'avance vers l'hôtelier.

— J'ai de l'argent à vous remettre.

— Pourquoi ?

— De la part de mon oncle Casale.

— C'est lui qui vous envoie ?

— Sans doute. J'ai préparé un reçu. Avec des hommes comme vous, on ne saurait prendre trop de précautions.

— Dites donc, soyez poli.

— Vous savez bien que cette somme n'était pas due par mes parents.

— Ils ont été condamnés.

— Sur un faux témoignage : cela vous juge.

— Je ne vous permets pas de m'insulter.

Des propos acerbes sont échangés. Simon Ettori, qui a une âme de justicier, s'échauffe. Deux jeunes gens, les frères Casabianca, qui buvaient un verre, s'émeuvent. Le futur bandit veut en finir. Il sort son porte-monnaie et son reçu :

— Signez, je vous remettrai l'argent aussitôt.

Lenzi, furieux de cette attitude, fait un pas en avant et empoigne le canon du fusil d'Ettori.

— Lâche-le, lâche-le, lui crie sa fille, en s'accrochant à lui.

Les frères Casabianca se lèvent, ferment la porte, sortent leurs revolvers. Se voyant enfermé, et menacé, Simon Ettori dégage son fusil et tire, de haut en bas. Il blesse au pied la jeune fille. L'un des Casabianca rouvre la porte, tire, ne touche personne, et sort, Il heurte le seuil, tombe tout de son long et se croit blessé. Son frère, le voyant étendu, vise Charles Ettori. Celui-ci lâche son coup, chargé de petits plombs, et aveugle le malheureux. Les trois amis prennent le large et gagnent le maquis. Charles Ettori est arrêté à Moca Croce. Bernardin Tafanelli se constitue prisonnier. Madame Casale, belle-mère de François Ettori et tante de Simon, est incarcérée.

La cour d'assises de Bastia, en 1907, affirmant qu'un complot fut organisé, condamna Charles Ettori aux travaux forcés à perpétuité, Tafanelli à dix ans, et Madame Casale à la même peine. Simon se dit :

« Ayant frappé si fort des innocents, ils ne sauraient manquer de me guillotiner »

Il préfère être bandit. Mais il a la nostalgie des libres espaces et décide, en 1910, de se rendre au Vénézuela par l'Italie. Il embarqua à Bastia, pour Livourne et Gênes. Le navire qu'il comptait prendre étant parti depuis trois jours, il monte sur un bateau d'émigrant à destination de Buenos-Aires.

Le jour de son arrivée, il se couche après avoir bu un verre de vin avec un inconnu, dort quarante-huit heures. On l'avait drogué. Au réveil, il constate qu'on lui a dérobé sa ceinture contenant son argent. Il ne lui reste que son porte-monnaie contenant trois cents francs. Il se fait embaucher pour la moisson, crève de faim et, pour vivre, apprend le métier de cordonnier. Mais on ne le payait guère. Il tombait sur des patrons plus canailles les uns que les autres, passait des jours sans manger. Une lettre reçue de Corse le décida au retour. Il apprit qu'un cousin avait vendu une vache appartenant à sa femme, en refusant de lui en restituer le prix. Il chercha à gagner son passage, ne dormant plus pour s'assurer quelques économies. faisant n'importe quoi. Il débarqua à Marseille en mai 1911, puis à Ajaccio. Il lui restait trente sous. Il rentra à pied à Baracone où il cassa la croûte. Voici que deux gendarmes à cheval pénètrent dans l'auberge. Par bonheur. ils ne le connaissaient pas. Ils boivent le café et fument. Ils lui offrent un cigare. C'est en le fumant que Simon Ettori reprend la route. Il rentre à Moca Croce. Le cousin qui avait profité de son absence ne fera pas de vieux os.

Depuis il n'a pas bougé de son village et du maquis. On l'a condamné à mort pour avoir tué des gendarmes du côté de Bonifacio. Un revolver, marqué à son nom – les bandits gravent leur patronyme sur la crosse de leurs armes — trouvé dans la bergerie d'un parent, le fit accuser. Mais il affirme n'être jamais allé dans cette région et il n'est pas homme à mentir. Il cultive ses terres. Pour vivre, il chausse les habitants de Moca Croce. Il a trois femmes, qu'il chérit et protège. Elles lui ont donné sept beaux enfants qu'il marie. Il assure la justice autour de lui et méprise les bandits. Romanetti lui ayant envoyé une pipe et des cartouches, il a refusé ce cadeau. Il a interdit son fief aux déserteurs comme aux hors-la-loi. Il est aimé de tous parce qu'il est bon. Il vivait dans un coin de rochers inexpugnables et y travaillait, souffrant en silence. Pour lui, le maquis n'était pas une occasion de parader, mais un champ d'asile pour malheureux. Un de ses fils étant accusé de meurtre, il l'avait obligé à se constituer prisonnier, ne voulant pas que l'un des siens subisse son triste destin.

En 1921, comme il cultivait sa vigne, des gendarmes organisèrent un guet-apens. Il se rendait auprès d'une source pour y remplir un bidon quand il entendit siffler une balle. Il s'écroula devant la fontaine comme blessé, et se laissa glisser, de roc en roc. Au bas, il tira un coup de revolver pour intimider ses poursuivants. En 1928, deux chasseurs de têtes se firent louer comme ouvriers par lui et une nuit, blessèrent son jardinier qu'ils prirent pour le bandit. Il disait parfois :

— Quelle prison serait plus douloureuse que celle où je suis cloîtré ?

Car c'est un ermite, grave et songeur, toujours de bon conseil, qui regrettait amèrement d'avoir sacrifié à la vendetta. Récemment, un jeune homme de son village mit à mal une jeune fille. Les parents réclamaient dix mille francs pour élever l'enfant. Discussion. L'amant, cherchant à se libérer aux moindres frais, voit Simon Ettori. Celui-ci écoute en fumant sa pipe. Il n'est pas dupe : on sollicite son intervention.

— Je pense que tu es venu pour me demander mon avis. À ta place, je donnerais les dix mille francs ou j'adopterais l'enfant. Pourquoi pas ? Mieux vaut se conduire en honnête homme.

Il répandait autour de lui la sécurité. Il est digne. Quel malheur qu'un caractère de cette trempe ait pu douter de la justice, alors qu'elle faisait battre si fièrement son cœur. Voilà un véritable bandit d'honneur et qu'on ne saurait connaître sans l'estimer. Mais, qui, en Corse, souhaite son acquittement et César Campinchi a tenu à le défendre.

Il s'est rendu le 10 janvier 1932, après deux mois de négociations menées par son frère, avec le procureur de la République. Toute la Corse souhaite son acquittement.

S'il n'y avait eu dans l'île de Beauté que des bandits comme Simon Ettori, aurait-on parlé d'en finir avec la plaie du banditisme ?

XII

charmes de la Corse

« Le temps s'en va, le temps s'en va, madame » se plaignait Ronsard. Le bandit également. Il ne faut pas se frapper : il disparaît. Ces rebelles qui ont troublé ou exalté l'opinion sont des souvenirs d'un autre âge. Ils montrent la féodalité en action. Ils nous obligent à convenir que notre temps n'est pas si hostile au Moyen-Âge qu'il s'en persuade. Nous devons convenir que le vers de Voltaire, qui parut si philosophique : « le premier qui fut roi fut un soldat heureux » est à corriger. « Le premier qui fut roi fut un bandit heureux », est plus vraisemblable. Il y a quelques siècles Bartoli eut été prince comme Romanetti et ses émules. Ils auraient, probablement, aussi mal fini. C'est une consolation. Vous ne trouvez guère d'hommes entre vingt et cinquante ans, en Corse. Les jeunes sont fonctionnaires, soldats ou cherchent fortune. Ils font pénétrer dans l'Île l'air d'ailleurs. Les femmes, gardiennes des coutumes, muses farouches de la vendetta, lasses d'attendre ceux qui ne viendront pas, désertent à leur tour le pays enivrant, rencontre passionnée de l'Orient et de l'Occident. Elles deviennent institutrices et postières. Elles sont intelligentes, dures à la peine, se contentent d'être mal logées, chichement nourries, afin de parvenir. Aussi, la tuberculose, naguère inconnue, fait-elle des ravages dans les taudis où elles se rassemblent. Celles qui échappent à la contamination apportent dans les mœurs un autre esprit.

Sous leur influence et celle des anciens, qui ont vécu hors de leur village natal, les Corses renoncent à leurs sauvages passions. Mais la race qui refusa d'être esclave, ce qui surprenait Strabon et les Romains, conservera son ardeur native, sa vaillance, son exquise sensibilité, ce mépris de l'argent qui détonne dans notre société mercantile. Nous connaissons un propriétaire qui se promenait, parmi les bandits, avec quatre cent cinquante mille francs dans ses poches, sachant qu'il n'avait rien à redouter. Il aurait pris ses précautions à Paris, dont il est originaire. Il n'y songea pas dans l'île de Beauté.

Elle unit les charmes de la Côte d'Azur à ceux des Pyrénées ou des Alpes. L'urbanité de ses habitants, leur culture, leur gentillesse, leur hospitalité pressante, le piquant de leurs habitudes, la diversité de leurs origines, passionneront toujours le curieux et l'artiste. Ils peuvent aller en Corse sans crainte, car ils en reviendront enivrés de sublime. Si les bandits donnent le goût de connaître ces paysages grandioses, ces hommes surprenants, ces femmes aux lignes pures, ils auront rendu un dernier service à leur pays.

Que peut-on prévoir pour ce réservoir de forces vigoureuses? Nous avons souligné qu'il a pâti du libre-échange et que l'agriculture ne saurait être sa base de prospérité. On pourrait ériger la Corse en plate-forme de transformation pour les produits coloniaux destinés à la Méditerranée.

Zone franche, exempte de droits à l'entrée et à la sortie, elle industrialiserait le caoutchouc, malaxerait les engrais, broierait les arachides. Si le gouvernement faisait connaître aux producteurs qu'il les verrait s'établir dans ces régions avec plaisir, il y aurait, en face de l'Italie, un large courant d'activité. Alors, la production agricole se développerait, pour satisfaire à une nouvelle clientèle. Les indigènes ne seraient plus forcés de s'expatrier : les besoins feraient trouver dans l'île, rapidement, des matières premières actuellement dédaignées.

Mais les pouvoirs publics, dont la mollesse, la nonchalance, l'impéritie envers le banditisme firent sa puissance, devront adopter des méthodes énergiques. Ils ont des auxiliaires remarquables. Nous en avons vu à l'œuvre, notamment les collaborateurs de la Sûreté générale. Ils ne méritaient que des éloges. Si en Algérie, leur médiocrité nous alarma, nous avons connu, pendant notre enquête, des hommes qui ne manquaient ni d'envergure ni de cœur. Quant aux gendarmes, il suffit de les commander pour qu'ils fassent merveille. Leurs défaillances, que nous avons soulignées, sont dues à la trahison larvée de leurs chefs. Leur mission n'est pas de négocier. Comment les soldats n'auraient-ils pas du vague à l'arme quand les commandants temporisent, hésitent, font de la diplomatie. Chacun son métier.

Un bandit n'est dangereux que s'il est assuré, outre des appuis familiaux, de complicités agissantes. Isolé, c'est un malheureux. Encadré, c'est un chef de bande. Une organisation tutélaire, que la police est capable de mettre sur pied, pourrait obliger tout homme qui prend le maquis, à se rendre dans les six mois. Une justice digne de ce nom favoriserait l'épuration. Elle est trop souvent la proie des clans, dont nous connaissons les mérites, mais qui ne sauraient être les arbitres de la loi.

Nous aurons, désormais, la nostalgie de l'admirable Corse, et serions fiers de mériter l'amitié de ses habitants. Dans la médiocrité courante, ils s'élèvent au-dessus de la multitude comme des chênes au-dessus des broussailles. Ce n'est pas la production qui assure la véritable grandeur d'une nation, mais le caractère de ses races. L'île de Beauté, à cet égard, sera toujours un magnifique exemple.

annexes

la véritable vie des bandits Poli et Gallochio
par Vannina Culioli

Durant la Restauration, en Corse, le sang coulait à flots pour des inimitiés dont plus personne ne se souvenait précisément des origines précises. On se massacrait pour une moquerie, pour une bête errante. Lorsqu'un homme périssait, sa parenté et sa clientèle cherchaient aussitôt à le venger. Les vendette laissait des village exsangues et ruinaient l'économie. Gallochiu avait mené dans le nord la guerre des contumaces. Puis il s'en était allé combattre les Turcs sur le sol grec. Un autre homme, de l'au-delà des Monts celui-là, allait pousser plus loin l'ambiguïté du banditisme corse de l'époque : Théodore Poli. Non seulement il allait promulguer une Constitution, mais aussi se faire appeler le roi de la Montagne.

Il avait vu le jour en l'an 1797 dans le village de Guagnu, au cœur de cette Cinarca où battit le cœur de la Corse véritable, celle qui s'opposa à Pise, à Gênes puis à la France. À dix-neuf ans, il fut frappé par la conscription afin de combattre dans les armées de la France. Mais, comme il était de coutume, cette mesure ne devait prendre effet que trois années plus tard. Or, sa famille, composée de bergers honorablement connus dans toute la région, vendait des fro-

mages au commandant de la gendarmerie de Guagnu, le brigadier Petit. Théodore le croyait son ami, lui qui lui apprenait le français afin, disait-il, qu'un jour, il sache me débrouiller dans cette langue, presque totalement étrangère à
la Corse. Or, pour des raisons inconnues, cet homme laissa
passer la date à laquelle le jeune homme devait se présenter
au bureau de recrutement d'Ajaccio. Le 4 février 1820, le
brigadier Petit et deux de ses hommes vinrent le chercher au
village et l'enchaînèrent devant tous. Le brigadier ordonna
simplement que l'on serra un peu plus les cabriolets. C'est
ainsi qu'entravé comme une chèvre, sous le regard de tous,
Théodore fut descendu sur Ajaccio.

Le 14 février 1820, Théodore Poli s'évada du bureau de
recrutement. Il fut dès lors considéré par la loi comme un
déserteur et recherché comme tel. Le jour même, il atteignit
Guagnu vers midi. Il se glissa jusque dans sa maison et prit
un fusil caché dans la grange. Un cousin lui apprit que le
brigadier Petit mangeait chez Ange Marie Cipriani. Théodore posa son fusil sur une murette afin de ne pas rater sa
cible. Il visa longuement et appuya sur la gâchette. Le gendarme Petit s'abattit sur la table, la tête trouée par la balle.
Théodore Poli venait d'entrer dans le légendaire du banditisme corse.

Le premier à le rejoindre fut François Antoine Pellegrini, dit Brusco. Lui aussi appartenait à une bonne famille
de Vicu puisque son père officiait comme huissier de justice
à Ajaccio. Puis arrivèrent les frères Multedu, puis Jean Cristinacce et Jean Casanova. Aucun d'entre eux n'avait la tête
brûlée par une jeunesse insouciante mais tous avaient en
commun la haine de ce pouvoir soumis aux puissants et à la
lointaine France. En cas de capture, ils se savaient promis à
la guillotine. Mais ils n'en avaient cure.

Le 14 février 1820, Théodore Poli déclara à la France la guerre que les autorités allaient nommer celle des Contumaces.

Très rapidement, la bande de Théodore Poli s'imposa dans cette montagne habituée aux explosions de violence et à la résistance. Par tradition, la population se pliait en apparence aux exigences des plus puissants. Les bandits connaissaient chaque sente, chaque grotte. Ils savaient aussi qui surveiller et qui, éventuellement, menacer ou tuer.

Le 18 novembre 1821, le brigadier Ambuster fut retrouvé égorgé comme un mouton dans un lieu reculé non loin d'Ortu. Après enquête il s'avéra que l'infortuné militaire avait été contacté par Sanvitus Pinelli qui affirmait connaître le lieu de résidence de Théodore Poli. Or Ambuster croyait fermement que les contumaces ne demandaient qu'à se repentir. L'innocent ignorait que ce Pinelli était parent de Théodore Poli qui, aussitôt en sa présence, le fit tenir avant de lui trancher la gorge.

Dans ce combat, personne n'était innocent aux yeux des bandits comme à ceux des gendarmes et voltigeurs. Celui qui se taisait acceptait de fait l'oppression des juges, des gendarmes et des notables. Celui qui parlait prenait parti et donc trahissait. En Corse, le faible devait se rallier, se taire ou alors périr à moins qu'il n'ait eu la chance de s'enfuir vers la Péninsule italienne ou la France. S'imposer, c'était au contraire assurer une paix durable à son avantage.

Même les membres de la chambre du conseil, tous propriétaires terriens, étaient impliqués dans des inimitiés. Ils protégeaient des bandits pour mieux défendre leurs intérêt, eux qui étaient censés faire appliquer la loi. Selon la formule de Poli, « il n'était pas de pitié à avoir dans cette vie où chacun lutte pour son intérêt ».

Des dizaines d'hommes d'honneur avaient désormais rejoint celui qui signait Tiodoru Poli. Il avait tissé des liens avec des bandits d'autres régions. Ainsi avait-il rencontré Joseph Antomarchi d'Antisanti, surnommé Gallochiu. Avec lui et ses hommes, Tiodoru Poli attaquent le 23 mars des gendarmes qui patrouillaient. Deux d'entre eux furent tués. La célébrité grandissante de Poli lui amena d'autres hommes. Les tribunaux du roi travaillaient pour lui. Ils condamnaient à mort des dizaines d'hommes pour des meurtres provoqués par les vendette ou pour le refus d'intégrer l'armée. Cependant, plus elle grossissait, plus la petite armée des bandits coûtait cher à entretenir. Il fallait trouver de l'argent et des vivres. C'est pourquoi Tiodoru leva un impôt. L'Église et l'État furent mis à contribution. Curés, abbés, propriétaires, notaires et percepteurs contribuèrent plus ou moins volontairement au combat des contumaces.

La bande de Théodore semblait comme toute-puissante dans les campagnes, sachant aussi bien imposer sa loi par la terreur que par des partis pris lors des vendette. Le 24 juin 1823, le préfet écrivit : « Plusieurs habitants d'Orcinu m'ont exposé que le juge de paix de leur canton, M. Gentile, a cessé depuis trois mois environ de donner cours aux affaires portées à son tribunal à cause d'une inimitié qui l'empêche de sortir de sa maison. »

Dans un rapport adressé au garde des Sceaux, le procureur général d'Ajaccio note que Pierre-Paul Durazzo, conseiller à la cour et président du conseil général, était candidat au poste de président de la cour de justice criminelle alors que son fils et son neveu avaient été condamnés à la peine capitale pour meurtre.

Aussi, pour combattre la bande de Poli, le 6 novembre 1822, fut formé le bataillon de voltigeurs corses commandé par le colonel Bigarne. De nombreux Corses s'y engagèrent, qui pour le prestige de l'uniforme, qui pour exercer le droit de vengeance protégé par la loi.

Les bataillons de Sebastiani ou de Galloni d'Istria traquèrent les bandits grâce à leur connaissance du terrain.

Les services secrets royaux tuèrent un homme à Marseille qui, deux jours auparavant, avait tenté de franchir la frontière avec le Piémont. Il portait sur lui un message secret qui mentionnait une prise de contact des ventes carbonnari de la Péninsule avec Tiodoru Poli. Celui-ci était donc devenu un « bon cousin » et, avec l'appui du grand Buonarotti, il entreprit de former une véritable armée destinée à aider les révolutionnaires italiens et français.

Dans l'Île, les excès des voltigeurs provoquaient l'indignation de certains notables français. Quelques-uns d'entre eux avaient capturé deux bandits, les avaient écorchés vifs puis avaient abandonné les corps sanglants à l'entrée de Vico.

La pression exercée par les bandits sur la population de la Cinarca allait en croissant. De plus en plus de citoyens devaient payer l'impôt exigé par les hommes de Poli. Le curé de Pastricciola, celui de Salice, celui de Soccia, le notaire de Casaglione versaient des sommes importantes. Les victimes de ce racket montraient une exaspération grandissante. Dès lors, le seul moyen pour Poli de maintenir autour de lui un silence complice consista à sans cesse exercer une terreur croissante. Il assassina de sa propre main un vieillard de Letia, Arrigu, dont les fils avaient osé dire en public qu'ils ne craignaient pas Poli et lui préféraient encore les voltigeurs. À son tour, u sgiò Colonna d'Arru fut sommé de payer l'impôt aux bandits de Poli. Ces meurtres obligèrent au silence les plus récalcitrants, d'autant que les gendarmes et les voltigeurs ne rencontraient guère de succès. La région entière passa sous la coupe réglée des bandits tandis que le percepteur, lui, ne parvenait plus pas à lever l'impôt national. Poussant plus loin sa méthode, Théodore Poli, fort de ses cinq cents contumaces (selon une note adressée au ministère de l'Intérieur), exigea de la préfecture qu'elle versât son obole dans l'escarcelle des contumaces.

Selon une rumeur ajaccienne, monsieur Arman, secrétaire général de la préfecture et préfet intérimaire de la Corse, avait été mis à l'amende par le bandit. La commission avait été portée par Marc Antoine Dari et Jean Stephanolopoli, ce dernier travaillant dans les propres services de monsieur Arman. Modeste, Tiodoru n'exigeait que six cents francs du représentant de l'État dans les termes suivants : « Comme élu de Dieu et pensionné par le gouvernement, lui ai-je écrit, demi-vérité qui le deviendra entièrement lorsque, vous en conviendrez, vous m'aurez fait parvenir la somme demandée, vous me ferez cette grâce avec toute la politesse qui vous caractérise. Vous saurez éviter tout entêtement, conduite qui infailliblement entraînerait d'autres malheurs, ce que vous et moi avons à cœur d'éviter. Signé Théodore Poli et ses associés. »

En 1823, les services secrets estimaient alors le nombre de contumaces et de réfractaires réunis en bande dans l'Île à huit cent vingt et un individus. Selon un rapport remis au ministre de l'Intérieur en 1823, « les administrés ne répondent pas aux appels des maires qui ne peuvent compter que sur leur propre famille, et encore... Des particuliers s'arrogent le droit de se faire protéger par des escortes d'hommes armés lorsqu'ils se déplacent, non sans avoir préalablement fait leur testament, paralysant en outre la force publique. » Franchey d'Espéret, directeur de la police en Corse, écrivait encore : « D'où peut donc provenir aujourd'hui une telle atrocité si ce n'est du progrès de la démoralisation à laquelle les abandonne depuis plusieurs années un régime trop faible pour contenir une population naturellement violente et lui imprimer cette salutaire terreur qui résulte d'une justice forte et rapide sans laquelle le Corse se montrera toujours rebelle au gouvernement. »

Poli avait appris que, dans les casernes ou sur le terrain, les voltigeurs corses s'opposaient aux gendarmes continentaux. Il jouait sur ces divisions. Des tensions extrêmement vives s'exprimaient de la magistrature. Les clans tentaient par tous les moyens d'imposer leurs hommes dans les tribunaux, ce que refusaient furieusement les fonctionnaires de la magistrature qui n'accordaient aucune confiance à ceux qu'ils appelaient les « sauvages », c'est-à-dire les Corses. Au sein des politiques, blancs et noirs s'entendent pour dénoncer la France trop lointaine dont les serviteurs ici même multiplient les lettres de plainte. Le clan dominant, celui des Sebastiani, prônait une politique de rigueur quand dans l'ombre il prenait contact avec les bandits. La France enfin venait de signer un traité d'extradition avec la Sardaine, l'île du Sud où se réfugiaient de nombreux hors-la-loi.

Cependant, la société corse n'en pouvait plus de cette violence permanente. Tiodoru Poli lança alors un appel à travers toute la Corse formulé dans les termes suivants : « Le bandit Théodore Poli, chef du maquis, convoque tous les contumaces en forêt d'Aïtone le 1er février 1823. » Sous les grands arbres couverts de neige des hauteurs insulaires, cent cinquante hommes se rendirent à l'invitation de Théodore. Parmi eux se trouvait Gallochiu, le roi du Nord. Théodore Poli commença par un hommage à la Sainte Vierge et à saint Pancrace, patron des bandits. Après avoir été élu à l'unanimité « roi des Bandits, roi des Montagnes », il lut sa Constitution qui s'inspirait de l'idéal des carbonnari, ces cousins des francs-maçons.

ARTICLE PREMIER — Les bandits corses soussignés, réunis dans la forêt d'Aïtone, ont élu à l'unanimité et proclament pour leur chef Théodore Poli di Guagnu.

ARTICLE 2 — Ils lui promettent obéissance absolue et lui accordent au besoin, sur eux, le droit de vie et de mort.

ARTICLE 3 — Le chef élu ne rendra compte à personne de ses plans et de ses décisions en matière de guerre.

ARTICLE 4 — La justice sera rendue par une cour martiale dont les membres seront élus au scrutin secret et à la pluralité des suffrages.

ARTICLE 5 — Tout individu, bandit, guide, protecteur ou autre soupçonné de trahison sera traduit contradictoirement ou par défaut, devant la Cour et, s'il est reconnu coupable, invariablement puni de mort.

ARTICLE 6 — Tout bandit convaincu de vol ou tout autre crime contre les propriétés sera puni du droit de porter les armes, depuis huit jours jusqu'à un mois, et puni des arrêts forcés pendant un temps variable. En cas de récidive, il sera rayé des contrôles.

ARTICLE 7 — Toutes les fois qu'un bandit, dans une rencontre, sera trop grièvement blessé pour s'enfuir ou être transporté, les autres lui brûleront la cervelle pour lui épargner la honte de l'échafaud.

Près d'un siècle plus tôt, en 1736, la Corse insurgée avait élu un autre monarque, également nommé Théodore, qui donna à l'Île son emblème, la tête de Maure, une première Constitution et une monnaie.

Ensuite, Tiodoru détermina les sommes que devraient verser les notables afin de contribuer à son effort de guerre. Il exempta aussitôt les bergers et les paysans, trop pauvres pour payer. Mais les ecclésiastiques et les notables furent soumis à un impôt de dix francs pour les uns et quinze francs pour les autres. Cette somme serait mensuellement versé aux collecteurs et tout contrevenant serait d'abord réprimandé puis, en cas de refus réitéré, devrait rendre son âme à Dieu. Alors le roi Théodore donna le signal d'une chasse gigantesque qui vit des dizaines de sangliers, de cerfs et de mouflons tués puis dévorés dans la soirée à la lueur de dizaines de torches à la lumière battue par les vents.

Le lendemain de cette réunion, Tiodoru se rendit dans son village de Guagnu où il fut accueilli en héros. Les bandits attaquèrent les gendarmeries de Castifau, d'Evisa, de Vicu, d'Ota, emportant à chaque fois des armes et des uniformes. Le nom de Tiodoru était cité jusqu'à Paris. Par le biais des alliances, il réussit à contrôler jusqu'aux décisions de la cour d'assises. Tiodoru connaissait par avance le nom des jurés et, par là même, leurs familles et, de ce fait, pouvait exercer sur eux des pressions efficaces.

Le corps des voltigeurs réagit vivement devant les succès grandissants de Théodore Poli. Les victoires du roi des Montagnes stimulaient ces hommes qui se trouvaient de plus en plus souvent en inimitié avec les contumaces et leurs familles. La haine était telle que lorsqu'ils capturaient un bandit, ils l'abattaient comme un chien. Ainsi Michele Gasparini, condamné par contumace, avait pour ennemi Pasquale Peloni, engagé dans les voltigeurs. Ayant appris que Gasparini se trouvait dans une bergerie non loin d'Urbalaconi, Peloni, avec d'autres voltigeurs, aussi parents, arrêta le bandit. Après avoir discuté ensemble, les voltigeurs conclurent que Gasparini possédait beaucoup d'appui et risquait de sauver sa peau s'il passait aux assises. Vicente Casanova, cousin de Peloni, lui envoya donc une balle dans le corps, étant ainsi certain que sa justice ne faillirait pas à sa tâche.

Les voltigeurs tuèrent également l'un des amis de Gallochiu, Jean-André Gambini, de Corté, dans une bergerie de la Ristonica. Puis, le 21 juillet, ce fut l'un des guides de Tiodoru, Bruscu, qui fut abattu dans le bois de Murzu près de Vicu. Ses assassins étaient dirigés par le maire de Casaglioni, Jean Albertini, avec lequel Tiodoru se trouvait en inimitié. Albertini tenait ses renseignements de l'un des oncles, Ucelloni. Il s'avéra rapidement que deux des plus grandes familles de Corse, les Pozzo di Borgo et les Gentile, cherchaient à l'éliminer pour ne pas avoir à payer l'impôt mensuel que le bandit exigeait d'eux. Tiodoru répliqua en faisant mettre le feu au maquis des Pozzo di Borgo et en faisant tuer la moitié des brebis d'un troupeau appartenant à la famille Gentile.

Paris s'inquiétait quotidiennement de la situation en Corse. La puissance prise par les contumaces de Poli mettait en péril l'autorité royale. D'autant que les élections voulues par la loi de juin 1833 s'annonçaient fort mal en Corse. Selon le préfet Jourdan du Var, la loi était à peine votée que « toutes les petites ambitions et tous les amours propres s'agitèrent en tous sens, frappèrent à toutes les portes, s'adressèrent à toutes les passions bonnes et mauvaises pour accaparer les suffrages, sauf à demander ensuite à la loi et à la fraude les titres d'éligibilité, ou seulement d'électorat ».

Dans un tel contexte, Poli et ses contumaces gênaient les combinazione des chefs de parti. Pourtant, la renommée de Poli était au plus haut et dépassait les frontières françaises. Les Anglais avaient pris contact avec lui par l'intermédiaire de frères maçons. Les cousins carbonnari demandaient à ce « qu'il contribue au mouvement du Risorgimento italien ».

En Corse, vingt familles faisaient la pluie et le beau temps en Corse, vingt familles qui concentraient entre leurs mains tous les postes administratifs et judiciaires grâce à l'accord de Paris. Pour se préserver leurs rejetons, ces notables flattaient la répression tout en la dénonçant lorsque les gendarmes et voltigeurs s'en prenaient à leurs « gens ». La loi donnait l'impression de la plus grande incohérence, favorisant par là même les vengeances privées. Le neveu de Poli, Dominique Pinelli d'Ortu, fut arrêté avec trois autres de ses hommes. Les voltigeurs, fort des pressions exercées par les clans sur les populations, marquaient des points. Le premier cercle qui protégeait le roi de la Montagne s'amincissait jour après jour. Il réagit avec violence, faisant assassiner deux paysans qu'il soupçonnait de le trahir, seulement pour montrer leurs cadavres en exemple. Le petit peuple, épuisé, le lâchait.

Le 12 juillet, alors que Tiodoru avait fait enlever le neveu de l'abbé Leccia pour recevoir l'impôt impayé, voilà que l'ecclésiastique rétorque en retenant à son tour l'un des frères du bandit et en menaçant de le tuer. Tiodoru fut obligé de relâcher le neveu de l'abbé. L'affaire se sut et amoindrit le crédit du roi des Montagnes.

Le roi Théodore rendit alors leur liberté à ses hommes après les avoir réunis sur le monti Campotili. Quelques dizaines de bandits à peine étaient présents. Sur le Continent, la révolution industrielle changeait la donne économique et sociale. La Corse aussi changeait.

Le ministre de l'Intérieur, le baron Durieu, exigea l'extermination de Poli. Il chargea personnellement de cette tâche le capitaine Marinetti, l'un des meilleurs voltigeurs corses.

Poli entretenait à Ortu une maîtresse, Angeline Marie Bonifaci, que les gendarmes avaient déjà arrêtée à trois reprises et qui avait été acquittée en 1823. Le capitaine Marinetti l'avait de nouveau faite emprisonner, lui promettant la liberté contre des renseignements. Il avait même tenté de la rendre jalouse en lui parlant de l'épouse du bandit et de ses enfants. Mais Angeline avait gardé le silence. Poli avait été blessé au bras lors d'un affrontement avec les voltigeurs en forêt de Pega.

Le capitaine Martinetti fit alors incarcérer un berger, originaire d'Appricciani, nommé Colonna. Après des jours de questionnement brutal, il parvint à connaître l'endroit où se cachait Poli. Le 2 février 1827, le voltigeur en chef lança cinq colonnes à sa recherche. Des tireurs d'élite, tous corses, accompagnaient la troupe. Le 5 février, sur le territoire d'Ambiegna, Théodore et son frère Borghellu furent enfin localisés. Les voltigeurs Graziani et Fornari engagèrent le combat. Blessés tous les deux, ils parvinrent néanmoins à tuer Théodore Poli dont le cadavre fut descendu sur Coggia. Puis on le dirigea sur Vico et enfin sur Ajaccio où il fut déposé dans la chapelle Saint-Roch afin d'être vu de tous. Le 6 février 1837, il fut officiellement reconnu pour mort par le docteur Joseph Bandiera. La guerre des Contumaces venait de s'achever. Quelques décennies plus tard, l'écrivain Edmond About devait s'inspirer de son personnage pour écrire son roman le Roi des Montagnes.

La véritable histoire de Gallochio

Gallochio est entré dans l'histoire du banditisme corse avec la force brutale d'une tempête puisqu'on lui attribue quarante-cinq meurtres et plus encore de morts. Mais Gallochio, plus que tout autre bandit corse, incarne le paradoxe de la marginalité et de la célébrité puisque lui, l'ancien séminariste devenu tueur, rejoignit en 1826 les insurgés grecs qui se battaient pour leur indépendance contre l'Empire ottoman. Aux côtés de lord Byron, il se conduisit avec un héroïsme qui força l'admiration des observateurs de l'époque. Entre liberté et terreur, pour reprendre la belle expression du sociologue José Gil, entre passé et modernité, Gallochio a laissé son empreinte dans la mémoire collective du peuple corse. Pour le meilleur et pour le pire.

Le 18 juillet 1820, dans le petit village de Noceta, Joseph Antomarchi, tout droit sorti du séminaire de Corte et, il faut le souligner, à peine âgé d'une quinzaine d'années, enlève la jeune fille qu'il aime, Marie-Louise Vincensini, qui, selon les registres paroissiaux, est un peu plus jeune que son soupirant. Or, rapidement se répand une rumeur selon laquelle Joseph Antomarchi n'est qu'un mauvais sujet coureur de dot. En effet, les Vincesini possèdent de bonnes terres et sont considérés par les habitants comme des notables. Gallochio est meurtri par ces bruits incessants qui traînent sur son compte.

Les rapports de la gendarmerie notent que le 23 septembre 1820, aux alentours de sept heures du matin, tandis que se préparent les fiançailles de Marie-Louise Vincensini et de César Negroni, Ange Joseph Vincensini, père de la future épouse, reçoit une balle en plein front tandis qu'il ouvre les volets de sa cuisine. La rumeur publique attribue aussitôt ce crime à Joseph Antomarchi, dit Gallochio. La cérémonie prévue a néanmoins lieu, mais dans la tristesse et l'affliction. Mais le clan familial des Vincensini affirme publiquement qu'il ne cédera pas face à la violence de Gallochio. Le 1er février 1821, César Negroni, le jeune fiancé, entend des bruits de pierres contre ses volets. Intrigué, il les ouvre et, à son tour, est fauché par une salve de fusil.

Gallochio est deux fois condamné à mort pour ces deux meurtres. Toujours flanqué de son cousin germain, Jean-Marc Antomarchi, dit Marcucciu, Gallochio est rejoint par d'autres contumaces, Louis Albertini et Jacques Alexis, puis Xavier Martinetti, Decius Sansonetti et Damien Damiani. En bande, ils sillonnent la Castagniccia, n'hésitant pas à s'affronter aux brigades de la gendarmerie royale. Un rapport de cette force de répression nous révèle que le premier accrochage eut lieu sur la route de Cervioni avec la brigade d'Antisanti. Gallochio est blessé au cours de l'affrontement, ainsi que les gendarmes Mélis et Hubert.

Les statistiques militaires indiquent qu'en Corse, durant cette décennie qui commence en 1820, pour une population d'environ deux cent mille âmes, le nombre de meurtres et d'assassinats culmina à quatre-vingts par an. La Corse d'alors était essentiellement rurale. Nombre de villages étaient enclavés et ne pouvaient être atteints que par des chemins peu praticables et donc facilement défendables. La conquête française enfin ne datait alors que de soixante-dix ans et la France restait pour beaucoup de paysans corses un pays étranger. Pour preuve, lors des procès, les inculpés devaient le plus souvent avoir recours à des traducteurs tandis qu'ils étaient jugés par des procureurs français qui ne lésinaient pas sur les peines. Lorsque les magistrats étaient des Corses, ils plaidaient le plus souvent en toscan. Enfin, les notables agissaient par intérêt clanique plutôt que par esprit de justice. Pour le faible, il n'était point de rémission : cinq ans d'emprisonnement pour le vol d'une brebis... cinq ans à agoniser dans des cachots d'où, dans le meilleur des cas, on sortait phtisique et ruiné. C'est pourquoi tant de jeunes Corses préféraient les rudesses du maquis à celles des geôles royales.

La Corse oscillait alors entre une francisation parfois difficile et une révolte aux racines souvent inconscientes. Dans cet espace confiné, pour une insulte ou pour un geste déplacé, des vendette éclataient qui produisaient leurs moissons rouges. Dans les régions de montagne, des dizaines d'hommes étaient tués au gré des haines. Les vengeurs s'enfuyaient le plus souvent sur les hauteurs montagneuses, rejoignant des bandes dirigées par de célèbres bandits comme Tiodoru Poli ou les frères Gambini. Peu à peu, ces marginaux, pour mieux lutter contre les forces de répression, gendarmes et voltigeurs, se fédéraient pour des « coups », se séparant aussitôt pour rejoindre leurs propres régions.

La réputation de Gallochio dépassa vite les frontières de la Castagniccia. On parlait de lui jusque dans l'en deçà des Monts avec ce mélange de frayeur et de complaisance que l'on retrouve sous tous les cieux lorsqu'il s'agit de décrire des bandits. Les frères Gambini, qui imposaient une terreur noire dans la région de Corte, contactèrent Gallochio pour lui proposer de rejoindre durablement leur petite armée. Ce qu'il fit avec ses compagnons.

Fort de ses nouveaux amis, Gallochio montra une énergie un courage et une férocité sans limites. De 1821 à 1823, il fut présent dans toutes les régions de l'Île, tuant trente et un gendarmes et en blessant vingt et un. Il s'allia avec un autre bandit réputé, Tiodoru Poli, et participa à la proclamation d'Aïtone où fut décrétée une Constitution des contumaces. Désormais, le bandit et ses amis cherchèrent systématiquement le contact avec la maréchaussée, comme en témoignent les archives de la gendarmerie consignées par M. Guerrini dans Bandits d'honneur.

Le 12 juin 1831, parce que leur ami Sansonetti avait été tué au feu, Gallochio et Xavier Martinetti abattirent près de Moïta les gendarmes Zanni et Fico. Le 9 septembre de cette année, Gallochio et sa bande s'en prirent à la gendarmerie d'Antisanti, tuant deux membres des forces de l'ordre. Le 15 décembre 1821, le gendarme Rivière fut assassiné près de Salicetu. Le 5 mars 1821, deux nouveaux gendarmes périrent. Le 9 septembre 1822, soit un an jour pour jour après la première attaque sur la gendarmerie d'Antisanti, Gallochio et un compagnon parvinrent à pénétrer dans les locaux militaires où ils dérobèrent des uniformes et trois mille francs. Désormais, tous les mois, des voltigeurs périssaient sous les balles des bandits. La population du centre de la Corse s'était mise à craindre et les bandits et les voltigeurs, qui tentaient de l'utiliser chacun à son profit. Elle tentait de trouver une prudente neutralité, difficile à conserver dans cette île où les relations individuelles sont régies par la parenté et les services rendus.

Gallochio s'était associé à Sarrochi et aux frères Gambini. Le 25 décembre 1822, ils décidèrent de fêter Noël à leur manière. Durant la nuit, ils se dirigèrent vers Antisanti. Le 26 au matin, ils s'introduisirent chez Joseph Antoine Angelini, le maire du village, qui passait la soirée en compagnie du brigadier de gendarmerie. Les bandits tuèrent aussitôt ce dernier. Le maire se saisit alors de son fusil et tira sur Gallochio en appelant à l'aide. Les contumaces ripostèrent, blessant grièvement le maire. Toutefois, la population et d'autres gendarmes accourus parvinrent à mettre les bandits en fuite. Mais ceux-ci restèrent aux alentours et, dans la soirée, attaquèrent de nouveau la gendarmerie, tuant le gendarme Fiorella. L'affaire fit grand bruit et remonta jusqu'à Paris. D'autant que les bandits, pour tenir la population, multipliaient les exécutions de paysans considérés comme des indicateurs. Francescu Orsini, de Pancracciu, périt ainsi, de même que Jean Ghjacumu di Petrosu, de même que les frères Filippi de Corte, parce que leur frère était voltigeur, de même que François Xavier Giacobetti, dit Tartaricciolu, et tant d'autres encore qui refusaient de céder à la terreur. Rendus fous furieux par la répression, Gallochio et ses hommes enlevèrent en 1824 le bourreau et le mirent à l'amende.

Gallochio paraissait avoir oublié sa fiancée Marie-Louise Vincensini. Il s'était lié avec Anna Serrachioli, originaire comme lui du village d'Ampriani. Fâchée avec ses beaux-frères, cette jeune femme de vingt-trois ans, mère d'une petite fille, s'était placée sous la protection du bandit et avait fini par devenir sa maîtresse. Les voltigeurs l'avaient appris et, pour capturer le bandit, avaient fait incarcérer Anna dans la terrible prison de Corte, attendant que Gallochio cherche à la faire libérer.

Le 26 juin 1824, Gallochio, Pascal Gambini et Sarrochi gagnèrent l'extrême sud de l'Île. Ils persuadèrent un marin de les emmener jusqu'en Sardaigne. Dès qu'il fut mis au courant de la nouvelle, le ministre de l'Intérieur en personne ordonna au préfet de faire jouer la convention de 1819 passée entre la Sardaigne et la Corse, qui prévoyait l'extradition des bandits passés de l'un à l'autre territoire. Or, Gallochio avait été condamné à la peine de mort plus d'une vingtaine de fois. Il sentait qu'il devait fuir plus loin encore, là où personne ne le connaissait. Il avait entendu parler de la guerre d'indépendance que menaient les Grecs contre l'Empire ottoman par d'autres Corses qui voulaient s'engager contre les Turcs.

Ses compagnons Antonu Francescu Sarrochi, dit Ceccu, avaient été guillotinés le 31 mai 1825. Gallochio embarqua pour la Grèce avec Pascal Gambini, son fidèle compagnon qui périt en luttant pour la liberté hellène. Gallochio continua le combat. Un document de la bibliothèque royale d'Athènes daté du 16 janvier 1826 souligne que la Grèce doit sa liberté « à des hommes libres et courageux venus de France, d'Angleterre, d'Italie, de Suisse, de Corse même. Il est tout de même curieux, note l'observateur grec, de constater que cette petite île, où naquit Napoléon, nous a donné des volontaires nombreux, dévoués et souvent d'une témérité légendaire. Témoin, ce commandant Gallokio, surnommé l'Invulnérable, qui s'est couvert de gloire dans toutes les rencontres auxquelles il a pris part ». « Gallokio, est-il précisé, a signalé son courage dans une foule de combats contre les troupes d'Ibrahim et il était honoré de la confiance des chefs les plus marquants du parti des Hellènes. » Gallochio, le contumace corse, avait fini commandant de bataillon.

En avril 1833, Gallochio se reposait à Corfou lorsqu'il apprit une nouvelle terrible : Charles Philippe, son jeune frère, avait été abattu un jeudi saint dans son village d'Ampriani. Et le meurtrier se nommait Ghjuliu Negroni. Il était lui-même le frère de César Negroni, le fiancé de Marie-Louise Vincensini. Ce sang versé ramenait Gallochio douze ans en arrière, au 1er février 1821, lorsque lui-même abattait le fiancé de celle qui lui avait été promise.

Quelques jours après le retour présumé de Gallochio en Corse, le cadavre du plus jeune des Negroni fut retrouvé sur la route d'Antisanti. La vendetta entre les Negroni et les Antomarchi reprit de plus belle. La Gazette des tribunaux indique que « les voltigeurs corses et les gendarmes rivalisent d'efforts dans leurs poursuites. Cependant, Gallochio promène impunément son audace dans toutes les communes où des lâches ne craignent pas de le fêter, comme si ce n'était pas se rendre complice de ses crimes et encourager au meurtre que de prodiguer à ce misérable les honneurs de l'hospitalité. Les Nicolaï et autres bandits l'ont immédiatement proclamé leur chef en se ralliant autour de lui… Il paraît qu'il a beaucoup d'argent et des personnes irrécusables ont assuré qu'un jour il a offert en leur présence des pièces d'or aux autres contumaces. À son apparition, toutes les familles où il a autrefois jeté le deuil et l'épouvante ont déserté les champs et se tiennent sur une attitude défensive ».

Un homme cependant s'était lancé à la poursuite de Gallochio. Il se nommait Jules Negroni, dit Peveroni. Il avait déjà assassiné son frère mais aussi André Giacobboni, son parent et son guide. Puis il avait tué son nouveau guide, Sébastien Micheli de Noceta, puis François Antoine Battaglini, celui qui le ravitaillait. Au mois de mars 1834, Gallochio tua Pierre-François Negroni, frère de Cesar et de Peverone. Il n'avait pas trente ans mais se sentait vieux.

La Corse n'est plus ce que Gallochio avait connu. Paul Antoine Negroni, qui avait trempé dans l'assassinat de son frère, avait été relaxé par la justice. Gallochio avait alors tué Paul Antoine Negroni grâce à la trahison d'Antonu Valeri, le métayer des Negroni. Or, contrairement à la rumeur répandue par les amis de Gallochio, il semblerait que le procès de Paul Antoine Negroni ait été régulier. Paul Antoine, dit Donu Paulu, avait été arrêté sur de simples présomptions. Lors de l'audience du 2 août 1834, il avait été défendu par le grand avocat maître Caraffa, qui avait su mettre en évidence son innocence. Après ce nouveau meurtre, les voltigeurs, pressés par le préfet, poursuivirent sans relâche Gallochio, son compagnon Antoine Toussaint Finidori et leur guide Santacciu. C'est sur le territoire de Cervione qu'un accrochage se produisit. Le bandit Santacciu fut abattu par le voltigeur Mariaccia, tandis que son collègue Muraccioli blessait Gallochio. Ce dernier, gravement atteint, réussit néanmoins à s'échapper.

Le 19 novembre 1835, Simon Santini, un simple paysan sans histoire, refusa de ravitailler Gallochio qui lui tira dessus. Santini se défendit avec sa serpe et le tua d'un coup à la tête. Après autopsie, Joseph Antomarchi fut enterré dans une fosse et son corps fut oublié de tous. Il avait à peine trente ans. D'une piété immense, il affirmait être particulièrement protégé par la Vierge Marie dont il conservait de nombreuses images cousues à même son costume. On raconte même qu'il avait, un vendredi, menacé de mort un cabaretier parce qu'il avait mangé de la viande et non du poisson...

Avec la mort de Gallochio, la guerre des Contumaces s'éteignit et, avec elle, les restes inconscients d'une Corse rebelle aux autorités continentales, mais déjà en voie de francisation.

---

extrait de la lettre de Jean-François Poli, « frère de l'assassiné Poli, Pierre », au sous-préfet

Le 22 septembre dernier, les deux assassins Antoine Santa Lucia et Jacques Antoine Giacomoni se sont couronnés rois despotes. Ils ont déclaré leurs capitales les deux hameaux du canton du Santa Lucìa, Altagene, et Mela, leur demeure ordinaire, et au mépris du public et de la justice, sur midi, s'étant portés sur les places des églises paroissiales lesdits hameaux, Coram Populo, ils ont proclamé qu'on devait les reconnaître pour rois despotes, au son du tocsin / campano o martello / où il y avait tout le peuple, et à Mela, le maire aussi. Les rois despotes ordonnèrent entre autres choses : « Gare et mort à ceux qui cultivaient les biens des Poli, Quilichini et Ortoli, défendant aussi à tout le monde de porter aux dits Poli, Quilichini et Ortoli, et d'autres, pas même de l'eau au point de la mort, qu'ils étaient rois despotes, qu'on devait les reconnaître comme tels, et celui qui aurait contrevenu à leurs ordres aurait été puni de mort... »

16 octobre 1840

Ce qui est confirmé par la lettre du lieutenant Cozza, de la gendarmerie de Sartene, du 24 septembre 1840, relatant les événements du 22, et où sont reproduits les termes de l'affiche d'Altagene : « Noi qui sotto scritti, Antonio Santalucia e Gicomoni Giacomo Antonio, avertiamo il publico, che tutto individuo che dara la minima assistenza hai nominati Prete Giovan Battista Ortoli, Francesco Maria Quilichini e Giacomo Maria Poli Bifiglio di Pasqualone, disceso del mulino dei Bulli, sara nostro nemico e noi da questo momento ci rendiamo despotichi su le loro proprieta e nessuno vada ne purrea dargli una goccia d'accqua i ni punto di morte sara nostro nemico e che l'assistera in nulla pena di morte. Giacomo Antonio Giacomoni et Antonio Santalucia. »

---

rapports du sous-préfet Arman

Les bandits, au nombre de neuf (Théodore, l'un d'eux, se dit Ufficiale della squadra di dieci), portent la terreur dans les arrondissements de Corte et d'Ajaccio, tantôt réunis, tantôt séparés en deux bandes, l'une de cinq (c'est celle de Corte), l'autre de quatre qui est celle de Guagno, arrondissement d'Ajaccio.

Ils font contribuer les fonctionnaires publics et demandent, à ce que l'on m'assure, jusqu'à des femmes. Personne n'ose rien dire ! L'abbé Paoli, desservant de Salice, a été obligé de donner plusieurs pièces de cinq francs. L'abbé Pinelli, curé de Soccia, membre du conseil général, a été également mis à contribution. Le percepteur Ceccaldi, de Vico, leur a remis une fois vingt-cinq francs, une autre fois quinze francs, et enfin dix francs. Ceccaldi est parent de Théodore ; il a été ménagé parce qu'il leur a dit que ce n'était pas le gouvernement qu'on volait, mais lui-même, et que, si cela continuait, il ferait le coup de fusil, lui aussi, avec les siens. M. le notaire Fabiani, de Casaglione, m'a annoncé beaucoup de renseignements sur les levées d'argent faites par les bandits ; je ne les ai pas reçus encore et je crains qu'il n'ose pas me les envoyer. Chacun achète son repos avec quelques écus, et garde le silence, que les bandits appellent il silenzio della sariezza dans une lettre qu'ils m'ont écrite pour me demander six cents francs, come Uomo eletto da Dio e pensionato dal Governo.

Ils s'attachent surtout à poursuivre la gendarmerie qui, toute brave qu'elle est, tombe dans une sorte d'avilissement aux yeux des Corses, le voile qui couvrait cette troupe royale est déchiré. On ne voit dans un gendarme qu'un homme, et moins même qu'un autre homme, parce que son uniforme, ses baudriers blancs signalent partout ses démarches, et que lui seul est tenu de ne pas attaquer à la corse, c'est-à-dire sans ménagement. Les bandits réclament fortement cette proclamation préalable : « Messieurs les Bandits, prenez garde, nous allons tirer sur vous. » Et une fois arrêtés, ils voudraient qu'on les attachât peu. Ce dernier vœu est probablement venu d'un oubli, de la part d'un fort petit nombre de gendarmes, de ce que l'humanité exige. Il faut peut-être le regarder comme un prétexte pour justifier l'acharnement qu'ils mettent à poursuivre la gendarmerie.

Le 3 avril, après avoir fait le tirage du canton de Cruzini et au moment où j'allais partir pour traverser les escarpements de Guagno, afin de me rendre dans le canton de Sorro insù (le village était divisé en village du dessus et celui du dessous — celui dont il est question est celui du dessus), un homme influent parmi les paysans, que m'avait donné M. le commandant Bonelli, maire de Bocognano, vint me dire avec le maire d'Azzana que je n'étais pas en sûreté si je faisais ce trajet avec la gendarmerie. « Qu'elle aille en avant, ou qu'elle reste en arrière, me disent-ils, c'est indifférent pour nous. »

Je voulus précéder la gendarmerie, et je fis rester mon secrétaire sur les derrières autant que possible, pour avertir les premiers gendarmes de l'avant-garde et dans leur intérêt de ce qu'il pourrait remarquer. Un paysan de Guagno, Jean Joseph Pinelli, vieillard plein de feu et qui s'exprimait également en italien, en latin et en français, dit que nous ne risquions rien, et qu'au surplus, lui et ceux qui marchaient avec moi verraient si les bandits méconnaîtraient leurs compatriotes vogliamo sapere se la Patria é la Patria (nous voulons savoir si la Patrie est la Patrie).

Nous traversâmes ce que les habitants appellent le Petrajo, où le gendarme Massoni a été tué, et deux autres estropiés. Quelques minutes après, l'on me dit que Théodore Pellegrini et les deux bandits de Calcatoggio occupaient la même position d'où le 23 mars on avait fait feu sur la brigade de Salice, mais qu'à cause de moi ils n'avaient pas tiré sur les gendarmes, et qu'ils auraient voulu me parler pour me demander des passeports, de ce dont ils furent détournés par Laurent Pinelli, de Guagno, qui leur fit valoir les convenances, à ce que l'on me rapporta, et à ce qu'il me dit aussi lui-même ; la vue de la gendarmerie qui commençait à garnir les hauteurs en éclairant sa marche a pu y contribuer davantage encore.

Le lendemain, vers trois heures, en partant de la Soccia pour me rendre à Vico, arrivés à la vue des bains de Guagno, nous aperçûmes quatre hommes avec des fusils luisants. Bientôt on est convaincus que ce sont les quatre bandits qui s'élevaient à travers les rochers et les châtaigniers, vers la forêt du mont Cervello, vis-à-vis les bains. Les gendarmes de l'avant-garde les atteignirent presque, mais il n'y eut pas d'affaire engagée, les positions étant trop favorables aux bandits.

L'on me remit aux bains la lettre de Théodore, dont copie est ci-jointe avec une version française. Les bandits y étaient restés depuis six heures du matin, au milieu d'un grand nombre d'ouvriers, de l'adjudicataire des travaux qui s'y exécutent pour le département, et de M. Joseph Multedo qui y fait construire un bâtiment pour le compte de la guerre. Je présume qu'ils s'attendaient à me voir marcher, comme la veille, avec des paysans en avant de la gendarmerie, et qu'ils espéraient de pouvoir me parler. Il paraît qu'à tout événement ils avaient jugé sage de jeter leur pensée sur le papier; et ils demandent cent monnaies au fonctionnaire public qui seul, avaient-ils dit, était la cause, par suite du respect qu'ils lui portaient, qu'ils n'avaient pas tiré la veille sur la gendarmerie et particulièrement sur le lieutenant Pousset et le maréchal des logis Charles, comme ils s'en vantèrent.

Théodore a une belle lunette d'approche. Il nous aperçut descendant de la Soccia, et nous désignait pour la plupart par nos noms. Il dit qu'il ne quitterait les bains de Guagno avec les deux autres bandits que lorsqu'il ne lui resterait plus que le temps absolument nécessaire pour la retraite, et c'est ce qu'il fit; le quatrième faisait sentinelle sur un rocher, c'est lui qui signala notre arrivée. Théodore et Pellegrini, dit Brusco, ont des carabines de gendarme, Théodore a deux pistolets de poche; Brusco, un. Les deux frères Multedo, bandits de Calcatoggio, ont des fusils ordinaires. L'aîné se plaint d'avoir reçu de la part de la gendarmerie un coup de carabine vers Casaglione, qui le jetait à terre sans sa giberne.

Théodore se rend intéressant aux yeux des paysans corses. Il charmait les ouvriers des bains en leur récitant des vers de l'Arioste. Sa bande ayant tué une biche au-dessus de Sagona, il l'envoya en don à un notable du pays. On dit qu'il prendra un uniforme, je ne le crois pas, parce que je sais qu'il s'est plaint de ce que ces belles carabines enlevées à ses victimes le font apercevoir de loin par leur luisant, et qu'il essaye de leur donner la couleur bronzée.

À Evisa, le 6 avril, on me dit que les bandits de Corte étaient arrivés de Niolo. Cela n'a pas été vérifié. Mais, après le tirage, le père d'un bandit exécuté à Bastia chercha querelle à un maréchal des logis, et l'on soupçonna, non sans quelque fondement peut-être, que c'était une manière d'engager les bandits à descendre jusqu'à Evisa, où le trouble se manifestait. Je partis une heure après.

À Sari, le 10, l'on m'assura que les bandits étaient vers les hauteurs où se trouve la chapelle de Santa Reparata. Je partis le soir pour la Mezzana ; nous n'aperçûmes personne.

Il est sûr que les bandits connaissaient parfaitement mon itinéraire, et qu'ils auraient pu m'inquiéter beaucoup. Je leur fis répondre à leur demande de passeports par M. le maire de Poggiolo et ensuite par le père de Pellegrini, huissier au tribunal d'Ajaccio, que je ferais part de cette demande aux autorités d'Ajaccio, mais que j'exigeais qu'ils resteraient en repos. D'après ce que M. le maire de Poggiolo, neveu de M. Pinelli, membre du conseil général, m'écrivit à Vico, je pense qu'il n'arrivera rien de nouveau de tout le mois d'avril.

L'existence de Théodore à la tête de neuf bandits peut avoir les plus fâcheuses conséquences. Les paysans disent que le gouvernement ne montre pas assez de force, et ont l'air de s'en plaindre. Chez quelques-uns d'entre eux, il y a un double homme, si je puis m'exprimer ainsi. Ils ne sont pas fâchés du désordre qui règne ; c'est une sorte d'indépendance à la faveur de laquelle on peut satisfaire bien des passions; c'est un monarque qui règne sur trente millions d'âmes et qui a un milliard de revenus, qui paraît céder à quelques misérables; cela leur paraît piquant... D'un autre côté, ils sont mis à contribution, et la vendetta les épuise; sous ce rapport ils voudraient que tout cela finît.

21 avril 1822

Le chef des brigands Théodore Poli, m'a écrit deux autres lettres. La première des deux m'a été apportée le 22 avril par Marc Antoine Darj, de Rosazia. Ce paysan m'a dit avoir rencontré les bandits à demi-lieue au-dessous de Rosazia le samedi 20 avril, vers les trois heures du soir. La bande était de quatre : Théodore Poli, les deux frères Multedo de Calcatoggio et Cristinacce de Saint-André d'Orcino. Théodore se disait officier des dix (il parle ici di a squadra di i deci) dans sa première lettre; je n'en avais compté que neuf; mais j'ignorais alors qu'il y eut un Cristinacce de Saint-André. Le Sr Darij reçut de Théodore l'ordre de lui apporter ma réponse; il s'est montré inquiet quand il a vu que je n'en faisais pas.

La seconde des deux lettres m'a été remise par le Sr Jean Stefanopoli, messager piéton de la préfecture qui venait de rentrer de sa course ordinaire. Il a rencontré les bandits le 23 avril sur la place de la cure d'Orto, dans le village; ils étaient au nombre de trois, savoir : Théodore Poli, un Multedo de Calcatoggio, et Cristinacce de Saint-André. Théodore plaça ses deux camarades en sentinelle, à certaine distance de lui; ensuite il dit au piéton que le lendemain il lui remettrait une lettre pour le secrétaire général, et qu'il eut à l'attendre à la fontaine, où il irait le joindre à dix heures. Il lui remit cette lettre en lui ordonnant de lui en apporter la réponse, ou de la déposer chez Pietro-Maria Pinelli, ou chez Antoine Pinelli, prêtre de Rosazia; « il me faut de l'argent, ou au moins la réponse pour le oui ou le non », lui dit-il.

Le piéton lui fit remarquer qu'il ne pourrait peut-être pas faire ce voyage parce qu'étant aux gages de l'administration il n'était pas le maître de son temps; il fut alors convenu qu'il remettrait ma réponse, si je la faisais, au maire de Rosazia, quand celui-ci viendrait au conseil de révision à Ajaccio, c'est-à-dire le 30. On m'a dit que les bandits avaient fait contribuer pour cent francs M. le curé de Pastricciola; on l'a su du curé qui l'a avoué; mais en général on garde ce silenzio della sariezza que recommande Théodore.

Ce chef de bandits est un conscrit de 1816, mis en activité le 11 novembre 1819; il a son épouse et trois enfants à Guagno, et à Orto une concubine qui est grosse, dit-on. Il acheta dernièrement à Rosazia du drap et des indiennes du colporteur Lopina de Vico, et lui donna en paiement une pièce d'or de quarante francs qui fut jugée fausse par M. Lopigna, receveur de l'enregistrement à Vico, oncle du marchand. Un paysan disait à Théodore d'être prudent; qu'il pourrait lui arriver quelque malheur. Voici sa réponse: quel ch'è scrito nel Ciel, convien che sta (advienne ce qui est écrit). Poli, âgé de vingt-six ans, Poli, plein d'audace et qui a fait ses preuves dans la carrière du crime, Poli, qui a le regard du tigre, selon la remarque d'un officier du dromadaire qui le vit à Sagona, croirait donc à un destin irrésistible.

29 avril 1822

La gendarmerie s'est repliée sur un petit nombre de points. C'est une retraite qu'elle a faite. Les bandits triomphent et le pays est à eux, en ce sens qu'ils sont les maîtres de se montrer où ils veulent, et d'y faire ce qu'ils veulent. Ils écrivent aux gens aisés des lettres de recate, sortes de réquisitions auxquelles on obéit presque toujours. Le marchand Rossi, de Vico, a été requis par Théodore de lui envoyer de quoi vêtir l'enfant qu'il allait avoir de sa concubine, et Rossi lui a expédié des étoffes pour une quarantaine de francs.

En voyant ce brigandage, l'on se demande naturellement à quoi servent aux Corses les armes qu'ils se montrent si jaloux de porter, quand il suffit de trois ou quatre bandits pour faire la loi à toute une contrée. M. Bonelli, entrepreneur de l'exploitation d'Aïtone, ayant su que Théodore avait demandé cent francs à ses ouvriers pour le 10 mai, a écrit à Jean Antoine Pinelli, de Guagno, avec certaines précautions pourtant, qu'il se verrait obligé de se mettre à la tête de ses parents pour faire respecter ses travailleurs ; Pinelli lui a répondu que Théodore prendrait quelques jours pour chercher Brusco, le seul auteur de la réquisition selon lui, et que si Brusco ne changeait pas de conduite il enverrait sa tête au colonel Bonelli. Il paraît certain que Théodore et Brusco ne marchent plus ensemble depuis les premiers jours de mai, et qu'ils sont même brouillés.

Je ne dois pas oublier de dire que le 12 mai le bandit Cristinacce a tiré dans une maison du village de Saint-André sur le Sr Ange Vincenti, ancien gendarme, qui est resté sur le coup.

Les bains de Vico seront probablement peu fréquentés cette année, et plus tard peut-être, lorsque l'on souffrira de la pénurie que fait craindre la mauvaise récolte qui s'annonce, Théodore Poli aura des imitateurs.

24 mai 1822

lettres de Tiodoru Poli, bandit, à M. Arman, préfet

À Monsieur Arman,
secrétaire général
de la préfecture de l'arrondissement d'Ajaccio,
préfet provisoire de l'île de Corse.

Je me fais un devoir, moi, Théodore Poli, natif et demeurant dans la commune de Guagno, officier de l'escadre de dix hommes tous bandits tenant la campagne par effet des circonstances, et non comme assassins, de vous exposer nos besoins en honnêtes gens et non comme perturbateurs de la société. Je viens avec mes gens vous demander cent piastres pour subvenir à nos besoins, étant dépourvus d'habillements, de souliers et munitions. Ayez donc la bonté de les remettre sans retard avec votre réponse au porteur ; nous vous en serons infiniment reconnaissants ; quant à la remise de l'argent, vous la ferez aussi au porteur de la présente qui est un ouvrier employé aux bains, homme qui nous est bien connu.

Nous en attendons infailliblement le résultat, avec la réserve que la prudence exige. Nous sommes dans la persuasion que vous, homme élu de Dieu, et pensionné par le gouvernement... nous ferez cette grâce avec toute la politesse qui vous caractérise, et sans entêtement, car autrement le mal que vous feriez entraînerait d'autres maux... Vous ne manquez pas de jugement, ni de moyens, Monsieur Arman, et nous espérons que vous nous donnerez ce que nous vous demandons, car vous jouissez d'un bon traitement. Nous finissons en vous embrassant tous de cœur et promettant, si nous pouvons vous être utiles, d'être à vos ordres.

Poli, Pellegrini et autres associés
à Monsieur Arman, préfet

P.-S. Vous nous demanderez par écrit ce que vous remettrez au porteur, car il pourrait être frauduleux.

À Monsieur le sous-préfet
et secrétaire général
de la préfecture de l'arrondissement d'Ajaccio

Monsieur Arman,

M. Charles François Pinelli m'a fait part de votre bon zèle, et j'ai apprécié vos sages sentiments. Je vous serai reconnaissant toute ma vie. J'y ai bien volontiers obéi, et je promets d'y obéir autant qu'il sera en moi. Il reste de votre côté à effectuer votre promesse pour me soustraire à la pénible réussite de déplaire aux gens de bien. Je suis bien persuadé aussi que votre cœur magnanime ne pourra qu'être tenu de m'envoyer la réponse, sur ce dont vous parlèrent aux bains M. Joseph Multedo et autres individus d'Ajaccio qui y travaillent. Daignez remettre votre réponse au porteur de la présente sous le silence de la sagesse... Le Ciel vous favorise ; je suis votre très dévoué serviteur.

Poli
en marge, écrit et signé par Arman :
« Reçu à Ajaccio le 22 avril 1822 »

Monsieur Arman,

Je vous adresse une troisième lettre pour connaître le résultat de celle que vous reçûtes aux bains. Si donc vous désirez de ne pas voir commettre des insolences, donnez-m'en la preuve par le porteur qui est votre piéton de gauche, Jean Stephanopoli. J'en attends infailliblement la réponse avec mes gens armés d'ici au 3 du mois de mai. J'espère que vous aurez la bonté de ne pas me la refuser. J'ai l'honneur de vous saluer sincèrement.

T. Poli

en marge, écrit et signé par Arman :

« Remise par Théodore Poli
au messager piéton Stephanopoli le 24 avril 1822 »

lettre du bandit Franceschini

Monsieur le Préfet,

J'ai annoncé que le 6 du mois d'août prochain doit paraître sur l'horizon un nouveau soleil qui étonnera l'univers, et que le 2 du mois de septembre suivant doivent ressusciter les morts pour parler à ma place, afin que le monde tremble sous la puissante main de Dieu. Je suis certain de ce que je prédis, comme je le suis de ma propre existence. Je désire avec toute l'ardeur de mon âme que cette prédiction se publie partout avant l'époque de son accomplissement et parvienne même jusqu'aux oreilles du souverain. Pour cela, j'ose prier toutes les autorités de la Corse de se prêter à l'œuvre du Seigneur en se mettant d'accord à ce que le prince qui nous régit avec tant de sagesse soit prévenu de l'époque des miracles que j'avance. C'est à vous, surtout, Monsieur le Préfet, que je m'adresse, pour que dans votre amour sincère pour la religion vous fassiez des démarches en conséquence, ou que vous permettiez du moins qu'on débite sans obstacles les choses extraordinaires que j'annonce contre l'attente de tous les hommes. Et si mon indignité ingère dans votre esprit des doutes bien fondés à ce sujet, si vous croyez qu'attendu mon état ce soit de l'imposture de ma part, je pense que vous ne serez pas insensible à la terrible résolution que je prends en ce moment. Je me dévoue à l'animadversion de la loi, et je me remets volontairement entre les mains de la justice pour subir les peines qu'elle inflige aux coupables comme moi, si les miracles annoncés n'arrivent point aux époques que j'ai fixées avec tant d'assurance.

Agréez, Monsieur le Préfet, les marques de mon profond respect, et j'ai l'honneur d'être, Monsieur le Préfet, votre frère en Jésus-Christ, le divin prophète François.

Le 26 juillet 1835

---

un « exploit » de la bande de Théodore Poli raconté dans les Bandits célèbres, de G. Faure

Ici se place un fait inouï et que l'on ne pourrait croire s'il n'était de notoriété publique et attesté par une foule de témoins encore vivants. Un des leurs, je ne sais plus lequel, avait été fait prisonnier, conduit à Bastia, jugé, condamné à mort.

Le jour de l'exécution, l'autorité n'était pas sans inquiétude car le bruit s'était répandu que la bande entière se trouvait dans le voisinage et se disposait à une attaque désespérée pour l'enlever et le sauver de l'échafaud. Tout ce que Bastia renfermait de troupes fut donc mis sur pied, les armes furent chargées et toutes les précautions prises pour résister à une attaque. Mais soit que cela n'entrât point dans leurs projets, soit qu'ils craignissent de s'engager dans les rues tortueuses de la ville, soit qu'ils fussent effrayés à leur tour par ce déploiement de forces considérable, les bandits ne se montrèrent point et leur camarade fut décapité sans opposition. Cependant, plusieurs d'entre eux, sinon la bande entière, se trouvaient dans les environs. C'était, je crois, Gallochio, Sarrochi, l'un des Gambini, un Casanova et le plus jeune des Multedo ; ils étaient outrés de colère et, ne pouvant saisir le parquet et les juges, ils résolurent de s'en prendre au bourreau.

Ils savaient par leurs espions que cet homme avait l'habitude de se rendre à cheval du côté de l'étang de Biguglia pour y prendre à la glu de petits oiseaux que l'on y trouve abondamment en toute saison. Ils s'y embusquent donc au milieu des roseaux et, avant la fin de la journée, ils le prennent lui-même, sinon à la glu, d'une façon du moins qui ne lui allait guère mieux. Ensuite, après lui avoir solidement lié les mains derrière le dos, ils l'attachent sur son cheval comme un sac, le ventre sur la selle, la tête pendant d'un côté, les jambes de l'autre, et le conduisent de la sorte dans le village de Furiani dont les blanches maisons dominent l'étang et la plaine. Là, ils attachent par le cou, côte à côte, au même arbre, le bourreau et son cheval et leur font servir à chacun une botte de paille et un seau d'eau. On devine aisément quel est celui des deux qui passa la nuit sans boire et sans manger, et le malheureux entendait de là les chants, les éclats de rire des bandits qui ne se levaient de table que pour venir visiter ses chaînes et lui adresser les plus amères railleries. Il était plus mort que vif lorsque, à deux heures du matin, ses persécuteurs le replacent sur son cheval comme la veille, passent à travers l'enclos du conseiller Galeazzini, de là sous l'ancien fort et le couvent de Saint-Antoine, tournent l'hôpital militaire et arrivent au fond de la place Saint-

Nicolas, la plus belle et la plus fréquentée de la ville, à trois cents mètres du tribunal et d'une caserne d'infanterie ! Le jour commençait à paraître ; aussitôt ils mettent sur pied leur victime et l'un deux lui adresse ces courtes paroles qui ont été conservées : « C'est ici que tu as guillotiné notre camarade et tant d'autres, tu vas mourir sur le théâtre de tes exploits. À genoux ! et fais ton acte de contrition si cela te convient. »

Un instant après, l'infortuné tombait percé de plusieurs balles.

Le banditisme en Corse

rapport de Germond de Lavigne
à l'attention des autorités en 1871

La situation de la Corse, en 1850 et 1851, appela très sérieusement l'attention du gouvernement.

Les mœurs locales ont un caractère particulier : l'esprit de vengeance, qui a porté de tout temps les insulaires à ne compter que sur eux-mêmes pour se faire justice des injures reçues, et qui sert en même temps de prétexte à bien des actes coupables.

Le banditisme — c'est-à-dire le bannissement volontaire — est comme une profession nouvelle pour ceux qui ont violemment rompu avec la loi, et qui demandent aux buissons de la plaine et aux sentiers inconnus de la montagne de les protéger contre les recherches légitimes de la justice.

Le banditisme est une question de mœurs ; la politique n'y joue aucun rôle. L'île de Corse pouvait se croire politiquement heureuse et satisfaite en 1850 ; le banditisme y occupait néanmoins une place considérable.

À cette époque, la force publique chargée de la sûreté du pays et de la répression des délits se composait d'une légion de gendarmerie forte de cinq cent dix hommes.

Le commandement militaire avait en même temps à sa disposition un corps de mille cent vingt hommes, sinon auxiliaire de la gendarmerie, du moins agissant pour le même objet, et portant la dénomination de voltigeurs corses.

Ce corps, recruté dans des conditions insuffisantes et peu militaires, composé uniquement d'insulaires, les uns anciens soldats, les autres pris directement dans la vie civile, d'autres anciens bandits, rendait, vers ces dernières années, autant de services peut être aux réfractaires qu'à la répression. N'étant pas l'auxiliaire formel de la gendarmerie, il en était devenu l'antagoniste, et cet antagonisme ne produisait pas une émulation qui fût profitable au but à atteindre. Les voltigeurs, en relation d'amitié, de famille, d'intérêts avec les coupables, en étaient arrivés à entraver, le plus souvent, les opérations de la gendarmerie, lorsqu'ils pouvaient parvenir à en surprendre le secret. La gendarmerie, en temps normal, est indépendante du commandement militaire ; elle est le moyen d'action de la police administrative et de la police judiciaire ; les voltigeurs corses ne recevaient de direction que du commandement ; il résultait de là un dualisme nuisible pour le service, et fatal pour la répression efficace des désordres qui affectaient la tranquillité publique.

Le licenciement du bataillon de voltigeurs corses fut décidé, et il fut créé un bataillon de gendarmerie mobile, auxiliaire réel de la légion de gendarmerie. Ce bataillon reçut, pour une partie, les voltigeurs licenciés qui remplissaient, à peu près rigoureusement, les conditions réglementaires, et, pour le surplus de l'effectif, des hommes ordinaires du Continent et tirés des régiments de l'armée.

Son rôle particulier fut, ainsi que son titre l'indique, de concourir à l'action des brigades, en agissant par colonnes mobiles.

Ce système rendit des services. Le bataillon mobile eut, pendant une année, sa part notable dans les arrestations de bandits et dans les mesures de répression ; mais il ne répondit pas encore complètement au but qu'il s'agissait d'atteindre.

Le bataillon de gendarmerie mobile, bien qu'il fût soustrait à la direction du commandement militaire, avait encore une action distincte et obéissait à un chef indépendant du chef de la légion.

S'il était associé à la tâche de la gendarmerie plus nettement que le bataillon de voltigeurs corses, il n'obéissait pas à de moindres sentiments de rivalité, et il se rencontra bientôt, entre les deux corps, presque autant d'entraves que lorsqu'existait la précédente organisation.

On proposa, en mai 1851, une mesure plus radicale, la fusion de ces deux corps de force publique en une seule légion, sous un commandement unique.

La légion, avec son effectif de cinq cent dix hommes, était divisée en deux compagnies, occupant l'une le territoire de l'ancien département du Golo, l'autre le territoire du Liamone. La fusion des deux corps donna à cette légion un effectif de neuf cent cinquante hommes, qui furent répartis en quatre compagnies occupant les arrondissements de Bastia, Corte, Ajaccio et Sartène.

Il existait quatre-vingts brigades sédentaires, composées pour la plupart de cinq hommes avec un sous-officier, et quelques-unes de six, sept, huit et neuf hommes. Ce nombre de brigades fut augmenté. L'effectif de chacune fut élevé normalement à dix hommes et, au chef-lieu de chaque compagnie, fut placée une réserve d'une trentaine d'hommes, commandés par un officier, et choisis parmi les plus jeunes, les plus valides et les plus déterminés. C'est à ces réserves seules, nommées « forces supplétives », que fut confiée l'action par colonnes mobiles qui avait été le rôle à peu près unique des voltigeurs corses et du bataillon de gendarmerie. Elles étaient destinées à faire des expéditions dans les localités inquiétées, à renforcer les brigades insuffisantes, à former des postes provisoires sur les points où devenait nécessaire une surveillance momentanée.

Le système de cette nouvelle organisation fut donc de couvrir la surface de l'Île d'un réseau permanent aussi étroit que possible, de manière à multiplier l'action des brigades et à rendre continuelles la recherche et la poursuite des malfaiteurs.

Cette première partie de la réorganisation de la gendarmerie en Corse ne se fit pas sans difficulté. Elle coupait court sans doute à un défaut de cohésion ; elle détruisait le fâcheux esprit de jalousie et d'antagonisme qui annihilait, depuis bien des années, deux forces destinées à agir dans un même but ; elle faisait disparaître cette distinction de sédentaires et de mobiles qui avait été nuisible ; elle supprimait cette organisation régimentaire qui ne convenait nullement à un corps toujours disséminé ; elle détruisait ce dualisme d'attributions si fatal à l'action d'une force qui est bien plutôt administrative et judiciaire que militaire.

La seule difficulté que rencontra cette organisation, dont l'exécution devait être absolue, fut dans la pénurie des ressources de l'administration départementale. Les locaux sont rares en Corse ; le logement des brigades est à la charge du département. Il fut difficile, au début, de trouver des habitations plus vastes et d'imposer à l'administration cette obligation subite de loger près de trois cents hommes envoyés pour augmenter l'effectif des postes.

Le bataillon mobile, considéré comme corps de troupe et occupant les quatre principaux centres de l'Île, y était caserné par les soins du génie militaire ; ou bien, dans les localités où des détachements étaient accidentellement envoyés, ces détachements étaient logés chez l'habitant moyennant une indemnité journalière.

Il est inutile de dire quel était l'inconvénient grave de ce dernier mode de logement. En présence des mœurs locales, dans lesquelles le mystère, la ruse, l'espionnage sont le caractère dominant, il est de condition première que la force chargée de la répression soit éloignée de tout contact avec les habitants ; que ses opérations, pour être suivies de succès, puissent se faire sans éveiller l'attention ; que les hommes puissent aller et venir sans être surveillés de manière à dérouter des agents toujours en éveil, et qui sont en relation avec les malfaiteurs par des moyens de correspondance qui déjouent la vigilance la plus exercée.

Ceci est une condition de premier ordre. La population de l'Île n'est pas nombreuse, les Corses sont à peu près tous liés les uns aux autres par des relations de parenté. Il est facile, pour une famille qui reçoit un hôte, d'invoquer quelqu'une de ces relations, pour amener peu à peu cet hôte à enfreindre les rigueurs d'une discrétion professionnelle et à négliger des devoirs impérieux.

Il s'agit, en effet, de tout autre chose que de constater des contraventions de voirie ou de réprimer des délits de braconnage ou de fraude. Or tout espionne la gendarmerie. À cet égard, le Corse est comme tous les peuples primitifs chez lesquels l'instinct de la défense, de la protection et de la ruse domine tous les autres. Chaque pas, chaque action, chaque mouvement est noté et interprété. Le bandit que l'on protège est informé de tout ; les moyens de correspondance, les signaux sont nombreux et tous ingénieux : l'enfant, le mendiant, le berger, les chiens, le linge étendu aux fenêtres ou sur la route sont les agents conscients ou inconscients d'une correspondance toujours en activité.

Il faut que le gendarme, dont la mission est immense dans ce pays et dont l'intelligence doit être toujours excitée, vive dans la retraite et puisse s'abstenir complètement, et pour quelque besoin matériel que ce soit, du contact des habitants.

Il est par conséquent de toute nécessité que le gendarme habite à la brigade et qu'il soit à peu près consigné. Le logement chez les habitants et cette vie trop ouverte qui faisait assister la population à tous les actes des voltigeurs corses et du bataillon mobile ont été sans nul doute la cause de l'insuccès de ces deux corps.

Si les relations de parenté sont nombreuses en Corse, il importe au premier chef d'éloigner le gendarme des localités d'où il est originaire et de celles habitées par sa famille ou par la famille de sa femme. Ces exigences n'étaient pas toujours observées ; il fallut y apporter une attention rigoureuse.

Ce n'est pas seulement pour préserver les opérations de la gendarmerie d'indiscrétions fatales, pour soustraire les hommes à des influences auxquelles il leur est difficile de résister, c'est aussi parce que les passions, les intérêts, la politique établissent entre les familles des divisions au milieu desquelles l'homme de la force publique ne saurait se maintenir indifférent, s'il se trouve sous une influence de parenté. On facilite par conséquent l'action du gendarme en ne plaçant dans les brigades que des hommes étrangers au canton ou à la contrée. L'un des moyens d'action de la gendarmerie pour arriver à la découverte des criminels, c'est de se ménager parmi la population des intelligences, et de provoquer des délations, souvent en les rémunérant. Ces délations, qui peuvent exposer à des vengeances terribles ceux qui les commettent, ne s'obtiennent qu'à la longue. Le délateur choisira de préférence un étranger, après que d'adroites épreuves l'auront assuré de sa discrétion, et parce que l'étranger pourra être éloigné un jour ou l'autre de la résidence ; tandis que la présence d'un homme du pays, dont il aurait fait un complice, serait à tout jamais pour lui un reproche et une menace.

Cette nécessité de tenir le gendarme à l'abri de toute influence de famille avait inspiré, il y a vingt-cinq ans, une mesure exceptionnelle. Le mariage avait été interdit aux voltigeurs corses ; on voulut l'interdire également aux gendarmes de la légion, non mariés au moment de la réorganisation.

Il n'est pas utile de discuter ici le principe, le bien fondé d'une disposition arbitraire, ni même sa moralité. À cet égard, il est démontré que le célibat forcé des voltigeurs corses a eu pour résultat de fréquentes plaintes en séduction, des demandes en séparation et aussi, ce qui est l'inévitable loi commune, des déclarations de vendette souvent suivies de meurtres.

Au point de vue du service, il en est résulté des inconvénients plus graves, parce qu'ils étaient plus continuels que le danger qu'il s'agissait d'éviter. Dans les brigades externes, dans les postes isolés, les célibataires éprouvent une grande difficulté à se nourrir. Ils n'ont pas d'ordinaire à la brigade, point de cantines, point de provisions, et au moment imprévu où vient l'ordre de battre la campagne, il leur est impossible de garnir leur sac de ressources pour le temps inconnu de l'absence.

Dans la réorganisation de 1852, on a surtout acquis la conviction qu'il fallait introduire dans la gendarmerie en Corse un nombre aussi grand que possible de militaires continentaux, plus particulièrement originaires des pays montagneux et initiés à la guerre d'Afrique.

On pensait que les Continentaux apporteraient l'utile exemple les habitudes du service de l'intérieur, qu'ils donneraient plus de ressort à la discipline, plus d'énergie à la surveillance, que leur présence pourrait aussi agir sur les mœurs en affaiblissant l'esprit de nationalité, à mesure que la connaissance de la langue et des coutumes leur permettrait de s'introduire dans la vie commune et de former des relations dans le pays. Il y a dans les précédents de l'ancienne légion des exemples qui venaient à l'appui de ce raisonnement ; des gendarmes d'origine continentale, recrutés sans doute dans les corps de troupe qui se trouvaient momentanément en garnison dans l'Île, ayant conquis les galons de brigadier et de sous-officier, l'épaulette même, se sont mariés dans le pays et sont devenus les meilleurs serviteurs de la légion.

Il existe des preuves de cette heureuse influence d'un noyau continental introduit au milieu de la population. Ce qui s'est passé dans une petite contrée, nommée le Fiumorbo, n'est pas l'exemple le moins concluant. Le Fiumorbu, qui forme le canton d'Isolaccia, vers le milieu de la partie orientale de l'Île, en a été la contrée la plus agitée, la plus mal hantée ; on y a compté des bandits redoutés, entourés de partisans nombreux. Pour y rendre la surveillance plus efficace, on y créa un poste fortifié, dans le village de Prunelli, et ce poste fut occupé par un détachement de ligne. Les bandits disparurent, détruits ou constitués ; ceci n'est que la résultante naturelle d'un déploiement de force armée ; mais ce qui fut plus évidemment la conséquence de l'influence d'un élément nouveau et du contact des hommes du dehors avec la population, c'est que l'on vit les mœurs se modifier notoirement.

La particularité la plus piquante de cette réforme, qui mit peu d'années à se produire, c'est que l'un de ces bandits du Fiumorbo, célèbre par les actes de vengeance qui l'avaient poussé à gagner la montagne, fut le principal agent de cette pacification, et qu'il devint par la suite le commandant militaire de cette petite place de Prunelli. La population, lorsqu'il était bandit, l'avait décoré du titre de roi du Fiumorbo. Il fit sa soumission en acceptant un grade de sous-officier dans les voltigeurs corses ; il avait un patrimoine de quelque importance ; il possédait dans le canton un établissement d'un grand intérêt ; il est devenu membre du conseil général ; il a reçu la croix de la Légion d'honneur, puis il a été retraité, et il est mort avec le grade de chef de bataillon. Ce fut une des plus étranges personnalités du banditisme corse.

En réorganisant la gendarmerie de la Corse, en 1851, on aurait voulu, pour les raisons qui viennent d'être développées, porter à la moitié de l'effectif de la légion le contingent de militaires continentaux ; on n'a pu atteindre le tiers, et il est probable qu'à l'heure présente ce chiffre a dû descendre au-dessous du quart.

Cette difficulté a plusieurs causes. Le gendarme sert librement ; il n'est pas lié au service. Il choisit, sinon sa résidence, du moins la légion dans laquelle il désire être employé. Il est libre de ne pas accepter la commission qui lui est envoyée, si la désignation ne répond pas au désir qu'il a exprimé. Pour presque tous, après le service militaire obligatoire, l'emploi de gendarme est une profession choisie pour le reste de la vie, et si la nomination obtenue ne répond pas à peu près aux projets formés, le candidat refuse, ou ajourne son acceptation.

Ce ne peut donc être que de leur plein consentement que des militaires continentaux libérés acceptent le service de la gendarmerie en Corse, Les uns, parce qu'ils n'ont pas de relations de famille et nulle attache dans un pays quelconque de l'intérieur; les autres, parce qu'ils sont séduits par l'inconnu et par la vie d'aventures que leur fait espérer le service dans l'Île; d'autres, parce que, ne répondant pas d'une manière absolue aux conditions exigées pour le service de la gendarmerie dans l'intérieur, ils obtiennent, à la condition d'aller en Corse, une tolérance qui leur donne une carrière et assure leur existence. Il avait été aussi offert aux Continentaux un attrait qui pouvait améliorer leur position à l'époque de la liquidation de leurs services, cet attrait — il en sera parlé plus tard — n'existe plus aujourd'hui.

Mais des obstacles se sont présentés qui n'ont pas permis d'introduire cet élément continental dans une proportion aussi élevée qu'on l'eût désiré.

Rentrer dans leur île, y trouver une position qui leur garantisse un avenir, qui les assure contre la pauvreté et contre le travail, c'est l'aspiration de tous les militaires corses que l'obligation régulière du service appelle dans les rangs de l'armée.

Excellents soldats, braves, résolus, sobres, dévoués: autant ils servent bien à l'armée et dans l'intérieur, autant ils aspirent à retrouver chez eux une vie paisible, un tranquille far niente, tout en continuant à porter un uniforme et à gagner, sans trop de fatigue s'il est possible, une solde, un grade et des droits à la pension de retraite.

Presque tous les Corses libérés qui rentrent dans leurs foyers demandent à servir dans la gendarmerie. Ils ont eu, pendant ces derniers temps, d'autres attraits puisés dans la politique du moment, des intérêts de parti et d'amour propre national; des questions de personnalités retenaient les meilleurs dans l'intérieur, et surtout à Paris. Ces attraits n'existent plus aujourd'hui, et ils n'en recherchent que plus instamment l'occasion de se rapatrier, et, s'il se peut, avec quelque profit.

Si, à un militaire corse qui désire compléter dans la gendarmerie ses services militaires, on offre un emploi dans une compagnie de gendarmerie de l'intérieur, il l'acceptera tout d'abord, en présence de l'impossibilité démontrée d'être prochainement admis dans son pays. Mais il ne perdra pas patience; il profitera de chaque inspection générale pour demander à rentrer chez lui il recourra à tous les moyens d'instance; il y mettra une ténacité native qui ne brusque pas les moyens et qui ne néglige aucun argument, même celui de la démission, et il y parviendra.

Le gendarme continental, de son côté, rencontre en Corse des difficultés qu'il n'avait pas prévues ou qu'il ne sait pas surmonter. Tous ne sont pas également aptes à apprendre une langue étrangère, à se familiariser avec des mœurs nouvelles. S'il parvient à se marier, la conquête est faite au profit du pays; mais s'il reste célibataire, il rencontre, pour les détails les plus impérieux de l'existence, dans ces villages pauvres et à peu près dépourvus de tout, des obstacles matériels impossibles à surmonter.

Il se dégoûtera promptement. Lui aussi demandera à rentrer chez lui, dût-il renoncer au bénéfice des services acquis, et l'administration, dont l'obligation principale est d'être paternelle, ne saurait se refuser longtemps à satisfaire, par une mesure simultanée, à deux demandes légitimes: celle du continental, qui aspire à rejoindre le continent, celle de l'insulaire, qui sollicite de retourner dans son île.

Ce qui vient d'être dit pour les hommes n'est pas moins vrai pour les officiers. Il est utile aussi que l'élément continental figure, pour une partie, à la tête de la gendarmerie corse. On trouvera, en temps de paix, quelques jeunes officiers impatients et ambitieux, que la campagne des maquis tentera de loin comme une curiosité ou une bravade, mais qui reviendront bien vite de leur entraînement, s'il n'y a pas un bénéfice moral ou matériel qui les dédommage. « On ne rencontre pas toujours un brave officier supérieur qui a conquis une légitime considération à la tête de la légion corse, on ne rencontre pas facilement de bons officiers qui marchent franchement au maquis ; ce n'est guère amusant que d'y passer des nuits sans pouvoir ni parler, ni tousser, ni cracher ni… sous peine d'y laisser la peau, Les officiers du Continent n'y viennent qu'à leur corps défendant ; ils restent peu de temps, et demandent bientôt à quitter l'Île. »

De là résulte, à moins d'une vigilance constante de la part de l'administration, un prompt et fatal affaiblissement d'une organisation faite d'après un principe mûrement étudié. Il y a tout à la fois, dans la religieuse observation de ce principe, le succès de l'œuvre importante de la répression, et la possibilité d'arriver peu à peu, mais sûrement, à la réforme des mœurs par un moyen analogue à la colonisation, et ces efforts sont déçus, faute de moyens suffisants pour attirer et retenir cette colonisation.

Il est utile de dire, aussi, que si ce principe a été nettement admis et franchement mis à l'essai par l'une des administrations de l'État, les autres administrations n'y ont pas concouru dans la même mesure et avec une semblable résolution. Il ne s'agit pas seulement, pour la justice, de redoubler de vigilance et d'énergie ; pour l'administration départementale, de multiplier ou de modifier l'instruction et la moralisation des populations ; pour les travaux publics, d'encourager le travail et l'industrie en secondant l'exploitation des richesses abondantes et variées de ce sol encore vierge, en facilitant et en ouvrant des communications qui font défaut, en assainissant des contrées qui donneraient de précieux produits : il faut aussi, certainement, agir sur le personnel comme on a voulu le faire pour la gendarmerie.

Il y a en ce sens une tendance contre laquelle il importe de lutter résolument. Il y a en Corse de grands intérêts de prépondérance locale qui forment deux ou trois partis principaux. Il était nécessaire à ces partis d'avoir à eux les fonctionnaires de l'État afin de ne pas laisser faiblir une influence précieuse pour les affaires politiques ; et les fonctionnaires d'origine corse, qu'un régime disparu a faits si nombreux dans toute la République, ce qui peut n'être qu'un témoignage rendu à leur intelligence et à leur capacité — occupent trop généralement les emplois dans l'Île, pour qu'il soit possible à l'administration d'agir en dehors des pressions et de combattre des traditions invétérées.

Il faut donc arriver résolument, pour les fonctionnaires de tous les ordres, à introduire en Corse des éléments aussi nombreux que possible d'origine continentale, et si ce service est considéré comme un exil, s'il effraye beaucoup d'aspirants, s'il n'est accepté le plus souvent qu'avec la réserve de le laisser durer le moins de temps possible, et comme la transition nécessaire d'un grade à un autre, il importe à l'administration de l'entourer de quelques bénéfices qui le rendent attrayant, en faisant espérer aux uns et aux autres une récompense proportionnée aux services rendus.

Ce bénéfice avait été trouvé, pour la gendarmerie, en 1851.

On considéra alors que le service de cette légion n'était pas moins pénible, était même plus pénible, que le service de la gendarmerie en Afrique, et n'entraînait cependant aucune allocation spéciale. Le chef de la légion, le brave et habile colonel de Guenet, demanda qu'il fût alloué à ses hommes une augmentation de solde à titre d'indemnité pour service extraordinaire ; le procureur général près la cour de Bastia proposa d'accorder aux gendarmes le droit d'inscrire une campagne sur leurs états de service, pour un nombre déterminé d'expéditions, de captures ou de destruction de contumaces.

Le ministre de la Guerre, entrant dans cet ordre d'idées d'une manière plus large et plus justement rémunératrice, voulant récompenser les rudes et dangereuses fatigues de ce service, autrement que par une haute paie ou par une indemnité un peu aléatoire, présenta la question au chef de l'État, et un décret, datant du 3 janvier 1852, déclara que l'année de service en Corse serait comptée à la gendarmerie comme année de campagne.

Financièrement, cet acte de justice n'était pas onéreux. On a calculé que, pour une moyenne de trente hommes à retraiter chaque année, la dépense devait s'élever la première année à sept cent cinquante francs, et qu'en dix ans elle atteindrait sept mille cinq cents francs sans dépasser cette somme, compte tenu des extinctions annuelles parmi les retraités.

Ce bénéfice très légitime a été retiré à la gendarmerie de la Corse lorsqu'on a pu considérer la pacification de l'Île comme à peu près obtenue. Mais cette pacification n'a été que momentanée, les mœurs sont les mêmes ; il y a toujours des actes de violence ; il y a encore des bandits derrière les maquis ; et la force publique, moins active, moins énergiquement organisée, moins stimulée, n'exerce plus la même action répressive qu'autrefois. Les militaires continentaux, dont la présence a certainement produit d'heureux effets, ne sont plus attirés par le bénéfice qui leur était offert, et ne recherchent plus des services pour lesquels, du reste, ils sont moins instamment sollicités.

Si, dans une réorganisation qui semble urgente, le bénéfice absolu de l'année de campagne ne doit plus être accordé aux gendarmes de la Corse, peut-être serait-il opportun de revenir à la proposition formulée, en 1851, par le procureur général, et d'encourager tout spécialement, par une immunité analogue, les services réellement constatés. Il y a peut-être là un moyen de réveiller l'émulation.

Toutes ces questions, examinées par le département de la Guerre lorsqu'il s'occupa de la réorganisation de 1851, occupèrent l'année suivante une commission spéciale réunie sous le titre de « commission du banditisme » au ministère de la Police générale, et cette commission s'associa complètement aux idées qui viennent d'être développées.

En résumé, pendant les quelques années qui suivirent la pacification de l'Île, la recherche des contumaces, la destruction à main armée de ceux qui résistaient à la force, furent activement poursuivies. Peut-être a-t-il été regrettable qu'en présence de résultats heureux, des hommes utiles qui avaient sérieusement étudié le pays, qui étaient devenus familiers avec l'arme qu'on leur avait mise dans les mains, aient été prématurément retirés avant que leur œuvre fût achevée, et tout simplement parce qu'ils atteignaient cette fatale limite d'âge, au lendemain de laquelle il semble qu'il n'y ait plus de bons services possibles.

En moins des trois premières années qui suivirent la réorganisation, la gendarmerie compta huit morts et vingt-quatre blessés. Quelle fut la nature des services qu'elle rendit ? On en trouvera une indication dans les documents justificatifs qui suivent, écrits presque sous la dictée de quelques-uns des officiers et des gendarmes, ou extraits par eux de leurs rapports de service.

Au commencement de 1853, l'un d'eux écrivait ce qui suit sur les résultats obtenus à cette époque :

« Trois arrondissements doivent, à l'organisation actuelle, les excellentes conditions dont ils jouissent. Dans les deux autres (Ajaccio et Sartène), les bandits s'embarquent ou se font prendre ; les crimes ont de beaucoup diminué. Le premier et le deuxième arrondissements jouissent d'une telle tranquillité, qu'il a été possible d'en distraire en entier la force supplétive, pour l'envoyer sur d'autres points. L'arrondissement de Corte serait dans le même état, sans le Fiumorbo, qui s'est un instant agité ; mais les bandits n'osent en bouger. Il est vrai qu'on ne peut arriver à les détruire, parce qu'ils sont protégés, les uns par un parti local à la tête duquel se trouve le fameux L…, homme important, ancien bandit lui-même ; les autres par la famille V…, en opposition avec L… Comment voulez-vous faire quelque chose qui ait de la durée, lorsqu'on tolère de semblables faits ? »

Pourquoi cette heureuse situation de la Corse, signalée par un homme qui était certainement, alors, le plus compétent pour en juger, ne s'est elle pas maintenue ? C'est probablement parce que la situation politique de ce temps obligeait à « tolérer de semblables faits. »

Mais aujourd'hui ?

Si de nouveaux efforts sont tentés pour la pacification de l'Île, d'une manière radicale, l'action de la force publique devra-t-elle être la même que précédemment, c'est-à-dire armée, répressive, violente, destructive ?

Non, peut-être, si toute l'administration est associée au but à atteindre ; non, si l'on change les fonctionnaires ; non, si l'on renverse aujourd'hui les influences qu'on ne pouvait renverser il y a un an ; non, si l'on veut employer les moyens de persuasion, d'éducation, de réforme morale et de colonisation. Les moyens énergiques sont bons contre la révolte résultant de la dépravation des idées et du relâchement des mœurs. Il faut la force et les moyens militaires pour réduire des insurgés, traquer des centaines de contumaces et détruire des assassins. Mais contre des mœurs natives, implacables, parce que telle est la vieille tradition, violentes parce telle est la loi du sang, il ne faut ni la lutte, ni la menace, ni l'oppression, ni les mesures qui humilient, ni le désarmement qui engendre la révolte, ni l'exécution à main armée qui provoque d'interminables et sourdes vengeances. Il faut employer les grandes et libérales influences ; il faut instruire et éclairer ; il faut répandre partout une justice affectueuse et attentive ; il faut amener le bien-être, en aidant, en encourageant et en facilitant le travail.

Il y a quelque chose à donner à la Corse, si cruellement négligée et si profondément découragée par le traitement que lui fait subir une partie de l'opinion publique.

On n'a distribué jusqu'ici, pour complaire à de hautes individualités, que des bénéfices et des faveurs personnelles, des grades, des emplois, des décorations ou de l'argent, qui n'ont pas profité au pays. C'est au pays qu'il faut faire du bien, en se dégageant de toutes les questions particulières. Et le moment est sans doute opportun, maintenant que les hautes influences sont éteintes, d'aller paternellement porter une parole utile et une intervention bienveillante au milieu des populations.

Des routes à faire, l'instruction à répandre, le bon exemple à donner, ce ne sont pas là de grosses sommes à ajouter au budget de l'Île, et elle possède un trésor de, richesses et de reconnaissance qui lui permettra de rendre un jour, au centuple, le bien qu'elle aura reçu.

Complainte tragique
du bandit Jean-Camille Nicolaï
« Dal mio palazzu — De mon palais »

Dal mio Pallazzo
Cupertu à verde
Vedu Carbini è Livia
Vedu Porto Vecchio et l'onde
Me di tandu il caso mio
La memoria si cunfonde

De mon palais
Tout entouré de verdure,
Au mont Tasciana,
En pleine solitude.
Je vois Carbini et Levie
Je vois Porto Vecchio et la mer
Songeant à ma destinée
Qu'elle me paraît étrange !

Cusi penzosu,
Privu d'ogni contentu,
Sfugar mi vogliu
Cun lagrimosu accentu,
Poveru Giuvan Camillu !
Da principiu al mio lamentu,
Prego, voi che mi ascoltate,
Compatire al miù talentu.

Et là, pensif,
Et privé de toute joie,
En un chant triste
J'épanche ma douleur,
Moi, le pauvre Jean-Camille
Avant que mon chant commence,

Je demande à qui m'écoute
D'être rempli d'indulgence.

Io son banditu
Bel più bel fior degl'anni,
Per miù fratellu
Mortu cun tanti affinni ;
Dopu d'averlu amazzatu.
Fu brucciatu nci si parmi,
Ala speru ch'ognunu diga
Ch'iû son natu colli sannil

Je suis bandit
Dans la fleur de ma jeunesse ;
C'est pour mon frère,
Mort si affreusement ;
Sitôt qu'il eut rendu l'âme
Ou le jeta dans les flammes
Mais tous diront bien, j'espère,
Que féroce est ma défense !

Napoleone,
Fratello sfortunato,
D'una donzella
Si era innamorato ;
Poi parti per la Bastia,
Con l'ogetto tanto amato.
N'un e questo un gran delitto
Quando Puorno e seguitato…

Napoléon,
Mon pauvre infortuné frère,
D'une jeune fille
S'était amouraché ;
Puis il s'en alla à Bastia

Suivi de sa bien-aimée.
Pas bien grande était la faute
Puisqu'on voulait bien le suivre…

Il padre invece,
Con qual falsa raggione,
Il mio fratello,
Lo fè mete prigione ;
Or considerate ognuno
Qual fosse la caggione,
Conoscendo di sua figlia
Tutta quanta I'opinione.

Alors, le père,
À l'aide de mensonges,
Fit enfermer
Mon pauvre frère en prison ;
Vraiment l'on ne peut pas dire
Qu'il avait motif valable,
Car il avait connaissance
Des sentiments de sa fille.

Quel uomo infamo
Mandô tutto'in rovina,
E la sua figlia
Chiamata marina,
La serù d'entro'una stanza
Correta sera è matina,
Poi occise mio fratello
D'un colpo di carabina…

Cet homme infâme
Envoya tout à la ruine,
Il enferma
Sa fille Catherine,

L'enferma dans une chambre
Où il la battait sans cesse,
Et puis il tua mon frère
D'un coup de sa carabine...

... Disgraziato,
Son in pet'à la foresta,
Tutto l'inverno
Esposto alla timpesta,
Sempre errante e pelegrino ;
Ditemi che vita è questa,
Una pietra per coscino,
La notte sotto la testa ?

... Je suis à plaindre,
Dans la forêt j'habite,
Et tout l'hiver
Je suis aux vents et tempêtes,
J'erre toujours solitaire ;
Dites-moi, est-ce une vie
D'avoir, la nuit, sous la tête,
Pour oreiller une pierre ?

Poi somnolente,
Cosi esposto alla crima ;
Il cuor mi dice :
Prendi la carabina,
Sei da fronti alli nemici
E Delbos s'avicina ;
Si tu non ti lievi in piedi,
Fatta è la tua rovina...

Puis je sommeille,
Exposé à la froidure ;
Et mon cœur dit :

Allons, prends la carabine
Tes ennemis sont en face,
Voici Delbos qui s'approche ;
Si tu n'es pas sur tes gardes,
Ta ruine est bien certaine…

le point de vue du sous-préfet de Bastia en 1911

On ne voit pas les bandits avec les mêmes yeux en Corse et sur le Continent. Ici ce sont des malfaiteurs, là ce ne sont que « des gens dans le malheur », victimes d'un déni de justice, d'une rancune ancestrale ou d'une trop grande impulsivité. Il semble évident que, de même qu'on ne peut appliquer pour la même maladie le même remède à deux malades jouissant de deux tempéraments différents, on ne peut appliquer la même procédure pour le même délit à deux populations jouissant de deux mentalités différentes.

Le malentendu provient de ce que nos lois continentales, aboutissement logique en France de plusieurs siècles de préparation, ne peuvent être brusquement et sans transition appliquées du jour au lendemain dans la Corse qui n'est somme toute française que depuis cent cinquante ans et dont le passé différent tranche par trop sur le présent que nous désirons lui voir suivre. La Corse n'est évidemment pas mûre pour les lois continentales et il faut tellement transposer pour les y rendre applicables qu'il vaudrait infiniment mieux renoncer à cette parodie et donner à ce pays une législation exceptionnelle mais appropriée à ses mœurs et à ses besoins.

lettre d'André Spada
adressée aux journaux pour protester
contre l'arrestation de sa maîtresse

Monsieur le Directeur,

Dans l'intérêt de tous, je vous demande de bien vouloir réserver une place dans la colonne de votre estimable journal à la communication ci-dessous.

Au nom de l'humanité, au nom de la justice éternelle, moi André Spada, bandit (mais non gendarme), j'en appelle à tous les représentants de l'autorité, de la justice et de la force publique, à tous ceux qui pouvant beaucoup pour la paix (travaillent pour la guerre). Pour la troisième et la dernière fois, j'intercède en faveur des victimes innocentes qui payent pour les fautifs. Mes précédents appels n'ont pas trouvé d'écho parmi ceux qui, comprenant pourtant, ne m'ont répondu que par la menace de nouvelles arrestations et m'ont défié, disant que je pouvais peut-être en tuer dix ou douze, mais que j'aurais succombé à mon tour. Malgré ces menaces et ces provocations, je n'ai pas tué (bien que bandit et n'ayant plus rien à risquer). Si je n'ai pas tué, ce n'est nullement par crainte des représailles et de la mort même, mais simplement par un désir de paix universelle (comme le beau-père du juge Poggi, comme Eugène Faggianelli, conseiller général de la Cinarca, la Sainte-Église et Mgr Rodié, eux-mêmes sont restés insensibles à ma prière et aux larmes des innocents).

Cet appel est le dernier et s'il n'est pas entendu je déclare irrévocablement la guerre à l'injustice et alors à ceux qui la facilitent ou la tolèrent. Les gendarmes prétendent défendre la loi terrestre qui est injuste? Moi, André Spada, bandit d'honneur, je veux défendre la loi divine (les larmes des innocents qui sont en prison appellent la vengeance). La guerre déclarée, je la poursuivrai sans merci contre tous ceux qui auraient pu arrêter ou réparer l'injustice (qu'ils se donnent, car, armée ou non, ils ne trouveront pas grâce devant mon juste courroux, à moins qu'ils ne se réclament du Saint-Nom de Notre Seigneur Jésus Christ et de la Sainte-Croix). Des remèdes doivent être apportés au mal avant qu'il ne s'aggrave ; après ils ne seront plus à temps.

S'il n'y a pas assez de deux mille serpents à barque rouge, qu'on en fasse venir cent mille en Corse, ça m'indiffère (la force brutale peut dompter la bête, mais elle ne peut rien contre l'homme bon et juste). Je ne suis pas partisan du mal mais ils ont poussé les choses à bout et on m'oblige à agir (la médisance et la calomnie sont les armes des lâches), qui voudraient me prêter tous les vices dont ils sont affligés (la calomnie et la médisance sont l'âme de la guerre). Je n'ai jamais agi en traître ni en lâche, mais pourquoi j'ai tenu à prévenir avant de passer à l'action ; si le Bon Dieu pardonne aux bandits volontaires, il me pardonnera doublement à moi, bandit par force, qui respecte son Saint nom personnellement. Je ne veux rien de personne ; j'intercède simplement en faveur des innocents injustement retenus dans les prisons (si ces lignes ne plaisent pas aux puissants de la terre et aux sbires qui veulent à l'exécution de leurs ordres injustes, ça m'est égal).

Avis donc à tous et à la grâce de Dieu, Spada André, bandit d'honneur et de vengeance, mais non gendarme, plutôt cent mille fois la mort qu'une seule fois le déshonneur. Me voilà prêt à la paix et à la guerre, dont je suis prêt à tout. Dieu devant et ensuite je souhaite à tous, ce que leur cœur désire, André Spada.

Si n'est pas relaté cette déclaration, je laisserai des écritures n'importe où. Que le malheur arrive et même j'en garderai sur moi.

Spada

le 9 juillet 1932

Rapport du docteur Seta d'Ajaccio au juge d'instruction Gambini concernant l'état de santé d'André Spada

Je soussigné Seta D., docteur en médecine, médecin légiste de l'université de Paris, commis par M. Gambini, juge d'instruction près le tribunal d'Ajaccio, en date du 15 décembre 1933, à l'effet de procéder à l'examen mental de Spada André, trente-six ans, détenu,

1° afin de dire si au moment où il a commis ses crimes Spada André était en état de démence, au sens de l'article 64 du Code pénal, ou présentait-il tout au moins des anomalies mentales ou psychiques de nature à atténuer dans une certaine mesure sa responsabilité

2° si l'examen psychiatrique et biologique ne révèle point chez lui, actuellement, un état de démence, ou tout au moins des anomalies mentales ou psychiques de nature à le mettre dans l'impossibilité de présenter utilement sa défense devant les juridictions d'instruction et de jugement et adresser immédiatement un rapport détaillé sur les questions qui lui sont soumises et son avis motivé, conformément à la loi, serment préalablement prêté devant nous.

Ai rempli ma mission et serment préalablement prêté, ai consigné mon opinion dans le présent rapport.

L'examen répété de Spada ne nous a point permis d'admettre un avis précis sur son état physique et psychique.

Une observation biologique et psychiatrique très spéciale, pratiquée par des experts nettement spécialisés, nous paraît nécessaire pour répondre avec autorité et précision aux questions posées par monsieur le juge d'instruction.

Ajaccio, 15 février 1934

Lettre du surveillant-chef de la prison d'Ajaccio datée du 21 février 1934 au procureur de la République du parquet d'Ajaccio concernant André Spada

J'ai l'honneur de vous exposer ci-dessous divers renseignements sur l'attitude du nommé Spada durant sa détention.

À son entrée, il a déjà présenté des symptômes de mysticisme qui, au cours des différents mois, ont présenté des aspects divers, soit de calme ou de violence.

Dans la période calme (début de sa détention), il s'est livré à des actes de toutes sortes, tel que se couvrir d'un drap et de faire le prêcheur en tenant un Évangile à la main ; il restait parfois prostré pendant des journées entières. Le 4 décembre 1933, il s'était introduit une bague dans la verge ; lui demandant les raisons de son acte, il répondait par un sourire ironique que c'était la volonté de Dieu.

Voici déjà deux fois qu'il a déchiré des effets et les plaçait au milieu de la cellule comme une sorte de litière ; lui demandant les motifs de ses actes, il regardait d'un air hébété, sans répondre ou, s'il répondait, c'était pour invoquer la volonté de Dieu.

Ces différents actes se renouvellent presque mensuellement et, pendant quelques jours, il est morne et ne dit pas une parole.

Son alimentation est aussi déréglée que sa vie, normale parfois, il mange normalement et, d'autres fois, il passe plusieurs jours sans manger sa pitance.

Il est très difficile à observer en raison de ses changements successifs, soit dans ses actes ou dans ses paroles, il a même été jusqu'à se livrer à des voies de fait envers le personnel de la prison.

Par une ordonnance en date du 4 avril 1934, le docteur Wahl est chargé par le juge d'instruction Usse de procéder à un nouvel examen mental de Spada, transféré à Marseille

Nous soussignés, docteurs Wahl Paul, G. A. Rousselier et Page, demeurant tous trois à Marseille, chargés par M. Usse, juge d'instruction, par commission rogatoire de M. le juge d'instruction à Ajaccio, de procéder à l'examen médical de l'inculpé Spada André, détenu à la maison d'arrêt Chave et dire :

1° Si au moment où il a commis ses crimes Spada était en état de démence au sens de l'article 64 du Code pénal, ou présentait tout au moins des anomalies mentales et psychiques de nature à atténuer dans une certaine mesure sa responsabilité ;

2° si l'examen psychiatrique et biologique ne révèle point chez lui actuellement des anomalies mentales ou psychiques de nature à le mettre dans l'impossibilité de présenter utilement sa défense devant les juridictions d'instruction ou de jugement. Les experts préciseront si Spada n'est pas un simulateur et, dans le cas où l'aliénation mentale serait reconnue, s'il est dangereux et s'il doit être interné.

Serment préalablement prêté, après avoir pris connaissance des dossiers judiciaires, avoir examiné un très grand nombre de fois l'inculpé, soit ensemble, soit séparément, déclarons exprimer notre opinion en notre honneur et conscience dans le rapport suivant....

Antécédents de l'inculpé — Spada André est aujourd'hui âgé de trente-six ans. Il est né en Corse, de parents sardes qui sont encore vivants ; ils ont eu neuf enfants dont quatre encore sont vivants. L'enquête a montré que les membres de la famille Spada n'avaient jamais présenté de troubles mentaux ni nerveux, qu'ils sont tous bien portants physiquement et mentalement ; André n'aurait pas eu de maladies graves pendant son enfance ; il fréquente assez peu l'école, il a l'instruction ordinaire des gens de son milieu. Si, au point de vue scolaire, il appartient à la moyenne, il nous a semblé que son instruction religieuse a été relativement très poussée et qu'il est au courant de la doctrine catholique pure. Ce fait n'a rien d'extraordinaire dans le milieu très pieux comme paraît être celui où a vécu Spada.

Après avoir quitté l'école, il s'est employé comme ouvrier agricole, berger et charbonnier bûcheron. Il s'est engagé volontairement au service militaire le 3 mars 1917 à Ajaccio. Il a été affecté au 19e régiment d'artillerie de campagne puis est passé en novembre 1917 au centre d'organisation de l'artillerie lourde et, le 26 mars 1918, au 125e régiment d'artillerie lourde. Il a été condamné le 28 avril 1918 par le conseil de guerre du Mans, pour désertion en temps de guerre, à trois ans de prison avec sursis. Il a été versé au 3e régiment d'artillerie coloniale le 1er juillet 1919 puis au 172e et au 272e régiment d'artillerie d'Afrique. Il est passé dans la réserve le 23 mars 1931. Son livret porte qu'il a fait campagne contre l'Allemagne du 23 mars 1917 au 23 octobre 1919. Sa peine de prison suspendue par le sursis a été amnistiée par la loi du 29 avril 1921. En somme, légalement parlant, il avait son casier judiciaire intact lorsqu'il commit son premier crime en 1922. Depuis son retour du service militaire jusqu'à cette date, Spada avait vécu normalement de l'existence du paysan corse. Nous ne trouvons ni dans son dossier ni dans les renseignements qu'il nous a donnés verbalement qu'il ait eu de maladie ou d'accident grave, notamment de paludisme ou de maladie vénérienne.

Examen de l'inculpé — Spada André se présente à nous comme un homme de taille moyenne, de constitution robuste, sans infirmité apparente. Les premières fois que nous l'avons vu, il paraissait exalté, exubérant et irritable. Il était bizarrement accoutré : les pantalons dans les chaussettes, sans veste, sur la chemise entrouverte un énorme crucifix de bois couleur naturelle. Il nous disait qu'il ne connaissait que le Christ, qu'il est le fils du Tout-Puissant. Nous lui demandons pourquoi il est en prison, il nous répond que quand on arrête quelqu'un on doit savoir pourquoi. Dès ce moment, il se montre bien orienté dans le temps et l'espace, il nous donne exactement la date de son arrivée à la prison Chave. Il nous parle de Marseille, de la guerre à laquelle il a pris part, mais revient avec insistance à ses propos religieux : « Tous ceux qui croient au Christ sont mes frères. » Il se porte bien quand le Christ le veut, il mange quand telle est la volonté du Christ ; on doit aimer le Créateur et son prochain, le Christ n'a pas voulu qu'il soit blessé à la guerre. On avait bien parlé de le mettre un jour « sur le billard, mais le Christ ne l'a pas voulu ».

Le même fonds de phrases religieuses resta ultérieurement le thème de ses conversations, mais il est plus calme d'apparence. Sa tenue est plus normale. Le crucifix qu'il portait a disparu, brisé accidentellement, dit-il, et il est remplacé par un certain nombre de médailles de piété. Les phrases sont plus correctes : il s'est fait prendre volontairement par les gendarmes parce que c'était la volonté de Dieu.

Nous insistons très longuement et à de très nombreuses reprises sur la façon dont Dieu lui fait connaître sa volonté et jamais nous n'avons pu surprendre chez lui la moindre hallucination, la moindre interprétation délirante, la moindre idée de possession divine ou diabolique ; jamais aucune des personnes de la Trinité ne lui est apparue, ne lui adresse la parole, ne lui a envoyé d'odeur agréable comme celles dont parlent les délirants mystiques. Il n'a jamais été en communication directe, en communion spirituelle avec Dieu, la Vierge ou les saints. Toutes les idées qu'il exprime sont celles enseignées par l'Église catholique sur les rapports du Créateur et de l'Être créé. Il ne se donne pas, au point de vue religieux, d'influence particulière. Il n'a reçu aucune mission spéciale pour redresser les injustices du monde.

Nous ne constatons chez lui aucun stigmate de dégénérescence, les organes paraissent fonctionner tous normalement.

Le regard n'est pas celui d'un halluciné mystique, il indique la ruse et parfois l'ironie. Il n'est ni triste ni renfermé en lui-même, il n'est pas non plus d'une exubérance exagérée et, toujours lorsque nous lui parlons de ses crimes, il répond que c'est à la justice à se prononcer sur son sort. Il ne présente pas de tatouage.

Son langage écrit ou parlé est souvent celui des ignorants amphigouriques et prétentieux, d'autant qu'il prend soin de réfléchir avant de parler pour éviter que sa façon de s'exprimer soit pathologique.

Chez Spada, nous n'avons trouvé aucune altération des réflexes, aucun trouble de la sensibilité, aucune manifestation d'intoxication, en particulier d'alcoolisme, pas de stigmate de dégénérescence ; rien qui puisse faire songer à l'hystérie, à l'épilepsie, à aucune névrose ou aucune psychose en évolution, encore moins à une maladie évolutive du système nerveux.

Discussion — La justice nous a donné un double mandat : étudier l'état mental de Spada au moment des actes criminels qu'il a commis, examiner si, en ce moment, il présente des troubles mentaux capables de l'empêcher de présenter sa défense.

Étude sur l'état mental de Spada
au moment de ses crimes

Nous pouvons considérer plusieurs types parmi les crimes reprochés à Spada : 1° ceux qui sont, en quelque sorte, le reflet de certaines mœurs particulières au milieu où il a vécu, crimes chevaleresques ou traditionnels qui n'ont eu pour lui aucun avantage pratique ; 2° crimes ayant pour cause sa sécurité personnelle ou sa vengeance ; 3° crimes ayant pour but de se procurer de l'argent, crimes vulgaires ayant la cupidité pour base.

Le seul crime qui ait été absolument désintéressé dans son but est le premier ; celui qui l'a rejeté hors la loi. Quand les gendarmes, à la recherche de l'auteur des blessures reçues par le nommé Salis, voulurent interroger et examiner les individus qui se trouvaient dans le cabaret, il aurait pu obéir et se soumettre aux règles communes. Il a tiré après avoir résisté. Il était, il est vrai, avec Rutili Dominique, déjà à ce moment l'objet de poursuites, mais lui n'avait alors rien à redouter personnellement de la justice. Il a agi comme un personnage des romans de Mérimée, il s'est solidarisé, comme on dit aujourd'hui, avec son ami Rutili et là a été l'origine de la vie de proscrit qu'il a menée onze ans et à laquelle son père a attribué une influence déplorable sur son état mental, influence qui n'a point eu les effets que le père indiquait.

Les crimes pour sauver sa liberté et assouvir sa vengeance comprennent tous ceux contre les gendarmes et autres agents de l'autorité, mais nous n'y insisterons guère car, si leur gravité est très grande, leur psychologie est extrêmement simple et point n'est besoin d'y insister. À ce groupe paraît se rattacher celui dont ont été victimes les Giocanti, nous disons en partie seulement : en effet, c'est à la criminalité d'avidité, de désir de l'argent qu'appartiennent les tentatives de chantage au sujet du prétendu vol que Jacques aurait commis en complicité avec Caviglioli Marie qui lui aurait soi-disant confié l'argent qu'elle-même aurait dérobé à Spada. Ce dernier en a réclamé le remboursement sous menace de mort ; le chantage est donc typique et ne saurait rien présenter de pathologique. Lorsqu'il s'est rendu devant le domicile de Giocanti oncle (Paul) qu'il a tué, il s'agit bien d'une vengeance qui ne lui rapporte rien du tout au point de vue financier. Admettons même la version qu'il a pris Marie-Rose pour Caviglioli, cela ne change rien, au contraire, à notre constatation qu'il s'agit d'une vengeance. Elle serait même beaucoup plus compréhensible puisque l'on comprend ses griefs contre son ancienne maîtresse beaucoup plus que contre la jeune Marie-Rose.

Mais les crimes qui s'accumulent au sujet du service postal d'Ajaccio à Lopigna ne sont que des « affaires » où l'intérêt seul a sa place. Il s'y ajoute, certes, mais à titre épisodique, une hypertrophie de la personnalité, un désir de tout voir se plier à sa volonté, à son caprice même. Il parvient à terroriser toute une région ; un maire accepte de mettre ses lettres à la poste, un autre d'obéir à ses ordres. Il n'entend pas répéter ses ordres deux fois et il le dit d'un ton péremptoire ; il prend pour maîtresse Antoinette Leca, plus âgée que lui, pour succéder en tout à Romanetti, rien ne doit lui résister. Il le veut et Caviglioli devient aussi sa maîtresse. Les chauffeurs d'automobile d'Ajaccio refusent de conduire Giocanti. Le chauffeur brûle l'automobile postale sur son injonction ; sur son ordre, il aida le colporteur à porter sa pacotille. Nous sommes en plein banditisme classique, tel que l'ont dépeint les causes célèbres et les romans.

Il serait difficile de voir là une maladie mentale qui atténuerait en quoi que ce soit la responsabilité pénale ; en tout cas, ce ne serait pas une maladie de la volonté. Tous ces actes ont un but facile à comprendre : désir d'indépendance, vengeance, et vivre aux dépens des autres le mieux possible et sans travailler, en exploitant dans un but personnel la terreur qu'il inspire. Donc, nous ne pensons pas qu'il faille s'appesantir sur ce point qui nous paraît bien acquis. Nous n'avons d'ailleurs trouvé sur Spada aucun signe biologique ou psychologique qui fasse penser à une infériorité congénitale ou acquise de l'intelligence en particulier, aucun stigmate de dégénérescence, aucun signe de syphilis, d'alcoolisme, de tuberculose acquise ou héréditaire.

Spada est un fruste, un primitif, il n'a que peu fréquenté l'école et a surtout vécu d'une vie solitaire, berger ou charbonnier. Dès qu'il a l'âge d'homme, il s'engage volontairement pour cinq ans, en pleine guerre ; au régiment, il ne semble pas avoir donné lieu à des remarques particulières jusqu'au jour où, d'un coup de tête, il déserte. Il est condamné mais, somme toute, à une peine modérée, le conseil de guerre a pitié de lui et lui accorde le sursis, il termine son temps aussi simplement qu'il l'a commencé. Il n'est l'objet d'aucune citation, il n'a pas d'autre aventure qui l'amène devant la justice. À sa libération, il reprend sa vie antérieure, lorsqu'un hasard malheureux un jour de fête, par une vieille idée de solidarité, par esprit chevaleresque, il se jette dans une aventure où le crime naîtra du crime comme dans la tragédie antique, mais ici ce ne sera pas par l'effet d'un fatum inéluctable mais par une sorte de respect humain, d'orgueil d'indépendance, pour ne pas faillir à sa renommée de brigand de premier ordre. Ce sont ces sentiments qui l'empêchent de s'avouer vaincu, de se laisser prendre et, lorsqu'il sent qu'enfin toute résistance est devenue inutile, on peut l'arrêter sans résistance, non par humilité chrétienne, pour éviter de nouveaux malheurs, mais parce qu'il a conscience qu'il est irrémédiablement vaincu.

Étude de l'état mental actuel de Spada

Mais cet homme de décision, cet homme qui a répandu tant de fois la mort autour de lui, cet homme qui a commandé et a été obéi au doigt et à l'œil dans toute une région de France, cet homme voudrait bien échapper à une condamnation capitale et il essaie de contrefaire l'insensé. Il voudrait bien simuler, mais il ne sait pas. Les bandits corses ne sont pas les Apaches des grandes villes, ce ne sont pas des dégénérés, mais des primitifs. Ils n'ont pas côtoyé les asiles d'aliénés ni ceux qui en sortent. Ils sont mal renseignés sur ce que l'on doit faire pour être pris pour un insensé, et Spada joue la folie mystique avec maladresse et invraisemblance. Il se dit le fils de Dieu et il n'ignore pas cependant que la vie préoccupée et vagabonde qu'il a menée peut engendrer chez un prédisposé une maladie de l'esprit. Il en persuade plus ou moins son père et celui-ci déclare avec autorité que son fils est devenu fou.

Nous avons dit et répété qu'il s'était rendu compte que son arrestation était fatale et prochaine, et c'est pour cela que le jour de l'Ascension 1933 il donne le spectacle d'un fou sur la place du village de Coggia. Ce début brusque d'une psychose mystique, un jour de fête, est bien suspect, d'autant que le lendemain il n'y paraît plus rien. À la prison, ce n'est que par intervalles qu'il déclame des phrases de catéchisme ou prêche avec un livre de piété sous le bras. Il fait semblant de s'exalter, il fait des discours bruyants, drapé dans un drap de lit, mais ce n'est pas ainsi qu'évolue la folie mystique vraie. Elle débute lentement, très lentement, et ce n'est que peu à peu qu'apparaissent des hallucinations des divers sens. Or, Spada n'a jamais eu la moindre hallucination ni de la vue, ni de l'ouïe, ni de la sensibilité générale. Jamais on n'a constaté chez lui d'insomnie, il dort quand le Christ le veut, nous répond-il, et s'il a refusé la nourriture cela n'a été que d'une façon absolument transitoire. Jamais son agitation n'a persisté longtemps, comme l'indique le rapport de M. le surveillant-chef de la prison d'Ajaccio. Parfois, au contraire, il paraît hébété, mais cela aussi n'est que transitoire. Pareils épisodes d'excitation et de dépression se succédant rapidement ne se rencontrent que chez quelques débiles presque imbéciles et la vie entière de Spada nous démontre qu'il n'est en rien un débile de l'intelligence.

Avant de conclure, nous allons examiner quelques écrits de Spada car parfois l'examen direct à l'interrogatoire laisse échapper des délires que l'intéressé veut cacher (ce qui ne paraît pas d'ailleurs être le cas ici, car il ne dissimule pas ses troubles mentaux, il les étale et serait heureux que l'on y croie ; d'autres fois, les écrits adressés aux membres de la famille ou aux magistrats révèlent le désir même du simulateur).

L'enveloppe de la première lettre porte au recto une adresse correcte, au verso : « Envoi : Spada + André, détenu à la prison d'arrêt Chave 193, Marseille (B-du-R.) France. » La date est : « Marseille, 4 juin 1934. »

« Au nom du Christ, Père, Fils et Saint Esprit, Monsieur le Juge d'instruction, Messieurs les Supérieurs. Après avoir donné toute satisfaction au monde de chair sur la terre, tout fait avoir. Je me vois un an passé sans être jugé. Je ne vous demande pas quelle condamnation vous allez m'affliger (sic) soit la mort, soit la liberté, mais ça ne m'occupe pas. Mais qui est ennemi du Christ qu'il y a satisfaction. Si les représentants de la justice sont du côté du Christ qu'ils donnent l'exemple de l'alliance, du sang du Christ et de ses mérites infinis. Sinon qu'il donne satisfaction. Je respecte à son ennemie, ne m'obligez pas à passer outre parce que je n'existerai pas et même personne, ni supplication sur la terre me retiendra, je connais assez le vouloir de la chair et des nations, ça me suffit. Messieurs, réfléchissez à ces mots, salut par l'esprit de Christ. Temple sacré de la Trinité. Par le Christ Jésus André + Catholique Chrétien Spada. »

L'autre lettre, du 25 juin 1934, à « M. le ministre de la Justice sur la Planète terrestre », est du même style ; nous n'y signalerons que la phrase suivante : « Je vous préviens pour la dernière fois qu'il faut que je passe outre pour vous donner satisfaction. Je veux vous montrer que j'appartiens à la justice Divine, et non à la justice des témoins dont vous en faites une dans le corps de chair charnelle, au XXe siècle... »

Évidemment, tout cela est assez amphigourique, la pensée est bien voilée, cependant on peut la suivre. Cette lettre ressemble bien à des lettres d'ignorants qui veulent aborder des sujets métaphysiques et chez lesquels l'expression n'est pas adéquate à la pensée. Cependant, il est probable que Spada l'a écrite dans le but de prouver sa folie et l'a rédigée volontairement ainsi incohérente en apparence en exagérant de parti pris la faiblesse de son style, mais cet écrit, comme le résumé des interrogatoires, n'indique aucune hallucination, aucune transformation de la personnalité, on n'y trouve que l'hypertrophie de la personnalité et l'idée que Dieu l'absoudra à cause de son repentir et de sa conversion : on peut le condamner, il aura le pardon du Christ. Cette idée n'a rien de délirant, elle est essentiellement religieuse et serait exacte dogmatiquement parlant si le repentir de Spada était sincère... mais ce n'est pas notre affaire de le juger.

De ce qui précède, nous conclurons :

1° au moment où il a commis ses crimes échelonnés sur plusieurs années, Spada André n'était pas en démence, au sens de l'article 64 du Code pénal ;

2° à ce moment, Spada ne présentait pas de tares mentales, psychiques ou biologiques capables de diminuer, dans une mesure quelconque, sa responsabilité ;

3° actuellement, Spada n'est pas non plus en état de démence ;

4° il ne présente aucune tare mentale psychique ou biologique qui le mette dans l'impossibilité de présenter utilement sa défense ;

5° Spada a cherché à simuler une aliénation mentale dont il ne présente aucun signe.

Complainte d'André Spada, bandit

Di nome Andria
Spada di casata
Natu in Ajacciu
Di famiglia stimata
Lu trèdeci di Ghjennaghju
Ò chi notte ghjastimata...

Gavinu hè babbu
Di Sardegna un mudellu
Bastianu Spada,

Quessu hè lu mio fratellu
Cu'li travagli in furesta
Empìanu casa e bursellu.

Anna Maria, hè la mia Mammarella
Brava e fattìa,
Dolce cum'è un'agnella.
Mi dede boni cunsigli,
Mà fatale era la stella...

Fù pe'Rutili à tortu ammanitatu.
Tirai addossu cum'è un addisperatu,
Quandu i gendarmi càsconu,
Rutili fù liberatu.

Eppoi ne vense la vittura pustale
Cume casticu ùn ci pudìa esse
Culà si trova l'abissu
A surgente d'ogni male.

M'avessi tombu Maria Caviglioli
Quandu di bastone
Mi minò solu à solu,
Ùn avenà suminatu
In Corsica tanti doli!..

Mon prénom est André
Spada est mon nom
Je suis né à Ajaccio
D'une famille honorable
Le treize janvier
Ô quelle nuit maudite !

449

Gavinu, c'est mon père
Un exemple en Sardaigne
Bastien Spada,
C'est mon frère
Les travaux forestiers
Nourrissaient la maisonnée
Et remplissaient les bourses.

Anne-Marie, c'est ma petite mère
Bonne et active,
Douce comme une agnelle.
Elle me donna de bons conseils,
Mais mon étoile était funeste...

C'est à tort qu'on passa les menottes à Rutili.
Il tira sur elles désespérément
Quand les gendarmes tombèrent
Rutili fut délivré.

Puis vint l'affaire de la voiture postale
Il ne pouvait exister de châtiment aussi grand
Là se trouve l'enfer
La source de tous nos maux.

Puisse Marie Caviglioli m'avoir tué
Quand elle me battit seul à seul,
Je n'aurais pas ainsi semé
En Corse tant de deuils !

---

lettre ouverte du bandit Bornea
publiée dans l'Éveil de la Corse du 9 juin 1930

Un bandit a un entourage ; je ne sais si je m'explique. Donc les bandits pour lesquels tout espoir de liberté est perdu, évidemment demandent de l'argent à ceux qui en ont aisément. Mais le bandit n'est pas le seul à profiter de cet argent ; il partage avec ceux qui l'entourent.

Lundi 16 juin 1930

Note pour F. Sanguinetti

Par ordre des bandits Bartoli et Bornea, tous les travaux sont suspendus jusqu'à jeudi 19.

À partir de cette date, le travail pourra être repris après avoir remis la somme de vingt mille francs à M. Bartoli Henri, à Palneca, en le prévenant que s'il refuse, c'est la peine de mort.

Pour les signatures
Bartoli, Bornea

Note pour F. Sanguinetti

Vous êtes responsable si quelque ou plusieurs véhicules viennent transporter le bois de Marmallo ; ne croyez pas que cette affaire n'est pas surveillée, tout le contraire.

Avis aux amateurs, si toutefois ou dans le cas où vous voudriez nous jouer un tour. Sur votre demande afin d'attendre jusqu'au 10 juillet, cela ne vous procurera que du tort, parce que vous trouverai des ennemis plus que maintenant. Donc c'est bien entendu, nous attendons votre présence. Nous vous prions de ne pas chercher à jouer au petit soldat parce qu'avec nous il faut se mettre dans l'idée d'être franc. Nous avons pu constater dans votre lettre et, pour mieux vous dire, dans vos deux lettres que vous avez la facilité de la parole. Nous tenons à vous avertir que ce jour nous sommes prévenus que vous auriez l'intention de faire venir plusieurs véhicules dans une journée pour le transport du bois. Faites-le si le cœur vous le dit.

451

Dans ces conditions, vous serez embêtés autre part, même au Niolo. À vous de réfléchir, sachez que Spada est venu même à Bastia pour faire valoir ses droits. Nous voulons bien attendre le 10 juillet, croyant que vous auriez une parole, quoiqu'en ayant extrêmement besoin. En attendant, nos salutations.

Bartoli, Bornea

Lettre suivante au contremaître

Il faut bien comprendre que nous ne sommes pas venus vous demander cette somme pour vous embêter. C'est un embêtement, oui, mais si nous agissons de la sorte, faut-il vous expliquer que nous avons besoin de manger, et non pour faire des économies. Tout Corse est à reconnaissance que les bandits ne peuvent pas travailler. Comment vivre? Nous ne pouvons pas demander de l'argent à ceux qui n'en ont pas.

Bornea, Bartoli

Le bandit Bartoli et Cie à Jean Rossi, chauffeur du préfet à Ajaccio

Je t'envoie une lettre de compliments que tu remettras à ton patron, le préfet; j'espère qu'il la comprendra et qu'il obéira pour ne pas me forcer à vous traduire tous les deux devant un conseil de guerre. En ce qui te concerne, je te donne un premier et dernier avertissement: si ton patron continue à faire la tête, au premier signal je te fais sonner par un des hommes de ma bande. Tu laisseras le volant de la voiture de ton patron. Tu cultiveras ton jardin et tu conseilleras à ton préfet de bien se cacher dans son bureau et de ne plus mettre, pour aucune raison, le nez dehors s'il veut que sa peau retourne sans être trouée sur le Continent.

Le bandit Bartoli

P. S. Pour vérification de mon cachet et de ma griffe, s'adresser au parquet.

lettre publiée le 3 juillet 1931 dans l'Eveil de la Corse

Monsieur le Directeur,

J'ai l'honneur de vous adresser la présente lettre, en vous priant de bien vouloir la publier, si possible, sans tarder.

Je préviens le public que j'interdis la circulation des voitures Ollandini et fils de Propriano, pour une affaire me concernant personnellement.

J'espère que les voyageurs ouvriront les yeux et prendront garde à ce qui pourrait se produire en cours de route. Danger de mort. Car je déclare ici que je dois faire feu sans sommation sur les voitures Ollandini circulant en Corse.

J'ajoute : c'est le moment de faire voir la tenue que je porte, qui, sans doute, n'est pas du dimanche, et pour aller à la destruction complète, Ollandini, et ils vont reconnaître la lourde main de Bartoli ; je leur ferai voir si je suis un homme qui porte une robe ou un pantalon. Au plus fort, c'est le moment.

Je n'en dis pas plus long. Recevez, Monsieur le Directeur, mes respects.

(Cachet)

Le bandit Bartoli

Lettre dans l'Eveil de la Corse du 8 août 1931

Monsieur le Directeur,

Les Ollandini de Propriano peuvent reprendre le service sans crainte ni danger ; un malentendu s'est produit entre nous, mais après un entretien suis-je décidé à laisser la route libre à cette famille.

Polémique entre trois bandits en 1931

Lettre de Spada
parue dans la Jeune Corse du 31 janvier 1931

Je n'ai jamais tué personne pour de l'argent. C'est pour vous dire simplement que je suis un criminel mais non un voleur. J'ai tué et je suis prêt à recommencer ; comme tant de gens qui se prétendent si courageux, ils n'ont qu'à donner un rendez-vous et moi je suis son homme sauf la justice. Si j'ai tué jusqu'à présent, ça a été toujours pour me défendre des affaires d'honneur, pour vengeance ou bien pour espionnage ; je ne dis pas ça pour avoir la croix d'honneur, mais je dis simplement la vérité : je ne m'occupe jamais des affaires des autres, ni des grands, ni des petits, ni celles des étrangers, ni non plus celles du pays, mais aussi celui qui s'occupera des miennes, s'il ne veut pas se retirer à la bonne, je le sortirai à la mauvaise. Je suis en pleine responsabilité de mes actions, je porte les culottes, je ne les fais pas porter.

Je souhaite à tout le monde ce que leur cœur désire. Je connais bien le désir de mes ennemis : ils voudraient bien me voir guillotiner mais ça m'est égal.

Bandit d'honneur et de vengeance,

Spada

Lettre parue dans l'Éveil de la Corse le 10 février 1931

Le bandit Caviglioli
à Monsieur le directeur du journal l'Eveil de la Corse,
avec prière d'insérer la lettre suivante.

Monsieur le Directeur,

Dans un article intitulé « Le banditisme » et paru ces jours derniers dans les colonnes de votre estimé journal, j'ai lu avec surprise qu'André Spada, qui se dit bandit d'honneur et de vengeance, donne rendez-vous à tous ceux qui se prétendent courageux.

Or, moi François Caviglioli, qui ne suis pas de la justice, j'accepte de tout cœur ce fameux rendez-vous. Il y a déjà très longtemps que je n'ai eu le plaisir de le voir de près ; cette rencontre que je désire du fond de mon âme serait pour moi un grand soulagement. Qu'il veuille bien me désigner l'endroit où se fera cette fameuse rencontre et j'y serai, soit seul à seul avec lui, ou bien bande contre bande.

Mais je doute fort qu'il accepte un rendez-vous, car je le connais trop, et je n'en dis pas davantage.

Moi, je suis corse et je le proclame à haute voix tandis qu'il n'est qu'un Sarde. A la fin di tanti guai, un Lucchese un manca mai.

Donc, qu'il m'envoie un émissaire qui me trouvera sûrement dans mon « petit sous-secteur », et qu'il me fasse connaître où il faudra se rencontrer.

Je réponds d'avance de la sécurité de l'émissaire ; s'il est neutre, il sera bien accueilli et bien hébergé : pourvu que ce ne soit pas quelqu'un de la Punta (c'est-à-dire de ces fameux Cruzinesi, ses esclaves).

Avec l'espoir que la présente sera insérée textuellement et sans aucune rectification, veuillez agréer, Monsieur le Directeur, l'assurance de mon plus profond respect.

Moi, François Caviglioli
en chair et en os

Lettre du bandit Torre
parue dans l'Éveil de la Corse daté du 21 mars 1931

Palais vert
le 21 mars 1931

Monsieur le Directeur,

J'ai l'honneur de vous demander de bien vouloir insérer sur une des colonnes de votre journal la lettre suivante :

J'avertis le public que j'interdis à partir de ce jour la voiture faisant le service d'Ajaccio à Lopigna, ainsi que celle de Peppo Nucci, de Sari d'Orcino.

Je ne puis comprendre et je suis très étonné que :

1. Monsieur le Procureur ait autorisé le bandit Spada à mettre un service postal dans le canton de la Cinarca. Il ne doit pourtant pas ignorer que ce dernier a fait un massacre sur la voiture de Sorba.

2. Que le bandit Spada ait eu le courage de reprendre ce service. Ne se ferait-il pas l'idée que je ne suis pas capable autant que lui de faire feu sur sa voiture. Moi je peux affirmer que j'épaule mon fusil comme lui, si ce n'est mieux.

Qu'il mette un service dans le Cruzzini s'il veut, mais qu'il laisse la Cinarca libre et indépendante.

Si j'interdis aussi Nucci, ce n'est nullement pour autre chose que parce que c'est le seul qui est autorisé de marcher. Il faut croire que c'est mon ami puisque tous les autres n'ont pas le droit.

Lorsque le bandit Spada signera un contrat que n'importe qui sera libre de mettre une auto et de marcher à sa guise, moi j'en ferai autant.

Avec l'espoir que cette lettre sera insérée telle que, agréez, Monsieur le Directeur, l'assurance de mon profond respect.

Jean-Baptiste Torre

Le témoignage de Jean Simonetti,
l'homme qui tua le bandit Bartoli le 20 juin 1931

J'arrive en voiture au col quand, tout d'un coup, des hommes me font signe de m'arrêter. Après quelques instants, je comprends que je suis tombé dans une embuscade. Un homme s'avance vers moi et se présente : « Je suis le bandit Bartoli, me dit-il. Je vous ai demandé vingt mille francs mais pour le moment je n'ai rien reçu, qu'est-ce que vous attendez ? »

Je savais que Bartoli rackettait dans la région mais je n'avais jamais eu affaire à lui et je n'avais reçu aucune consigne pour payer quoi que ce soit. En fait, j'ai appris par la suite que le bandit avait bien envoyé une lettre chez moi ; mais mes proches ne m'en avaient rien dit. Bien sûr, je n'avais pas sur moi la somme importante qu'il me réclamait. Je lui dis que j'étais d'accord pour payer s'il m'en donnait le temps. Cette réponse le contrarie et il menace de m'exécuter dans l'heure quand Toto Santoni, qui est avec moi, intervient en ma faveur. Il est, en effet, le frère d'un des hommes de Bartoli et le fils d'un entrepreneur qui travaille avec moi. Nous pouvons repartir et nous nous arrêtons à Zicavo pour déjeuner.

Là j'arrive à rédiger une missive afin de prévenir le commissaire Jean Natalini et le procureur de la République pour leur expliquer la situation. Je jette ce morceau de papier devant la gendarmerie de Zicavo sans que Toto Santoni, qui m'escorte et me surveille, s'en aperçoive. Nous arrivons à Propriano où un cordon de gendarmerie nous accueille. Toto porte sur lui le chèque qui doit permettre au bandit de toucher l'argent de la rançon. Aussi est-il arrêté alors que mon chauffeur et moi-même sommes relâchés.

C'est le premier point que nous marquons sur le bandit qui décide de faire une expédition sur Ajaccio où je me trouve. Mais, devant la présence des forces de l'ordre, Bartoli est forcé de rebrousser chemin. Il envoie sa tante Laurine avec une lettre à mon attention où il me donne huit jours pour verser l'argent. Mais, grâce à un nouveau stratagème, nous réussissons à arrêter sa tante qui porte sur elle la lettre compromettante. Ainsi, petit à petit, nous établissons, avec l'aide de la police, un rapport de forces avec Bartoli.

Toto Santoni libéré, il devient une sorte d'intermédiaire entre le bandit et moi. Car je suis forcé de jouer un double jeu. C'est en effet par la ruse que j'ai décidé d'abattre le bandit et il me faut, pour cela, le forcer à négocier tout en l'enfermant dans une toile d'araignée où il sera pris au piège. Cette tactique s'avère payante.

Ainsi, par exemple, j'apprends que le frère de Toto Santoni a tiré une balle sur le garde champêtre et qu'il y a un mandat d'arrêt contre lui. Je monte immédiatement à Palneca, le village des Bartoli et des Santoni, pour prévenir Toto qui, lui-même, demande au bandit de protéger son frère. Dans le même temps, j'apprends que Bartoli va envoyer son frère et son cousin chercher un acte notarié dans la région de Propriano. Je les fais arrêter à Santa Maria Siche.

Devant la tournure que prennent les événements, Bartoli demande à me rencontrer. Un rendez-vous est pris par Toto Santoni au lieu-dit U Scrivanu, sur la route en face du village de Palneca. Nous sommes le 6 novembre 1931. Il aura donc fallu six mois pour contraindre le bandit à négocier, parce qu'il se sent aux abois. Nous devons nous retrouver à la maison cantonnière.

À peine arrivé, le bandit me dit : « Nous mangeons ici. » Je réponds que je suis d'accord. Alors Santoni tire sur un poulet qui se trouve sur la place et dit à son oncle : tiens, tu nous prépareras ça pour tout à l'heure. De toute évidence, il désire m'impressionner. Nous décidons de monter prendre l'apéritif au col de Verde. Se trouvent avec nous François, Toto, Don Santoni et Zaza, celle que l'on dit être l'amie du bandit.

C'est elle qui propose de prendre les fusils afin de tirer les pigeons sauvages. Arrivé à la source, Bartoli s'entraîne à tirer sur des boîtes en fer posées contre les arbres. Deux fusils sont là, celui du bandit et le mien, qui m'a été confisqué momentanément par Don Santoni qui se trouve, avec l'arme, derrière moi. Je demande à Bartoli de tenter ma chance et je tire mieux que lui. Don Santoni tire deux coups et je sais alors qu'il n'a plus de munitions. Je demande une autre cartouche à Bartoli. Il me la donne. Je charge. Et, dans un mouvement brusque, je tire sur le bandit. C'est le second coup qui lui est fatal. Les autres ne bronchent pas. Les deux frères Santoni, armés eux aussi, se neutralisent. Je les sépare en leur disant : « Vous n'avez pas honte ! »

Je file ensuite sur Ghisoni où je demande à la police de barrer toutes les routes autour du col. Je demande au procureur de la République de monter sur place. Au téléphone, il refuse de me croire et n'en revient pas. Arrivé à l'endroit de la scène, il découvre Bartoli dans son sang et me regarde, avant de lancer : « La justice immanente a frappé ; le roi des rois de Corse vient de tomber. »

Publié dans
le Mémorial des Corses

L'expédition de novembre 1931
relatée dans le Mémorial des Corses

Depuis longtemps déjà, dans les plus hautes instances administratives et judiciaires, on s'est penché sur le phénomène du banditisme en Corse, et on a maintes fois envisagé de remédier à ce fléau. Sur place, le préfet, le procureur général de Bastia et l'état-major de la gendarmerie multiplient les rapports alarmants, et réclament des mesures exceptionnelles…

Six mois avant la tragique fusillade de Guagno-les-Bains, le procureur général transmet au garde des Sceaux trois dossiers relatifs au banditisme.

Quelques jours plus tard, le ministre de la Guerre charge le général de division Pacault « d'étudier sur place, d'accord avec les autorités administratives, judiciaires et militaires, les mesures appropriées à la situation ». C'est ainsi que l'on envisage d'augmenter les crédits mis à la disposition du préfet, pour lui permettre de relever sensiblement le taux des primes accordées aux personnes qui collaborent avec la gendarmerie. On songe également à regrouper les forces de gendarmerie, que l'on estime alors trop dispersées.

Un train de mesures élaboré deux ans plus tôt, dans le cadre d'un vaste projet de répression du banditisme, sera jugé inopportun par le préfet de l'époque. Le 28 février 1931, le ministre de la Guerre écrit à Pierre Laval, à la fois ministre de l'Intérieur et président du Conseil, et lui demande d'intervenir personnellement auprès du préfet de la Corse : « J'estime opportun de reprendre ce projet et je vous serais obligé de vouloir bien agir auprès du préfet de la Corse, afin que cette question reçoive une solution favorable lors de la visite du général Pacault à ce haut fonctionnaire. »

Les mois s'écoulent mais aucune décision n'est prise. En août, c'est le drame de Guagno-les-Bains. Pour Jean-aptiste Marcaggi, l'auteur de Bandits corses d'hier et d'aujourd'hui, l'assassinat d'Antoine Guagno « souleva un mouvement de réprobation contre les bandits corses, qui ne craignaient pas d'apporter la terreur et l'effroi dans une paisible station thermale, parmi des malades, des infirmes, des valétudinaires. Dès ce moment fut décidée, sans doute, au ministère de l'Intérieur, la mise en place urgente des mesures de répression projetées contre le banditisme ».

Toujours est-il qu'en septembre le préfet Seguin s'impatiente et adresse plusieurs rapports à Pierre Laval. Dans l'un d'entre eux, il demande que des instructions d'un ordre tout particulier soient adressées au procureur de Bastia, afin de faciliter la procédure engagée contre les bandits. Dans un autre, il affirme que le système des primes est parfaitement inefficace. Enfin, le 1er octobre, il s'inquiète auprès du ministre de l'Intérieur en ces termes : « La situation est devenue intolérable. Aucun résultat probant n'a été obtenu dans les derniers mois... Non seulement les bandits sont encore en vie, mais leur activité n'a fait que croître. L'heure paraît venue d'employer la manière forte. La population qui n'a d'ailleurs rien fait pour secouer le joug du banditisme commence à critiquer vivement, et pas tout à fait sans raison, la carence des pouvoirs publics, car il faut bien reconnaître que le parquet ne s'est guère montré énergique, et que la gendarmerie a fait preuve de faiblesse, pour ne pas dire plus. »

Et le préfet de la Corse, dans ce même rapport, entreprend de détailler l'opération militaire qui, à son avis, peut seule mettre un terme aux activités des bandits. Il avance même une date : « Elle pourrait être tentée dès le début novembre, tout de suite après la session du conseil général… » Cette fois, son appel sera entendu. La fusillade de Balogna du 2 novembre vient à point nommé pour donner une justification officielle à une action militaire de grande envergure.

Comme un débarquement…

Dimanche 8 novembre 1931, dans le courant de l'après-midi, le préfet interdit l'accès des routes conduisant d'Ajaccio vers l'intérieur. Il arrête les communications privées par téléphone et par télégraphe. L'avant-veille, le vendredi, plusieurs centaines de gardes mobiles ont embarqué à Marseille, sur le vapeur El Djem. Avec eux, six automitrailleuses, un tank, des camions, des automobiles, des caisses de munitions, des cuisines roulantes et du matériel de campement. C'est un autre vapeur, le Dougga, qui prend en charge le reste du matériel. Ce changement de programme sera d'ailleurs à l'origine de certains retards dans l'exécution des premières manœuvres sur place.

Le El Djem accoste à Ajaccio le 8 novembre, vers huit heures du matin. Le Dougga n'arrive que douze heures plus tard. Premier imprévu. En outre, les deux cargos disposent d'appareils de levage insuffisants. Second imprévu. On doit recourir à l'outillage de la marine de guerre. Le déchargement du Dougga ne commence que vers vingt et une heures trente, et il faudra plus de quatre heures pour récupérer tout le matériel entassé à bord.

Les différents détachements militaires se mettent en route vers la « zone opérationnelle » bien après l'heure initialement prévue. Les différentes brigades de gendarmerie ont reçu l'ordre d'encercler un certain nombre de villages dans les régions où se cachent les bandits. Seul le peloton qui doit atteindre la Punta, le repaire de Spada, respecte les délais d'acheminement. Les autres rejoignent leur secteur respectif avec plusieurs heures de retard. Les mauvaises conditions atmosphériques ne facilitent pas la mission. Des pluies torrentielles se sont abattues sur la Corse du Sud durant les derniers jours, transformant certaines voies d'accès en véritables fondrières. Les chauffeurs des véhicules ne connaissent pas les routes de l'Île et, de nuit, ils ne peuvent avancer à grande allure. Ces différents retards compromettent l'effet de surprise sur lequel comptaient les autorités.

Les gardes mobiles qui atteignent la Punta au lever du jour, comme prévu, ne mettront pas la main sur André Spada. Prévenu, le « Sarde » a eu le temps de fuir et de se cacher dans le maquis. En revanche, sa maîtresse, Antoinette Leca, et la mère de cette dernière sont arrêtées ce matin-là, en même temps que le fils de Nonce Romanetti. Les gardes mobiles trouvent, cachés dans un recoin du Palais vert, trente-cinq mille francs et d'importants documents relatifs à l'entreprise du service postal Ajaccio-Lopigna.

À Guagno. à la suite du drame de Balogna, les gendarmes ont déjà procédé à dix-sept arrestations lorsqu'arrivent les pelotons de gardes. La plupart des complices de Caviglioli ont quitté cette région où ils ne se sentaient plus en sécurité. Quant au troisième secteur, celui de Guitera, il a été « écumé » dès trois heures du matin, le 9 novembre, par les gendarmes, qui ont devancé l'arrivée des gardes mobiles. Dans la région de Sartène, à Pila Canale, les gendarmes ont mis la main sur quelques individus soupçonnés d'appartenir à la bande de Bartoli.

Mais on n'arrête ce jour-là aucun « gros gibier ». Ce déploiement de forces exécuté en quelques heures annonce le début d'une véritable chasse à l'homme. Arrestations en série, perquisitions, guets-apens, embuscades, surveillance incessante, tout est mis en œuvre pour isoler. traquer, contraindre les bandits à se constituer prisonniers. Avec l'arrestation d'Antoinette Leca, dès cette première opération, on signale celle de Severin Santoni, le conseiller d'arrondissement de Zicavo, et celle de la sœur de François Caviglioli. Dans l'après-midi du 9 novembre, un camion militaire est de retour à Ajaccio. À son bord, vingt-sept personnes arrêtées le matin même pour recel. La grande expédition punitive contre les bandits est commencée. Le commandant supérieur de la défense de la Corse, le général Fournier, en assume la responsabilité…

La chasse à l'homme…

Pendant plusieurs jours, les arrestations se succèdent et les prisons se garnissent. Le 10 novembre, le général Fournier parle de soixante-dix-neuf arrestations depuis le début des opérations. Le cap de la centaine est atteint quelques jours plus tard.

Les principaux amis de Joseph Bartoli font partie de ce premier « lot de prisonniers ». Mais on sait en haut lieu que le plus difficile reste à faire : capturer les guides de la bande de Bartoli, Jean-Baptiste Torre et Toussaint Caviglioli, André Spada et son frère Sébastien qui se cachent dans le Vicolais, Bornea et Morazzani signalés entre Bastelica et Guitera, Ettori dans le Sartenais, Pinelli dans les environs de Cervione, et enfin Micaelli dans le Fiumorbo.

Les régions concernées sont quadrillées et étroitement surveillées. Le commandant supérieur de la défense de la Corse a son plan : « Mon intention, lorsqu'un cercle montagneux est assez restreint, est d'y faire pénétrer des détachements partant de trois ou quatre points bien choisis, en marchant concentriquement pour traquer la bête. »

Mais on sait qu'une telle opération ne peut être conduite à son terme en quelques semaines : il faut du temps. Les autorités en sont conscientes, et Pierre Laval au premier chef, lui qui proclame au Conseil le 10 novembre : « L'occupation durera tant qu'il faudra jusqu'à l'épuration, jusqu'à ce que les habitants puissent librement faire leurs affaires, sans avoir à redouter l'intervention et les représailles d'un bandit, quel qu'il soit. »

Reste à définir l'attitude de la population devant un déploiement de forces d'une telle intensité. Dans l'un de ses multiples rapports adressé au ministère de l'Intérieur, le préfet Seguin assure que « la population d'Ajaccio accueille très favorablement l'arrivée des troupes, et qu'elle sait gré au gouvernement de l'effort qu'il fait pour tenter d'en finir une fois pour toutes avec le banditisme ».

Mais les habitants des villages ne manifestent pas le même enthousiasme, et le moins que l'on puisse dire, c'est qu'ils ne reçoivent pas les gardes mobiles comme des sauveurs. L'exemple de Vico, où pendant toute la matinée du 9 novembre le service téléphonique du village a été encombré de demandes inutiles. témoigne de l'état d'esprit des villageois peu enclins à collaborer avec les forces de gendarmerie et encore moins avec les gardes mobiles considérés comme d'inquiétants intrus. On répugne à parler, à donner des informations. Les autorités s'en plaindront, car une telle attitude ne facilite pas les opérations.

Avec le temps…

Passé la fièvre des premiers jours et la surprise provo-
quée par l'occupation militaire, les arrestations deviennent
de plus en plus rares. Le 20 novembre 1931, pourtant, on
appréhende trente-huit personnes à Balogna, où on espérait
surprendre Torre et Caviglioli. Mais les deux comparses,
une fois de plus, passent à travers les mailles du filet…

Les résultats du premier mois sont maigres. Le 25 novembre, Rossi se constitue prisonnier. Le 11 janvier 1932,
c'est au tour de Simon Ettori, qui se rend aux forces de police après deux mois de négociations menées par son frère
avec le procureur de la République. Les circonstances de sa
reddition, qui a lieu à Moca Croce, révèlent qu'en dépit de
ses « fautes » il jouissait d'un incontestable courant de sympathie de la part de la population. Ce jour-là, plus de
soixante personnes, curé en tête, assisteront à la « cérémonie », et viendront lui faire des adieux émouvants. Dans le
rapport de police qui évoque la scène, on peut lire : « Lorsqu'il monta en auto, on lui fit une ovation et on cria au procureur de la République : rendez-nous bien vite notre protecteur. Au village suivant, il fallut descendre de voiture et
trinquer chez un notable qui avait réuni des amis pour la circonstance… » Simon Ettori sera d'ailleurs acquitté
quelques mois plus tard.

Quant à Micaelli, il échappera à la chasse à l'homme de
novembre, avant d'offrir quelques mois plus tard ses services au préfet, contre les bandits, en proposant de fonder
dans le Fiumorbo une société secrète des « Chevaliers de
Paoli ». S'agit-il d'une résurgence du mouvement des Beati
Paoli, signalé sous l'Ancien Régime, comme une « contre-
maçonnerie » des Corses paolistes qui envisageaient,
comme le signale J. V. Angelini, dans son Histoire secrète

de la Corse, la destruction de toutes les formes de pouvoir arbitraire ?

Ettori et Micaelli, sans aucun doute, renvoient à des schémas du passé, et c'est sans doute pour cette raison qu'ils ont bénéficié de ce coefficient de sympathie dans l'opinion.

En décembre 1931, Toussaint Caviglioli est lui aussi fait prisonnier, mais il faut attendre le 11 février 1932 pour que soit capturé Jean-Baptiste Torre. À cette époque, les chances de survie de Spada et de Bornea se réduisent un peu plus chaque jour.

Le 1er juin 1932, Sébastien, le jeune frère de Spada, épuisé par des mois d'errance dans le maquis, se rend. André, dont la tête a été mise à prix dix mille francs, sera surpris un an plus tard, en mai 1933, au domicile de ses parents. Quant à Bornea, il échappera encore aux poursuites pendant quinze mois, avant de se livrer le 25 août 1934.

Une reddition qui marque le dernier acte d'une opération à long terme, dont le point fort reste sans conteste l'expédition militaire déclenchée en novembre 1931, qui suscite dans la presse et dans l'opinion de vastes et vives polémiques.

Les réactions de la presse et de l'opinion publique

L'expédition de novembre 1931 a provoqué d'importants remous dans l'opinion, et soulevé des polémiques à l'échelle nationale et même internationale. Elle a fait resurgir la question corse sous des formes inattendues.

Les journaux du Continent n'ont pas manqué ce point d'actualité et ils ont rendu compte de l'opération conduite par le général Fournier tout au long du mois de novembre. La majorité d'entre eux salue cette mesure énergique destinée à venir à bout d'individus dangereux qui troublent l'or-

dre public. On s'attend d'ailleurs à ce qu'elle soit ronde-
ment menée et on ne doute pas que les gardes mobiles viendront facilement à bout des bandits. Des envoyés spéciaux
se rendent en Corse.

Certains, à la manière de Danjou, sont en quête de sen-
sationnel, de récits croustillants sur la vie, les mœurs et les
traditions des Corses. Une occasion de plus d'ancrer dans
les esprits cette image sempiternelle d'une population violente et sauvage qu'il convient de « civiliser ». D'autres,
collant de plus près à l'événement, relateront les faits sans
fioritures. D'autres enfin, moins scrupuleux, faisant appel à
l'imagination, faute d'informations suffisantes, se laisse-
ront aller à l'affabulation. On perçoit toutefois dans certains
journaux une gêne à l'égard du caractère par trop théâtral et
excessif des moyens mis dans l'affaire. On comprend mal
parfois une expédition qui évoque « un de ces raids organisés par l'armée pour châtier quelques tribus dissidentes du
Sud-Marocain ». On craint aussi que l'affaire ne sombre
dans le ridicule si l'on ne parvient pas à s'emparer des bandits.

En Corse même, les principaux rédacteurs et journalistes des quotidiens qui pèsent sur l'opinion publique, plus
qu'ils ne l'expriment, se déclarent satisfaits. Le terrain a depuis longtemps été préparé par une série d'articles consacrés aux méfaits de « ce fléau qui déshonore la Corse ».
Sous le pseudonyme d'Ajax, le chroniqueur du Petit Bastiais parle de « mesures de salubrité publique prises à la
suite de brimades sanglantes ou de menaces dirigées contre
des particuliers par des bandes organisées », et il célèbre
« l'expédition en cours qui redonnera à l'île de Beauté sa
belle réputation d'antan ». Il se félicite aussi de l'attitude de
la presse corse qui « a rempli son rôle avec un tact auquel il
convient de rendre hommage. (…) Elle a compris que les-

dites opérations devaient rester entourées d'un certain mystère ».

Le journaliste tient à se démarquer ainsi de la presse continentale qui a souvent cédé à des effets faciles. Ce n'est pas la première fois que les justifications de cette attitude de sévérité sont largement développées dans les colonnes du Petit Bastiais. Le banditisme est condamné parce qu'il nuit à l'ordre public, parce qu'il lèse les honnêtes transporteurs et exploitants forestiers qui sont tenus de verser des redevances exceptionnelles ou régulières à des parasites, parce qu'il paralyse les communications et compromet les échanges commerciaux. On concède aux bandits qu'ils ne persécutent point les pauvres gens, encore que par leur faute ces derniers encourent le risque de recel. Cette argumentation se retrouve sous la plume de Henri Omessa dans l'Éveil, déjà le 2 septembre 1931, où il déplore l'indulgence dont on fait preuve à l'égard de vulgaires criminels. Omessa s'efforce de démythifier la « légende du bandit » qui lui prête « un visage noblement farouche, une âme impavide mais équitable, un culte profond de la conscience morale, des traits de générosité qui émeuvent les moins sensibles, des exemples de sévérité qui trouvent un écho vibrant dans les cœurs épris de justes et éclatantes sanctions ». Il déplore la survie de « l'héritage de Mérimée » tout comme le chroniqueur (P. B.) du Petit Bastiais se dit « agacé par la vieille ritournelle romantique qui accompagne toujours le chœur des bandits ».

L'impuissance dans laquelle s'est trouvée jusque-là la police est jugée intolérable et on n'admet pas que des gendarmes puissent se voir obligés de circuler sans armes parce qu'un criminel en a intimé l'ordre. Nul doute que ce type d'analyse de la situation ait été largement partagé dans les milieux « bien pensants » de l'époque, dans le monde, ces notables, des commerçants, des propriétaires, des gens exerçants des professions libérales, lecteurs assidus de cette presse.

Le même point de vue, avec une prise de position sociale plus nettement marquée encore, se retrouve dans un rapport de F. Tollichi, ancien conseiller général de Santa Maria Siché, lorsqu'il déclare que « pour extirper le mal à la racine il faut priver le bandit de l'aide qu'il trouve auprès de la population, plus précisément des bergers ». Des constatations similaires pointent en filigrane dans plusieurs articles et révèlent une autre dimension de la question de la répression du banditisme.

Un débat qui se politise

Seule note discordante dans les journaux de l'époque, l'article de la Nouvelle Corse du 12 novembre 1931, dans lequel Jean Makis condamne les méthodes policières utilisées dans la chasse aux bandits à propos de la mort de Bartoli, du rôle de Simonetti « chasseur de primes » et de la peu recommandable « Zaza » venue de Toulon pour servir d'appât en vue de la capture du bandit. Allant plus loin encore, Makis s'insurge contre le fait que la Corse soit mise « sous la botte du garde mobile », et il parle du « martyre des cent vingt prisonniers corses d'Ajaccio ». Ici, le problème se politise. La situation est gênante pour François Pietri, ministre du Budget qui patronne la Nouvelle Corse et qui, devant les protestations du préfet, doit rappeler à l'ordre son éditorialiste.

La polémique éclate dans la presse, où les journalistes de l'Éveil et du Petit Bastiais se déclarent scandalisés par l'opinion qui tend à accréditer l'image du hors-la-loi persécuté. En réponse à cette prise de position, Ajax, du Petit Bastiais, se déclare solidaire de Henri Omessa, de l'Éveil, et décoche un trait acerbe à l'encontre de Makis en faisant allusion à sa tendance autonomiste suspecte : « Nous pensons que l'opération chirurgicale en cours n'est douloureuse et humiliante que pour ceux qui ont mangé du pain que vous savez. » Et pour que l'allusion soit plus explicite, Ajax porte la question sur un plan plus général, en mettant en cause la terminologie utilisée par Makis dans son article : « Nous, Français de Corse, nous pouvons nous demander ce que viennent faire ici notre peuple, notre race, notre sang ! Cette langue, on la parle au Telegrafo. Il n'y a plus pour nous qu'un peuple, il s'appelle le peuple français, celui que Napoléon a tant aimé. »

Une affaire exploitée en Italie

On comprend mieux que les choses prennent cette tournure lorsqu'on découvre que, de l'autre côté de la Tyrrhénienne, la presse de l'Italie fasciste suit de près ce qui se passe dans l'Île et qu'elle saisit l'occasion pour développer une fois de plus le thème d'une Corse maltraitée par la France.

Le Corriere della Sera donne une interprétation plus globale encore de l'opération de novembre : « La population corse était arrivée à l'extrême limite de la patience et, un jour ou l'autre, son grand mécontentement aurait pu provoquer de graves désordres. » De là, selon le journaliste, ce débarquement dans l'Île d'une « flotte de guerre » : « C'est le désarmement de la Corse qui est visé pour prévenir un soulèvement armé. »

Rendant compte à sa manière de ce qui se passe dans le pays, le serviteur de l'irrédentisme dramatise à propos du « triangle de la mort de Lopigna » et de la conférence de presse tenue par le général Fournier au col Saint-Antoine, en présence des « correspondants de guerre ». Dans le même temps, il s'apitoie sur l'état lamentable des prisonniers d'Ajaccio. Il évoque l'arrestation d'enfants et de femmes allaitant encore leurs bébés. L'affaire revêt ainsi une dimension internationale.

Le débat est porté à Paris même, à la Chambre des députés, lorsqu'à nouveau les parlementaires piétristes, Henri Pierangeli et Camille de Rocca-Serra, interpellent le gouvernement en des termes plus mesurés que ceux de Jean Makis, mais en dénonçant explicitement le caractère d'« opération de guerre » qui rappelle le temps de la domination génoise. Cela vaut au député une perfide apostrophe de Jacques Doriot, qui lui demande de quel bandit il est l'ami. Et, pourtant, ce n'est pas seulement sur les bancs de la droite que la question est soulevée et qu'est mise en cause la forme prise par l'expédition. Le communiste Berthon dénonce aussi les « excès militaires de la répression » à propos des emprisonnés d'Ajaccio. Par des cheminements différents, et avec des interprétations qui divergent, la droite et l'extrême gauche se rejoignent pour désapprouver l'initiative.

Des réticences se font jour dans divers milieux. Ainsi, le 25 novembre, dans un communiqué, l'Union des combattants et des mutilés corses de Paris approuve certes « l'utilisation des forces de police destinées à obtenir un résultat », mais « considérant que l'ensemble des mesures prises donne l'impression d'une expédition punitive atteignant toute la population, que la publicité malsaine entoure les opérations de police qui sont présentées dans la presse, française et étrangère, comme de véritables opérations de guerre conduites contre les ennemis de la nation, demande au gouvernement de respecter les droits des habitants de la Corse comme ceux de tous les autres citoyens français et de ne pas favoriser la divulgation dans la presse de nouvelles et de renseignements tendancieux de nature à jeter le discrédit sur une population qui a donné d'innombrables preuves de son dévouement ». Ici, c'est la sensibilité qui est touchée, et cette forme de malaise se retrouve également en Corse même, où on voudrait se débarrasser des bandits, mais sans que la chose s'ébruite trop.

Violente réaction à gauche

Mais sans conteste, c'est du côté de l'extrême gauche, des communistes, de la CGTU et de la récente Association pour l'émancipation de la Corse qu'il faut revenir pour trouver les formes les plus violentes de la dénonciation de l'expédition de novembre. Rejoignons l'ambiance du meeting de la rue Cadet organisé le 23 novembre à Paris, avec entre autres orateurs Gabriel Peri, rédacteur de l'Humanité, et, à la tribune, les militants Bozzi, président de l'Émancipation de la Corse, Papini, Ottavi et Lucciani. On y entend déclarer que « les ouvriers corses de Paris acclament la lutte polir la libération de leur pays ».

Les luttes nationalistes du peuple corse contre l'oppression génoise et contre la France et la royauté y sont rappelées en préambule, et on se déclare prêt à nouveau à défendre l'indépendance de la Corse : « Pandores et gardes mobiles ne quittent guère les routes, les blockhaus et les maisons des villages où ils s'imposent aux paysans comme les soldats de Louis XIV chez les protestants des Cévennes au temps des dragonnades ».

Le ton est donné et l'argumentation se développe sur le thème des « paysans opprimés » par « les troupes d'occupation » et « les hordes du général Fournier ». Il est question « des femmes, des enfants et des vieillards [qui] hurlent sous les coups des gendarmes ». Le député Berthon déclare : « On traite votre pays en pays colonial... unissez-vous contre l'impérialisme français. » Aucun des politiciens corses n'est ménagé : « Nous refusons de considérer comme bandits les paysans qui résistent à l'oppression et qui doivent prendre le maquis... Les bandits, ce sont les Landry, Lederlin, Pietri, Pierangeli, les Coty... Tous ces hommes d'affaires et ces politiciens parasites qui ne font rien pour la population laborieuse. » C'est le même ton et le même langage que l'on retrouve dans l'Humanité de l'époque où une photographie représentant une automitrailleuse dans un village vient en regard d'un texte où on parle de « troupes d'occupation » et de « tueurs à gages ». Quant à la résolution du VIᵉ Congrès de la CGTU, elle est de même nature et va dans le même sens.

On reste confondu devant l'ampleur du débat soulevé par la question du banditisme en 1931. Assurément, il ne s'est point agi là d'un simple fait divers, mais d'un moment d'intenses remous dans les esprits et dans les convictions, un de ces moments privilégiés de l'histoire où se découvre le kaléidoscope de la question corse.

bibliographie

Bourde, Paul (1887). En Corse, l'esprit de clan — les mœurs politiques — les vendette — le banditisme. Paris. (réédité en 1999 par DCL Éditions)

Busquet, J. (1919). Le Droit de la vendetta et les Paci corses. Paris. (réédité par les Éditions des travaux historiques et scientifiques de Paris)

Choury, Maurice (1958). Tous bandits d'honneur! Résistance et libération de la Corse (juin 1940-octobre 1943). Paris. 2ᵉ édition. (réédité par les éditions La Marge)

Culioli, Gabriel Xavier (1990). Le Complexe corse. Gallimard. Paris.

Faure, Gracieux (1858). Le Banditisme et les Bandits célèbres de la Corse. Paris. (1885)

Gil, José (1989). La Corse entre la liberté et la terreur. La Différence. Paris.

Guerrini-Graziani, Jean (1987). La Guerre des contumaces ou les Bandits d'honneur. Aix.

Hobsbawm, Eric J. (1959). Les Primitifs de la révolte dans l'Europe moderne. Fayard, Paris.

Marcaggi, J.-B. (1898). Les Chants de la mort et de la vendetta de la Corse. Paris.

Marcaggi, J.-B. (1908). Fleuve de sang. Histoire d'une vendetta corse. Paris. (réédié par La Marge).

Marcaggi, J.-B. (1908). Bandits corses d'hier et d'aujourd'hui. (réédité dans cet ouvrage)

Maupassant, Guy de (1928). En Corse.

Maupassant, Guy de (1880) Les bandits corses, Au soleil. Œuvres complètes, p. IX1-230. Paris.

Maupassant, Guy de. « Histoire corse » (1881) ; « Un bandit corse » (1882) ; « Une vendetta » (1883). In Contes et Nouvelles I. Paris.

Mérimée, Prosper (1840). Colomba, romans et nouvelles. Paris.

Mérimée, Prosper (1840). « Notes d'un voyage en Corse », Notes de voyages. Paris.

Molinelli-Cancilieri, Lucia (1986). Spada, le dernier bandit corse. Julliard. Paris. (réédité par Lacour/Rediviva)

Privat, Maurice (1936). Bandits corses. Neuilly. (réédité dans cet ouvrage)

Versini, Xavier (1964). Un siècle du banditisme en Corse (1814-1914). Paris.

Versini, Xavier (1972). La Vie quotidienne en Corse au temps de Mérimée. Paris.

Villat, Louis (1924). «Le banditisme en Corse», in Larousse mensuel, n° 305, juillet.

Silvani Paul (1999). Bandits corses de légende, Editions Albiana.

table des matières

Printed in France by Amazon
Brétigny-sur-Orge, FR